世界大战丛书

# 丘吉尔
# 第二次世界大战回忆录 07

## 日本的猛攻

〔英国〕温斯顿·丘吉尔 著
富 杰 译

北京时代华文书局

# 本书铭言

战争时：坚毅

失败时：不屈

胜利时：宽容

和平时：友善

# 致谢

在各位好友帮助下，我得以完成前几卷的著述。这里要再一次表达对他们的感谢：陆军中将亨利·博纳尔爵士、海军准将艾伦·迪金上校、爱德华·马什爵士，以及丹尼斯·凯利先生和伍德先生。还有很多其他人士也曾审阅过原稿，并提出了自己的意见，在这里也一并表示感谢。

我依然得到了伊斯梅勋爵，还有其他朋友们的帮助。

在此要特地感谢英王陛下政府文书局局长。一些官方文件原文的版权为其所有，然而承蒙英王陛下政府批准，得以附加在内。出于保密的需要，我对本卷所列的一些电文，谨遵英王陛下政府谕，做了改动。但是都是在本意基础上加以改动的，其原意或者实质并没有变动。

效命于美国海军预备队的塞缪尔·埃利奥特·莫里森上校，就海军作战方面著述了一些书籍，其中对美国舰队的作战情况有比较详细的记录。我要对他表达自己的谢意。

本卷还引用了罗斯福总统的某些电文，经同意还附带了一些私人信函，在此，感谢罗斯福财物保管理事会和我的其他朋友。

温斯顿·斯宾塞·丘吉尔

# 序　言

根据我掌握的情况，我已将促使二战爆发的事件，纳粹德国对欧洲的占领，还有在德国突袭苏联、美国苏联因日本的炮轰和我们结盟之前，英军如何孤军奋战、顽强抵抗的情况，在《风云紧急》《最光辉的时刻》和《伟大的同盟》①各卷中进行了记录。

在一年新旧交替之际，我和罗斯福总统在华盛顿宣布结成伟大的同盟，此举得到了我们的海陆军顾问的支持。此次结盟我们制定了将来作战的整体规划。眼下，我们就要面对日本炮火的猛烈进攻了。1942 年 1 月 17 日，我正是在这种时局下降落在普利茅斯的。本卷记述的正是这以后的事情。

我当时担任英国首相，同时也是对军事负有重要责任的国防大臣。我是以这个身份来记录书中的内容的，在此重申一下。我的依据还是我的那些指令、电报还有备忘录，因为这些资料起草之时，正是当时战局非常关键或是有重大联系的时刻。现在我也找不到更好的字句来表达这个意思了。这些都是在事发之时，由我口授的原始文件，也就是说都是出自我之手，希望人们以此为依据对我做出评判。等事情的迷雾揭开，情况变得明朗再来做个事后诸葛当然很容易。但是，这件事我必须留待历史学家们来做。等他们进行了透彻的思考研究之后，

① 英文版原卷名。——译注

一定会在恰当的时候宣布评判结果。

这一卷的卷名为《命运的关键》[①]。我之所以如此命名是因为从此之后，我们终于否极泰来，不再是节节败退，连遭厄运，而是不断传来胜利的消息。刚开始的六个月里，我们处处不顺，而在快结束的六个月里，我们就顺风顺水了。可喜的是，这种大好的势头一直持续到了战争结束。

温斯顿·斯宾塞·丘吉尔

于肯特郡威斯特汉

恰特威尔庄园

1951 年 1 月 1 日

---

① 英文版原卷名。——译注

# 目　录

伟大联盟的力量是如何强大起来的。

# 第一章　来自大洋洲的担忧

**新的战争局面——最后成功的保障——英美两国受困太平洋——日本对澳大利亚与新西兰将会爆发的冲突——我和卡廷先生互寄的电报——他对罗斯福总统的呼吁——鲍登先生报告中有关新加坡的紧急形势——卡廷先生在《墨尔本先驱报》上刊登的文章——我国物资的分发全权由我负责——我在 1 月 3 日给卡廷先生的回答——1 月 14 日的回答——第一护卫队在新加坡平安着陆——1 月 17 日给新西兰的解释——卡廷先生于 1 月 18 日寄来的电报以及我的回电——综合性的局势——澳大利亚的形势——太平洋战争委员会已展开在伦敦与华盛顿的工作**

在 1942 年这新的一年里，第二次世界大战展示在英国面前的是全然不一样的局势。我们有了援助，两个实力雄厚的同盟国站在我们这边。虽然有着各不相同的理由，但英国已跟俄美两国达成合作共识，坚决抗争到底。这种联盟确保了最终的成功，除非某种压力致使它土崩瓦解，除非有新武器落在德国人手中。实际上，作战双方都试图获得一种全新的作战武器，并为此迫切地探索着。就像之后所呈现出的事实那样，我们居于优势的同盟国必定会掌握原子弹的奥秘。一场恐怖的血战在我们眼前展开。对于这场战争的进展，我们难以预知，然而，我们却掌控了结果。

这个时候，面对日本所发起的进攻，“崇高的联盟”必须要予以应对。这次进攻历经很长时间的筹备。英国和美国的前线（倘若能够叫做英美两国的前线）被凶猛残忍地进攻着。无论在什么情况下，美国被日本打败都令人难以置信。然而，它在太平洋、菲律宾群岛以及其他岛屿却牺牲惨烈，而在东南亚，英国跟倒霉的荷兰则吃了亏。那个时候，俄国正竭尽全力与德国的主力部队博弈。俄国因日本的攻打而造成的牺牲，仅仅是英国和美国用来资助它的兵力跟物资此时被转移到了别的地方罢了。在往后很长的一段时间内，英国和美国还会继续承受失败。尽管这些大败不会对最终的结果造成阻碍，然而这依然是两国子民无法容忍的。因为兵力在其他地方受到牵制，所以英国无力还击。尽管美国物资充足，却因为尚处于刚刚组建时期，所以也有些力不从心。在我们英国人看来，仿佛所有事情都越来越糟糕。不过，我们在认真思考之后就会明白，我们绝不会输！

* * *

英国境内并没有因为我们新承担的重任而出现新的危机。正好与之相反的是，澳大利亚和新西兰恍然发现战线转移到了自己这边。他们意识到自己或许会被进犯。战争对他们而言再也不是远渡重洋输送力量和物资去援助面临危机的国家。这个新对手会直接向澳大利亚发动进攻。澳大利亚的海岸线太过辽阔，根本抵挡不住。并且他们全部的重要城市都是沿海城市。他们唯一拥有的四个经过训练的义勇军，新西兰师和他们最出色的军官全在大洋的另一边。日本顷刻间就掌握了太平洋的海军，并且难以预料会掌握多长时间。澳大利亚的海军几乎为零。整个澳大利亚都陷入恐慌的氛围中，他们的内阁只顾自己的切身利益，这样的状况让我们很吃惊。

在这个危机时刻，在这个澳大利亚政府官员和他们的顾问们仿佛都觉察到澳大利亚快要灭亡的时刻，他们仍然没有同心协力一起面对灾难，这将被视为值得永久震惊的事情。地方政府之所以掌控着所有，是因为他们当局的实力太弱，并且态度不够灵活。工党政府凭借两票的优势将所有行政管理权掌控在手中，甚至还停止了防守本国的招兵政策。这些派别性的决断不但与澳大利亚的民族精神完全不相符，还让我们的工作更难进行。尽量保障他们的安危并确保全世界军事战略不失衡便是我们的工作。

本书不得不把我与澳大利亚总理卡廷先生的来往信件作为黯然失色的记载的开头。有关是否把驻守在图卜鲁格的澳大利亚兵力调走的谈话，我们进行得很不顺利。他在战争形势变好之后来到英国，并给我们大家留下了很深的印象，这位卓越的澳大利亚人获得了广泛的赞誉和尊重。我本人与他成为好朋友。遗憾的是，他中途离世，死不逢时，我们的友情终止于此。但这时各方都处于重压之下，我太过关注我们没有办法达成共识、存在很多不一致的地方。对于发给他的电报中所表达出来的所有焦躁心情，我感到深深的惋惜。

在停留华盛顿期间，我收到了卡廷和澳大利亚外交部长伊瓦特博士经由他们的驻华盛顿代表凯西先生陆续发来的电报。罗斯福总统同样收到了卡廷所发的以下电报：

1941年12月26日

1. 在这个危急时刻，借着两位为促进我们相同的目标展开协商之际，我愿意把自己的看法提出来。

2. 我已经因为俄国的情况向丘吉尔先生发了电报。在我看来，这个情况紧密关联着针对日本的战争，迫切希望两位在协商时思考一下这一点。

3. 有关一件更加紧迫的事情，我稍微陈述一下我的观点。

4. 按照所有汇报来看，情况十分明了，北马来亚的领土已被日本人占领。仅有一个师的英国军人驻守在这个地方，因此一个空军中队被我们派往马来亚，并有两个空军中队被派往荷兰管辖下的东印度。陆军不得不依靠空军，否则必定会步希腊与克里特岛的后尘，新加坡也会遭受极大的危险。

5. 新加坡的失守就代表着菲律宾群岛的孤军奋战、荷兰殖民地东印度的失守和其余所有阵地的困境。印度洋与太平洋之间的通行也肯定会在这个地方被阻断。

6. 这种打击必将使我们跟美国遭受极大的损失。

7. 我们认为联合王国给予马来亚的援助远远赶不上实际的需求，尤其是与飞机有关的方面，而更加严重的是作战机方面……小规模的援助完全是杯水车薪。实际上，联合王国和美国贡献的抵御力量完全决定了马来亚抵御日本军队的能力。

8. 我们的军人曾英勇战斗，并将继续英勇战斗，不过，他们一定要有足够的援助。我们在中东驻扎着三个师。我们的空军有的在英国、中东战斗，有的在加拿大接受训练。已经有大批物资被我们输送到英国、中东以及印度。我们这儿的物资确实非常少。

9. 对于这种局面，你们有足够的实力予以应对。假如美国政府愿意，我们乐意让一名美国海军司令官来管辖太平洋地区。总统曾经讲过，澳大利亚这个阵地将会越来越紧要。不过，要想让它变成一个阵地，就不得不对新加坡进行支援。

10. 虽然我们面临着很多难题，但是，我们依然在支援马来亚。

11. 假如这被认为是非常急迫的事情，我会感觉非常幸运。

我收到了伊瓦特博士自英国政府驻新加坡代表鲍登先生手中获得的电报。经过确认，形势确实很严峻。

1941 年 12 月 26 日

今日所见的电报上表明空军情况越来越糟糕。昨日，英国用于作战的飞机损失了八架，而日本仅仅损失了三四架。

如今，我军用于空军侦查的前方机场位于吉隆坡以及瑞天威港，然而在日本飞机占上风的情况下，就连空军侦查都进行得很艰难。为了守卫岛屿与阵地，我们大多数的飞机已经撤往新加坡。

但空军指挥官认为，带着急需的支援力量、工作人员和物资的海军护卫队很快就会抵达，为派遣作战机进行安全保护，他不得不任由新加波处在没有任何防卫的情况中。

汇报还表示：

我不得不特别说明，整个防卫系统因马来亚守卫战越来越糟的情况而濒临崩塌。收箱的全新战斗机被按时运送过来，不过，还需要几周时间进行组装，同时既面临着被炸弹毁掉的危机，也拯救不了形势。期盼了很久的支援力量都会用于和前方疲惫的部队换防，然而依然显效甚微。为了保卫海军阵地，英国此时的防守策略是将大部分守卫马来亚的战斗机与高射炮聚集在新加坡岛。这样，只会孤立用来保护马来亚的先锋部队，这其中还有皇家澳大利亚军队。

根据现在的实际情况来看，支援马来亚军事防御的举措只是做做样子罢了。在我看来，马上用飞机从中东运送过来强大的部队、大量新型战斗机以及受到专业训练的工作人员才是拯救新加坡的方式。支援军队一定要快速抵达，方便听候差遣，并且要是好几个师，而不是好几个旅。只要是没有强大力量的、非现代化的以及不能马上派上用场的军力，全都于事无补。我认为，根据目前的情况，新加坡几星期之内就会失守。假如想要挽救新加坡以及位于马来亚的皇家澳大利亚军队，就不得不即刻启用激进高效的举措。

假如不马上进行空军支援，新加坡必定会失守，这形势显而易见。在这种情况下，一位澳大利亚部长的到访能起到怎样的作用，我表示质疑。一定要在数小时之内做决定，并予以执行，而非等上好几天。

伊瓦特博士也表示，以他的推断来看，鲍登这些叙述如实地表明了形势。“如果不依照他的观点去办，将会有难以预料的后果。”

* * *

在12月17日的《墨尔本先驱报》上，刊登了卡廷先生的一篇文章，并附有亲笔签名，它被我们的对手大力宣扬给全世界。在文章中，鲍登先生表示：

> 讲什么一定要把太平洋的战斗当作整体冲突的一个附庸，这种腔调我们决不认同。这并非表示太平洋战地比别的所有战地都紧要，只是在表示澳大利亚急需一个可以将各个民主国家的终极力量施展出来并坚定地打败日本的联合部署。
>
> 所以，澳大利亚当局觉得，太平洋的战斗先是这么回事，即有关民主国家作战部署的措施，美国与澳大利亚一定要拥有足够的发表意见的权利。
>
> 澳大利亚并非因为我们和联合王国有渊源而存有愧疚之心，所以才依靠美国，这一点我必须要毫无顾忌地讲明白。
>
> 对于联合王国所面临的难题，我们很清楚。我们一直都清楚遭受侵犯的危机。我们很清楚军力不集中的凶险。然而我们同样清楚，英国会继续存在，而澳大利亚会溃散。
>
> 因此，我们打定主意不使澳大利亚溃散，我们要竭尽所能拟订一项计划，并视美国为重要支撑。这个部署会把我们国家可以坚持到对手处于战争劣势的信念赋予我们。
>
> 总之，获得俄国的支援，和起主导作用的美国一起，并加上英国、中国以及荷兰的部队，制定出一项关乎太平洋的战争部署，这就是澳大利亚的外交策略。

在美国上流社会和加拿大，这种腔调产生了非常糟糕的影响。我可以断言，就算表现出的这些焦虑是能够被谅解的，但也并不代表澳大利亚人民的情绪。在第一次世界大战期间担任澳大利亚总理、澳大利亚联邦统一党领袖的 W.M. 休斯先生（著名的比利·休斯）马上这样讲："假如澳大利亚觉得英国的援助赶不上别的同盟国这么紧要，那么这无异于自寻死路。这项策略不仅不可靠，并且充满危机。"一场猛烈的争论战在澳大利亚爆发。在华盛顿时，我给艾德礼先生发了电报："对于这件事，我只愿能平息下去，并且我们还要竭尽所能援助他们……"有关是否要当面对澳大利亚人进行一场广播演讲，我在内心艰难地权衡着。与此同时，我承担了落在我肩上的所有重担。"为了方便我亲自解决一切不赞同，我只愿你想办法放下所有事情等待我回返……假如因为利比亚与俄国导致马来半岛孤立无助，这责任要先由我负，不过我依然会继续进行。假如议会中有质疑，但愿你可以表明我特别强调过回来后亲口解答。"

我马上就军事局势回复了卡廷先生：

首相致卡廷先生　　1942 年 1 月 3 日

韦维尔将军负责指挥的领域范围只有如今正处于军事活动的战斗地带，这并不包括澳大利亚、新西兰以及美澳两国间的航海线，或事实上所有别的航海线。这并非是讲，在我们力量能够达到的范围内却不防守重点领域与航海线。我们认为，这些航海线以及包含澳大利亚、新西兰海岸周围各个岛屿的航海线，都应该让美国进行防守。我们竭力争取的就是这个。对于我们的建议，刚担任美国海军总司令的海军上将金并未接纳。很明显，假如我无法劝服美国人把这些责任担起来，我们唯有勉强倾尽全力。不过，我仍然期望我们的建议会被接纳，如果真是这样，我们以及你们位于那里的全部战舰，在那儿作战时必须要听命于美国人。从未有人想过在新规划的西南太平洋地区聚集盟军的主要力量，我并不清楚你这个信息是从什么地方获知的……

在这儿，我夜以继日地忙着，要尽量为你们的利益和安危做出妥当部署。并且还要把别的战地与别的威胁考虑在内。尽管我们的资源为数不多，但却不得不防御危机。你前不久还坚持要将最厉害的武器交给在中东的澳大利亚军队。尽管那儿有非常不错的远景，但战争还没有打完。在最初尚未肯定日本是不是会参与战争时，假如在马来半岛聚集飞机坦克等，从而对奥金莱克的作战造成影响，那就真是太愚蠢了！高加索地区的威胁因为俄国与奥金莱克的胜利而有所缓和，这样才能给予你们大批支援。至于中东临时沦陷（早已告知你这件事），况且如今马来亚已成为战区，这同样是妥帖的……

我接着与卡廷先生互换建议。

澳大利亚总理致首相　　1942年1月11日

除了柔佛之外的马来亚全境居然被日本人轻易占领了，总司令以为，就算现在让他展开部署，守卫这有限领域，也还要承受一些危机。听到这些信息，人们肯定会焦虑。

根据汇报，第八澳大利亚师很快就会听命予以对决。皇家澳大利亚军队最优良的传统会被这一师予以保持，并且将任务完成，对于这一点，政府深信不疑。但是，我请求你依照我之前的提议以及你本人的意愿，想办法对马来亚进行支援，越多越好。对于空军的能力，我尤其关注。假如希腊跟克里特岛战役再次重演，必定会激怒大家。为了不爆发这种情况，不得不妥善部署。

你会发现，我们愿意把近东的第六和第七澳大利亚师、盟军直属部队、给养以及基地组织派遣到荷兰殖民地东印度群岛。

我接着向澳大利亚政府作出担保，同时，对于我们在东南亚战区统一指挥策略的初衷进行了更详细的说明。在从华盛顿离开的前一晚，我对我们的状况进行了归纳。

首相致澳大利亚总理　　　　　　　　　　　　1942 年 1 月 14 日

1. 控海权一旦落入日本人手中，同时我们还必须和德国、意大利两个国家作殊死奋战，我不清楚谁还会期望马来亚能够守住。新加坡要隘和它后方的紧要地方是仅有的要地。个人而言，我所担心的是，我们沿着马来半岛进行的争夺时间的后卫战，反而会耗尽长期守卫新加坡所需要的力量。原本这部分的军力有四个师，已牺牲了一个师，损伤了一个师，赢来的时间是一个月或者六周。有人可能会觉得，当时快点儿调回来，就会少些损失，那该多好。

2. 很明显，我们的任务就是绝对赞同最高统领的决策。究竟是让丰盛港那边冒一下险，在半岛西北边进行战斗比较有利，还是此刻就让所有部队撤退到岛上的要隘防守比较有利，对于这些，在边远职位的我们没有办法判别。我本人觉得韦维尔没有错，三军参谋长都同意了那个观点。我坚信你和我的看法基本一致。

3. 在将要来临的战斗中，我十分坚信你们的部队会用最大的勇气把自己的工作做完，执行各项策略来支援新加坡和它的后方。两支载着第四印度旅团及其运输工具的护航队早已抵达，一支极其重要的护航队预计在 13 日抵达，上面装载着英国第十八师主力旅。我非常担忧这艘有着四千五百名军人的军舰从巽他海峡经过。他们能够按时抵达，跟他们的澳大利亚同胞们一起坚守阵地，这自然是我想要的。有关我们所了解的、往这个主要战区转移的所有情况和抵达时间，我全部都会跟你说。在 2 月的下半月，韦维尔想要进行一次反击，这是非常正确的。

4. 我提议将巴勒斯坦的两个澳大利亚师调遣到和澳大利亚紧密相连的新战区，这一点你肯定留意到了。船只是唯一阻碍他们转移的难题。我们要尽量调遣本国的军力来交换防守。

5. 我反对一切针对希腊与克里特岛的谴责。我们正为了对付眼前的危险与侵略而在本国竭尽所能。所有党派的不合都被我们解决了，并且不论男女，我们实行了广泛的义务兵役制。我们派往远东战场进行援助的最先进的军舰已经损失了两艘。在被减弱的实力中，我们正竭力组建接下来的海军支援。根据报告，截止到 1 月 7 日，英国已有一千二百名军官和一万六千名军人在利比亚战斗中牺牲。在沙漠中，这样一支小型军队是能够守卫前方基地的。阿盖拉周边的战局已剑拔弩张。你们英勇地长期驻守图卜鲁格的全部军队由我军换防而撤走之后，我们已经胜利地解了围。所以，我请求你可以用谅解的心态来看待关心澳大利亚人民的生命财产的人们。

最起码这些并非坏消息：

首相致卡廷先生　　1942 年 1 月 14 日

昨日，极其重要的护航队已经按时到达新加坡，其中包含了美国运输舰“芒特弗农”号，装载着五十架“旋风”式飞机、一个反坦克团、五十门大炮，一个重高射炮团、五十门大炮，一个轻高射炮团、五十门大炮，以及英国第五十四旅团步兵，总共大概是九千人。

弗雷泽先生同样将他的担忧表露出来，以下是我的回电：

首相致新西兰总理　　1942 年 1 月 17 日

1. 我还像以前一样希望你把自己的看法直白地讲出来，展现出你在对我表达看法时公平、讲道理的心态。总而言之，我非常重视这些看法。

2. 有关这场战斗，新西兰政府以及人民始终保持着良好、实在的心态。这场战斗在欧洲一定范围的地区展开，慢慢蔓延到全球，如今已来到新西兰家门口。

3. 假如你认为我们之前对你们的需求毫不在乎，尽管事实上我们从未这样，我依然向你担保，虽然伦敦和惠灵顿相隔甚远，这绝不会致使我们对你们漠然置之，或在危难时期使你们无法获得安慰。

4. 在我可以安排的时期中，假如我对你的一切论断无法做到细究，我认为我会获得你的谅解。从收到电报之后，到目前收取的回电中，你能够注意到我们与美国正在调派的陆军与空军的情形。对于全新的澳新军团海军战区的创建，我期望你也可以感觉满意。

并且，美国正打算尽快往远东地区调派大量陆军与空军。

5. 不过，你不用期望我会承诺予以援助，这并没有实现的可能。并且不必期望我会承诺尽早拯救远东的局势，这种局势会在未来好转，不过肯定要耗费一定的时间。

6. 对于之前的军事意见，我感觉到你（谴责我们）表露得过于自负，并未顾虑到整个太平洋地区跟新西兰部分地区将会面临的威胁，因此吃了亏。不过，对于美国海军舰队竟在 12 月 17 日一大早就遭受了重击，这一点倒是没有人可以预料到的，况且还有这次重击跟接踵而至的我们两艘优秀军舰的损失所造成的结果？

这场战争的各种变故一直是无法预知的，这对我们也不是始终没有益处。德军参谋部是不是断事如神，这一点我并不清楚。有例可证的是，不列颠战争、大西洋战争和俄国的抵御必定把希特勒有关军事估测准确性的自信给打破了。

* * *

没过多久，我14日的电报得到了卡廷先生的回复。

澳大利亚总理致首相　　1942年1月18日

1. 在我的电文里，你为何得出了这样一个观点，觉得就算海军不具备上风，我们也打算把全马来亚保存下来，对于这一点，我弄不清楚。

2. 与之相反，假如你查看澳大利亚政府在1941年12月1日汇报首次新加坡会议的电文，就能见到下面的内容，而遗憾地说对了：

“代表团所得出的总论是，远东在缺少一支主力舰队的情形下，这一区域现在能够拿来保护马来亚的军力跟装备，根本抵御不了日本军队的大举侵犯。”

3. 下面的军力是联合王国三军参谋长安排的：

(1) 以为需要用来守卫马来亚的陆军。

(2) 提供给 (1) 项军队的所有装备。

(3) 对马来亚“保障一定程度的平安”所需要的空军。

4. 我们已竭尽所能对这一区域提供了一切我们在陆军、空军跟给养部分的实力，同时不断强调对一切防御任务的增强。不过此时，一些不思进取的观点已经出现。按照日军的大举进攻，这是错误的。在 (12月5日) 的电文中，我表示情形堪忧的理由就是这个……

6. 澳大利亚政府早在1937年就获得过担保，表示让新加坡成为不可攻破的要地就是联合王国的目标。帝国国防委员会在1933年对新加坡防卫进行考察时，(澳大利亚) 高级专员曾提出过有关新加坡失守或主力舰队无法发挥力量所产生的严峻恶果。他表示，事实上，新加坡的安全以及驻守在这里的主力舰队是澳大利亚整个国内防御系统的根本。他还表示，假如对这点不具备相应的掌控力，基于澳大利亚海军抵御侵犯能力的不够强大考量，为了应付这种危机，必须要谋划建设更强大的陆军以及海军。我之所以再讲以前的事，只不过是想要详细解释一下我们所尊奉的有关帝国以及地方防御工作的观点。对于我们在太平洋战争中所肩负的责任，我们并不具备足够的条件，我们与其余战区协作的决议已因此受到阻碍。

7. 我对克里特岛以及希腊的看法并不代表我在谴责你，同时我没有针对任意一个人作结论。不过必须要承认，空军援助的领域并未依照承诺……我希望澳大利亚人民对事情真相作进一步的了解，不要认为大功告成，最终反倒因为事实真相而失望，因此我才坦白告诉了他们。

8. 有关联合王国的人们所做出的非凡贡献，并未有人如他们澳大利亚的亲戚们那般怀有如此崇敬的态度。但是，对于我们所做出的贡献，乃至你觉得我们并未干过的各种事情，我们一律不进行解释。就像你所了解的，帝国各地区有着不一样的情况，具备不一样的条件，并且各自有各自的难题……

对于澳大利亚政府所遭受的灾难和他们所面临的危机，我有充分体谅的责任。不过我必须要提到澳大利亚各党派，尤其是工党，在战争爆发前对防守工作的对纵容策略的支持。因为我所应持的态度都在这封电文中，因此应该将它放在这儿。

首相致卡廷先生　　　　1942 年 1 月 19 日

1. 十分感谢你坦白地提出建议。有关战前防卫工作的懈怠以及纵容策略，我一点儿责任也没有。我曾经在在野党十一年，而且我在战争爆发的前六年期间曾经不停地进行劝告。在另外一方面，我自 1940 年 5 月担任首相开始，在安排资源的缓急轻重和平常的分派方面，所有责任都由我承担了。本国自那时开始就不停地将军队与飞机派遣到中东，把我们的输送量施展到了最高程度，一切能够输送飞机跟坦克的方式都被采用了。在我看来，与新开辟的美国、英国、荷兰、澳大利亚战区相比，中东这一战区更加迫切。有关向俄国输送武器的承诺，我们不得不兑现。对于日本的举措，没有人可以预料到。不过我清楚地知道，只要我们跟你们遭到日本的攻击，美国就会加入战争，绝对可以保障澳大利亚的平安以及最终的成功。

2. 就在三个月以前，我们在皇家澳大利亚部队驻守的中东，面对着隆美尔自西面与北面的双面夹攻，要扫除高加索、波斯、叙利亚、伊拉克所带来的危险。在这种艰难情况下，种种战术都表明一定要倾尽全力削弱侵略军的军力。在用我们的力量连成最强盛的地中海东岸——里海战线的时候，我认为要尽量解决隆美尔。以我们的能力，绝对应付不了这条战线。最后，隆美尔的军队被消灭掉了三分之二，并且清除了昔兰尼加。不过，这些都只是幸运罢了。说实话，在韦维尔被奥金莱克代替时还未定输赢。

3. 尽管我无法担保可以歼灭隆美尔所有军队，但我们最起码获得了确切的胜利，我们已经从一个巨大危机中脱离出来，主要军力获得了自由。与此同时，俄国令人震惊的、预料不到的反抗让我们有足够的时间喘口气，或许在地中海东岸——里海前方战线会更不错。如此一来，我们就可以将中东的印度第十七师、英国第十八师、澳大利亚第七、第八师和实力强劲的飞机以及装甲军队派遣到远东战区。我们正抓紧时间执行。假如隆美尔打赢了我们，假如高加索、巴库油井以及波斯都惨遭迫害，你可以想一下我们将会有怎样凄惨的境遇。当日本尚处于和谐的情况中时，假如将解决隆美尔需要的军力用来支援马来半岛，我坚信这是不对的。总是想着安稳，就总是强盛不起来。

4. 俄国的成功、我们抵御隆美尔的重大胜利以及日本一并袭击了我们和美国，这些应该让我们感到幸运。在曾经和未来，我们必须要遭受恐怖的威胁，担负这种责任的人应当是所有在任的与不在任的以及尚未意识到纳粹党的可怕、未趁它尚且不够强大时进行歼灭的人们。

5. 没有人能够料想到，我们与美国的海军会在 1941 年和 1942 年交替之时遭受一连串的打击。美国海军在太平洋上占上风的状态在一小时内被冲破。又一个小时后，“威尔士亲王”号与“击敌”号沉没了。如此，太平洋的掌控权被日本暂时掌握。在远东地区，我们将会继续遭受痛苦的惩治，这一点毫无疑问。在新的阻碍你们的危险中，我应该同意调派地中海快舰三艘、“皇家”级战列舰四艘以及刚修理完善的“沃斯派特”号组建一支新的印度洋舰队前去守护你们，这或许会有非常大的效果。

6. 有关“巴勒姆”号沉没的情况，我已经通知你了。我此刻不得不告诉你，“人控鱼雷”在水底毁掉了“伊丽莎白女王”号以及“勇敢”号。因为这个鱼雷，一艘战舰在三个月内不能行动，另一艘则要六个月不能行动。对手还不知道前面提到的那三艘军舰的具体情况，你应该清楚我们不需要提醒他们。对于这最新的绝密信息，我必须要请你保密。

7. 但是，这种糟糕的情况会改善的。美国在 5 月份将会有一支优秀舰队到达夏威夷。我们曾激励他们，假如他们有需求，就会从大西洋撤离他们那两艘新式战舰，这种做法是毫不顾及我们的责任会被加大的。在四艘新型航空母舰中，我们正准备调出两艘，或者是三艘，派遣到印度洋。“沃斯派特”号将要抵达那儿，“勇敢”号也会尾随而至。如此一来，假如再没有灾难发生，我们在印度洋与太平洋上海军实力的对抗必定会占优势，日军现在所具有的信心将会在所有海外军事活动中丧失。并且，为了转变缺少战列舰队的情况，我们正在想办法增强地中海的空军实力。将要来临的“岸森”号（我们最新型的战列舰）以及组建好的“约克公爵”号，使我们可以应对由于支援太平洋而使大西洋的美国军力大量降低的形势。

8. 我们应当齐心协力共同合作，而不应当心灰意冷、相互责怪。请不要质疑我对澳大利亚以及新西兰的赤诚。对于未来，我无法承诺什么。我坚信我们眼前面临着严重的危机，不过，我有前所未有的自信，坚信我们会平安地、光彩地摆脱艰难的境遇。

收到以下回电：

澳大利亚总理致首相　　1942 年 1 月 22 日

1. 对你详细的回答表示感谢，为回报你的盛情，我们愿意同心协力。

2. 就像你曾经预测到的欧洲事件那般，我们认为与在伦敦时相比，我们对太平洋的形势了解得更明白了。

3. 很遗憾，我们对马来亚的观点被事情真相证实了，我因为戈登 · 贝内特关于严峻形势的汇报而感觉十分担忧。

4. 你所设定的长远纲领是激励人心的，不过，不远的未来有着迫切的需求。日本军队将会遭受大范围的反攻，并且我们准备将他们从占据地点驱赶走的队伍，或许还会受到毁灭性的重击。

对于日本对远东地区的威胁，澳大利亚人认为他们知道以及预想到的要多于我在伦敦获知的和预料到的。这种观点的判别依据只可以是整个战争局面。他们应该做的是聚集所有注意力对他们自身的境遇进行探讨。我们必须要为大家考虑。

* * *

在抗日战斗的所有活动中，为了让澳大利亚、新西兰以及荷兰政府全力进行长时间的协作，我们提议在伦敦组建一个机构。有关它的最终形式，我汇报给了澳大利亚总理以及新西兰总理。

1942年1月10日

（应该）让部长级的成员组建一个远东委员会。主席可以由我担任，其余成员会是掌玺大臣（我在国防委员会上的代表就是他）达夫·库伯以及澳大利亚、新西兰、荷兰的代表。假设澳大利亚的代表是厄尔·帕奇，最初或许是高官担任新西兰代表，另外需要一位荷兰内阁大臣。委员会会跟联合王国联合计划委员会成员一同商议，让自治领联络官的参谋小组帮忙。会议的工作就是总结代表国的观点并汇报给主席，同时向委员会转达主席的观点。自然，这并不会对厄尔·帕奇如目前这样在有关澳大利亚的事情上参与内阁会议有任何影响。你赞同吗？我正试图与弗雷泽和荷兰政府商议。

太平洋作战委员会在2月10日进行首次会议。我作为主席，有掌玺大臣、外交大臣、荷兰首相（P.S.哥布兰蒂博士）、荷兰大臣（乔基尔·E.米切尔·范·维托那）、厄尔·帕奇博士（澳大利亚的代表）、W.J.乔丹先生（新西兰的代表）、埃默里先生（印度与缅甸的代表）以及三军参谋长参与了会议。中国代表也曾参与了之后的会议。“审核整个太平洋抗日战斗所进行的大范围的基础策略”就是会议的首要工作。

在罗斯福总统的带领下，一个太平洋作战委员会在华盛顿建立了，这两个委员会联系紧密。1943年8月，最后一场会议在伦敦举行。原先的组织接着指导战斗，不过，对于战斗怎样发展，太平洋作战委员会的会议可以让并非常设机构成员的国家进行发言。

很快，一些灾难打破了决议。

# 第二章　沙漠上的磨难

**隆美尔退往阿盖拉——缺少输送工具——凄惨的1月——我在华盛顿与奥金莱克互通的信件——奥金莱克仍旧信心满满——他打算在2月中旬发动攻击——1月15日他的来信——我方第三十军收服巴尔迪亚、哈尔法亚以及一万四千名士兵——我返回伦敦——我准备汇报书给议会——隆美尔展开威力侦查——糟糕的信息——震撼：班加西失守了！——奥金莱克去往前进司令部——1月26日他的来信——隆美尔采用他的长处——从班加西撤离——奥金莱克在1月29日的汇报以及1月31日的汇报——我们大概往后撤离了300英里——变幻莫测的命运——英国装甲部队的数目以及质量——第一装甲军事件——具有长远作用的失败**

上一卷书阐述了奥金莱克将军在西非沙漠地带通过长时间筹备之后获得的成功和图卜鲁格的获救。我在走访华盛顿的时候认为自己可以信心满满地对他以后的活动进行评论。不过，隆美尔反而想办法把他的军队有条不紊地撤退到加柴拉南边的地区。戈德温·奥斯汀率领第十三军在这儿袭击了他。在战争进行三天后的12月16日，他不得不撤退。我们的机动军队为了阻挡隆美尔顺着滨海向班加西的通道撤离，打算自沙漠的一侧曲折围困。糟糕的气候，坎坷的路途，特别是供给的困难……全部导致这个打算没有成功。尽管对手的装甲军在第四英印师的追赶下情况糟糕，却依然抵达了班加西。对手的装甲军队经过梅基利，顺着沙漠撤离，随后追击的是我第七装甲师。很快，第七装甲军的追击获得了警卫旅的援助。

此时，我们期望再次获得与去年相似的成功。那时候，意大利部队自班加西往南撤离，我方快速往安塔莱特进发，所以阻断了他们。大量敌军被虏获。不过，要想适时供应一支非常强盛的军力，却是无法做到的。对手也已彻底意识到他们有可能再次被困在重重包围中。所以，在先行军队抵达安塔莱特的时候，我们注意到这个地方有着坚实的防守，无法通行了。在这条防守线后方，隆美尔将他全部的军力都撤离到了阿杰达比亚，据险固守，抵抗我方部队。同时，他还在阿盖拉建立了坚固的基地。1 月 7 日，他平平安安地撤退到了那儿。

第十三军的后勤这时候早已穷途末路。因为糟糕的天气以及敌人飞机的骚扰，班加西港的整顿工作遗憾地被耽搁了。因此，先驱部队的供给必须由图卜鲁格出发，然后经由陆军运送，这样剩下来的就很少了。因为这个原因，也无法将班加西的第四英印师调遣到南面，我们只能依靠警卫旅和第七装甲师来抵抗对手阿盖拉的军力。一月中旬，刚从国内调遣过来的第一装甲师代替第七装甲师防守。有一段时间，这些军队因为力量较弱，不但无法展开攻击，也无法动手修缮预防反攻的防御工程。

*　　*　　*

一年之后在同一个倒霉的地方，英国 1942 年在沙漠地带的整场战斗又在军事磨难中被毁灭。在这凄惨的一月，到底有怎样的事情产生，这需确实具体地讲述一下。

我收到奥金莱克将军在 1 月 9 日发往华盛顿的电报，在对他的安排进行描述以后，以下是他汇报的情形：

> 下面是推测敌人或许会采取的活动。在阿盖拉—玛拉答战线固守。阿盖拉部分由意大利第十军团、布雷西亚师以及帕维亚师

驻守，让德国第九十轻快师士兵支援他们。意大利机动军、特兰托师、的里雅斯特师以及德国第九十轻快师士兵在玛拉答驻守，抵御我方自南边围攻阿盖拉。德国第十五军与第二十一装甲师或许还会把爱利尔特装甲师当作后援，预备反击。

第二日来电

昨天，位于阿杰达比亚西南十二英里的警卫旅团（两营）基地依然被围困着。

我那时候在白宫地图室内工作，对于这些语句平淡的电报，很容易就能意识到它们说明了什么。

首相致奥金莱克将军　　　　　　　　　　1942年1月11日

我担心这封电报到达的时候，对手七个半师大多早已趁机逃跑，如今，正顺着交通线撤退。我还了解到，根据汇报，重达一万吨的九艘商船已经平安到达的黎波里。大家都很清楚，你认为你沿着阿卜德这条线直走，就一定可以把隆美尔的意大利步兵部队阻断，然而如今看来他们逃跑了。这些状况将会给“杂技家”计划（直接攻入的黎波里）带来什么样的后果？我可以肯定，你跟你的军队早已倾尽全力，然而我们不得不对眼前的结果予以重视，它们对“体育家”以及“超体育家”的行动将会造成很大阻碍。

在这里，海战对第八军团的前程所造成的巨大影响不得不再次被关注。K舰队（马耳他舰队）的覆灭，接着是“海王星”号巡洋舰于12月19日在的黎波里周边水雷区的毁灭，导致载满重大供给物品的敌方护卫舰队可以顺利渡海，在紧要时刻支援隆美尔的部队。

请谨记，假如魏刚将军乐意的话，“体育家”就是我们在法属北非支援他的行动。因为这个原因，我们命令一个装甲师与三个野战师严正以待，一接到指令就马上从英国出发。同时，一个有一定士兵的空军分遣队也被我们命令严正以待。对于我们的建议，魏刚和维希均未正面回复，不过，我们始终盼望着能解决隆美尔，并且占领的黎波里，方便直接进攻突尼斯。这样，就有可能激励他们双方或者双方中的一方改弦易张。英国和美国干预法属北非的更庞大的方案就是“超体育家”，这获得了罗斯福总统的极大支持，对此我已经意识到，尽管它在我 12 月 16 日所交的报告中被作为 1942 年战争中英美两国在西方最重要的两栖作战。所以，对我以及我所有的观点而言，与在沙漠地域只是阻止我们往西进发相比，敌军在阿杰达比亚的坚守以及他们整整齐齐地往阿盖拉撤退具有更大的影响。实际上，这在我跟总统商议的所有方案中是没有好处的一点。但是，根据奥金莱克将军后来的电报可以知道，所有事情似乎都很顺遂，具有决定作用的举措已经迫在眉睫。

奥金莱克将军致首相　　1942 年 1 月 12 日

1. 在我看来，尚且无法宣称敌方各师大多数已避开我们。是的，他们对外宣称时还使用师的名号，然而这些师只是虚有其表。例如，我们清楚德军第九十轻快师原本有九千名士兵，如今仅仅有三千五百名士兵，并且仅剩下一门野战炮。

2. 按照我的估测，在德意原先的军队中，有不到三分之一的人趁机逃跑，其中共有一万七千个德国人和一万九千个意大利人。这些人毫无纪律，不仅没有高级指挥官，而且资源匮乏，再因为我军持续不断地施压，他们早已疲惫不堪，绝对不具备三万五千人那么强的实力。

3. 我坚信在不久之前，的黎波里迎来了六艘船舰（每艘平均重七千二百吨）。

4. 我相信我们应当实行“杂技家”方案，这有太多的原因，让德国接着在俄国跟利比亚两条战线上遭受袭击就是其中比较紧要的原因。我和里基将军都绝不会因为局势的逼迫而妄自行动，对此我向你担保。不过，得到俄国战区使人兴奋的信息，我认为我们应该倾尽全力保持来自利比亚的重压……我坚信，与我们所能预测的相比，敌军面临着更艰难的状况。

奥金莱克将军致首相　　　　1942年1月12日

1. 敌方好像全部撤到了梅尔塞—卜雷加港—马特克斯—季奥芬—阿盖拉区域，我方在这条战线的东面与南面与敌方交锋。按照我们所获知的敌军安排，他们的体系跟战斗队的数目似乎很少，他们正利用德国部队仅剩的资源去增强意大利各师剩余的力量。

2. 作为一个陆面阵地，班加西有非常不错的扩张，然而糟糕的天气始终没有变好。有的时候是非常严重的沙尘暴，一切都被遮挡住，简直什么都看不见，以至于严重阻碍了装卸运输。

3. 里基将军正实施他的方案，我期望很快我们就有更加强大的军力聚集在前线。敌方部队的薄弱以及崩溃趋势愈加严重。

首相致奥金莱克将军　　　　1942年1月13日

欣然获悉12日的电报。今日，我让总统阅读了。我坚信你打算努力挺进，同时尽量在阿盖拉—马腊拉战线上开战，这非常不错。不管会有怎样的后果，我都会赞同你。

在阿盖拉基地上，隆美尔的军队自1月12日至1月21日始终毫无动作，但是自地中海到南面的“利比亚沙海”有将近五十英里的空缺。这个区域的盐田、沙丘以及小悬崖都对防御有利。敌军小心谨慎，为了增强它们，使用了地雷跟铁丝网。奥金莱克将军认为，在2月中旬之前不可以对这个基地发动攻击。他在这段时间让警卫旅的两个主力营与第一装甲师的援助部队跟隆美尔的部队僵持着。在这个地方的后面，在90英里外的安格莱特，梅塞维将军率领的英国第一装甲师的残余军队就驻守在那里。这些军队和在班加西及其东边区域守卫的第四英印师组建成把戈德温—奥斯汀将军当作主帅的第十三军。这一军队太过分散，因为后勤方面的艰难，形成了前线虚弱、援助部队距离太远的形势。并且，也未采取用地雷或者其他障碍物来守卫英军前方的举措。根据安排，假如隆美尔发动攻击，我们打算撤离先驱军队。但是，奥金莱克将军不认为隆美尔还有实力发动攻击。在他看来，他拥有足够的时间来增强军力，并安排好供给。

奥金莱克致帝国总参谋长　　　　1942年1月15日

1. 很明显，敌方正对阿盖拉附近的基地加固。……预估敌方在前线的所有军力为：德国有一万七千名士兵、五十门野战炮、七十门反坦克炮、十二辆中型坦克车以及二十辆轻型坦克车；意大利有一万八千名士兵、一百三十门野战炮、六十门反坦克炮以及五十辆M13型坦克，大概是原来军力的三分之一。

2. 我们的先驱军队，其中包含警卫旅团、第一装甲师与第七装甲师的援助军[①]、装甲车团四个以及第二装甲旅，他们与敌方整个战线进行交锋，巡逻队已经抵达阿盖拉—玛拉答地区。

3. 敌方并没有在空中以外的地方发动进攻。最近，他们的空中行动越来越频繁，可能是因为抵达的黎波里的船只解决了燃料难题。我们的空中部队维持着频繁的行动，一边攻击敌军，一边庇护我军港口与先驱军队。我军港口与班加西东面的公路交通线持续遭到敌军飞机的袭击，不过损失并不大。

4. 班加西港口进展顺利。尽管由于糟糕的天气、不平静的海面而耽误了，供给物依然在装卸。

① 在敌方发动攻击前两日的1月19日，第七装甲师援助军奉命撤退，再次编制。——原注

*　　*　　*

前不久得到汇报，报告说我第三十军降服了巴尔迪亚、塞卢姆、哈尔法亚、一万四千个俘虏以及大量战斗物品，并且我方的牺牲人数少于五百人。同时，我方还有一千一百名军人脱困。

*　　*　　*

在从百慕大返回我国之前，我并未获得什么更紧要的消息。在与总统道别时，我的确有一种感想，认为我们有关在北非大事有风险的观点慢慢相符合，最后证实这种感想全部是正确的。我抵达伦敦之后仍然都是好消息，虽然在新战役爆发之前，很明显会有一个暂停期，不过与我们原本预想的相比，这时期要更长一些。

我刚刚返回本国，还必须在百忙之中筹备一场正规的议会讨论。自打我上回在下议院进行了长篇演讲后，很多关乎世界的大事发生了，如今应当汇报给全国。从我能够自报纸上获得的信息到我每天起码要用一个小时看的文件，全都表露出越来越激烈的谴责与惶恐，认为我们很明显并没有完全筹备好抵抗日方在东方与远东的突击。民众认为沙漠地带的战斗展开得非常好。我非常开心可以将实情告诉议会。我希望我的同事们给我足够的时间。

*　　*　　*

遗憾的是，奥金莱克将军轻视了敌方重振旗鼓的实力。在空军少将劳埃德坚定果断的指挥下，马耳他岛上的皇家空军曾在秋天攻击了意大利港口与船舰，推进了陆战的成功。然而，它在 12 月遭受了聚集在西西里岛上的德国空军中队的强大攻击，被摧毁了。最近这段时间，我们在海上的失败使海军上将坎宁安指挥的舰队减少很多，导致这个舰队在一段时间内无法对去往的黎波里的交通线进行有效的阻拦。如今,隆美尔已经能随意获得供给物资。他在 1 月 21 日派遣了三个纵队，每队大概有一千个获得坦克援助的摩托化步兵，进行了威力侦查。我方军队缺少庇护的坦克,军队接合部的空缺被这些纵队快速冲破。因此，戈德温 · 奥斯汀将军下令撤离，首先撤到阿杰达比亚，随后把敌方从安塔莱特前往莫苏思的道路切断。

噩耗在 23 日传过来。

奥金莱克将军致首相　　1942 年 1 月 23 日

1. 很明显，隆美尔在 1 月 21 日往东转移，是由于预测到我方将会袭击他们。他注意到前方只会接触到轻快军队，显然下定了往前移动的决心，试图把我们重要的交通线打乱。他好像觉得这条线的阵地是班加西。根据报道，在 1 月 21 日，于阿杰达比亚东南曲折难走的沙丘地区撤离的时候，第一装甲师援助队的几个纵队毁坏了七门大炮、一百辆机动车辆。一些人牺牲，具体情况不清楚。

2. 假如隆美尔非要前进，尤其是在交通枢纽班加西地区，他好像会让他往东的侧翼遭遇我方装甲军队的袭击，我们大概有巡逻坦克一百五十辆以及美国坦克在那儿。估计昨晚差点潜入到安塔莱特的一小队敌方纵队是一支突袭队。

3. 对于阿杰达比亚重新被敌方占领，我认为国内民众或许会惶恐不安，不过，这正好引诱隆美尔继续推进，自取灭亡。我们打算攻击阿盖拉的侦查等等筹备任务被隆美尔的行为阻断了。不过你也清楚，不管是过去还是目前，在班加西与其前线应该组建充足的储备军一直是推迟不进的重要原因……我坚信，里基将军正等候时机，要在比阿盖拉更有优势的地区进行交锋，原因是阿盖拉不但有沼泽地，并且道路不通……

那时，我接纳了这种观点，对于21日爆发了怎样的状况，所有先驱军队正快速撤离的情况，我一点都不知情。截止到现在，我不会想到会遭遇灾难。与之截然相反的是，我得到的是英国军队将要发动攻击的消息。可能我们往的黎波里达尼亚的转移已被耽搁，然而，奥金莱克仿佛对未来比较胸有成竹。但是，意义不一样的消息在24日那天传了过来。

奥金莱克将军致首相　　　　　　1942年1月24日下午3时

……很明显，敌方可以用出人意料的军力往前移动，看上去，我们的先驱军队确实因为他们最初的发展遭遇了临时阻碍。你很清楚，这些军队的力量并不强，已经被驱逐出大路……隆美尔又勇敢地进行了一次攻击……或许他没有预料到的初步胜利会同去年那般让他忘乎所以，贪得无厌。然而，他这次的供给状况比去年差了很多，并且他那时候还拥有生力军。尽管形势的进展无法尽善尽美，不过我期望扭转它，使之最终对我们有利。

但是，仍是让人震撼的消息。一封军事电报在24日夜晚到达。

第八集团军海军联络官致地中海总司令　　　　1942年1月24日

正展开从班加西撤退的筹备任务，只是当作预备方案。目前还没有下达指令展开摧毁行动。在这种状况下，普通人员正进行夜晚转移，尽量向东迁到比较远的区域……只要班加西被攻陷，德尔纳也会守不住。

听到这个信息，我就把以下电报发给了奥金莱克。我尚未自他那儿获得相似的汇报。

首相致奥金莱克将军　　　　　　　　　　1942年1月25日

第八集团军从班加西与德尔纳撤退的汇报，令我感到很惶恐。确实，任何人都没有让我想象到居然有可能发生这种情况。普通人员已经往东转移，班加西的摧毁任务还没有得到指令，战役将会因为这所有的情况而产生改变，与我们所预想的完全不一样。在安塔莱特地带，你的确遭受了严重阻碍吗？我们全新的装甲部队无法与重振旗鼓的德国部队对抗吗？我认为这是一个重大危险，在我看来是难以预料的危险。他们为何要这么迅速地撤退？为何第四(英)印师不在班加西固守着，如同哈尔法亚被德军固守那般？如今布置明显所面对的这种推脱，代表着“十字军军人”方案的失利以及“杂技家”方案的泡汤①。

奥金莱克立刻前往里基将军的前线司令部。

奥金莱克将军致首相　　　　　　　　　　1942年1月26日

1.昨天，我坐飞机从开罗到达这里。情况糟糕，尽管第一装甲师与警卫旅团历经激战，很明显局势无法被平稳下来。昨天，我方军队被敌方逼退到莫苏思，并且已经跨越这个地方，但昨天晚上，依然在其东面转移的纵队曾经同敌方交战②③。

4.经过我的同意，重装备与阵地设备已经从班加西撤离，以当作一种防御举措。第四印度师已经被里基将军直接率领，同时他还下令让这个师自班加西南边竭力攻击。另外，派遣混合纵队将安塔莱特地区敌方的交通与侧翼阻断。第一装甲师正倾尽全力在察鲁巴南边与梅基利西边牵绊住敌方部队，同时守护第四印度

① 我方攻击利比亚以及往的黎波里推进的计划。——原注
② 具体布置请查看地图。——原注
③ P28，1942年1月在沙漠上的挫折——图注

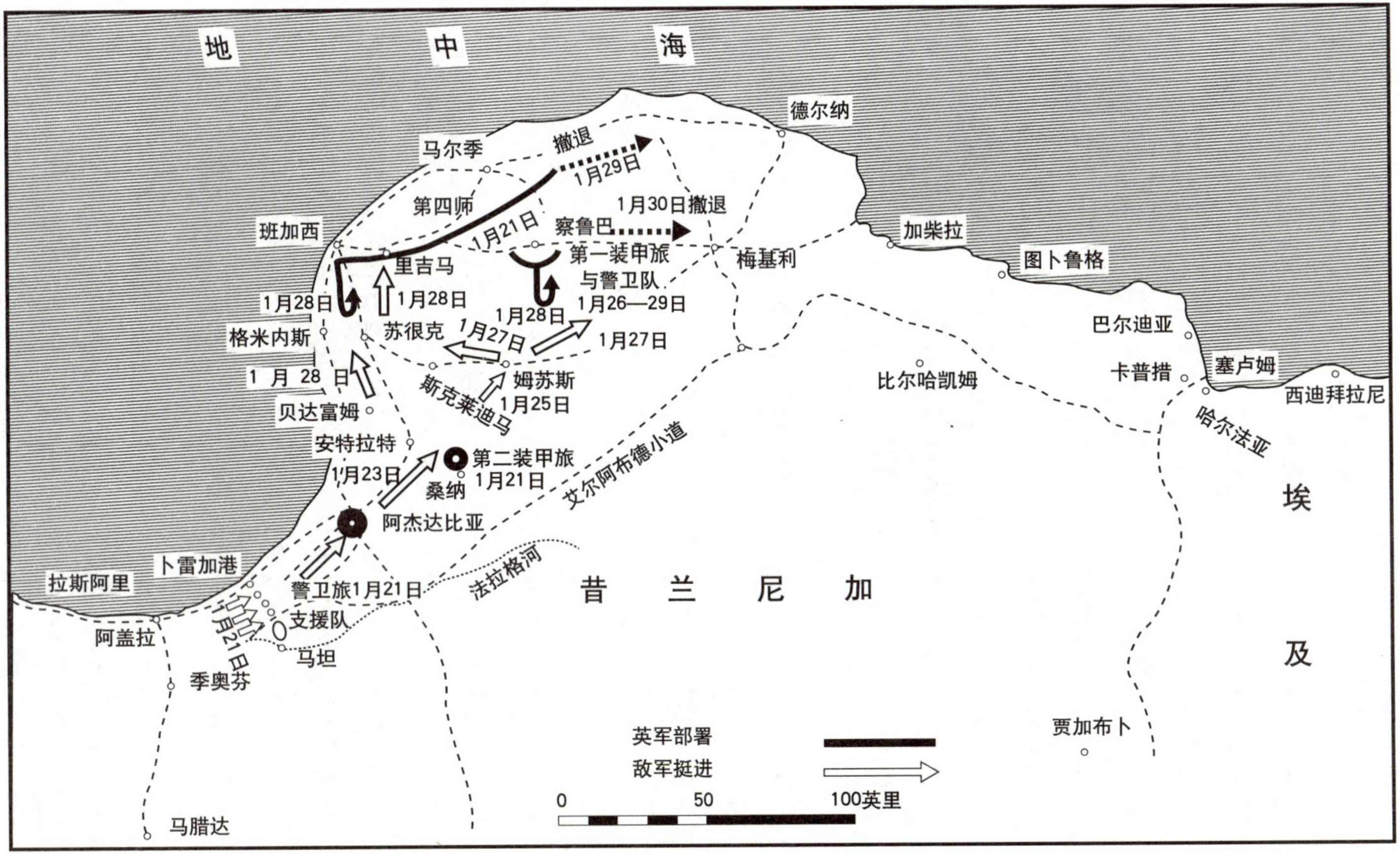


1942年1月沙漠上的挫折

师的侧翼。

5. 通过交锋，断定敌方的编排为第十五装甲师、第二十一装甲师、爱利尔特师以及第九十轻快师。

在莫苏思布置好主力部队后，隆美尔随时可以往西北攻击班加西，或者往东边攻击梅基利。他是两边夹击的。占领班加西就是他的目的，不过，他还调派一支军队去东北，假装攻击我军的交通线。这个假装攻击是非常得手的。我们快速打消了准备派从班加西调来的部分第四印度师、装甲师和从察鲁巴调来的警卫旅往南反击的打算，从班加西撤离，第十三军全部撤退到加柴拉 - 比尔哈坎穆战线上。

* * *

班加西的沦陷立刻变成了突发事件。

奥金莱克将军（在前线指挥部）致首相　　1942 年 1 月 27 日

有关在班加西尽早展开活动的汇报同样让我很担忧。我已经查明，很明显中间有误解，或许是因为下级统领行动太过轻率，居然下令撤离所有海军，同时在撤退以前把几艘驳船和港口上的系船柱给摧毁了。由陆军执行的重要的码头摧毁任务全都没有付诸行动，除了几个敌方储藏库被摧毁以外，所有摧毁任务均未执行。很明显，一部分汽油被皇家空军毁掉，但这只是失误。这些能够预防的失误是让人惋惜的。不过，这并非严重的损伤。我正追问根由。

奥金莱克将军对军事行动进行详细叙述后，把情况的过程总结在下面：

……我恐怕我军的装甲军队确实并未与敌方部队认真交锋。他们损伤惨重，却无法让敌方遭受相同的损伤。还不知道是什么缘故，可能是因为我方部队太过零散，无法聚集起来统一攻击敌方汇聚的队列。这也许只是很多原因中的一个。如今，第一装甲师或者这个师的剩余军队已经聚集，得到装甲车队的庇护。我期望它能马上参与战斗，不过，我在静等第一装甲师师长的汇报。还要查明其余部分的活动，这会马上展开。与此同时，目的是要夺回主控权，牢牢逼近敌方部队，在必要时把他们歼灭，至少也要迫使他们撤离。对于这个目标，我坚信里基先生已经作好决定予以完成。目前，我与特德在这个地方住着。

次日的电报。

敌方已经分散军队，很明显，他们意图将梅基利与班加西阵地攻陷。隆美尔一向喜欢使用这种果敢的方式，同时能够证明我方抵御进攻的实力被轻视了。他大多数的坦克极有可能负责突袭东面。他的推进，除或许会往班加西前进之外，并未对里基将军拟订的反击行动造成影响。

*　　*　　*

在这儿，我很明白，奥金莱克将军始终不知道沙漠地带爆发的事情。第二装甲师，事实上是第十三军的际遇，他在任何一份电报中都不曾提到。目前，他既然待在里基将军的司令部，我期望他可以把事实调查清楚。我那时候同样毫不知情。

首相致奥金莱克将军　　　　1942 年 1 月 28 日

1. 我完全相信你，我对你可以坚守下来表示开心。

2. 有关隆美尔所抱目标的报告，你肯定已经读过了。他居然企图把班加西－莫苏思－梅基利这个三角地区清扫干净，接着再向阿盖拉周围的等待线撤离。我方部队坚守下去的必需性好像由此提高了。

3. 有关敌方弱势军力打败我方装甲部队的情况，我非常着急地想要从你那儿了解更多。这是一次重大的挫折。

对于这次爆发的灾祸，他并未作丝毫解说，仅仅抱怨说我方坦克的质量太差，但又接到了更加糟糕的信息。

奥金莱克将军致首相　　1942年1月29日

情况越来越严重，或许我们不得不暂且从班加西撤退。今天早上，敌方掺杂着各种兵种编制而成的两个纵队凭借占上风的实力逼退了第七印度步兵。敌方每个纵队起码拥有二十五辆坦克。

与此同时，从南边过来的一支强大的纵队往阿比亚尔移动，这支纵队起码有机械化车辆一千五百辆。由于可能面临着被围攻的危险，第四印度师师长打算在必要情况下暂停班加西南面的活动……依照这种情况，我觉得他没有做错。班加西的摧毁任务已经开始实施。我们无所顾忌。

不得不说，敌方以及我们都没有料想到他们的成功。他们使用了果敢、巧妙的策略。如今，必须观察一下他们要怎么分散莫苏思地区的装甲军队才可以有足够的实力攻击班加西。我们跟隆美尔都在冒险。截止到目前，事实证实他没有错，不过此刻，我与里基将军正竭尽全力试图挽救局面。第一装甲师折损了很多坦克与大炮，这支主力军的战斗力或许短时间内遭到了削减，希望不会这样。

据我所知，涣散、无秩序的情况是不存在的，并且士兵也没有失去斗志。

奥金莱克将军致首相　　　　　　　　　　1942年1月31日

1. 在昨天下午收到1月28日的电报，非常感谢。非常不幸的是，我们不得不将班加西抛却，不过这仅仅是短时间内失去。

2. 对于第一装甲师的活动，相比我们每日可以真正严正以待的坦克，我不清楚敌方的坦克到底会低多少，尽管我们原本位于作战地区的坦克实力极有可能是高于他们的。对于我方部队战斗失利的一些原由，我已列举给你了，我认为这些理由是成立的。我已提出了其余没办法在现在处理的难题，那就是与德国军队的大炮相比，我方的两磅弹大炮射程太短、性能太差，并且与德国军队的坦克相比，我方的巡逻坦克在机械方面不可靠。同时，对于那种宣称我方装甲军队的战略指挥水准非常高超、可以将德国军队在物资上所占上风抵掉的观点，我同样不赞同。情况已糟糕到这种程度，不过也并非短时间内可以改变的。

3. 我无奈地得出这种论断，要想在必须成功的信心下抵抗德军装甲军队，那依照我们装甲军队如今这样的设备、系统以及指挥，起码要占二比一的上风。即便是如此，假如他们想要胜利，还一定要十分密切地联系步兵军队以及炮兵军队，原因是除了在反坦克炮上比较差劲外，步兵跟炮兵拥有足够的实力与德军相对应的军队抗衡。这些准则如今正严格根据形势的准许应用在这里，不过我依然很担忧，现象证明在某种情形下，皇家装甲军队的成员对他们的装备逐渐失去了自信。对于这一点，一定要竭尽所能予以改正。

4. 对于隆美尔有可能存有的企图，里基将军跟我正紧密关注着，不过不管这是怎样的企图，他必定会使用最弱的纵队来抢夺胜利，直到他遭到反抗。已筹备好应付这种活动的策略……

在沙漠战略上，隆美尔再次证明了他是高手，高过我们的领导，昔兰尼加的大多数地区都被他攻陷了。这次撤退简直退了三百英里，我们的期望破灭，导致我们放弃了班加西，失去了奥金莱克将军为期盼多时的2月中旬的攻击而筹备的所有物资。隆美尔肯定觉得奇怪，为何他在进攻时只运用了三个小纵队，在他可以聚集的部队的援助下展开袭击，居然还获得了绝对的成功。里基将军重新对第十三军的残余部队以及其余从加柴拉跟图卜鲁格地区调遣过来的军队进行了整编。追踪军队与被追踪的军队在这儿都筋疲力尽，彼此在5月底之前始终抗衡，之后，隆美尔才可以再次展开攻击。

局势方面的变幻莫测以及军事方面的巨大灾祸，主要是这种原因：事实上，敌方可以随意在地中海行驶，借此给他们的装甲军队援助与供给，他们还可以把俄国战区的大多数空军调遣回来。不过，却从未就现场的战略改变进行任何解释。1月25日是具有决定作用的一天，敌方部队在那一天攻破战区，直捣莫苏思。自此以后，隆美尔因为杂乱的情形与反复无常的策略而获得主控权。警卫旅不清楚为何不让他们进行抵御，但撤离的指令却一下再下，不得不听从，第四英印师并未获得时机做出贡献。

刚从敌方的文件中得知，我方的坦克竟没有敌方优良。他们非洲军团中参加战斗的坦克有一百二十辆，意大利军队有八十辆或者更多，对应我方第一装甲师的一百五十辆。但是，为何不对这一师充分运用，尚未进行解释。奥金莱克在电报中汇报称："这一师刚从联合王国过来，在沙漠战方面毫无经验。"这份电报还总结说："不仅德军所有坦克比我军厉害，并且我军的巡逻坦克在进行战斗时机械方面也稍显差劲。差劲的配备，再加上我军在机械方面的不靠谱，况且相比德国军队，我军极其缺乏反坦克武器，因此面临着更糟糕的情形。"

一定要认真研究研究这所有观点。我军具有的最出色的一支军队就是第一装甲师。这个军的军人大多数训练时间都超过了两年，拥有和我们正规军相同水准的效率。11月，他们在埃及上岸。从英国离开之前，他们曾按照所有新近的消息与经历，竭尽所能让他们的车辆适应沙漠环境。还在开罗的工厂中经历了例检，随后这一师经过沙漠往安塔莱特前进，在 1 月 6 日抵达。在从所有沙漠地带通行时，为保存好履带，就用输送车运着坦克前进，到达安塔莱特时一点损伤也没有。已运来的大量汽油在仓皇撤离的时候均被扔了。因为燃料用完了，导致很多坦克被抛在后方。

在按照命令撤离的时候，警卫旅遇到了大量汽油，由于敌方靠近，只能摧毁它们。但是，他们发现沙漠中有很多坦克，就尽量把很多汽油运走，自驾这些坦克。仅仅康斯特瑞姆的一个连就收集了六辆，并驾驶到了安全地区，其余部队获得的更多。实际上，有些连队依照德国那般，将收集到的几辆坦克与摩托化步兵相互协作，如此一来，与最初刚出发时相比，他们其实变得更有实力了。组建如装甲师那般的单位、专家以及经过训练的军人，要花费怎样的牺牲跟劳力。通过好望角将它运达，需要付出怎样的辛苦。派遣它去战斗，又要进行怎样的筹备——我们记起这些，再看见这样不恰当的处置所形成的结果，简直太伤心了。尽管德军与的黎波里的阵地相距四百多英里，却依然可以如愿，而我们则惨遭失利，相比之下，回想起来，就更加让人难以接受。在追究这些情况时，英国人们千万不要被人蛊惑，认为这次代价惨重、意义巨大的失败全部是由我方差劲的坦克技术引起的。

# 第三章　马来亚的惩治

**马来半岛的苦战——日军持续前进——昔加末——麻坡战役——我方部队撤往新加坡——一个能够争辩的策略难题——新加坡后备军的分散——博纳尔将军的备忘录——我对西海岸海军防务的抱怨——海军大臣的回复——韦维尔将军对长时间守卫新加坡的质疑——1 月 15 日我的电报——韦维尔在 1 月 16 日的答复——永远的接陆堡垒是不存在的——不存在野战防守——我在 1 月 19 日给三军参谋长的备忘录——三军参谋长在 1 月 20 日致韦维尔将军的命令——1 月 20 日给韦维尔将军的电报——强调维持滇缅公路通畅——韦维尔消极的汇报——三军参谋长的进退维谷——厄尔·帕奇爵士的干预——1 月 23 日卡廷先生的电报——“无法宽恕的叛离”——在新加坡，我们实行战斗到底的方案**

在上卷书中，我已经讲述了马来亚在 1941 年 12 月末之前的情况。新年伊始，我方由第九英印师与第十一英印师组建的第三军在陆军中将西斯的领导下，在东海岸和西海岸遭到了惨痛的袭击。顺着海岸公路，敌军已经从哥打巴鲁往南转移，如今已跟我军第九师的一个旅团在关丹兵戎相见。在西边，第十一印度师在金宝一个牢靠的山头基地坚守着，有一个旅在它的左边守卫霹雳河。第八澳大利亚的两个旅在柔佛州里停留，有一个旅在丰盛港的海滩驻扎着。敌方早晚会在这儿上岸，插入我方先驱军队的后背。到目前为止，日本军队为了应付我们，起码调动了三个师，船舰正在宋卡聚集，证明或许还有其他师要来。

我方急切期望的支援同样在来的路上。第四十五印度旅，也就是英国第十八师的主力旅，和五十架“旋风”式战斗机在 1 月中旬平安抵达。第十八师所有人员以及印度调过来的另一旅也将按时在月末到达。

在新加坡南面并不开阔的海面上，为了掩护这些输送船队，就要用到我方除了小型舰艇外的现存所有海军兵力和我军仅剩的、近乎所有的战斗机。所以，日本空军可以随意对我军以及交通线进行攻击。为忠诚地履行他们跟我们的协议，荷兰人已调派了四个飞行中队进行新加坡守卫战。然而，就像我们的中队那般，这些中队也只是徒然牺牲的一笔财富。没有战斗机的保护，余下的几架轰炸机起不了任何作用。获得时间，等候救援就是我方作战军队的工作。方法就是尽力把敌方牵绊在北边绵绵不断地基地上，从而让自己不必进行太多的战斗，避免对新加坡本国的守卫战造成阻碍。

在临近 12 月末时，为了方便顺着西海岸向敌军阵营的后方攻击，我们曾试图组建一支小型的两栖作战部队。我们在 12 月 27 日展开了一场袭击，并获得了不小的胜利。不过敌方掌控着近乎全部的上空，可以迅速让我军虚弱的海军无法从瑞天咸港开出来参与作战。一支刚从美国抵达的小舰队在 1 月 1 日被击沉，上面有六艘快速登陆艇。这之后，避开日军对海面的突袭是仅有的方法。

第一印度师在四天激烈的攻击中守卫着金宝基地，不过根据报告，日军于 1 月 2 日在霹雳河口周围着陆。如此，第一印度师就面临着失去退路的威胁。在瓜拉雪兰莪周围与后方相距几英里的地区，西斯将军预测将会发生一场海上攻击，命令皇家海军陆战队的其中一个小队在瑞天咸港进行海陆反击，然而却一无所获。第二天晚上，也就是 1 月 3 日与 1 月 4 日之间的晚上，似乎在瓜拉雪兰莪周边有部队着陆，不过并不清楚部队拥有怎样的力量。有关敌方活动的报告太少了，并且还很杂乱，不管怎么样，我方不具备进行抵御的实力。我方军队撤离后，为了预防后方攻击的威胁，在斯林河上再次组建了一条防卫线，并将一个旅的士兵调遣到西南方。

*　　*　　*

只剩下一批筋疲力尽的军队等候着下一场必然来临的进攻。他们在之前的三星期里大多都在持续不断地作战，所以对于1月7日降临的猛烈攻击，他们无力抵挡。趁着月夜，日本军队发动坦克顺着大路进击，而且闯过了防守线。两个旅全部失去秩序，损伤惨重，好不容易才突出重围。我们拖延敌军、等候救援的打算被这次惨痛的战败弄乱了，并且第九师也在东海岸遭到了极大波及。这个师驻扎在关丹的一个旅歼灭了两千名日本士兵，随后已经撤离，该师的全体人员都在劳乌周围集合。假如继续在西海岸上撤离，它的侧翼就会被发现。

与此同时，韦维尔将军在他去美国、英国、荷兰、澳大利亚司令部就职的路上，已抵达新加坡，对前线作了探访。他命令大力撤离，将日军彻底甩掉，让我方疲惫的军人在所有可以集合的新的军队或较新的军队的后方，得以喘口气。所选地方是顺着麻坡河一百五十英里左右的后面，右边与昔加末临近。指挥官是澳大利亚师的少将戈登·贝内特，总共有他自己军队的其中一个旅（第二十七旅）、自东海岸撤离的第九英印师和刚到的第四十五印度步兵旅。一直冲在前面的第十一英印师打算遣到后面休息。1月10日执行撤离。通过一些猛烈的后方守卫战以后甩掉了敌方军队，全新的防卫线也在四天后建成。并且，已经抛却了瑞天咸港的海上阵地，我方剩余的小型舰艇撤退到了本加兰港。一小队日军于1月16日在此从海上登陆。可以拦截它的只有两艘军舰，但敌军并未被这两艘军舰寻到。

此刻在新加坡，那支运载着第十八师主力旅（第五十三旅）和“旋风”式战斗机五十架的极其重要的输送舰队正在装卸。它们是在海空两军的保护下平安到达的。他们历经海路的危险，很难在敌方所掌控的上空范围内不遭受攻击。不过，这些支援军队的影响并没有它们所呈现的数目那么大。第四十五印度旅仅仅接受过一部分训练，并非老兵，

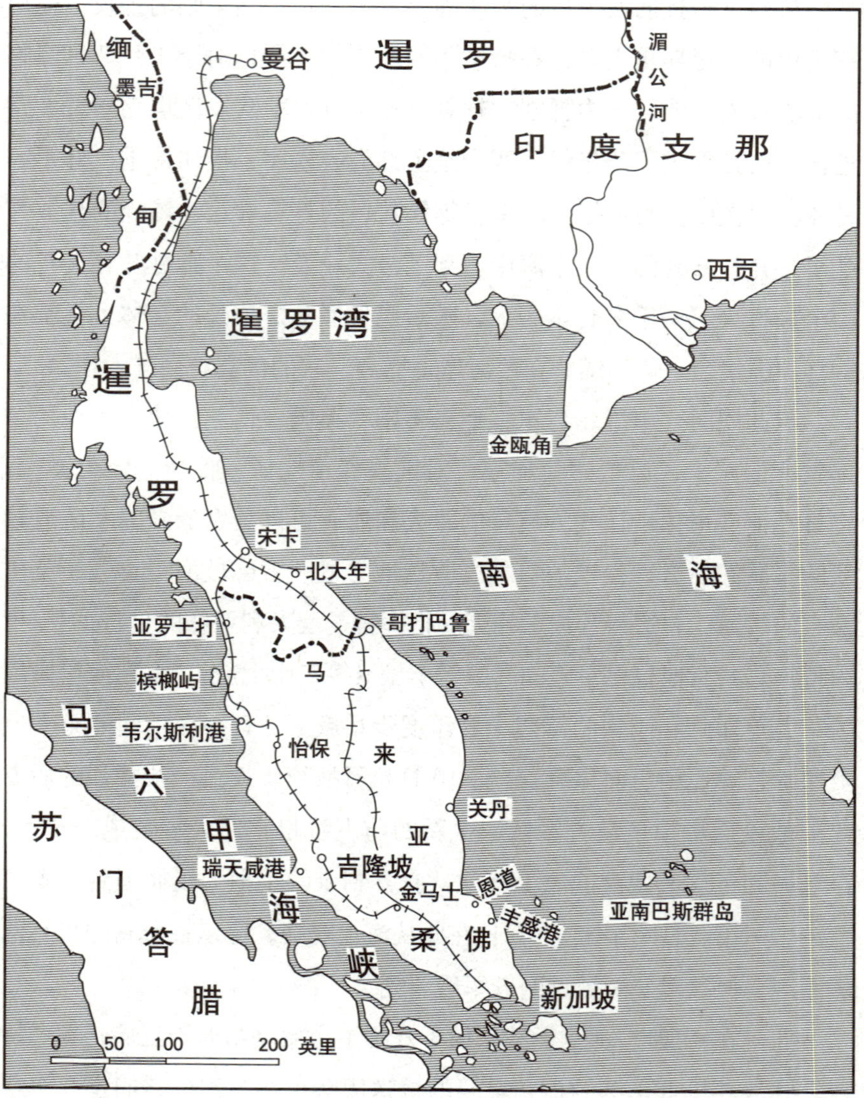

缅
墨吉
曼谷
暹 罗
湄
公
河
印 度 支 那
甸
西贡
暹罗湾
暹
金瓯角
罗
宋卡
北大年
南
海
亚罗士打
哥打巴鲁
马
槟榔屿
马
韦尔斯利港
怡保
来
六
关丹
苏
甲
亚
瑞天咸港
吉隆坡
门
金马士
恩道
海
丰盛港
亚南巴斯群岛
答
柔
佛
峡
新加坡
腊
0
50
100
200 英里


马来半岛

没有接受过丛林战训练[①]。历经三个月的行驶，英国第十八师要一段时间之后才可以恢复战斗力，不过他们一上岸就参与到了绝不会赢的战争中。

对于“旋风”式战斗机，人们抱有非常大的期望。这儿总算拥有质量优越、能够与日军对抗的飞机了。它们在最迅速的时间内被组装起来，飞向天空。它们在刚开始的那几天果真让敌方付出了惨痛的代价，然而对于刚来的驾驶员来讲，所有状况都是不熟悉的。仅仅几天时间，在飞机数目方面，日军占了上风，让我军损伤越来越大。这些“旋风”式飞机迅速变少了。

* * *

昔加末—麻坡战役激烈地抢夺了一周，昔加末的通路被戈登·贝内特将军所安排的他大部分的军队切断，另外，麻坡河的下游由第四十五印度旅、一个澳大利亚营和另一个之后加入的营守卫。他们在昔加末前线的袭击很顺利，歼灭了日军好几百人。尽管之后经历了猛烈的战斗，敌军还是被阻拦住了。然而在1月15日的麻坡，日本禁卫师团整个师袭击了四个守备营，不但有正面袭击，还从海上接连登陆进行侧面袭击。他们在好几天内往南奔逃，依然没有冲出敌方的包围圈。最终，他们只得把运输工具抛下，分散成小队突出重围。在这支全体有四千人的部队中返回的只有八百人，旅长邓肯、各营营长以及第四十五旅各副指挥官全都英勇就义。这支小军队坚强地与实力差距悬殊、拥有制空权的敌方抗衡着，致使昔加末的守卫部队并未受到侧方与后方的攻击，让他们来得及撤离。为给这次撤离做掩护，派遣了第五十三旅的两个英国营来参与战斗，在前线后面重编的第十一英印师的其中一批被安排起来，方便对付来自本加兰港和其南边沿海海岸

① P38，马来半岛——图注

的敌方上岸的危险。

如今，从丰盛港到本加兰港横穿马来半岛南面、长达九十英里的战线上驻扎着我们的军队。敌军紧密追踪着。有猛烈的交锋战在丰盛港与居銮发生，然而在西海岸再次爆发了具有决定作用的攻击。在那儿，两个英国营驻守了五天本加兰港。那时候切断了全部直接出口，军队顺着海岸线撤退了二十英里，连续几夜，有两千人被海军撤离。

同时，日军获得了强大的支援。两个生力军师在1月15日被一个大护航队载到宋卡，他们自那儿向南前往我方战线的中心居銮。这个时候在马来亚，敌军已经拥有整整五师人。根据我方实力薄弱却英勇的空中侦察队在1月26日的汇报，兴楼洋面有两艘巡洋舰、十一艘驱逐舰、两艘运输舰以及很多小型舰艇。我军可以聚集的参与空中作战的二十三架飞机均派了出去，对它们进行了两次袭击。日本各运输队被战斗机庇护着。我军飞机，尤其是老式“牛羚”式战斗机付出了巨大的代价。不过，我们袭击了重要部位，打中了两艘运输舰，并起码摧毁了十三架敌军飞机。我方空军战斗部队短暂的强盛就是这场英勇的袭击。次日夜晚，两艘来自新加坡的驱逐舰企图发动攻击，然而却遭遇了拦截攻击，有一艘船沉没。在兴楼沿海海岸，已经着陆的陆军立即向南推进，对驻扎在丰盛港的第二十二澳大利亚旅展开攻击。如此一来，在1月27日，紧密的战斗聚集在丰盛港我军战线的右侧、战线的中央居銮以及我军被发现的左侧。珀西瓦尔将军打算往新加坡岛撤退。在最终时期，所有人和车要想抵达那儿，都一定要跨越长堤。一开始，一个旅的人大多都牺牲了，然而到了1月21日早上，剩余的部队全都越了过去，并摧毁了身后的长堤。

* * *

假如刚开始我们不只是用轻快机动军队来阻止日军往南推进马来半岛，而是聚集全部能力来守卫新加坡，是否更加有帮助，这起码是能够争辩的。为了守卫新加坡，在柔佛作战就是获得我赞同的当地指挥官的决策，不过，要尽力阻止敌军推进新加坡，包涵连续的撤离，这既有激烈的后卫战，又有强大的援助。作战的部队跟指挥官在这场战斗中获得了极大的荣耀。但是，当支援抵达时，敌军简直把他们的一切都投入了进去。敌军拥有各种优势。对于地势与环境，在作战之前他们就已做过深入钻研。他们早就制订了慎重的、大范围的策略，支使间谍偷偷潜入，为供应日军自行车队而秘密隐藏自行车。占有上风的军力以及充足的物资已经在那儿聚集。有的物资并非绝对需要。总之，日军各师是很擅长丛林战的。

前面早已叙述过，日军的制空权不断增强，这并非是当地指挥官的责任，而是由于我方顾及别的地方的急切需求而促成的，然而这种伤害却是致命的。最终，在半岛上勇敢作战时，这么一支被我们调去守卫新加坡的主力战队以及在日本发动战争以后被调去的几乎全部支援部队全部牺牲。风头在他们越过长堤抵达他们原本约定好的最主要的战场时就已经过去了。在这儿，他们与该地的守备军、阵地很多分遣军进行汇合。尽管我们的实力并未增强，但这些人还是增加了我们的士兵数量。此外，还包括英国第十八师的两个新旅，他们是历经长途跋涉，在不熟悉、预想不到的条件中刚刚从船上登岸的。在日军尚未展开攻击的时候，这支要为新加坡展开决斗并且原本打算在这战场上达成这个伟大目的的部队已遭受了损伤，尽管还能宣称拥有十万人，不过，已无法称它是一支军队。

*　*　*

在附录[①]上，读者能够看到博纳尔将军于1949年写的备忘录。在战争爆发前对新加坡要地制定的计划足以在这儿得到证明。印度支那

---

① 详见附录。——原注

在1940年8月期间和之后被日军占据时所制定的种种决策也包括在里面。这些决策要求大幅度增添守备营人员，特别是空军的支援。就像我之前所讲的，供应这些需求的物资全使在其他地方了，大面积的供给只能在日本开战以及美国参战之后才可以执行。等到那个时候早已来不及了。与三军参谋长预想的相比，当地各指挥官要求得更多。没有办法满足任意一方的需求。在博纳尔将军的备忘录中有着公允的陈述。在这些书中，我只可以讲讲那时候的情况。

* * *

新加坡的惨剧爆发后，国内随即就进行了最郑重严谨的讨论，我与韦维尔将军、卡廷先生不安地互换了电报。

首相（在华盛顿）致韦维尔将军　　1942年1月9日

就像你在每封电报中所获知的，我始终急切地期望着马来半岛的英国军队可以尽力保存，从而对新家坡要地以及柔佛中心进行守卫。所以，有关现在正在进行的后方守卫战的形式，我非常支持，如此一来，就能将对手拖延住，使敌军遭受巨大代价，同时把所有对他们有利的资源摧毁。然而，为何我们的基地要三番五次地因为敌军的海上运输行动而移动，对此，我无法理解。敌军借着不具备武器的轮船、木船或者渔船顺着半岛西岸往南推进，并从各河港中上来，逼迫我们撤退。对于这些不具备武器的输送部队的船只，只需一两艘潜艇用口径四英寸的大炮或者鱼雷摧毁就可以造成影响。切断这些能够被运用的河口。潜艇在敌人飞机到来时总是可以潜到水里。如此一来，我军在半岛上的西侧翼就能获得庇佑，可以尽量让所有土地在出让时得到最大的价值，并不让自己的部队陷入危机。如果你可以跟我说说现在是什么样的情形，对此还可以采取怎样的行动，让我能够对总统解说，我会非常开心的——我常常就战事的各个部分与他辩论。

对于我针对日军在马来亚西岸展开的海陆行动所指出的批判性问题，韦维尔将军做出以下回复：

韦维尔将军致首相　　　　　　　　　　　　1942 年 1 月 10 日

已经收到就马来亚的总体局势致三军参谋长的电报。自大西边侧翼开始面临危机，我就思考着利用海军对它开战。最初是试验巡逻船，然而在白天，它们遭到空中袭击。近来的三个晚上，驱逐舰“侦查”号自苏门答腊阵地出发。如今，在马来亚作战的只剩荷兰的三艘潜艇。目前已经安置妥当，自 1 月 12 日开始，只要有从别的军事活动中遣回来的潜艇，就马上到槟榔屿与雪兰莪之间的西海岸进行战斗。

对于这封电报，我感觉有些不满，对于最后收到的更详尽的解说同样如此。

首相致第一海军大臣　　　　　　　　　　　　1942 年 1 月 22 日

这简直是太糟糕了。我们在马来亚的海岸上已经被一支附近不具备战舰的敌方部队占有了绝对优势，并且很明显被打败了。所以，我们的军队被逼着撤离出一个又一个基地，敌方获得了宝贵的时间，我们的作战队中开始出现集体恐慌的现象。缺陷是极其清楚的。这所有的船舰，为何会使敌方得到呢？很明显，我们并不具备任何船只，或者仅有两三艘，即便在不久前我们掌控这些海面的时候，这些海面仍是由我们掌控的。再者，说到重机关枪是从岸上射击的，这些海岸又是如何被敌方占领的？这些驳船肯定是顺海（岸）直下的，他们绝不会把机关枪安置在掌控海岸的所有据点。

你必须要去搜集更真实的消息。马来亚海岸居然被不具备战舰的日军占领，这简直是英军在所有海战中最耸人听闻的失败之一。很抱歉我脾气暴躁，不过我仍然想要一份考察更仔细的深入汇报。

海军上将庞德给出了一个更详尽的回答。

第一海军大臣致首相　　　　　　　　　　　1942 年 1 月 24 日

1. 有关马来亚海岸的军事活动，你 1 月 22 日的指令只是单纯地从海军角度来观察，然而悲惨的经历让我们意识到，小船艇在敌方空军占据上风的近海可以随处行动，这问题不仅是海军方面的，还是空军方面的。

2. 假如这种沿海岸的侵入出现在 1914 年，我认为这还能讲海军并非尽责。等到 1942 年，情况就全然不一样了……

3. 按照我们此时所知道的，事情的具体情况是这么回事：

(1) 根据总督致殖民地事务大臣的电报，开战以前早已筹备好，把所有船只驶到河流上游，甚至连小船都不让敌军寻到。很明显，这一点在军事政府得知当地面临危险时已达成。由于敌方自树林中的小路侵入，抵达上游暗藏我们船艇的地区，因此我军这一活动局部失利。不过我们清楚，全部机动船以及其余船只大部分都已被毁坏。

(2) 战败好像已在槟榔屿出现，在那儿，实行“焦土策略”的行动似乎都没有成功。如此一来，数目不少的小船被敌军获得，并且已沿着海岸往南推进。我们在那些地区没有任何防卫。因为敌方空军所占的上风，没有什么物品是我们可以保存的。

(3) 为了在距离新加坡三百四十英里的槟榔屿对敌方的袭击进行反攻，我们有少量装有轻炮的小船在新加坡，这些全是战前暂时安排好的。因为制空权在敌军手中，这些小船根本无法在白天行动，那些企图行动的船只都被摧毁了。

(4) 摩托登陆艇已被敌方自宋卡经由陆路运过来了，并已投入使用。

4. 如今的情形是，马来亚的海军少将正竭尽全力援助巡逻舰。曾经咨询过韦维尔将军，荷兰部队是否可以进行支援，还咨询过印度政府，皇家印度海军是否可以进行支援。空军也用它不强的力量予以协作。

不得不承认，我军可以参与战斗的舰艇仅仅可以保护支援的输送船队，同时让通往新加坡的海路毫无阻挡。除几艘武器寒酸的小船以及一些拥有低劣武装的改装商船外，再不存在任何沿海工事。面对日军极其强大的空军实力，我们这几艘实力虚弱的船舰已无法支撑。它们是勇敢的，但是却缺乏获得胜利的方法。

* * *

事情很快就明白了：对于我们是否可以长时间守卫新加坡，韦维尔将军早就产生怀疑了。读者自然会了解到，因为日本人不得不首先将重炮卸到岸上并运输到合适的地方进行组装，随后才可以包围要地，我多么期望这个岛屿跟要地可以抵抗住。我关注着我们的军队撤离马来半岛时所付出的代价，内心担忧，不过并未进行丝毫有用的干预。在另外一方面，反而获得了珍贵的时间。

韦维尔将军致三军参谋长　　　　1942 年 1 月 14 日

1 月 13 日，也就是昨天，我坐飞机到达新加坡，坐汽车前往昔加末，与西斯、戈登·贝内特见面。计划正在进行，不过，因为吉隆坡北面的战斗，在士兵数量与斗志方面，第九师、第十一师再次遭受损失。与我预想的相比，敌方军队的推进更加快速。

守卫新加坡的战斗会是很困难的事情，我们急需好运气，才可以期盼运送船队按时安全抵达。昨天下了一天的大雨，保护了紧要输送船队的最终到达，或许还能延迟敌方的前进。戈登·贝内特与澳大利亚军精神奕奕，我坚信他们会狠命袭击敌军。

*　　*　　*

对于我始终觉得没有任何问题的近路防御工作以及防御围困的筹备任务，为了弄清楚，我发了以下这封电报：

首相（在华盛顿）致韦维尔将军　　1942 年 1 月 15 日

1. 你们一旦被逼到岛上将会产生怎样的结果，我希望你能跟我说说你的观点。

2. 要多少部队才能守卫这个地方？类似香港那般的着陆，要怎样的方式才可以制止？有怎样的抵御工事跟阻碍物设置在临近陆地的地方？对于可以利用要地大炮去镇压所有攻击炮队的意图，你是否有信心？一切都准备好了吗？对于毫无用处的人，进行了怎样的安排？我始终觉得，将这个岛的守卫战坚守到底才是最急切的需求，不过我期望不会进行到这种程度……

3. 这儿的人们都因为你发来的电报而感觉开心，这让大家意识到你正怎样神采飞扬地大力推进你那艰难的工作。正如你的英国友人那般，全体美国人对你抱有相同的信赖。

我直到返回伦敦之后才收到韦维尔的回复。

韦维尔将军致首相　　1942 年 1 月 16 日

最近在新加坡停留期间，我就这个岛的守卫事宜进行了商讨，同时要求进行详尽的筹备。一直到近日，逼退海上往岛上的攻击、阻止陆上在柔佛及其北边地区的攻击是全部战略的基本。尽管对摧毁长堤已进行了部署，然而为了阻拦敌方横越柔佛海峡，在该岛的北面修筑防卫工程这件事，并未有所行动。最大型的要地大炮可以向各个方向旋转，然而平直的弹道导致大炮无法用于炮战中，真的不能指望用它们对围困的炮队进行牵制。供给情形还算可以。为了避免拥堵，已经准许把一些空军设备以及储备物资移到苏门答腊跟爪哇。只要一收到详尽策略，就会再次用电报告知。大多要依据空军局势而定。

19 日早上，我看到了这份电报，非常震惊，难过极了。海军阵地与城市的陆地部分竟然并未部署长期的抵御工程进行守卫。并且，更让人惊讶的是，自开战以来，尤其是自打日本人已在印度支那驻扎下来之后，所有指挥官都没有实行拿得出手的方法来筑建野战防卫。而他们居然从未提过这里不存在野战防卫。

根据我关于战争的所有见闻，我坚信，按照现代的武器，将坚固的野战防卫做成只需几周时间，并且还能使用地雷以及别的阻碍物来牵制跟切断敌方的攻击线。同时，对于这个驰名要地的后方，我从未想过那儿居然不曾围成一圈长久地相互分散的炮台进行守卫。我想不清楚我为何对这件事一无所知。然而，不仅该地的所有官员，国内的所有专业顾问也不曾意识到这个非常必要的行动。不管怎么样，任何一个人，就连读过我电报的人都不曾对我提出这一点。我的电报是按照不正确的假设，认为正常的围困是不可缺少的。在书上，我看到过发生在 1877 年的普列文战争，那时还处在机关枪时代之前。在俄军攻击的威胁下，土耳其人就暂时在普列文建造了防卫工程。在 1917 年，我曾经视察过凡尔登，在那儿，在一年以前，在相互分散的炮台中以及炮台之间有一支野战队驻守着，创造了这么伟大的战绩。我坚信，敌军要想把新加坡所有坚固的据点毁掉，必须要被逼大面积使用炮兵军队，但因为种种艰难险阻，经年累月，如此一来，炮兵军队的聚集就会遭遇阻挠，同时顺着马来亚的交通线进行聚集的军火也会受到阻挠。如今，忽然全部化为泡影，我眼前只有一派恐怖的场景：岛上近乎全部光秃秃的，那些就算称不上精疲力竭，却也已经极其疲劳的部队却撤到岛上。

我并不是为了宽恕自己才将这些情况记录下来。我应当一早意识到这一点。我的顾问们同样应当一早意识到这一点。早就应该有人跟我打报告，我早就应该询问他们。有几千个问题被我提出来，却正好没有这一件，因为我理所当然的觉得新加坡肯定会有接陆防卫，正如一艘战舰入水的时候一定会有舰底那般。我十分清楚造成此次失误的种种"理由"：一是部队忙着操练，忙着修建北马来亚的防卫工程。二是缺少劳力。三是战争爆发前金钱的缺乏和44陆军部的集体治理。四是守卫这个岛北海岸的海军阵地才是陆军的任务，所以，他们的工作并非在沿岸作战，而是在北岸前边战斗。在我看来，这些借口未必就行得通。早就应当修建防卫工程了。

赶紧补救就是我那时的第一反应。我马上把以下备忘录口述出来：

首相致伊斯梅将军，转给参谋长委员会　　　　1942年1月19日

1. 我不得不承认，韦维尔将军16日的电报和其余对于同一个问题的电报让我很吃惊。拥有半英里至一英里宽鸿沟的新加坡要地的后方居然全部不曾设置防御，抵御北面的袭击，这是我从未想过的。假如不将这座岛修建成一座堡垒，那为何又要把它视为要地？在太平时期的最基本设施，即修筑一条独立工程线，让探照灯跟交叉射击与布满低洼地区的电线网跟阻碍物彼此协作，并且还要预备足够数目的弹药，让敌方设置在柔佛的炮台可以受控于要地的大炮。假如一个已修建了二十年的要地居然不具备这种设施，是真的令人难以置信。假如果真这样，那在这两年半的战斗期间，更应当修筑好急需的野战工程。在就这些问题进行商讨的所有时间内，你们所有人都不曾向我提出这一点，为什么会

这样？这是早就应当去做的。我在近两年内所发的全部备忘录中多次表明，我从不指望克拉海峡的筹划，只指望新加坡岛上的防卫设备对正规的围困进行抵御。现在在英国，为了预防背后着陆的攻击，对于全部炮台的后方，我们已然意识到必须要进行守护。这些长时间卓有成效的准则，朴次茅斯的波茨唐山炮台早已提出来了……

2．几座面海炮台跟一个海军阵地还称不上是要地，周围全部设置防线的牢固的基地才是要地。只有面海炮台，却不具备要地炮台或者稳定的防卫工程来守卫背后，不管有怎样的原因，都无法被宽恕。因为这个失误，一万个乘着小船强行横渡海峡的军人掌握了要地的所有前途。我警告你，这或许会是体现出来的最大丑闻之一。

3．在这个正在展开柔佛战役的时刻应该马上制定规划，竭尽所能把任务完成，规划中应该包含：

(1) 想办法把要地大炮使用在北方战区，方法是运用弱炸药。假如没有弱炸药，就把足量的高爆炸药装进去。

(2) 把地雷埋在能够聚集一定数量军力的着陆点，并设置障碍物。

(3) 把铁丝网设置在生长着栲树林的沼泽地，埋下陷坑。

(4) 修筑可以展开野炮跟机枪交叉射击的野战工程与牢固的根据点。

(5) 只要一在柔佛海峡或者处于火力范畴的其余所有地区发现小船，马上予以征用，同时牢牢掌握在我们手中。

(6) 把野炮设置在海峡的所有据点，进行谨慎地保护，同时将探照灯装上，用来将所有试图侵入海峡的敌军船只摧毁。

(7) 组建三四个机动反击预备军的中心，在被逼从柔佛撤退的时候，就能在这个基础上组建部队。

(8) 为了修筑防卫工程，应该雇佣所有男性百姓。使用最严苛的强行手段，一定要让锄头、铲子发挥出最大作用。

(9) 对于守卫任务，不仅新加坡要倾尽全力予以保持，同时整座岛都要奋战到最后一刻，一直到所有军队、所有牢固的据点一一被摧毁。

(10) 最终，新加坡市一定要改为一座堡垒，守卫到最后一刻。绝对不可以屈服……

所以，三军参谋长下达了以下命令：

三军参谋长致韦维尔将军　　1942年1月20日

柔佛战役或许会给你们带来麻烦，应该予以注意，同时竭尽所能筹备好所有守卫这个岛的事宜。以下是几个要点：

1. 必须筹备一切，让要地大炮可以抵抗陆地攻击，同时组建好有用的射击操控。期望在对储存的可能性进行考察时指出高爆炸药最急切的需求数目。

2. 必须用铁丝网、地雷、陷阱或别的可用方式对海峡通往陆地前进的道路、岛上的着陆地点以及出口进行阻拦。

3. 南面的其中一些守卫海滩的大炮跟机关枪必须移动到该岛的西面和北面。

4. 在岛上火力范畴内，海峡内外的全部船只或者小船都必须在我们的掌控中，或予以摧毁。

5. 防卫要把地区系统当做根本，让全部地面防御的场所可以将最危急的攻击道路掌握起来。考虑到将海滩防卫设置在沼泽地区的艰难，必须修建一个出色的机动性预备军系统，以实行快速的反击。为了预防顺利着陆后对基地的扩展，还要把一个交通沟网建立在内地。对此，为了普及种种防卫工程，必须将所有能够使用的民力跟军力运用起来。

6. 必须采用所有可行的办法杜绝试图用突袭获得成功的晚间

着陆。在这部分，考虑到日军的战术跟机动性，必须对好像无人着陆的地区进行再一次的侦查。

7. 对于柔佛、新加坡的飞机场和其余或许会着陆的地区，必须用恰当的方式进行掩护，让据传正在印度支那筹备的日本空运军队无法入侵。要发挥皇家空军军人的最大作用。

8. 必须使用有效措施对百姓进行分散跟管理，同时对第五纵队的行动进行压制。

9. 要武装好参与稳定的守卫任务的人，同时安排好本地防御筹划中的二作。

10. 对于信号通讯，整个岛必须完全弄好，还要联络苏门答腊机场，那儿能够当作进行近距离援助的飞机的阵地。

11. 有关上面的几点，（我们）坚信很多已在实施中，期望能够早点得到通知。其他几点应该马上予以实施，请不要再耽误了。同时，采用所有可行的措施来筹备长期的守卫任务。

并且，我还致电韦维尔将军：

1942 年 1 月 20 日

如今，你既然已经是美国、英国、荷兰、澳大利亚四国在西南太平洋的总指挥官，我自然无法直接下达命令给你。你所有的作战指令（我期望最好少点儿），会让在华盛顿的总统经由联合参谋长委员会转交。尽管这样，在我有什么想法或存在什么疑问的时候，我提议保持我们的通信。尤其是关系到新加坡那种要地的地区防卫工作时，更需如此。在看参谋长委员会今天发给你的有关新加坡岛的接陆防卫的电报时，你一定要秉着这种原则。你的很多电报都让我非常担忧，我必须非常明白地表示：我期望着守卫所有土地，为了不让敌方获取，任何资源或者任何防卫设备都可以摧毁。没到在新加坡市的废墟中展开持久战以前，绝不可以思考有关屈服的所有事宜。

我还给三军参谋长发了电报：

首相致伊斯梅将军，转交参谋长委员会　　　　1942年1月20日

这件事（支援缅甸）的确在最高指挥官的控制中，不过，三军参谋长应该发表建议。很明显，没有事情能够分散我们对新加坡战役的注意力，不过，假如新加坡沦陷，军队仍可以快速转移到缅甸。在我看来，身为一个战略任务，与维持新加坡相比，更紧要的是让滇缅公路毫无阻挡。

三军参谋长致珀西瓦尔将军（在新加坡）　　　　1942年1月21日

1. 战时内阁就马来亚近日的局势进行了商讨。

2. 日军持续在马来亚西岸我军战区后方着陆的汇报让内阁非常担忧。对于大约不具备武器的敌军船只的侵入，原本期望该地海军军队可以暂时布置，进行有成效地抵抗。对于已执行的计划和你们打算就此事执行的计划，希望你们可以详尽地汇报。

3. 新加坡岛水的供应问题是另外一个商讨的事情。回忆起香港因为缺水而被逼屈服，就算与马来半岛失去联系，新加坡依然能支撑下去，对此你可以保障吗？

4. 总督在一个月前按照命令尽力分散新加坡的普通百姓。对于分散的人口数量以及未来的筹备，希望在电报中告知。

*　　*　　*

21日早上，在我醒过来时，韦维尔将军的以下电报就放在我的公文盒上，汇报保卫新加坡有着非常悲惨的前途。

韦维尔将军致首相　　1942 年 1 月 19 日

如今，我派往新加坡就当地的防御筹备进行探讨的官员已经返回。正准备制订防御该地北面的策略。与防御柔佛所需的军力相比，防守这个岛所需的军力大约同样多，甚至比之更多[①]。我已经下令让珀西瓦尔在柔佛奋战到最后，不过需要制定策略，一旦柔佛战斗失利，就必须尽量拖延岛上的抵御。但是，我不得不告诉你，万一柔佛失守，我对这个岛还可以支撑多长时间保持质疑。安装要地大炮的目的是袭击船只，大多数弹药也都用在了这上面。有很多大炮只可以射向海面[②]。一部分守备军已经派往柔佛，并不清楚剩下的很多军队会有什么用处。我很遗憾让你看到惨淡的前途，不过，对于岛上的要地，我希望你拥有不正确的记忆。修建的新加坡抵御工程是全部用来袭击海面的。我依然希望柔佛能够坚守到护航队再一次的来临。

随后还收到了以下电报：

博纳尔将军致首相　　1942 年 1 月 21 日

因为局势越来越糟糕，韦维尔已经急忙赶往新加坡。

麻婆战线的情况杂乱，不过，四十五旅跟第二澳大利亚营正从巴克利地带撤退，希望跟五十三步兵旅汇聚，步兵旅试图占领本加兰港北面有八百英里距离的巴戎山。目前，右侧翼已撤往昔加末河后方，今天夜里撤到拉比斯。

韦维尔将军致三军参谋长　　1942 年 1 月 20 日

1. 今日飞往新加坡，接见珀西瓦尔、西斯以及西蒙斯。

---

① 我使用的是斜体字。——译注

② 大部分大炮还能射向陆地，因此这点是错的。——原注

马来亚的局势[①]非常恶劣。在麻坡东面的巴克利，第四十五印度步兵旅所有人员跟澳大利亚的两个营被阻拦在此，很明显正在遭受惨痛的袭击。

2. 根据南边的情形，昔加末—拉比斯地带的部队或许要撤离，或许有全撤往柔佛、巴鲁，然后再撤到岛上的可能。

3. 正利用仅剩的物资主动展开守卫该岛的筹备任务。是否可以顺利守卫，在于柔佛撤离的部队军人数目跟情形、支援的抵达和空军在岛上保持战斗机的本事。假如一切顺遂，有望增加守卫时间。

4. 今天早上，新加坡遭受了两次空袭，每回大概有五十架敌机。现在还不知道军事损伤情况。

对于我20日的电报，韦维尔将军同样给了回复，不过我收到时已是夜晚。

韦维尔将军致首相　　1942年1月21日

1. 我非常开心你乐意让我接着了解你的看法。

2. 有关新加坡的防卫，我盼望你拥有正确的记忆。直至最近，我本人才意识到，防卫的计划全部以海面袭击为基础，除去牺牲的数量之后，要想守卫这个岛，假如我们不得不用这种方式的话，需要大概三师的兵力。爪哇以及苏门答腊实力太弱，守卫这两个地方可能要用掉之后的援助部队。

* * *

看到韦维尔十九日的电报，我沉默了很长时间。我一直只考虑到

① P58，马来亚——图注

鼓励他们，同时尽量迫使他们对这个岛、要地以及市区坚守到底。除非战略发生了具有决定作用的变化，不管怎么样，这是应该坚守下来的心态。不过如今，我更多地顾虑到缅甸以及前往新加坡的支援部队。这些支援部队或许会被阻拦，或许可以挽救。还拥有足够的时间掉转他们航行的方向，往北前往仰光。所以，我拟订了以下备忘录发给三军参谋长，同时赶紧交给伊斯梅将军，方便他们可以用在21日十一时三十分的会议上。不过，我要坦然表示，我尚未下决定。我需要我的朋友们与顾问们。我们所有人这时都非常难过。

首相致伊斯梅将军，转参谋长委员会　　　　1942年1月21日

1．考虑到韦维尔将军这份含有恶劣信息的电报，在今天晚上所进行的国防委员会会议上，我们一定要再思考一下全局。

我在出发的船上发“注意”这一电报时所担忧的恰恰是我们失误的地方。原本能在柔佛，或者不管怎么样能够顺着新加坡海岸构成一条结实的防卫线的军队全都被一一打垮了。接陆部分并未修筑防卫线。针对敌方在半岛西海岸的包围，海军并未实施防卫活动。韦维尔将军已发表看法，在他看来，与打赢柔佛战役相比，守卫新加坡岛所用的部队要更多，至于柔佛战役，简直能够确定不会赢了。

在他的电报中，对长时期的防卫不怀有任何期望。很显然，对于现在正在路上的所有支援部队，这种防卫仅仅是让他们前来送死。对于是否可以拖延到几周以上，假如韦维尔将军依然持有质疑，那随之而来的疑问是：我们是否要马上把各个港口、炮台以及工厂炸掉，把所有实力聚集起来守卫缅甸，同时让滇缅公路毫无阻挡？

2．对于这个疑问，我认为此刻就应该予以重视，同时对韦维尔将军坦白地指出来。假如海军与陆军的所有摧毁任务完成得非常好，与西南太平洋上很多码头相比，新加坡（针对敌方）还拥

有什么高于它们的意义？在另外一方面，假如缅甸失陷，那么就糟糕了。如此一来，就会阻断我们与中国人之间的联系，在跟日军战斗的部队里最顺利的就是中国部队。我们或许会因为做事不聪明，对不得不做出的决策存在顾忌，从而导致失掉新加坡岛跟滇缅公路。很明显，这一决策取决于新加坡岛能守卫多长时间。假如仅仅可以守卫几周，却要牺牲我们所有的支援部队跟飞机，那肯定是不划算的。

3. 并且，任何人都无法不顾虑到，万一新加坡失守，克里奇多尔肯定会跟着失守，这会让印度惊讶异常。要想让印度支撑下来，唯有强盛军队的来临以及缅甸方面战争的胜利才可以做到。

今天早上，希望你们能思考一下上面的全部内容。

* * *

三军参谋长并未给出确切的论断，在当天晚上我们召开国防委员会会议时，让我们采用这么重要的措施也会犹豫不决。身为同盟军最高指挥官，韦维尔将军要承担直接的责任。我本人觉得事情非常难办，假如那时候我下定决心，那么也就可以支撑下来了。我们所有人都不曾预想到刚过三周的时间防卫战就溃败了，不然起码可以花费一两天的时间进行接下来的思考。

* * *

对于参谋长委员会，澳大利亚代表厄尔·帕奇爵士自然是不参与的，他也没有被我邀请加入国防委员会。不知道怎么回事，我给三军参谋长的一份备忘录被他看见了，他马上给他的国家打电话。我们在 1 月 24 日收到卡廷先生的电报，电报中表露出了严苛的谴责。

卡廷先生致首相 1942年1月23日

今日战时内阁举行紧急会议，就马来亚局势的汇报展开商讨，下面是我发的电文：

……按照帕奇的汇报，国防委员会已在研商从马来亚与新加坡撤退的事情。因为我们获得过所有保障，在各个地方看来，从新加坡撤退是无法原谅的叛离。新加坡在帝国与地方的防御系统中属于一个中央要地。就像我在电报中所讲的，这个地方建造得坚不可摧，不管怎么样，它可以长时间支撑下去，直至主力舰队来临，这些我们非常清楚。

即便是在危急时，支援部队也不应该往缅甸移动，而应该前往荷属东印度。其余所有别的方式都会引发非常大的反感，并且或许会促进荷兰独自展开和谈。

按照支援部队不停前往的保证，对于我方在协议中应负的责任，我们已实在地予以实行。我们希望你别因为撤离而将整体目标打乱。

民众因为马来亚的局势以及对拉包尔的侵袭而惶恐不安，认为同盟军懦弱、没有能力，无法阻止日本人的进攻。我们国家不但意识到自己有责任让民众筹备好，以抵御可能会面临的入侵者，同样有责任跟义务说明为何还无法阻挡敌军抵达我们的海岸。所以，对局势中的所有可能性进行透彻地商讨也是不可推卸的责任。大批澳大利亚人自愿从军，在海外服役。不过在他们的抵御能力、帝国的威望和同盟国工作的增强或许会遭受无可挽回的损伤时，为了改善形势，他们必须要等很长时间。这是非常不容易领悟的一点。

卡廷先生的电报既严苛又很特殊。“无法原谅的叛离”这一观点与真理、军事真相不一致。灾难很快就会来临。我们躲得过去吗？要如何抵消得失？这些紧要部队此时仍在我们的掌控之中。以实际的目光

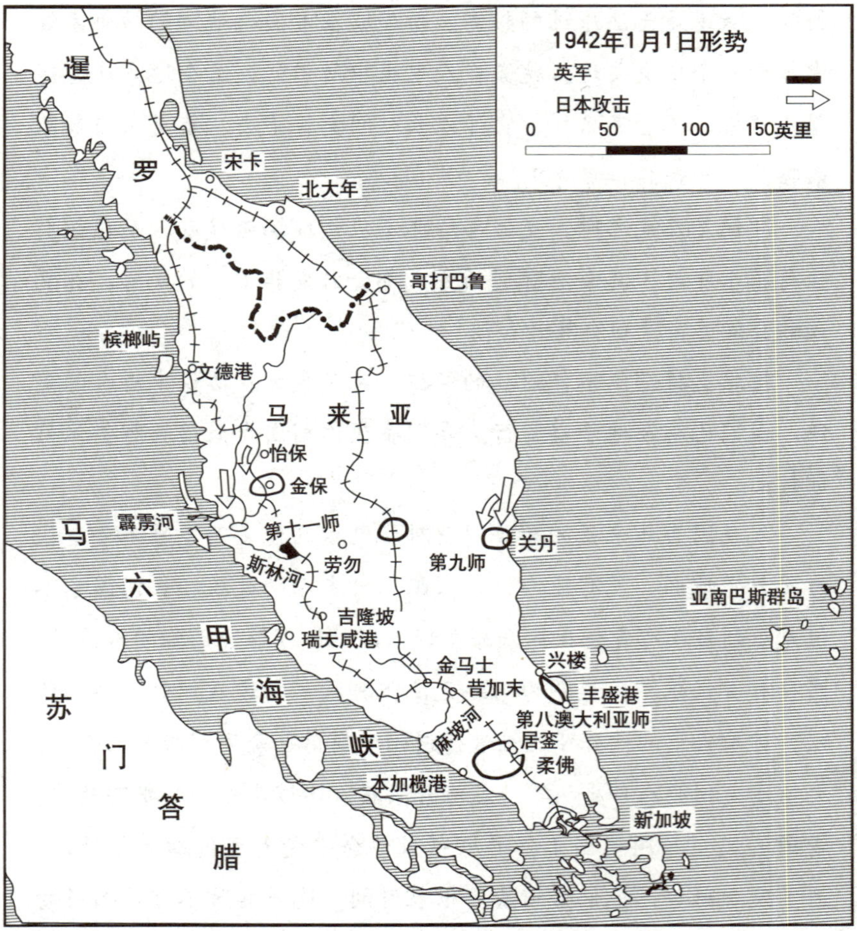
1942年1月1日形势
英军
日本攻击
0
50
100
150英里
暹
罗
宋卡
北大年
哥打巴鲁
槟榔屿
文德港
马　来　亚
怡保
金保
霹雳河
第十一师
劳勿
第九师
关丹
斯林河
吉隆坡
瑞天咸港
亚南巴斯群岛
兴楼
金马士
昔加末
丰盛港
第八澳大利亚师
麻坡河
居銮
柔佛
本加榄港
新加坡
马
六
甲
海
峡
苏
门
答
腊

马来亚

对这些问题进行审视,就不存在什么“叛离”了。何况,对于整体形势,澳大利亚战事委员会无法进行权衡。否则他们绝不会请求不用顾及缅甸,结果证实我们能够想办法挽救的地区只有缅甸。

卡廷先生的电报具有决定意义这一说法是不对的。假如我们在谋略方面早就获得相同观点,我们应该像我们所提议的那般,将问题“坦率地”告诉韦维尔将军。但是在会议上,对于抛弃远东这个著名的紧要阵地的观点,我觉察到很坚定的抗议声。就在美国人在克里奇多尔地区英勇奋战时,假如英国做出“知难而退”的事,这在全球,尤其是在美国,所形成的效果是难以想象的。

不过,通过众人的赞同或者默认,我们倾尽所能对新加坡进行支援,支持它的防守工作。第十八师接着前进,其中一批早就着陆了。

# 第四章　信赖票选

**政治氛围——必须把灾祸即将来临的警示告诉国会——请求建立生产部——自俄国返回的斯塔福德·克里普斯爵士——我任命他为军需大臣——播放我跟下议院的谈话——我请求投信赖票——决策的紧要性——报告沙漠战斗——我称赞隆美尔的话——在远东我们毫无武装——我们有限的物资——所有责任由我承担——艰难的未来——用友善的口吻争辩——四百六十四票比一票——美国与盟国的安慰——二十个自由党议员中有六位放弃投票——斯塔福德·克里普斯爵士不愿担任军需大臣的职位——我1月31日发给他的信件**

对于我前往华盛顿的任务和我不在本国的五周内所爆发的所有情况，所有人都期待着我做一个详尽的报告给国会。我内心有两个突出的真相。一是最终取得成功的肯定是崇高的同盟国。二是一系列无可估计的极大灾祸将会在日军激烈攻击我们时来到我们面前。所有人都欣喜地见到，身为一个国家，一个帝国，我们的生命一直都会是安全的。另外一方面，灭亡的危险既已差不多全部消失，那所有的评价者，无论是友善的还是不怀好意的，就能随意提出很多已发生的错误。而且在许多人看来，对我们指导作战的方式进行改善，进而减少恐怖的进程，就是他们应该做的。对于我们已受到的各种失利，我本人担忧不已，我比任何人了解得都多，知道这些失利仅仅是巨大灾祸的开始。澳大利亚当局的观点，各家报纸信息通畅却又不实在的评价，二三十名有能力的议员频繁尖刻的嘲讽，议院会客大厅的氛围，让我感觉有一种让人犯难的、不开心的、难以解答却又粗浅的观点自各个方向来势汹汹地逼向我。

另外一方面，我非常清楚自己占有优势。人们可以在1940年活下来，我曾贡献过绵薄之力。对于这一点，我希望他们心存感激。对于人民的虔诚，我从未轻视，这如同气势磅礴的潮水推动着我前行。我获得了战时内阁与三军参谋长所表明的最大的忠诚。我信心满满。因为情况所需，我曾经清楚地向周围人提出，我不准许任何削弱我个人职权与责任的行为。新闻界众说纷纭，建议我接着就任首相职位，进行演讲，不过要让其他人来负责指导作战的实际事务。我下了决定，绝不向任一方面妥协，重要的、直接的责任要由我本人担负，并请求下议院投一次信赖票给我。我不曾放弃法国人的一句名句，“On ne règne sur ies âmes que par lecalme.”①

把灾害即将来临的警示发给议会与全国是特别需要做的。最大的错事莫过于在指导工作中构建一些虚无缥缈的希冀，又令其中多数走向破灭。英国人民可以积极坚毅地面临危机或者灾祸，他们最厌恶的就是欺骗，厌恶帮他们做事的人自己陷在一种毫无根由的想象里。在我看来，用最晦暗的语句对眼前的景致进行描述，进而轻视将来的灾祸，这不但对我的地位来说，同时对战争的整体指导都是必需的。在这个时候这么干，或许不会对战局产生作用，不会改变人们此时都能感受到的那种最终将会成功的基本信仰。虽然天天都会收到让人动摇、不安的信息，但我甘愿花费十二或者十四小时的时间，聚精会神来思考一篇范畴广、有新鲜内容的万言书。虽然沙漠地带战败的烈火已蔓延到了我眼前，我还是筹备好了我的报告以及就我们的情形所做的分析。

① 这句法文意为：“人的内心只能被镇定掌控。”——译注

* * *

这个时候出现了一个建立生产部，且其大臣参与战时内阁的请求。在 1941 年 7 月期间，也是我首次探访罗斯福总统之前，我在下议院中做了长时间的辩论，证明那时候完全不需要建立这种组织。不过，议论依然赞同这种观点，这不仅是因为事情的进展，还因为相关人员与部门的状况，使这个观点获得了夸大。例如，对于所有生产事宜，美国总统已让唐纳德 · 纳尔逊先生掌管。难道不应当有一个相对应的官员吗？所有人都寄希望于比弗布鲁克勋爵，我已讲述了他在华盛顿的作为。在美国上流社会中，他拥有极大的影响力。我在 1917 年与 1918 年的军需部中曾掌管过如今由军需部与飞机生产部管理的工作。在原材料与熟悉劳动力方面，这些部门有着非常严重的纠纷。所以，假如存在一个具有威望的统一组织就会便利很多。因为此时所有事情的范围逐渐增大，这种请求也越来越无法忽视。美国人跟俄国人都非常相信比弗布鲁克，在所有人中，好像只有他是最适合指导这种大型联合组织的人。

从他由飞机生产部调到军需部开始，与这两项事务有关的部门产生了很多冲突，有些是必然发生的。我期望在战时内阁生产大臣的指导下，将我们军事生产的这两个大部门结合在一起，不仅能够重新获得协调，并且增强作用。对于这个地位，他是早就拥有的。我认为他能够胜任生产大臣。而目前可以做他下属的两个人是飞机生产大臣穆耳 – 布拉巴宗上校以及我觉得能够担任军需大臣的安德鲁 · 邓肯爵士。他们两个人都拥有极强的创造力以及整体分析能力。在我内心还在思考这些时，一个新人物现身了。

* * *

斯塔福德 · 克里普斯爵士对于在俄国的工作很早就想收尾了。不管是在战争前还是战争后，按照命令就任驻苏联大使的英国人与美国人都认为这个任务是毫无魅力的。在希特勒的攻击尚未将我们与俄国联系在一块时，我们在莫斯科的使者简直全然被忽略了。他很难见到斯大林，莫洛托夫态度冷淡地看待他跟别的同盟国使者。苏联的外交中心在12月的危难期间自莫斯科转移到古比雪夫，莫斯科不仅再次发生了那种令人不舒服并且劳而无功的情况，并且越来越糟糕。最后，我直接与斯大林交流，美国总统如今也直接与斯大林交流，完成了很多事情，大使的职位逐渐与具有决定作用的工作脱离。德国部队入侵的时候，斯塔福德正身在国内，已向我表达了离职的意愿。不过，我的观点获得了他的接纳与支持，觉得不应当在俄国刚刚遭遇灾祸时将他调回。从那时候到现在已将近八个月了，一名拥有他那样地位的政治人物请求返回我们的政治生活中心——下议院自然是合理的。所以，我在1月上旬批准他调动，同时让阿齐博尔德·克拉克·科尔爵士去代替他。

克里普斯在1月23日自俄国返回。因为他的极端主义没有获得工党的赞同，他在好几年前就被工党开除党籍了。因此，他这个时候已经是一个与工党无关且举足轻重的政治人物。对于俄国的顽强抵抗，英国上下都非常欣赏，由于大使的职务是由他担当的，所以他的知名度更高了。英国左派人士以及他们的报纸出现了一种论调，宣称俄国之所以能够参与作战，与孤单、艰难万分的英国人站在一起，在当代所有人中功劳最高的就是他。一些左派的极端人物觉得他可以走动一下，担任替补首相。在这类圈子中，有人称一些新的正直评论家将会由他带领，在议会中，他们期望将这些人打造成一股具有重要作用的力量。我本人不仅清楚他的才学，并且欣赏他，迫不及待地想要将他招到政府中。在政府中，对于所有有可能获得的援助，我们都想要。因为他之前的工党的同事并不反对，我便找寻时机。

尽管我十分清楚左翼持有的态度，却全然根据事情是否合理进行活动。当我在第一次世界大战期间担任军需大臣的时候，英国最大炸药厂的副厂长是克里普斯，他圆满完成了工作。他不但拥有实在的行政经历，并且还拥有出色的聪慧才能。在我看来，军需部由他管理是最符合公众利益的，同时这还能当作建立生产部这一重要筹划的一部分。1 月 25 日在契克斯，斯塔福德 · 克里普斯爵士与其夫人同我共进午饭。我跟他在那天下午进行了一场愉悦的谈话。我把意见明确地告诉了他，同时对这种职位在整体军事生产中的重要性进行了解释。他表示会斟酌一下，之后再给回复。

* * *

商讨在 1 月 27 日展开，我对下议院指出了问题。我清楚他们都满腹怨气。在回国之后，我原本曾要求给我将要做出来的报道录音，从而方便在英国跟美国播放。他们为了阻止这件事，却提出了各种与那时候的事态需求没有任何关系的借口。所以，我把我的要求收了回来，虽然这种要求在世界上所有别的会议上都会获得赞同。我在这种氛围里站出来讲话了。

我在回国之后总结出了一个论断，我不得不请求下议院投一次信赖票来拥护我，这全然是正常的、宪政的、民主的程序。早已提出进行有关战事的商讨。我安排了整整三天时间以最自由和轻松的方式进行商讨。对于保守军事机密这一点，下议院向来谨慎，从未违背。只要保守军事机密，所有议员都可以随意讲出他觉得最正确的言论，对内阁的异议，或对政府的组成的异议，或对某些成员的异议，都可以言无不尽地提出来。与这个相比，你们还会有更随意的吗？还会有更民主的吗？这么牢固的体系在其他国家是非常罕见的，特别是这个国家正在进行殊死的抗争。

对于我为何在此时请求获得非同一般的拥护，我有责任对下议院作一个解释。有人提议，对于这种争论，我们应该用三天的时间进行。毋庸置疑，政府在争论中将会遭受担责最少的人的猛烈攻击。最终，众人尚未决策就已散场了。如此一来，新闻界里那些怀着敌视态度的——某些已经公然表明了敌视——就会振振有词，称政府再也没有有信用了。甚而在全部都已揭过、一切辩论都已结束以后，仍会提醒，称一些人曾偷偷告诉我，假如我请求议会投信赖票给我，那我就是非常不慎重的……

最近，我们获得了很多来自远东的不好信息。我认为极有可能还会传来很多噩耗，我等会儿就会把原因讲出来。很多事实证明在见解上跟活动上都存在失误与缺陷的事情也会包裹在噩耗中。没有人会装模作样地宣称，这些糟糕事竟是在毫无失误与缺陷的情况下形成的。我认为，这所有的事情就像汹涌的波涛涌向我们，我请求下议院投一次正规的、严谨的信赖票的另一原因就是这个。下议院在这种争斗中从未退让过。假如这两件事得不到下议院的支持，一是随意争辩，二是在这之后进行一次明确、赤诚、直率的选票，那就会有负义务了。那样，我们都将清楚我们处于怎样的境遇中，一切我们不得不与之交往的人，不管是国内的还是国外的，不管是好友还是对手，都将清楚我们会有怎样的境遇，他们又会有怎样的境遇。由于我们举办了一场自由辩论，或许只有二三十个议员会参与辩论，因此，我请求四五百个坐在那里不讲话的议员们将看法表达出来。

我是由于不容乐观的情势才请求投一次信赖票的，并且更加不幸的还会降临。对于内阁，假如一位议员要进行正面批判，甚而进行严苛的指责，只要这么干与他对内阁的观点全然相符的话，他大可继续进行，而且可以弄得更激烈些。不过，假如一个非常有地位的先生对政府怀有非常大的不满，并且认为为了大众的利益应该颠覆它，那他应该具有男子汉的气魄，在议会中将他的观点表达出来。但是，任何人在争论中都没必要讲好听的话，在投票时也没必要害怕。对于我在中选后所拥护的政府，我曾投票表示不赞同。有时候回忆起来，这种做法依然让我觉得开心。任何人在这个艰苦时间中都应该清楚自己的义务，并且尽到自己的义务。

* * *

有关沙漠地带的作战情况，我做了一些汇报发给他们。

有关奥金莱克将军的战役，他本人请求提前筹备五个月，然而他在11月18日就袭击了敌军。在沙漠地带，发散式的、武装了最新型武器的部队相互间进行了持续两个多月、不断地猛烈攻击。每日早上彼此搜查，整日以命相拼，常常战斗到半夜。事实证明，这儿展开的战役居然与最初所预想的完全不相符。所有都是发散式的、毫无章法的。大多数都依赖于部分军人以及下级军官。大多数是这样，但并非所有都是这样。原因是，假如奥金莱克将军不曾亲自上阵，扭转作战指导，命令无论损失多少都一定要持续攻击，施以高压，那这场战役早在11月24日就失利了。如果不是有这一果断的决策，我们此时早已撤离到出发时所占领的旧战线上面了，甚至还要再往后撤退一些。或许图卜鲁格已然失守，而隆美尔或许已经朝着尼罗河推进了。战争形势在这之后就趋于光明。昔兰尼加重新夺回来了，并且还要接着守卫下去。对于隆美尔的部队，我们尚未全部消灭，但是，他们有近乎三分之二的人负了伤，被俘获，或者牺牲了①。

议会并未意识到隆美尔顺利反击的影响，原因是，他们绝不会听

① 核对数目，有关战后敌方伤亡数目的材料附在后面，在第三册下部第三十章511页记载着。英国军队总共伤亡了一万七千七百零四人，敌方总共伤亡了三万三千人左右。——原注

过英国快速降服的黎波里达尼亚之后将要泄露的大型策略。大家都已经知道班加西与阿杰达比亚的失守，这似乎是沙漠地带战争形势胜负莫测的一个小插曲。并且，就像这里所转发的电报中提到的，对于发生了什么事情及其产生的原因，我并不具备确切的消息。

我必须要称赞隆美尔几句。

对于昔兰尼加此时的情形，我无法讲它是什么情况。我们遭遇的对手非常大胆并且出色。假如不计较战斗的损失，我认为他是一个了不起的将军。他肯定获得了支援部队。甚至另外一场战役有可能此时正在展开，而战役情况是怎样的，我有个原则，即从不发布与战事有关的预言。我常常因为我制订的这个原则而深觉安慰。自然，没有人讲我们毫无机会……

那时候，我讲到隆美尔的话很顺当地通过了。之后听闻，有些人感觉不满意。他们无法明白为何还要提到一个敌方将军的优点。这种狭隘的态度本也合情合理，然而这种态度与战争获得成功的宗旨，或者是构建长久和平的宗旨，是背道而驰的。

* * *

我立即说到了我们在远东毫无装备这个更紧要的难题。

对于这几个月的经历，我已汇报给了下议院，敬爱的议员先生们由此能够得知，我们的物资是怎样的匮乏。到目前为止，我们能够活着真的很不容易，真的非常幸运——我们是没有起什么作用的。假如我们顺从了三四个月前大声叫嚷的喧闹对法国或者低地各国进行袭击的言论，我想象不到我们此时会处在怎样的境遇。我们还可以看到墙壁上写下的标语：“马上开发第二战场。”

对于这句话的魅力，有谁觉察不到呢？不过细想一下，假如这种热切的引诱被我们接纳，我们又会拥有什么样的地位呢？我们所有吨位的船只、所有小舰队、所有飞机以及我们所有的部队力量都必须用上，并且都必须在法国海岸线或者低地各国海岸线上进行生死搏斗。与更不幸的敦刻尔克事件相比，远东跟中东的所有灾难都变得不值一提了……

我认为，在那些曾经为了在法国开发第二战场而口若悬河地发言，甚至大声叫嚷的人中，有的如今会重振旗鼓，狡诈地质问：在马来亚、缅甸、婆罗洲以及席里波斯，我们为何不具备充足的军队？

在两年半的战争期间，我们勉强算得上可以应对……我们刚开始看到自己的前景。我们看上去正处于非常艰难的阶段里。不过，我们只需努力协作，将所有的能量投入其中，我们看上去正迈向成功，与过去相比，这可以更明显地看出来……

我们既是在这里以及尼罗河流域与德国、意大利对抗，就肯定不具备实力为守卫远东筹备好前期事宜……或许在这件事情或者那件事情方面，原本能够完成却并未完成，然而，对于为了守卫远东抵抗日军攻击而筹备的事情，我们肯定就无法做好。截止到我们确定美国会参与战斗以前，为了防止与日本产生矛盾，内阁的策略简直是不顾一切损失。下议院应该没有忘记，在我们毫无计策时，我们居然屈服，连续几个月封闭滇缅公路。我没有忘记，在我们如今的批判家中，有的因为这件事极其生气。不过我们不得不那么干。从不曾有一个时期，也从不会有一个时期，大不列颠或者英国可以单独与德国、意大利战斗，可以参与不列颠战役、大西洋战役以及中东战役，与此同时，还在缅甸、马来半岛全面地做好远东的筹备工作，以便应对像日本那般具有七十多个机动师、海军实力占据世界第三名、一支庞大空军的大型军事国家的袭击，以便应对八九千万坚韧善战的亚洲人的侵袭。假如我们一开始就把我们的军力分布在广阔无垠的远东地区，那么我们早就被歼灭了。假如我们在没有战争的或始终都不会有战争的地方部署战区急需的大量军队，那我们肯定一点儿也没做对。如此一来，我们就将错失可以让我们所有人从我们处于的恐怖情景中安稳逃脱的时机（如今看上去，不单单是一个时机）……

采用的决策是要向俄国提供我们的帮助，想办法打倒隆美尔，同时组建一条更牢固的、从地中海东岸到里海的战线。按照这个决策，我们在能力范围之内只是在远东展开了恰当的、局部的筹备，来应对预想中的日本激烈攻击的威胁。确实有六万名军人集合在了新加坡，不过，尼罗河流域才是现代空军、坦克、高射炮以及反坦克军队需要首先支援的。

有关这个决策，我本人在其基本战术方面和有关俄国的外交策略方面担负全责。假如我们没有恰当安排我们的力量，我所犯的错要大于所有人。假如在今夜，我们并未在缅甸与马来亚部署庞大的现代空军与坦克，我要负的责任大于任何人。那我为何要支持请求，揪出代人受过的人，让将军们或空军人员或海军人员负责呢？那我为何要支持请求，驱逐忠诚可信的同事与朋友们，借此平复英国以及澳大利亚新闻界某些人的叫嚣，或借此将我们在马来亚、远东的失利，以及我们还要接着在那儿遭受的惩治消除呢？

我必须让下议院经受将近两个小时的疲劳。对于他们所听到的全部，他们平淡地接纳了。不过，在我的记忆中，他们听到这场争论并不是不动声色的。考虑到我所见到的情况将要来临，对于形势，我认为在演讲完毕时应当做好最糟糕的预想，尽管不会让人失去希望，但也不会做出什么承诺。

尽管我感觉到了如火如荼的成功与解脱，我们与各国遭受痛苦的人们都会安稳地被领到终极目的，不过我不得不说，我认为与1940年那个令人心惊肉跳的夏天相比，战役加诸在我肩上的重担要更加繁重。需要开发的战线这么多，需要防守的脆弱地区这么多，无法避开的灾难有这么多，并且尖锐的声音也有这么多，如今，对于战争中那些扑朔迷离的情形，我们可以更直白地讲一讲了。所以，我认为身为下议院的公仆，我有资格来到这儿，祈求众人别对我施压，让我昧着良知并抛弃对的论断去寻找背黑锅的人，借此让我的地位稳固。祈求众人别对我施压，让我去做那些短时间内娱乐大众而最终对战争没有好处的事情。相反，我祈求众人激励我，支援我。对于未来，我从不轻易预想。我坚守我原本的宗旨：热情、艰苦、泪水以及汗水。这是我曾提供过的所有，在五个月之后，我再次把“很多不足、失误以及灰心”加在这上面。不过，我看到了自乌云后边露出来的光明，它映得我们的路愈加明亮。正因为如此，我此时鼓足勇气请求下议院投一次信赖票，当作联合王国武器库中的一件全新的武器。

* * *

辩论持续了三天。不过，对我的态度要比预想中的好很多。毫无疑问，下议院必须要去干一些事。政府的事情，由战时内阁中的艾德礼先生领导的同事们鼎力甚而热情地支持着。我在29日不得不终止辩论。我那时候害怕无法获得支持。我企图用反话刺激批判我们的评论家们到投票走廊中对我们提出反对，并且，还不能开罪如今已赞同的议员们。不过，我能够讲出的话，不存在什么会导致保守党、工党以及自由党中不支持的人们去参与选票。在用投票进行决策时，对于投信赖票，独立工党表示反对。值得庆幸的是，这个党只有三名议员。其中两个还要担任点票的工作，所以最终结论是四百六十四票比一票。我感激领导少数党的詹姆斯·马克斯顿，是他非要将这件事弄得清清楚楚。新闻界的大力宣扬，反而让表达安慰与庆贺的电报络绎不绝地从四面八方发过来。言辞最热烈的是美国白宫的朋友们。总统过六十岁生日，我发电报表示庆祝。他回复说：“与您同处一个时代，真是太好了。”不过，新闻界里喜欢啰唆的人并不是毫无方法。他们顺水推舟，迅捷得仿佛松鼠。讲什么完全不必请求投信赖票。没有人妄想着挑衅联合政府。这些话被我称为“难听的声音”，这仅仅是灾难降临的预兆罢了。

首相致议会保守党领导　　　　1942 年 1 月 31 日

保守党投票有出色的收效，并且票数在两年内只增不减，对此我恭喜你。

我打算就自由党的投票情况给他们的领导寄信。你可能要审阅审阅，特别附上这封信。如果都不反对，希望可以立刻封好寄出去。

丘吉尔先生致阿齐博尔德·辛克莱爵士　　　　1942 年 1 月 31 日

应当让你关注关注自由党在下议院投信赖票的情况，在总计二十个人里，放弃投票或者没有出席的有六人，代表你党的只剩下十四人。这十四人有大臣三名，即你本人、约翰斯顿与富特。在上议院中，你们还拥有一名次官。此种状况，真的是大材小用。在本届政府执政期间的三次表决中，保守党分别投了二百五十二票、二百八十一票以及三百零九票，我担心保守党会批判反对政府的行动。

并且，《新闻纪事报》已经变成讨论得最激烈的、往往持有敌视态度的报纸之一。遗憾的是，它还是落后于《曼彻斯特卫报》的显耀、却听从命令的独立性。

我向你提议，你必须要仔细关注这些情况。你应该清楚，对于自由党的实力，我从不用议会中席次的多少来评估。不过，既然议会中的席次这么少，那根据我的想法，贵党更应该众志成城在信赖它所谨慎地下决心参与及拥护的政府事宜上有所作为。

* * *

在辩论进行时，斯塔福德·克里普斯爵士并未讲话，不过，他在辩论过程中写了一封友善的信件交给我，表明对于我让他就任军需大臣的提议，他无法在我所列的条件下答应。他表示，要想增加产量以不辜负期盼，最低要求，一定要让军需大臣可以在本部门中拥有决定的主控权，变成战时内阁的其中一员，同时承担分派与选择优先部分的责任。“你从这一点能够知道，我认为在所列条件下接管这份工作是不合适的，原因是，我认为我无法让这个职位获得胜利，只会让你跟人民失去信心。有关你所担负的责任，我原本打算或许可以施以援手，然而在经历了非常认真与紧迫的思考后，我认为这个不积极的论断是必须要做出来的，我感到非常遗憾。”

我回复说：

1942年1月31日

我觉得可惜的是，在你看来，除了另有条件（但我无权批准这些条件），就无法助我们一臂之力，承担军需部的重担。

准许军需大臣参与战时内阁，与整个军需品部门的责任让生产大臣掌管承担的政策是不相符的。近来，议院已表明这一政策是不可改变的。这种做法还会让微型战时内阁的规则继续脱节。在当今政府建立及建立之后，有关这一点的议论是极其夸大的。我们的成员已从五名提升到了八名。假如驻开罗的国务大臣也被你算在里面，就是九名了。假如（根据权利）①再添加军需大臣，那么就没有道理不将飞机生产大臣包括在内了。假如战时内阁中

① “根据权利”几个字是我添加在2月9日写给斯塔福德·克里普斯爵士的信件中的，详见第78页。——原注

包括这两位军需大臣，那也就应该把它们所供给的战斗部门的大臣级别的长官算在里面。如此一来，就打破了一个（微型）战时内阁与一名生产大臣这两个规则。对于这一点，不管是下议院还是民众，我坚信他们都持反对意见。

你提议我能常常与你会面，这是一件愉快的事情。对于你友善的建议，我准备好时刻接纳。尽管我更想得到您实际的援助。或许某一天，我终将会获得你的援助。

事情到此为止——不过，仅仅是一时的。

# 第五章　内阁的变更

**越来越激烈的政治——比弗布鲁克勋爵的健康——我跟他的关系——他担任生产大臣——斯塔福德·克里普斯爵士的态度——全新的缓兵之计：下议院领袖——默因勋爵从殖民地事务所离开——2月期间的灾祸——政府再一次的变更——2月17日比弗布鲁克勋爵的信件——他不干了——就任生产大臣的是奥利弗·利特尔顿先生——新的和老的战时内阁——其余大臣的变更——我们平日里的会议任务——我本人的身份——弗雷德里克·默利斯爵士寄来的信件——我继续担任国防大臣**

信赖票只是让人获得短暂的安慰。灾难将要来临，我起码已经给予了足够的警示。灾难果真在2月里到来。并且，我意识到同样在增加的还有政治界的紧迫情形。有些人请求“增强”政府。他们认为应当添加“新鲜血液”。斯塔福德·克里普斯爵士自然就是现有的、最有资格被关注的新鲜血液。我非常不乐意在外界压力下被迫进行变动，为了此事，我曾经在投信赖票的辩论中使用一些不太和婉的词语。不过2月份之后，看起来不管怎样，要想建立生产部，就必须进行一次变动，这次变动要包含内阁改组的特性。在世界很多地方驻着的新闻部成员全都就英国国内的政治争斗将会形成极大危险进行了报道。很显然，那些困难的、繁琐的人事难题一定要马上处理。另外，虽然用温和的方式建立一个生产部要好过使用猛烈的方式，但猛烈的方式必不可少。

在我组建生产部的筹划快要达成时，比弗布鲁克勋爵的身体健康却快速恶化了，我听说之后非常伤心。他出现了严重的气喘症状，常常失眠一整夜，但可以治愈他的唯有睡眠。我从华盛顿回国之后，有一天夜晚，我们的会议在新楼召开，我听到一个持续不停的声音，非常厌烦，便唐突地讲："有谁出去一下，让猫叫的声音停下来。"众人都沉默了，我这才醒悟过来，竟是我那位不幸的朋友在气喘。事情在我说完对不起之后就结束了，不过我再次提起这件事的原因是，这足以证明那些让人四处奔波的时间中紧迫的情形，然而这是促使比弗布鲁克活动的原由之一。他真希望每天晚上可以花费三四个小时翱翔在几万英尺上的高空，从而减少因为高度而导致的气喘病。

这种机体痛苦是比弗布鲁克疾病的根源，我把它称作神经衰弱。在我们访问华盛顿期间，我已经把他一次冲动下递交的辞职申请打回去了；但他对于工作赤裸裸的厌烦之意却与日俱增。虽然他有一种寻求更广阔、无拘无束的权力心情，内心却无时无刻想从责任和忧虑中脱身而出；在我其他的同僚中许多人也有类似的要求。

对于他在就任期间所起的作用、他的能力、气魄以及判别力，我比一些人要了解得清楚些，所以他们大多不清楚他对我会有如此巨大的影响。他们不知道，在第一次世界大战的重要工作以及收尾任务当中，我们曾长时间共事。除了我非常敬佩、关系却始终不亲密的大法官西蒙勋爵外，在上次战斗中和我一起经受震撼与疲劳的同事只有比弗布鲁克。在政治方面，我们俩算得上资深。我们在前段时间的危险与辩论中常常拥有不一样的立场，有时候还是相互之间最不赞同的。不过总体来说，我们始终都有所联系，这是我公众生活的部分延伸。尽管经历了官场沉浮，但因为私下里的密切友情一直不曾改变，这种联系就更牢固了。在这些狂风暴雨的全新的时期中，与一个尽管向来不具有行政权却常常可以下达命令的人聊一聊那时的艰难跟难题，将它们与我们早已解决的或发生过的事情作对比，我觉得这总是一件愉快的事情。那时候，我的其余同事还没有名气，有很多都是纵横沙场的年轻长官，时光飞逝，那情景仍历历在目。

我已筹备好一切，打算分配给比弗布鲁克一个全新的工作，让他可以尽情利用自己的才华，而会轻易惹怒他的各种障碍都会降到最小。在2月4日，议会宣告建立生产部，生产大臣由比弗布鲁克勋爵担任，他原本的职位让安德鲁·邓肯接替。但是，还需在幕后部署那些紧要的小节。依照比弗布鲁克的请求，同时得到莱瑟斯勋爵的全然赞同，军事输送部也被我划入准备中的生产部。这原本并不包含在我原先的筹划中，不过，莱瑟斯勋爵想要与比弗布鲁克共事，同时在他的率领下，他们俩还可以十分和睦，所以我认为更深一层的归并是有好处的。不过，区分责任的所有小节都如同作战那般需要进行一些斗争。我具有很大的耐心，但是最终我的忍耐力到达了极限。

丘吉尔先生致比弗布鲁克勋爵　　　　1942年2月10日

在几个小时内，我将要把白皮书送往议会，特别把一份校对样品寄过去。对我来说，事情算是定了。在上周，为了令你满意的部署，并对大家有好处，还为了把将要与你进行交往的各部门的顾忌打消，我已经浪费了很多时间与精神。

我坚信，你有责任担负这一任务，并且努力做好它，同时你完全拥有做好这一工作的才能。在我看来，莱瑟斯对于军事输送部对商船的种类应当有发言权的论点，是非常有力的。这个部门不但是这个问题仅有的权威，并且还清楚状况。假如其余所有都处理好以后，你依然在这一点上面，或在我替你谋划的这一大型机构有联系的其余任意一点上面搞砸了，那考虑到我们处在非常危险的境遇中，牵连的利益关系还非常广泛，我必须要说，国内与美国将会严苛地指责你。所以，我请求你考虑整个局面，不要让你的国家、你的朋友、尤其是你的名望遭受沉重的打击。

我会依照计划处理这件事。今天上午讲到白皮书，假如在另外一方面，你打算切断我们之间的联系，我会要求议会准许我把我的汇报延后到周四。这封信件是布里奇斯本人交给你的，希望你拜托他将回复转给我。

这一决策获得了比弗布鲁克勋爵的赞同，因此在2月10日，我向议会宣布了明文规定生产部责任的白皮书。我在议会中宣布了开头的四个重要章节。

1.生产大臣是按照国防大臣与战时内阁的计划承担所有战时生产事务责任的战时内阁大臣。原本由生产管理委员会主管的工作全部由此大臣实行，不过，人力与劳工的事情不包括在内。

2.他的工作有现存生产力与原材料的分派（包含原材料进口的部署）、在特殊情况下获得优先生产权利的决策，和对相关部门与分支机构的管理与指挥。

3.虽然该白皮书中有限定，掌管与生产相关的部门的大臣们在管理各部门时，在议会中所承担的责任照旧，但关于合法实行责任上的事情，各部门任意大臣级别的长官可以申报给国防大臣或者战时内阁。

4.生产大臣还代表战时内阁对在国内与美国建立的、解决同盟国之间军需物品的分发与原材料事宜的联合组织，主持辩论会议。

我读到这儿被霍尔－贝利先生中断了发言。他问我，为何这一提议不包含人力与劳工事宜。这肯定牵连到比弗布鲁克勋爵与欧内斯特·贝文先生相互对立的私人关系，所以，我还把另三节也读了，以下是具体情况：

8.劳工与兵役大臣属于战时内阁大臣，未来在战时内阁整体率领下执行原由生产管理委员会主管的与人力、劳工相关的工作。

这些工作包含安排人员到军事部队、民防、战时生产以及民用工业等部分，同时就生产部分的普通劳力事宜予以解决。

9. 对人力的需求与分派进行管理属于劳工与兵役大臣的责任,对于他觉得更合理有用地运用人力的计划,他有义务发号施令。为了这个目标，他的官员要按照需求拥有获得人力运用的消息的方便。

10. 有关各生产部与劳工部间的所有劳工事宜，将会让劳工大臣与生产大臣或者代表他们的官员进行协商处理。这三个供给部门要保存其现存的、单独的劳工机构。

最终，我请求认真研读白皮书，给这一方针一个试验的时机。假如有必要进行辩论，我会给予所有方便。

*　　*　　*

斯塔福德·克里普斯爵士所站的角度与态度在所有事情进展过程中显得愈发紧要。他摆出好像有话要说的模样。从莫斯科回来以后，他参加过一次广播，深受喜爱。所以，他被鼓舞了，坚决请求新闻大臣再提供机会给他，展开广播演讲。我在2月9日给他写信，以下是具体内容：

我得知，在布里斯托尔，你回复有关参与政治的问题时讲，“建议你去询问丘吉尔先生”，或者类似于这样的言词。在这种情况下，应不应该公布你在1月29日寄来的信件以及我在31日的回信呢？

我注意到我忘记在第二页“假如还包括军需大臣”这句话的前面加上“根据义务”几个字。比弗布鲁克参与战时内阁时自然不是用军需大臣的身份，而是在1940年他担任飞机生产大臣的时候，因为普遍性的原因而被特定的。因此，我称需要把这几个字加上，这只是想要表达明白我原本的意思而已。

我按照他的意思并未公布信件，不过，我认为非常显然，他参加战时内阁是众望所归。不仅要达成这个需求，并且要与很多有权势的人所表达的一样激烈的意愿相符，觉得战时内阁的确应该缩减成员，全部成员应该尽量挣脱各部门行政职责的束缚。想要两面兼顾是非常难的，所以，一个全新的缓兵之计被我想出来了。

在 1940 年 5 月里建立政府的时候，我既就任一些职位，还担任了下议院议长。艾德礼先生负责解决所有日常事务，只有不管怎样都一定要解决的事情才由我插手。按照我的观点，斯塔福德先生拥有可以指挥下议院的各种才干。他是一位议员，还是最出色的辩论家之一。这种任用以及战时内阁成员的地位，足以担当内阁的代表。这就意味着他获得了他们所追逐的、此时无声请求的宽泛的行动范畴。对于这种方式，我与艾德礼先生进行了商讨，他的忠诚在这种紧迫局势下是非常可贵的。我提议他让克里普斯接任掌玺大臣以及下议院议长的位置，自治领事务部则由他本人掌管，而且被称呼副首相，不过在机构上保持不变，这依然不属于实质变更，而是表面变更。

艾德礼先生答应了，所以，我只好把在自治领事务部的克莱勃恩勋爵调任到殖民地事务部。我将这个职位与上议院议长一职结合起来。原本是由默因勋爵就任这两个职位的，他是我最敬仰的一位人物与好友。毫无疑问，没有在政府中当选对他造成了极大的影响。这么对他，我有些于心不忍。之后发生了一系列的事情，居然让一个以色列杀手在开罗杀害了他。

敬爱的瓦尔特　　　　1942 年 2 月 19 日

因为各种公私理由，我必须要重组一次殖民地事务部。我对于这一点深表抱歉。形势与议论都在请求政府做一次重要重组，所以，我需要让艾德礼先生来负责自治领事务部，很多人坚持认为应该让一名战时内阁成员主管该部门。即便是这样，我期盼你的职位能由克莱勃恩接任，由我对你的了解以及你在这次战斗中的表现来讲，我坚信你我的意愿与需求必会获得你的支持。

与你一起在这个遭受灾难袭击的时期工作，一向让我感觉非常开心。我极其真诚地感激你可以将出色的才干运用在执行殖民地事务大臣与下议院议长的职责上，还有你常常给予我的帮助与友情。

默因用惯常的严谨态度与愉悦的情绪答应取消在战时内阁的职位。他回复说："简直没必要讲，我非常清楚你必须重组政府的处境。我只想再说一句，你让我有机会在这么有价值的机构工作一年，你还一直对我关怀备至，我会永表感谢。"

正在我们疲于应对政府机构中心的震动时，我们又遭遇了来自国外的灾祸。在2月15日，新加坡屈服了(详细情况打算放在下一章讲述)。就像我们之前所预想的那般，日军俘获了十万名英国士兵。在这之前，也就是2月12日，有一个小事件发生，在我看来，尽管不大，却依然引发了人们更激烈的怒火与担忧。德国战列巡洋舰"沙恩霍斯特"号、"歌奈森诺"号以及巡洋舰"欧根亲王"号已经逃出了布雷斯特，渡过了英吉利海峡。按照大家所了解的或者有可能听见的，尽管它们处于多佛的炮火下，并且还在我军全部空军与海军的攻击范围之中，它们居然毫无损伤。我们在恰当时期还会重提这件事。大家对内阁以及其作战指导失去信心是很正常的。

* * *

因为生产部的建立，安置了带入新能量的斯塔福德·克里普斯爵士，政府调整了内部，这几乎相当于机构重建。与此同时，我还决定实行一些别的变更。玛杰森上尉战功卓著，不再继续担任陆军大臣，我建议由他的常务次官詹姆斯·格里格爵士接替。格里格是在效率与意志力方面最有名的国家工作人员。在我担任财政大臣时期，有大概长达五年的时间都是由他担任我的重要私人秘书。他不仅在财政部经受过历练，并且还在印度当过总督行政会议的财政委员，做出了非常出色的成绩。他非常熟悉陆军部的事务，同时取得了所有将领与官佐的信赖。他不想参加上议院，还不熟悉下议院。他必须要寻找、如果需要必须要争求一个选举区，让自己可以习惯一个政治领袖应该具有的更广阔的、更多样的行动范畴与更敏锐的措施。他的意志力、忘我以及英勇，我还要再添上一条，他的执着，均是非常出色的。将他升到大臣级别，我确实少了一位极其干练的文官官员。

我还改组了飞机生产部，让卢埃林上校替代穆耳－布拉巴宗上校。卢埃林上校在美国做得不错，如今，我们所有的飞机生产与美国抱成一团，不幸的是，穆耳－布拉巴宗上校已经被授予贵族爵位。

敬爱的穆耳－布拉巴宗　　　　1942 年 2 月 21 日

我怀着非常可惜的心态写信通知你，迫于局势与议论，我主管政府重组，必须要改造飞机生产部。

对于你在这个部门是多么勤勉，我很清楚。你一向用亲和的态度对待我，让我非常感激。你应该清楚我在这场猛烈的、不顺当的战斗中的艰难境遇，希望我注重的友情不会因为工作上的分歧而有所影响。

他的品质在他的回信中显现出来：

敬爱的首相　　　　1942 年 2 月 21 日

我非常体谅。在我看来，在政治上有一两个十分紧要的问题，原本打算和你聊聊，不过，现在已没有必要了。

我对过往的一切都没有不满。非常感谢你曾给予我的信赖。与我刚来时相比，政府部门的公务与事情已经好很多了。

祝愿

万事如意。

布拉巴宗

为将战时内阁的人数降低，我必须罢免财政大臣正式成员的身份。

丘吉尔先生致金斯利·伍德爵士　　1942年2月19日

我认为应该组建全新的战时内阁，特奉上名单。你将注意到我无法把财政大臣算在其中，如此就恢复到最初组建这个政府时的方案。

有关这一点，我非常遗憾，不过真的别无他法。自然，牵涉到与你相关的公事，还是要劳烦你。

当重组内阁时，有很多珍贵建议是比弗布鲁克勋爵提出的。除他本人以外，他可以用客观镇定的态度对待所有人的工作。

敬爱的首相　　1942年2月17日

特奉上我在电话中讲到的信件。

公众毫不自信，他们仰视着政府，试图重新获得信心。政府的义务就是完成这个请求。

内阁组织的变动，可以做怎样的事来赋予人们急需的东西呢？

1. 让斯塔福德·克里普斯爵士参与政府吗？不过，人们对克里普斯的热烈祈望是暂时的，这种热情已出现了消退的迹象。

2. 让一名国防大臣或者国防次官担任吗？不过，这一位置要想寻找一个既可以满足人民，又可以在你的率领之下不会感觉不满的人，是不可能找到的。

3.组建一个只有少量大臣的战时内阁，所有人各自领导几个部门，却又不承担各部门的实际工作吗？这个方案应该被采用。

战时内阁的成员应该是如今内阁里最干练的贝文、最受欢迎的成员文登以及工党首领艾德礼。

应该把内阁中的其余成员去掉。他们是英雄，与那三十位相比，他们更值得尊敬，不过比不上前三位。

4.最终，人们视政府中的一些成员为没有能力的大臣。你熟知他们的名字。

不管怎样，在国防大臣中有一两人与大众是不相容的。或许是两名。

自然，这只是一封私人信件，对于人们所有的热切心情，我无心助长或者拥护。

你永远的好友

马克斯

我收到了他引用的以下这段修昔底德的话，并未标注日期。或许这段话被他用在了自己身上徒劳无功：

别再跟斯巴达展开谈话。清楚地告诉他们，眼前的灾难并未打倒你。不管他们是国家，还是个人，唯有毫不退却地直面灾难，唯有展开最激烈的抵御，才真是算得上勇士。

*　　*　　*

不过如今，比弗布鲁克勋爵辞职了，这已成定局。他的身体全然不行了，他感觉无法再承担接到全新的、繁杂的工作。我倾尽全力劝告他别离开，然而，他与别的重要大臣在我眼前展开了繁杂而令人着恼的辩论，让我感觉还是不强迫他比较好。所以，我答应他离开战时内阁，去美国承担一些职务不是非常确切的责任。在那儿，总统身边的人会受到他的影响，这对我们有利，并且他还能在西印度的某个小岛上寻到他需要的休息与安宁。很多不欣赏他的品德或不清楚他对战争所起的作用以及一些跟他发生过口角的人，全都称心如意了。不过，我深深地觉得怅然若失。

他在几日后寄来最后一封信件，对我们是如何分道扬镳的作了叙述。

敬爱的温斯顿　　　　　　　　　　　　1942年2月26日

今天，我从本部离开，返回我原本的地方。此刻，我不得不对你讲讲我在二十一个月中极度危险的阅历，这是从未有过的经验。

在这所有的时间中，我所干的全部事情始终都依赖于你对我的赞同。

你为让我加入内阁承担了非常大的危险，还因为让我待在这里又受到一些内阁成员的打击。

与你能够给予我的相比，我可以给予你的几乎寥寥无几。是你让我声名鹊起。人们的信赖其实源自于你。是你让我勇敢。这些恩泽让我有资格在你的助手名册中获得一隅之地。在你把我们从苦难中挽救出来时，这些助手们是为你效劳的。

即将离别，我特意给国家的首领、公众的救世主以及自由世界展开抵抗的代表写了这封感谢与致意的信。

你最爱的

马克斯

我一直准备在他身体恢复、心情平静以后让他返回。不过，我那时候并未跟同事讲这一打算。

*　　*　　*

如今，担负重要职责的生产部再次有了空缺。在我看来，想要寻找一个接任者并非难事。奥利弗·利特尔顿被我看作一位拥有大量工作经历并具有极强行动力的人，这均是经受住了时间检验的。在他孩童时期，我与他在他爸爸家中结识。我在1940年让他摆脱平民生活，担任贸易大臣，同时参与议会。他在贸易部门已获得了各个党派的信赖。由于中东战事失败，身为驻开罗国务大臣的他在一年中一马当先，提倡和彻底实现了后方行政事务以及铁路工作方面的很多重大革新。这些让他与艾夫里尔·哈里曼先生交往甚密，在华盛顿享到了极大的尊敬。我还要再寻找一个人，代替他担任驻开罗国务大臣。澳大利亚驻华盛顿代表R.G.凯西先生在3月18日接受了让他接任的命令。

2月19日战时内阁宣告重组，尽管如今加入了两个新人物，阁员数量反而从八名降低到七名。读者自然会注意到，与议论的猛烈潮水正好截然不同，我现在已经充分地实现了我的观点，也就是战时内阁的阁员同样应当是负责部门的主持者，而不只是作为名义顾问，除了思考、谈谈、再按照折中策略或者大部分建议做决策之外，就无事可做了。

**旧内阁**

| | |
|---|---|
| 首相 | 丘吉尔先生 |
| 掌玺大臣 | 艾德礼先生 |
| 枢密大臣 | 约翰·安德森爵士 |
| 外交大臣 | 艾登先生 |
| 不管部大臣 | 格林伍德先生 |
| 供应大臣 | 比弗布鲁克勋爵 |

| | |
|---|---|
| 财政大臣 | 金斯利·伍德爵士 |
| 劳工大臣 | 贝文先生 |

**新内阁**

| | |
|---|---|
| 首相 | 丘吉尔先生 |
| 副首相兼自治领事务大臣 | 艾德礼先生 |
| 掌玺大臣兼下议院议长 | 斯塔福德·克里普斯爵士 |
| 枢密大臣 | 约翰·安德森先生 |
| 外交大臣 | 艾登先生 |
| 生产大臣 | 奥利弗·利特尔顿先生 |
| 劳工大臣 | 贝文先生 |

自然，还有种种问题就此形成。在克莱勃恩勋爵看来，身为上议院议长，战时内阁的成员应该有他，起码他也应该常常参与会议。对于政府在上议院里的辩论能力，他同样急切地想要予以提高。根据旧例——尽管在宪法上并非强制性的，在上议院中起码应该有两名国务大臣。此时，对于詹姆斯·格里格爵士的新任务，我认为他能用自身的贵族地位去执行。

丘吉尔先生致克莱勃恩勋爵　　　　1942 年 2 月 20 日

在我看来，绝不可能将这种“常常参与战时内阁会议的绝对权”赋予任意一名率领上议院的人，原因是人们坚持执行的是请求小机构的辩论。在过去，比弗布鲁克是上议院与战时内阁之间仅有的纽带，他通常不会参与会议，就算参与了，也仅仅就他本人的事情进行辩论。

我无法承诺，一定让上议院录用的各部门次官是一名有身份的并经历过议会的人。我必须要考虑到各主要部门的做事效果。另外一方面，我必须要关注该人员是否有足够的辩论实力。或许兰开斯特郡公爵大臣达夫·库伯会乐意晋升，不过我尚未跟他说过。

但是，我不打算在这两三天中做出任何最终的部署。并且，你我所提议的任用，我一时还不打算做决策。例如，或许有必要区分一下工作，上议院由一名大臣统领，殖民地事务部由另外一名大臣主管。

非常感激你坦白地给我写信。我很清楚这很艰难，而且会想办法处理。

几日以后：

既然詹姆斯·格里格爵士非常乐意待在下议院中，并且这明显与下议院的意愿相符，所以，我没有办法让他去上议院助你一臂之力了。宪法的宗旨全然保持下来了。不过，假如你想要深入的援助，我能让达夫·库伯以兰开斯特郡公爵大臣的身份进入上议院。抑或是你能再尝试几周，看一下会是怎样的状况。

在次要组织里同样进行了其余的一些改组。我在这点上获得了很多支持。有九名重要次官为了解决路途中的困难，居然让我随意处置他们的组织。一些改组要在几周后才可以执行。以下是最终的改组名单：

**1942年2月22日**

| | |
|---|---|
| 殖民地事务大臣 | 克莱勃恩勋爵，接任默因勋爵 |
| 飞机生产大臣 | 卢埃林上校，接任穆耳－布拉巴宗上校 |
| 贸易大臣 | 道尔顿先生，接任卢埃林上校 |
| 经济作战大臣 | 塞尔伯恩勋爵，接任道尔顿先生 |
| 陆军大臣 | 詹姆斯·格里格爵士，接任玛杰森上尉（离职） |
| 公共工程大臣 | 波特尔勋爵，接任里斯勋爵（离职）1942年3月4日 |

主计大臣　　　　　　　　　威廉·乔伊特爵士，接任海基勋爵
副检察总长　　　　马克思维尔·法伊弗少校，接任威廉·乔伊特爵士

我采取了已在之前讲过的方式来处理上议院在战时内阁的代表的问题，也就是有几名大臣尽管并非正式成员，事实上反而是“常常出席的人”。这样一来，我在月末以前就可以让我们的工作恢复正常。

首相致爱德华·布里奇斯爵士　　　　　　　　1942年2月27日

以下是内阁下星期的任务部署：

1. 周一下午五点三十分，地址是十号。全部人员都参与。包括常常出席的人、三军参谋长、各自治领以及印度代表等等。会议进程：战争的总体局势，特别需要保密的事情不讲，比如说，将要展开的军事活动，以及其他恰当的议题。

2. 周二下午六点，地址是十号。太平洋会议。

3. 周五中午十二点，地址是下议院。出席的仅有战时内阁以及你本人。我们要其他人参与辩论特别事项时再另外集合。

4. 周四中午十二点，地点是下议院。战时内阁。（如有必要，在周三、周四两天下午六点再开一次会议。）

5. 周五下午十点。国防委员会。三军参谋长、海军大臣、陆军大臣以及空军大臣参与，假如有必要，或者通过特指时，印度事务大臣、自治领事务大臣、副首相、外交大臣、奥利弗·利特尔顿先生以及我本人。

我们暂且观察一下是否可以这样。

总体来讲，对于重组的重要部分，新闻界与大家都予以支持。政府组织经历如此巨大的变动以后，议会同样认为有必要平稳下来，如此我们就获得了缓冲时间，去遭受已降临到我们身上的更大的灾难。

*　　*　　*

在这个国内政治紧迫而不稳定、国外出现失利的时候，我本人的身份好像并未产生变化。我时时刻刻都要处理很多很多的工作，极少有时间思考这个。因为一些同事或者将来的同事身份尚不明确的原因，好像反而提升了我本人的职权。对于一些人试图削减我的职权，我并未感觉伤心。我想要的是，通过恰当的辩论以后可以与我的意愿相符。我与三军参谋长正好因为糟糕的事情而联系得更紧密，这是在政府各部中都可以感觉到的结合。在战时内阁里，抑或是在数量更多的内阁级别的大臣之间，任何人都不曾私下耍手段或者闹对峙。相反，持续不停的重压从外界传来，让我把指挥战斗的方式改了，以便得到好过目前的结果。“我们一致支持首相，不过，真的有太多的事情需要他去干。他肩上的重担该放下了。”这是一直存在的观点，还有很多结论非让人接纳。我十分开心能够收到弗雷德里克·默利斯[1]爵士寄来的信件，以下是信件内容：

敬爱的首相　　　　1942年2月14日

我曾经与一些议员讨论过，意识到你会承受某种压力，必须要恢复劳赫·乔治先生在1916年到1918年为了与策略和战术相符而采取的编制，将国防大臣这个职位去掉，让三军参谋长直接与一个由不管部大臣们组建的微型战时内阁产生联系。

在劳赫·乔治先生的编制下，我曾历经两年半的时间。在我

① 在第一次世界大战期间，弗雷德里克·默利斯爵士在1918年担任军事作战总监。他给《泰晤士报》寄去一封信，就法国陆军的军力对首相劳赫·乔治先生进行谴责。他被罢职。一场重要的辩论在下议院进行，然后展开了决策。那时候，不管是阿斯奎斯先生获得了自由成员的票，还是劳赫·乔治先生获得了，最后自由成员的票当作了战后推选的检测。在1932年，英国退伍军人协会主席由默利斯将军担任。——原注

看来，除了一个不同以外，你的编制在二者中是最好的。在帝国国防学院以及各家军事学院中，这是我很多年来一直提倡的编制。我认为应该让一名国防大臣本人直接与三军参谋长交流。不过，首相是仅有的一位可以在战争过程中就任国防大臣的人。由一般规则讲到特别真相，你具有非常大的优势，可以和海陆空三军军人谈到一块儿去，这一点在政治家中是极其少见的。让三军参谋长出席战时内阁会议，必然会极大地花费各位参谋长的时间。与他们和首相展开的密切接触相比，他们在战时内阁会议上并不能想说什么就说什么。

按照我这个局外人的看法，联合计划委员会是现今编制里仅有的缺陷。我的体会是，按照权力，这个委员会的成员们尚且处理不完自己分内的工作，当然无法全心全意地进行联合计划的事务。他们在碰面时只会寻找难题，以示抗议，而不是提出这种或那种的意见。在我看来，要想弄出有成效的活动，仅有的方法就是选取主管实行方案的人，在他筹备方案时给予必要的援助，接着让他把方案交给你跟三军参谋长批准。这样一来，方案是不是可行，是不是拥有实行时必需的各种因素，决策权都在你与三军参谋长的手中。

在这个紧急时刻，特别给你奉上我的怜惜与祝福。

你最真挚的

F·默利斯

在给弗雷德里克爵士的感谢信中，我还讲道（1942 年 2 月 24 日）：“我总结出一个结论，即当一个“任务”被提出来时，按照任务的性质，应该有三军中一军的一名军官确实处在其余成员上面。”

我决定自己掌控指导战事的所有权力。要想执行这种权力，唯有让首相兼任国防大臣这一职位。压制政敌反对观念与解决争端的过程中，会比有权做决策本身，更会承受更大的艰难与烦恼。最紧要的是，在最高位置上要有统领全局的一致想法，实实在在地予以帮助与改正，从而不至于在整体上发生分歧。假如我国防大臣的职位被罢免，我自然不会再继任首相，哪怕只有一小时。这是大家都知道的一点，它反驳了包括在非常不利的因素中指出的一切责问。很多有关机构委员会或者某些别的非个人组织等善意的主张，也就毫无必要了。对于所有支持我得到胜利的人，我一定要表达感激之情。

# 第六章　新加坡的失守

**并不曾调查新加坡——珀西瓦尔将军的安排——已变弱的守备军——实际的白厅——摧毁工程的紧要性——美国、英国、荷兰、澳大利亚战区的总策略——我在2月2日写给三军参谋长的备忘录——新加坡虚弱的空军实力——日本军队在2月2日渡过海峡——他们在岛上占有一席之地——我在2月10日发给韦维尔将军的电报——韦维尔毫无希望的回电——全线在11日与12日激烈开战——日本人失利——倒霉的撤离军队——新加坡市中的严峻形势——韦维尔命令坚守防卫——他在2月14日发给我的电报——帝国总参谋长与我给予韦维尔投降的决策权——他最后下达给珀西瓦尔将军的指令——投降——罗斯福总统的电报**

按照我的推断，在战争正激烈进行时，绝无可能调派皇家委员会来考查新加坡失守的原因。工作人员、时间以及精力都是我们缺乏的。这个观点被议会接纳。不过，我自然会考虑到，为了公平地对待相关军人，战斗只要一停，应该马上考查所有原因。不过是之后的政府并未执行而已。已过了很多年，有很多证人已经离世了。或许，我们一直无法拥有一个合格的法院，可以正确判定英国历史上最悲惨的失败以及最大范围的屈服。我不准备在这些文章中包办代替，来代替这种法院，同样不准备评论个人行为。我限制范围，只记载我深信不疑的重要事件，同时借用那时记录下来的文件。凭借这些文件，读者自己能判别。

我全权承担这里有关军事部分的阐述。我所做的这个阐述得到了博纳尔将军的全力帮助。在华盛顿的会晤得出建立美国、英国、荷兰、澳大利亚司令部的决议时，事实上他已是远东总司令，司令部位于新加坡。他在美国、英国、荷兰、澳大利亚司令部创建以后担任韦维尔将军的参谋长。倘若不是如此，降临在珀西瓦尔将军身上的重任就会让他承担。

对于珀西瓦尔将军守卫新加坡的安排，详见地图①。主力军已在1月29日抵达的英国十八师（师长贝科维斯－史密斯少将）和已把第九师的剩余军队编入其中的第十一英印师（基少将担任师长）构成了第三军（西斯上将担任军长）。顺着岛的北岸往长堤延伸就是该军主管的区域，不过其中并不包含长堤。第八澳大利亚师（戈登·贝内特少将担任师长）主管自长堤开始的一线，他可以领导第四十四印度旅。该旅刚在几天前抵达，与第四十五旅相同，是由年轻人与经历过一些锻炼的部队构成的。要塞军队负责守卫南岸，西蒙斯少将领导两个马来亚步兵旅与义勇军。

在保卫海岸的重炮中，可以攻击北边的弹药极少，丝毫应对不了正在森林集合的敌人。岛上仅剩一个战斗机中队，能够利用的飞机场同样只剩一处。因为牺牲与损失，目前，最终集合的守备队已经从陆军部预估的十万六千人降低到了八万五千人，并且阵地、后勤部与各类非作战军队也都包含在内。其中拥有装备的大概有七万人。野战防卫的筹备与路障的部署，尽管花费了本地很多的人力，但与目前发现的迫切需求完全不符。将要遭受袭击的前方战线并不具备长期的防守工程。通过长时间的撤离与岛上的猛烈战斗，部队的士气已衰落大半。

遭受胁迫的北岸与西岸可以将宽度为六百码至两千码的柔佛海峡当作屏障。还具有一定保护力的是几条江河河滩上长满了栲树的沼泽。长达三十英里的战线有防御的必要，完全看不见敌人在对岸

① P106，新加坡岛——图注

森林中的活动。岛的内陆也大多数掩藏在茂密的树木与种植园中，远方是大家无法看见的。大型的军需物品仓库与三个提供饮用水的水库就设在武吉智马村周边地区，非常要紧。新加坡市位于这一切的后边，那时候，大概有一百万各种种族的人居住在市里，一群灾民也在里面。

*　　*　　*

在国内，我们放弃了一直守卫新加坡的念头。仅有的疑问是会战斗多长时间。在1月21日，摧毁任务就被三军参谋长关注到了，珀西瓦尔将军曾经获得警示，“一旦状况极其恶劣”，在新加坡绝对不可以放松。他们表示，“你应当保障，在一切焦土策略中，所有会被敌人利用的物品都不能遗留下来”。他们还讲到了摧毁军火。对于这个公文，我在1月31日作出批示：“最明显的方式是用弹药袭击敌军。撤退是一定不会准许的。逼不得已要撤离，这么干总需要两三日……攻击敌军，用完弹药，这是在要地将要失守时早就定下的、必然的方式。应当有足够的筹备时间。假如要地可以获得良好的守卫，我们最终绝不可能留下大量弹药，而只可能感觉弹药匮乏。”

我在两日后再次下达指令：

首相致伊斯梅将军，转交三军参谋长委员会　　1942年2月2日

1. 一定要做的工作：第一件，要破坏所有的海军阵地，起码一定要让全部港口与工厂在一年半内无法使用。第二件，要摧毁所有的要地大炮，也让它们在一年半时间内无法使用。如此一来，对于敌人而言，新加坡就不再是一个有用处的海军阵地。在执行上面所讲的摧毁任务时不要引发恐慌，这是因为它们全是在军事区域实行的，民众无法进入其中。可以让军人去做部署炸弹的实际操作。

2. 其余珍贵财产的摧毁工作同样要进行策划，不过，不可在筹备时削减防御的实力。将军讲得没错，防御任务一定要坚持到最终时刻。拖延一日就好一日。

*　　*　　*

对于印度洋上的总体局势，我与参谋部进行了长期会议，指出种种问题给他们。

首相致伊斯梅将军　　　　　　　　1942 年 2 月 2 日

今天晚上十点，我打算与三军参谋长召开一次参谋会议，就马来亚与缅甸的深入支援和印度洋的守卫工作进行商讨。

下面几点是我考虑到的：

1. 新加坡——对于岛上三个飞机场中已有两个被马来半岛的大炮掌控，为何我们在上周才得知？为何不曾修建其他的飞机场？北岸的防卫进行得怎么样？内地的交通、辐射公路等都有怎样的行动？尽管长堤遭受了损坏，我预想已经特意用炮火与机关枪火力来进行掌控。但从着陆方面讲，似乎敌人全都可以做，我们则全都不可以做，那自海上向日本人通往马来亚的交通线展开反攻，目前有怎样的方案呢？

2. 调遣护卫队运输支援部队、军队飞机以及食物直达新加坡进行援助这件事，如今制订了怎样的方案？为展开救援，调遣苏门答腊与爪哇的重轰炸机去攻击日本人的飞机场，已经做出了怎样的部署？在安排居住在新加坡岛的男人义务工作方面，已有怎样的安排？对于没用的人数，一定要再次尽力减少。在这些事情中，有很多是韦维尔将军有权进行处理的。不过，我们一定要清楚全部情形，确保不曾忽略任意一点。

3. 印度洋阵地——对于保证这些阵地，我们做了哪些事情？

例如，亭可马里守备军有怎样的状况？大炮如何了？已采用怎样的方式来保卫它的出口与入口？周围有能使用的飞机场吗？印度洋防卫任务是由海军承担的。有怎样的支援方案？三艘航空母舰什么时候能行驶？“沃斯派斯”号未来打算进行怎样的活动？“勇敢”号的修缮事宜进展如何？我觉察到有一艘商船在孟加拉湾被一艘潜水艇的炮火摧毁了。行驶在这些地区的商船全都拥有武器装备了吗？是否有在行的炮手在船上？对于孟加拉湾，正采用怎样的方式用本地的实力进行防御？如今，好像我们并不具备什么可以行动的轻型或重型海军队伍。对于印度洋海面，打算派遣怎样的驱逐舰、驱潜快艇以及巡洋舰过去？希望能给我一份往后四个月内逐渐增加支援的时间表。

4. 在派遣两个澳大利亚师到美国、英国、荷兰、澳大利亚战区之后，还要展开其他怎样的支援？考虑到美国人会依照“磁石”战斗方案到达（北爱尔兰），而且因为俄国等因素而使展开攻击的时间延后，看上去我国起码还要调派四个师的军力。而这几师是不是要调往埃及，或者到地中海东岸－里海一带，或者到印度，又或者到美国、英国、荷兰、澳大利亚战线，这一定要慎重思考。让他们行动起来才是最主要的事情。我们一定要筹备好，实在降低供给与进口物，从而方便更大部队的调出。一定要考虑使用较小的商船来运载部队。自弗里敦调出来的西印度旅如何了？在苏伊士的东面地区，我们急需更大的军队。一定要检验全部战区。

5. 现在最紧要的是对印度进行支援。我非常关心整个亚洲是如何看待日本人的成功的。必须要调派英国军队增援印度。这些部队只需要保持内部稳定、防止叛军出现，因此它们可以不是编制完善的师。对于这一点，应该考虑使用着陆师以及独立营。

6. 在其他文件中，美国部队或许会进入波斯湾、在地中海东岸－里海一条战线组织一支军队这一点已经被我讲过了。

希望能够把上面各节的实行方案以及时间表一同发给我，同时希望你根据自己周密的思考，添加上述问题。

*　　*　　*

新加坡空军的状况愈加恶化。

首相致韦维尔将军　　　　1942 年 2 月 2 日

我了解到，刚刚抵达新加坡的“旋风”式飞机已经收到你的命令前往巨港。猛然瞧起来，这个全新的决策代表着对守卫新加坡的绝望。希望能对其中的原因进行解释。

韦维尔将军致首相　　　　1942 年 2 月 3 日

有关大部分战斗机撤往苏门答腊的决策，是我与皮尔斯在 1 月 29 日对新加坡进行探访时做出来的。军队退至新加坡以后，在岛上的四个飞机场中，已经有三个处在敌人的炮火攻击范围内。飞机场遭到空中袭击的范围越来越大，迫不得已把轰炸机撤退到较为保险的苏门答腊阵地上。马来亚的失守证明了最紧要的就是坚守苏门答腊南边，同时证明了一定要保住苏门答腊的机场，来方便展开攻击战，使敌军飞机降低轰炸新加坡的范围。这些机场一定要使用战斗机进行保护。

假如把战斗机停在新加坡已经被发现的机场上，不出几天时间，就会被摧毁。并且，我们正竭尽全力保持战斗机的守卫任务，也就是将一个飞行中队的实力安排在坎兰机场，同时在条件允许的情况下运用别的机场，为自苏门答腊出发的战斗机添加燃料。

我认为，对于新加坡的空中防卫，上面的安排给予了最美好的前途，证明我们保卫新加坡是充满信念的，是可以实现的。

首相致韦维尔将军　　1942年2月4日

1．得知你准备为自苏门答腊出发的“旋风”式战斗机添加燃料，以便维持战斗机守卫新加坡的任务，我感到非常安慰。

2．不过，你大多数的战斗机无法从各自的阵地出发拦截，反而要花费很多的飞行时间在苏门答腊与新加坡间，这是非常没有好处的。

3．尽管我清楚把新加坡作为阵地的飞机面临着被发现的威胁，却依然不清楚，在新加坡被日本人袭击时，苏门答腊阵地上会强烈地感觉到需要利用战斗机进行守卫。同时，我们还打算增加大概九十架“旋风”式战斗机，用“雅典娜”号与“无畏”号在2月末之前运送到你那里。所以，我期望可以冒着所有必需的危险使用战斗机对新加坡进行支援。

4．为何岛上所有的战斗机有50%是“野牛”式的，这一点很不容易弄清楚。假如一定要限量，那么一定要拥有最优良的质量。

*　　*　　*

巡逻队在2月8日早上汇报，敌人正在岛西北种植园聚集，我军各个基地遭到了激烈的炮击。晚上十点四十五分在科利斯河西面，日军第五师与第十八师袭击了第二十二澳大利亚步兵旅。运用装甲的着陆舰艇横渡柔佛海峡就是攻击的最高点。他们通过长时间的周详筹划，早就将这些舰艇自陆地迁到了下水的地方。战争异常猛烈，摧毁了很多只船。不过，在陆地上的澳大利亚军队非常少，在很多地方都有着陆的敌方部队。在这一旅重振旗鼓时，阿玛肯村已被敌方占据，周边地带的很多条大路与小道的交错点就在这里。他们在次日早上八点对邓加机场进行攻击。科利斯河上游鱼裕廊河上游之间一道较狭小的地峡就是能组建一条截击线的重要地点。按照命令，第二十二澳大利亚旅与第四十四印度旅退至这个基地，让司令部后备军派遣两营军士进行支援。

以下是军事汇报：

珀西瓦尔将军致韦维尔将军　　　　1942年2月9日

昨天晚上，敌军在西岸强势着陆，已经往前移动了五英里，掌控了邓加机场。在这里驻守的澳大利亚军队遭受了严重的损失。因为使用司令部后备军战斗，敌方的推进已经暂时被阻止。不过，因为我方有着非常长的需要防卫的海岸线，因此可以肯定局势不容乐观。方案已然筹备完毕，准备在需要时集合军力守卫新加坡。

*　　*　　*

9日夜晚，第二十七澳大利亚旅在长堤与科利斯河中间的防守线前受到了一场全新的相似攻击，敌军又成功地占有了一席之地，在这个旅与科利斯河－裕廊河战线间打出了一个裂口。不仅是这样，两旅军士自西面撤至这条没有建设防卫工程的战线上，走到了尽头，敌军在他们进退难决之时已穿过了这条线。第十一印度师的其中一个旅与英国第十八师具有三个营的一支大军队接连被调去夺回戈登·贝内特的战线上的基地。然而在10日夜晚，日军已离武吉智马村越来越近，那天夜晚，他们在坦克的帮助之下再次有了很大的推进。

得到汇报，我马上寄出电报：

首相致韦维尔将军　　　　1942年2月10日

有关我们对新加坡形势的观点，我认为你应该清楚。按照帝国总参谋长对内阁的汇报，珀西瓦尔拥有大约十万人，其中来自英国的有三万三千人，来自澳大利亚的有一万七千人。我怀疑日本人在整个马来半岛是否拥有如此数量的士兵，也就是是否已经在前方拥有五个师，第六个师即将到达。在这种情况下，守军数量必定远远多于已横渡海峡的日军，他们应该认真干一场，歼灭敌军。在这个时候，顾全部队或者爱护住民的思想是绝不可以有的。一定要倾尽所有将这场战斗进行到最后一刻。第十八师拥有了青史留名的好时机。司令官与高级军官应该和军队同生共死。这次行动的成败代表着英国与英国军队的荣耀。对于任何懦弱行为，我希望你都不要表现出同情。俄国人打得那么好，在吕宋的美国人还这么坚强，我们国家以及我们民族的所有荣誉同样和这场战争紧密相关。希望你一定要派所有军队与敌方部队兵戎相见，决一死战。我坚信这些话同样把你自己的情感表现出来了，为了与你共担责任我才这么告诉你。

韦维尔用消沉的语气对他的探访状况进行汇报。

韦维尔将军致首相　　　　1942年2月11日

1. 在新加坡，我停留了一天一夜，今天返回。就在我将要离去以前收到了你的电报。我与所有师长、总督见面，同时把向他们转述了电报里所下达的指令。我用相同的意思把一个书面指导留给珀西瓦尔。

2. 新加坡守卫战进展并不顺遂。日军利用他们常使用的渗透战极其快速地在西部发展着，远远高于预期。我已经下令让珀西瓦尔调遣全部能够运用的部队展开反击。一些部队士气低迷，我居然没有看到士气激昂的。在四面环水的地区，要防守辽阔的临水大陆，地面环境不利于防守。最重要的问题是，一，支援部队缺少充足的锻炼，二，我方部队因为日军具有英勇娴熟的战略与制空权而感觉不自信。

3. 竭尽所能鼓励战斗精神与积极心态，不过对于这些奋斗，我无法宣称如今已全都达成。我已下达最果决的指令，丝毫投降的想法都不允许有，全部部队一定要抗争到最后一刻。

4. 我认为，珀西瓦尔能安排的部队人数未必有你所讲的那么多。我认为，他全部的军力不会多于六万到七万人。不过，假如他的军队可以被调动起来，用充足的精神与信念进行战争，他完全可以抵抗登岸的敌军。

5. 如今，敌军已经掌握了北面三个机场中的其中一个，其余两个在炮火的攻击范围内，无法再使用。在不停的轰击中，岛南面尚存的机场可用之处遭到了极大的限制。

6. 我从新加坡返回时在黑暗的码头摔倒了，背上的两根小骨摔断了。伤得并不重，不过却要住几天院，或许会在二三周内如同残疾。

*　　*　　*

2 月 11 日这天全局乱战。为了将麦克里奇水库与武吉智马公路之间的豁口补上，我们自后备队中调遣了一支杂编军队。接近敌军那一端的长堤已被摧毁，只要我军的守卫军队一撤退，它马上就会被他们修复。当天晚上，日本禁卫旅穿过长堤往前进攻，接近义顺村。第二日，也就是 12 日，第三军按照命令撤至一个环形基地，自武吉智马公路延伸到两个由第五十三师驻守的水库，随后扩张到巴叶利巴村与坎兰。在这条线的后面缩小的是自章伊峡调遣来的要地军队。在 12 日，武吉智马公路南边猛烈地战斗了一整天。在武吉智马村南边的基地上，第二十二澳大利亚师仍旧坚守着，敌方在这个村攻击了两天两夜，仍无法让他们撤离。目前，他们处在孤立无援的状态，按照命令撤至东陵。在这个地方，第四十四印度旅与第一马来亚旅往南延伸了战线。

日本部队在 13 日毫无收获，其第十八师团被守卫巴施班让山岭的马来亚旅坚强地打退了。在大炮轰炸了两个小时之后，他们才开始进攻。

*　　*　　*

把三千位特定人员自海道撤到爪哇的原定计划在13日已经实行。按照命令撤退的人包含政要、技术人员、不必要的参谋人员、护士和其余对战争的继续有特别作用的人员。在要地上指导空军、海军的空军少将蒲尔弗德与海军少将斯普内也在同行者中。但自此之后，他们再没有机会进行海上航行了。他们遭到了一支为进攻苏门答腊的部队护卫的日本海军军队的攻击。这日与次日自新加坡出发的各种小船有八十艘左右，差不多全都被敌方部队摧毁或者捕获。直至战争结束以后我们才获知蒲尔弗德与斯普内的行踪。他们乘坐的船在2月15日被敌方驱逐舰袭击，流落到一个小岛的海滩上。他们与同船的大概四十五人登上了岸，并未遭受阻挡。其中有一个新西兰青年军官立即乘坐当地的一艘小船出发，历经诸多危险，顺利地在2月27日抵达巴达维亚。爪哇自身在那个时候也同样动乱异常，不过还是做了部署，调一架飞机去挽救岛上那些活着的人。遗憾的是，这些努力并未成功。这些遭受灾难、如今还患上疟疾的人们苟全性命，逐渐失去希望，仅是不曾遭受敌军的侵扰。包括蒲尔弗德在内的十四个人在3月末渐次离世，等到4月份，包括斯普内在内的四人也逝世了。生存下来的高级军官、空军中校艾特金斯在5月14日意识到最终时刻即将来临。他与其他七个人乘坐当地的一艘船前往苏门答腊，向日本人投降。因此，日本人派人前往小岛，领走了剩下的几个人，之后他们在新加坡俘虏营中遭受了无尽的苦难。

*　　*　　*

14日，双方在武吉智马公路两侧展开了大战，我方被逼着撤离到了最后一道防线上。这个时候，新加坡市里的情况变得耸人听闻。民工溃逃了，水的供给即将切断。因为敌方已经掌握了仓库，军用食物与弹药的储存已然用尽。有组织性的摧毁方案此时已经开始进行。稳定防卫工程的大炮与几乎全部野战炮、高射炮以及机密的武器与文件都被摧毁了。全部的航空汽油与空投炸弹均被烧掉或炸毁。海军阵地的摧毁情况有些零乱。指令下达了，浮船坞被摧毁了，干船坞的铁质浮门与抽水机械均被摧毁了。不过在所有的计划中，尚有很多没有做完的工作。

海峡殖民地总督在当日对殖民地事务部汇报称：

1942 年 2 月 14 日

司令官对我汇报，新加坡市如今遭受了紧急围困。目前，在方圆三英里以内有一百万人。水的供给遭到了严重的摧毁，难以支撑到二十四小时以后。街道上尸体横陈，无法入葬。我们遭遇即将停水的危机，这最终肯定导致疫病爆发。在我看来，我需要做的事情就是向司令官汇报这种状况。

* * *

以下是韦维尔将军与珀西瓦尔将军之间往来的电报，但是伦敦方面并没收到。经过几周之后才在我的请求之下收到。

韦维尔将军致珀西瓦尔将军 1942 年 2 月 13 日

你一定如同此刻那般，坚持抗战到最后一刻。不过，在倾尽所有能利用的人力以后，一些英勇坚强的人要坐着小船逃离，往南前进，路过各个岛屿去往苏门答腊。这种小船要是有守护沙包，同时安装上机关炮或者小炮，比如两磅弹炮，就拥有了守卫苏门答腊海面的能力。

珀西瓦尔将军致韦维尔将军 1942 年 2 月 13 日

目前，敌军与海岸的距离不超过五千码，新加坡市全部处在野战炮的射击范围内。我们面临着缺水缺粮的威胁。按照各个指挥官的建议，参与战斗的军队都已经非常疲累，不但无法抵御猛烈的攻击，还无法进行反击。我们盼望能拥有进行攻击的时机，虽然这点只是做做样子，不过如今就连这一点也无法完成，因为我们不具备可以实施这些袭击的军队。在这些局势之下，抵御未必可以维持一两天。我的下级指挥官均觉得，为了争夺时间，让新加坡市内蒙受庞大的损伤以及惨痛的伤亡，是因小失大。为了海外帝国，我认为他们的建议一定要转述。未来一定会上升到一个阶层，那时候为了部队与百姓，就没必要再接着淌血。正在实行你在2月10日的指令，不过在上面所讲的情况下，希望你思考一下，能不能将更大的自主活动权赋予我？

* * *

韦维尔将军致珀西瓦尔将军 1942年2月14日

你一定要接着让敌人受到最惨重的损伤，时间越长越好，在必需的时候展开巷战。在别的战区，你们绊住敌军、让他们遭受伤亡的活动或许会引起极大作用。对于你的境遇，我非常清楚，不过，一定要接着进行抗争。

这个时候，以下电报是韦维尔将军发给我的，看上去这已经有了结论。

韦维尔将军致首相 1942年2月14日

收到珀西瓦尔的电报，敌方离市区越来越近，他的军队无法再进行反击。已经下令让他接着让敌人受到最惨重的损伤，在必需的时候展开巷战。我担心那里的抵抗支撑不了太长时间。

*　　*　　*

读者不会忘记我在1月21日交给三军参谋长的备忘录中讲到放弃新加坡的防卫活动，把支援部队调到仰光，和我那时候没有坚持自己观点的状况。我们众人那时候豁出去了，准备在新加坡决一死战，在仅有的胜利时机（事实上是我们众人期望的争取时间）面前下达了严苛的指令,号令不顾一切抗争到最后一刻。这些命令被韦维尔将军接纳，同时还给予了保障，自电报中能够了解到，他立刻将重压施加到珀西瓦尔将军身上。不管指挥战争局面的最高领袖具有怎样的疑惑，这些是战场上的将军没必要知道的，他们只需接受简洁明了的指令，这是一个始终都不会出错的准则。不过，新加坡在这个时候确实不再拥有任何指望。假如仍追求没有必要的损失，不但不会有成功的可能，还会让这个住民密集、束手无策并且惊惶失措的大城市处于巷战的惊恐之中，我坚信这不是正确的行为。我向布鲁克将军讲了我的观点，他同样认为国内不应当再施压给韦维尔将军，反而应该赋予他权力，从而方便他做出无可避免的决策。我马上拍了封电文，宣称我们应该一同承担这个决策的责任。

首相致韦维尔将军　　1942年2月14日

只要无法再在新加坡得到深入的结论，毫无疑问，你是独一无二的决策人，同时应该按照这种思想指导珀西瓦尔。帝国总参谋长赞同。

总司令立即下达指令给珀西瓦尔将军，全部内容在他发给我的电文中附着：

韦维尔将军致首相　　1942年2月15日

在过去的两天两夜内，我接到珀西瓦尔的两封电文，宣称他

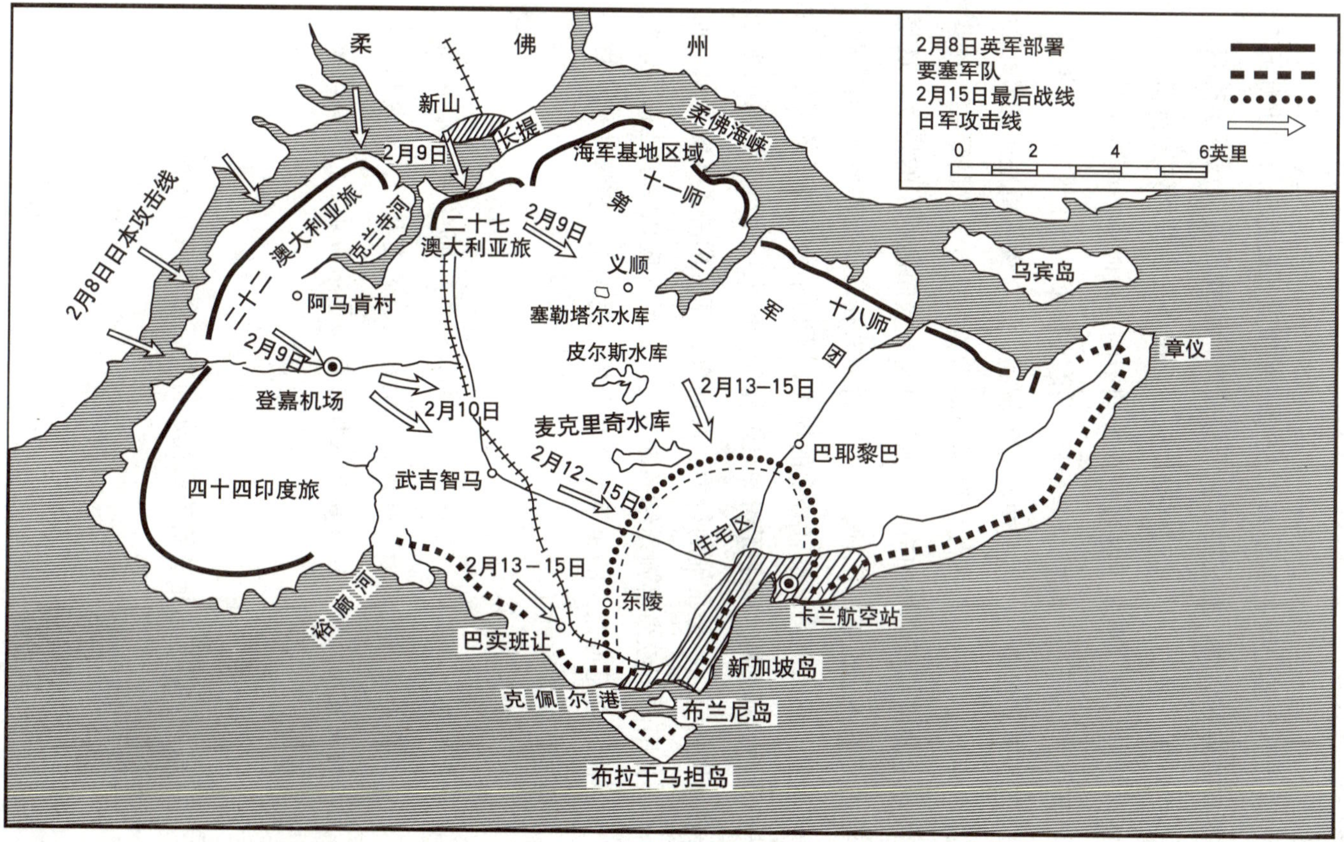
2月8日英军部署
要塞军队
2月15日最后战线
日军攻击线
0
2
4
6英里
柔
佛
州
新山
长提
柔佛海峡
海军基地区域
第
十一师
三
军
团
十八师
乌宾岛
章仪
2月8日日本攻击线
2月9日
二十二 澳大利亚旅
克兰寺河
二十七
澳大利亚旅
2月9日
义顺
阿马肯村
塞勒塔尔水库
皮尔斯水库
2月9日
登嘉机场
2月10日
麦克里奇水库
2月13–15日
巴耶黎巴
武吉智马
2月12–15日
四十四印度旅
住宅区
2月13–15日
东陵
裕廊河
巴实班让
卡兰航空站
新加坡岛
克佩尔港
布兰尼岛
布拉干马担岛

新加坡岛

的抵抗实力因为市内断水以及别的困难如今已经大打折扣。两次回电都让他抗争到最后一刻。目前，我已经把下列电文发给他：

韦维尔将军致首相　　　　1942年2月15日

只消你还可以让敌军遭受死伤与损失，只消你的军队力量还可以支撑，你就一定要抗争到底。争得时间，同时让敌军遭受损失，这是在紧急关头最紧要的一点。直到你胸有成竹，觉得这一点不会再进行下去，我准许你见机行事，不用再进行抵抗。在进行这一活动的时候，一切可能被敌军利用的武器、设备以及运输工具一定要摧毁掉。在最终战争结束以前，应该给毅力坚强的团队或者个人机会，让他们能够逃出来。他们必须具备装备。希望能把（你的）意愿告诉我。无论是怎样的状况，我十分感激你跟所有军队在最后几日所做的勇敢战斗。

2月15日，这天是周日，也是投降的一天。军队粮食的储存仅可以维持两三天，没有剩下多少枪炮弹药，几乎不剩车辆使用的汽油。最不幸的是，水的供给至多只可以支撑一天一夜。珀西瓦尔将军收到高级指挥官所提的建议，要么反击，要么投降，在这两个方法中，精疲力竭的军队无法做到第一个。他决定投降，而且将他最后的电报发给了韦维尔将军：

1942年2月15日

水、汽油、食物以及弹药因敌军的进攻都已经用完了。所以，无法持续进行战斗。各级将士已经竭尽所能，十分感激你的援助。

日军要求我军不带任何保留条件投降，并最终获得了满足。敌对行动在晚上八点半宣布完结。

*　　*　　*

在这灰暗的时间收到我们最崇高的同盟国的电报带来了稍许安慰：

罗斯福总统致前海军人员　　　　1942 年 2 月 19 日

对于新加坡的失守会如何让你与英国人遭受损失，我已经知道。这会令坐在后面的旁观者开心一天罢了。不过，不管我们的波折怎样严峻——我从未轻视它们——我们还一定要时刻期盼着攻击敌人一定要进行的下一个活动。在这难忍的几周里，我盼望着你可以放宽心，原因是我深知你非常受英国民众的信赖。我希望你了解到，我常常挂念你。我也清楚，假如有某件事情你觉得我可以做，你肯定会不假思索地跟我讲……期待收到回信。

# 第七章　潜艇的乐土

**敌方潜艇恐怖的增加——对美国沿海地区进行攻击的船只——1942年2月的惨重牺牲——在国内，希特勒竭尽所能聚集德国舰队——“提尔皮茨”号派往特隆赫姆——希特勒打算把“沙恩霍斯特”号与“歌奈森诺”号撤出布雷斯特——2月11日与12日顺利逃离——英国国内的怒火——非常有利于我们的调遣——总统的观点——在4月的机密会议上我替海军部辩白——德国潜艇在美国大西洋沿岸的放肆——英国把反潜艇舰队派往美国——我3月12日发给哈里·霍普金斯的电文——总统下令对德国潜艇阵地进行空中袭击——我把我们的观点告诉他——在圣纳泽尔的光荣战功——美国海军从4月1日起使用护航体制——海军上将邓尼茨转换袭击对象——希特勒并未聚集实力进行潜艇战的失误——同盟军自1月至7月失去统计表——秋天的战争——远程飞机与护航运输舰的需求——海面实力的“援助分遣队”——我在11月4日调集全新的反潜艇委员会——我要求麦肯齐·金先生给予支援——冬季获得喘口气的时间**

对于美国参加战斗，我们是用放松的心情与激昂的情绪来迎接的。自此之后，一个具有充足物资的同伴将会和我们一起肩负起我们的重责。我们能够预想到，敌军的潜艇必定会在海战中快速屈服。虽然在我们的同盟军尚未投进所有实力之前，依然无法防止牺牲，不过在美国的援助下，我们在大西洋的生命线就获得了保证。如此一来，在欧洲以及中东地区，我们就能进行反对希特勒的战争。但是在短时间内，远东依然会显现出惨淡的形势。

不过，1942 年将会爆发很多惊人的事情，这一年对大西洋战争来说同样是整场战争中最艰难的一年。敌方潜艇在 1941 年年末已增加到大约二百五十艘。按照海军上将邓尼茨的汇报，其中可以参与战斗的大概有一百艘，并且每个月都会增加十五艘。最初，虽然与我们独自作战时相比，我们的联防实力强大了很多，不过，因为我们目前拥有了更多被袭击的对象，但我们并没有足够的实力应对敌军全新的进攻。在美洲海面上，敌方潜艇在六七个月的时间里肆意妄为，这是要让我们陷入无穷无尽的战争灾祸中。假如我们不得不停止在大西洋的运输，或是短时间内严格缩减其规模，我们的联合作战方案同样全都会被停止。

12 月 12 日某次有德国领袖出席的会议决议针对美洲沿海地区展开潜艇战。不过，因为邓尼茨按照希特勒的指示必须在挪威与北极的海面上保留一支强大的部队，因此一开始只有六艘七百四十吨重的大型潜艇被他们派了过去。在 12 月 18 日至 30 日期间，这些潜艇听从命令从比斯开湾港口出发，前往纽芬兰与纽约之间沿海航线的北面，接近盟国输送船队聚集的一些港口。它们的侵扰马上就成功了。在 1 月末，三十一艘船，总计二十万吨左右重，在美国与加拿大海岸地区被摧毁。攻击很快往南蔓延，穿过汉普顿海峡与哈特勒斯角，直达佛罗里达海岸。在这条宽阔的海路上有很多美国与同盟国的船只不具备防卫设施。在委内瑞拉与墨西哥间，珍贵的油船队同样顺着这条航线连绵不断地往来着。假如这条航线遭到阻拦，将会影响我们整个的战时经济以及一切战斗方案。

在加勒比海上的大量船只中，德国潜艇只把油船当作骚扰目标。与盟国船只一样，中立国家的各类船只同样受到了攻击。这种残杀的规模每周都在增加。德国潜艇折损在大西洋上的船只在 2 月份上升到了七十一艘，总重达三十八万四千吨。除了两艘之外，剩下的全都在美洲地带被摧毁。从战争爆发开始，这次是我们所付出的最大的牺牲。但是，这种状况马上就会结束了。

*　　*　　*

尽管这所有的损失并未上升到1917年最严峻时期的凄惨数目，但是却大大超出了这场战争已经存在的记录，而且这所有的损失还是由区区十二艘到十七艘德国潜艇曾经在此地现身时所造成的。美国海军在好几个月中并未给予足够的守护。整个战斗在这两年不停地往美洲大陆蔓延，然而，这里居然并未做出更好的筹备来面对这种毁灭性的攻击，这的确是使人震惊的。按照美国总统“全力援助英国却不参与战斗”的策略，我们已经获得了很多的帮助。我们获得了五十艘旧驱逐舰与十艘美国缉私船，我们同样把很有价值的西印度群岛阵地当作替换交了出去。不过，对于这些船只，我们的同盟国如今还一直挂念着。从珍珠港事件发生之后，对于美国海军来说，太平洋是一种重压。虽然在这场战争之前以及战争期间，他们非常清楚我们所采用的防卫方式的情况。但是，沿海的护卫与增加小型船只竟然没有进行丝毫筹备，这一点有关注的必要。

对于海岸的空中防御，美国同样并未做出明确的筹划。诚然，美国陆军航空兵几乎掌控了所有把海岸作为阵地的军用飞机，但他们并未接受过反潜艇战的锻炼。而海军虽然具备水上飞机与水陆两栖飞机的装备，但却并不具备展开反潜艇战的方法。所以，在这至关紧要的几个月里，美国实用性的防卫体系是通过繁琐而举棋不定的环节才修建完成的。这期间，美国在船只、货物运输以及生命方面，均付出了沉重的代价。假如德国人那些重型水面舰只被他们用来攻击大西洋，那美国将会面临更糟糕的损失。希特勒原本认为我们试图在近期对挪威北面进行攻击。因为他只看到了这一点，所以他并未抓住大西洋上的大好时机，反而在挪威海面聚集了所有能使用的水面舰只与很多珍贵的潜艇。他宣称："在这场战争中，对未来有决定作用的地方就是挪威。"挪威的确非常要紧，读者同样了解，不过在这个时候，大西洋才是德国的时机所在。德国的海军上将全都建议进行海面攻击，然而，因为他们的领袖固执己见，这些建议没有起任何作用。并且，还因为缺少燃料，致使希特勒更加坚持所决定的战术。

他仅有的一艘、全球最厉害的战列舰"提尔皮茨"号在1月份已被他派往特隆赫姆。

首相致伊斯梅将军，转参谋长委员会　　　　1942年1月25日

1. 得知"提尔皮茨"在特隆赫姆已经现身三天了。假如这艘军舰被摧毁或者就算被损坏，一定是目前海上最劲爆的头等大事。其余所有目标都无法与它并提并论。目前，它绝不会有布雷斯特和德国本地各个港口那般的高射炮的掩护。就算它只是受损，想要移回德国也并非易事。毋庸置疑，在有月光时展开攻击是最有利的。不过与白天相比，借助月光袭击的成果总是差一些。假如可以成功，全球的海军局势都会发生大逆转，并且我们还会重新获得太平洋上的制海权。

2. 海军航空兵军队与航空母舰轰炸机队之间一定要展开协作。应当立即制定措施，在白天或者凌晨派遣航空母舰上的鱼雷飞机与大型轰炸机展开袭击。在这个时期，所有战术措施都要把这艘军舰作为目标。之所以如此，是因为比它大四倍的英国主力舰已经被它击伤，无法使用，更别讲美国那两艘在大西洋寸步难行的新型战列舰了。在我看来，这是最迫切、最具有影响力的一件事。明天在内阁中，我会指出这个问题，并且还要在周二晚上国防委员会开会的时候展开细致地思考。

*　*　*

希特勒打算将两艘战列巡洋舰“沙恩霍斯特”号与“歌奈森诺”号调遣到本国港口，当作他防卫措施的组成部分。在将近一年的时间里，这两艘军舰始终被封闭在布雷斯特，我们的海上运输队在这段时间也面临着严峻的危险。对于这个问题，1 月 12 日德国海军曾在柏林召开了一次特殊会议，就落实领袖的打算进行了辩论。以下是希特勒的讲话：

> 在布雷斯特驻守的海军部队特别发挥了一种值得表扬的影响，约束了敌军的空中部队，让它们无法对德国本国展开袭击。只要这几艘船舰毫无损伤，敌军觉得必须要袭击，那这种占上风的局势将会一直保持。我们的船舰驻守在布雷斯特，可以约束敌人的海军部队。假如将它们调遣到挪威，同样可以做到这一点。在四五个月里，假如我觉得这些船舰有可能维持毫无损伤，然后因为整体局面的转变，能够用来参与大西洋的战争，那我将会更乐意让它们驻守在布雷斯特。不过我认为，局势未必会这么进行，我打算让它们撤离布雷斯特，从而避免它们因为暴露行踪而天天面临被袭击的威胁。

这一决策节外生枝，当时在英国引发了极大的震动与喧嚣，所以在这儿有再讲几句的必要。

* * *

这两艘战列巡洋舰和“欧根亲王”号巡洋舰一起在 2 月 11 日夜晚从布雷斯特逃跑了，成功穿过英吉利海峡，再次处于本国港口的保护之下。

因为我们冬季在地中海遭遇了极大的损伤，全部东方舰队短时间内还无计可施。就像我在前面所讲的，我们必须把几乎所有的鱼雷飞机派到埃及进行守卫，从而防止敌军从海上入侵的可能性。但是，我们还做好了所有可行的筹备，对布雷斯特进行监控，同时试图用炸弹与鱼雷自空中与海上抵抗敌军任何突袭活动。还顺着推测的航线把水雷设置在海峡上及荷兰沿海地区。海军部预测对方将在夜晚悄悄潜入多佛海。不过，那位德国海军上将反而在夜晚从布雷斯特撤离，借助黑暗的夜晚来躲避我军的巡查，并在白天从多佛海峡的炮火中逃了出来。11 日夜晚以前，他从布雷斯特启程了。

12 日早上雾气沉沉。我方巡逻飞机的雷达在发现敌军船舰时忽然失效。我们陆地上的雷达也并未发觉对方。我们那时候以为这仅仅属于倒霉的意外。我们在大战爆发之后得知德国雷达总监马迪尼将军已拟订一项精密措施。在过去，德国的雷达干扰非常不好使，后来增加了很多新型装备，其性能就极大地提高了，不过那些新型干扰器都是逐步使用的，以免在这生死存亡的一天引发质疑。所以，这些干扰器就像是慢慢有用起来的。我们的雷达操控员并未胡乱抱怨，并且任何人都没有发现不寻常的事情。不过，这种干扰在 2 月 12 日变得极其强烈，我们沿岸的雷达几乎毫无用处。海军部一直到上午十一点二十五分方才接到汇报。抵达的时候，逃跑的巡洋舰跟强大的护卫飞机以及驱逐舰距离布罗涅已经只有不超过二十英里。多佛海峡的重炮台在中午过后没多久全都开炮了，五艘摩托鱼雷快艇组建的第一批作战队同样马上进行海上袭击。六架“旗鱼”式鱼雷飞机在埃斯蒙特少校（第一次对“俾斯麦”号的袭击就是由他指挥的）的指挥下自肯特郡麦斯顿启程，没有时间等候十几架“喷射”式作战机的支援。这些“旗鱼”式飞机受到了敌方飞机猛烈的袭击，尽管它们把带着的鱼雷投向了敌方，不过损失极大，飞机一架也未能回来，获救的人只有五个。埃斯蒙特被追授了维多利亚十字勋章。

一群群的轰炸机与鱼雷轰炸机持续不断地攻击敌军，直至黄昏才停下来。我军与德国的作战机进行了一场激战。因为敌军飞机在数目上占上风，与敌军相比，我军付出的代价更大。在下午三点三十分左右，德国巡洋舰从荷兰海岸离去时，五艘来自哈利基的驱逐舰再次发动了激烈的攻击。在激烈的炮火中，鱼雷自相距大约三千码的地方发射出来。不过，在多佛海峡炮台的炮火和鱼雷的攻击中，德国舰队全部完整无损，依然按照航线行驶。德国舰队在13日上午全部返回自己国家。这个消息让英国人民非常震惊，他们不清楚发生了怎样的情况，认为这证明英吉利海峡被德国掌控了。我们很快就经由特工人员发觉，在我们空中投下的鱼雷网中，“沙恩霍斯特”号与“歌奈森诺”号全都付出了代价。“沙恩霍斯特”号直到半年后才重新具有战斗力，“歌奈森诺”号则再未现身在战争中。但是，这是不可以公布的信息，因此全国怒火难平。

为缓解谴责声，我们特意进行了一次正规考查，汇报了那些能够公布的真相。事后看来，这个事情自大处着眼，反而对我们有好处。在电报中，罗斯福总统表示：“考虑到这次海峡上发生的事情被一些人看作不成功，我在下周一晚上进行广播演讲时，要针对这个讲几句。我愈加深信，既然德国所有的船舰都在德国本土集合，那么我们在大西洋北部面临的共同难题就更单纯了。”然而在那时候，除我们了解秘密的小团体之外，这件事对同盟国的所有人来说都非常糟糕。

我与罗斯福先生具有相同的观点。

首相致罗斯福总统　　　　1942年2月17日

德国海军撤出了布雷斯特，本国海面与大西洋的海军局面必定获得了缓解。在那儿，我们去往东方的全部运输队都被它们胁迫着，我们必须要调派两艘护卫军舰。它们的分舰队不仅能往大西洋的贸易航线上推进，还能驶进地中海。我们不希望它在原先的地点待着，而希望在如今的地点待着。如今我军轰炸机的能量能聚集在一起，一心抵抗德国了。末了，你或许已得知，“欧根亲王”号已经被击中受损，其中“沙恩霍斯特”号与“歌奈森诺”

号同样被鱼雷击中，“沙恩霍斯特”号还被击中两次。如此一来，起码在半年之内，它们无法再现身肆意妄为。我们双方的海军力量在这段时间内都将获得显著的提高。我们当然很惋惜它们没有被彻底摧毁。我们正着手调查大白天没有发觉它们离开的缘由。

* * *

一直过了两个多月，在4月23日的机密会议上，我才可以向下议院宣布这些显而易见的真相。

这两艘敌军船舰从海峡穿过，在忠诚的英国人民当中引发了震惊与恐慌，这让我非常激动……因为埃及的需求，我们的鱼雷飞机减少了。而在海军方面，主力舰并未被我们停在海峡，原因是非常明显的。对于德国的巡洋舰，我们可以进行袭击的驱逐舰仅仅有六艘，这一事实同样让大家关注过。有的人质疑我们剩余的舰队去了哪儿？答复是，不管是之前还是现在，它们都处在大西洋地区，为自美国运过来的食物与军火护航，我们少了这些物资就活不下去……在许多人看来，德国船舰穿过海峡让人很震惊、很惊恐。它们可以往南突击，或者驶进地中海。原本，它们也可以长途跋涉前往大西洋，攻击商船。原本，它们还可以到达北部地区，想办法从挪威的海湾通过，返回本国。不过，对于普通百姓而言，最没有可能发生的就是经由英吉利海峡，从多佛海峡通过。所以，我要简要宣布一下海军部的看法和评论。这份文件拟订于德国巡洋舰冲出重围的前十天，也就是2月2日宣布。当时，德军的操练与行驶实验和德国护卫驱逐舰的抵达都证明了它们抱有怎样的企图。该看法和评论称：

乍一看，这么穿过海峡往北部推进，似乎对德国人而言是冒着风险的。不过由于他们的大型船舰并不是非常好使，他们很有可能宁可采用这一路线。原因一是有赖于他们优良的驱逐舰与飞机，二是他们很清楚我军并不具备在海峡拦截他们大型船舰的能力。所以，我们极有可能发觉这两艘战列巡洋舰与那艘配备了八英寸炮口的巡洋舰，载着五艘大型驱逐舰跟五艘小型驱逐舰，另有二十多架作战机在空中（还有随时可以进行支援的实力），穿过海峡往北推进。

总的来说，德国船舰看上去只能往东推进。穿过海峡往北前进，所冒的危险将会小于经海路前往挪威。既是这样，在德国人做好充足的准备之前，他们并不会冒风险。看起来，只要他们从布雷斯特撤离，最有可能选择的路线就是海峡这条路。

正如我所预测的，引用海军参谋部在此事尚未发生时所草拟的文件作为证据，让下议院印象深刻，这是事后任何解释都无法办到的。

* * *

同时，德军仍然肆无忌惮地侵扰着美国大西洋。邓尼茨得到一个德国潜艇司令官的汇报，称再多出十倍的潜艇，同样能够寻到大量目标。在白天的时候，德国潜艇停在海底，到了夜晚，就用非常高的海面速度寻找最值得它们攻击的目标。它们带着的所有鱼雷基本都击中了目标。在鱼雷用完时，大炮也基本上完全顶用。大西洋沿海曾繁华无比的各个海滨城市，天天晚上都会听到海岸周边的战斗声，看到船只在大海上焚烧、沉没，大批伤者等待救援的景象。公众对政府怨愤难平，政府同样被弄得非常难堪。不过，尽管美国人轻易就会被触怒，却并不会轻易被吓住。

在伦敦，我们怀着担忧与烦躁的情绪关注着这些惨剧。我在 2 月 6 日就已经私下发了警告给霍普金斯：

在大西洋西北方向，船只被德国潜艇摧毁，代价惨重。不清楚这是不是引发了总统的关注，建议你去弄清楚。自1月12日开始，已经确定的损失为十五万八千二百零八吨，还在估算中的损失为八万三千七百四十吨，可能产生的损失有一万七千三百六十三吨，总共是二十五万九千三百十一吨损失。

我们在2月10日主动把二十四艘设施最完善的反潜艇拖网船、十艘驱潜快艇以及接受了正规训练的船员提供给美国海军。我们同盟国迎接它们的到来。在3月份，第一批抵达纽约。虽然非常少，不过我们确实把最强大的实力拿出来了。“这全是英国提供的，这全是倾其所有提供的。”在组建一切机构之前，在基本的护卫船舰集中以前，沿海运输队是没有办法起航的。一开始战斗船舰与作战机只可以用来巡查受威胁的地方。敌方轻易就能避过巡查队，去其他地方寻找那些毫无防卫装备的攻击对象。一艘德国潜水艇于2月16日在荷属西印度群岛阿鲁巴岛的大油港外面现身，在击沉一艘小型油船并损伤另外一艘之后，还在海港外对岸上的设施进行了轰炸，所幸引起的损伤不大。它试图利用鱼雷对一艘停靠在一旁的大型油船进行攻击，同样并未成功。在同一天同一个地方的海面上，有三艘油船被另外几艘潜艇摧毁。没过多久，另外一艘潜艇侵入了英属圣卢西亚岛的卡斯特里港口，把停靠着的两艘船摧毁之后，居然毫发无损地撤退了。原本，定期往远东输送部队的邮船经常在此地加油，近期的这次意外导致我们必须改变它们的路线。值得庆幸的是，在这一地区，“玛丽王后”号与别的大邮轮并未受到袭击。

查尔顿区与纽约之间的地带在3月份却变成了最紧急的地方。单个的潜艇也可以在加勒比海全域与墨西哥湾地区横行无阻，肆意妄为，这让人无法忍受。摧毁的船只在这个月达到了近五十万吨，而其中的四分之三是在与美国海岸距离不到三百英里的地方被毁的，并且，油船占了近一半的吨数。相反的，在美洲海面德国只损失了两艘潜艇，它们还是在3月份在纽芬兰海面护卫的时候被美国飞机摧毁的。一直到4月14日，才有一艘潜艇被美国驱逐舰“洛坡”号摧毁，这是水面船舰在美国大西洋沿海地区的首次成绩。

* * *

我在3月份再次思考了一个问题，当时，它变成了大战中的一个要点。

首相致哈里·霍普金斯先生　　1942年3月12日

1．在西经40度西面与加勒比海一带，大批油船被摧毁，我非常担心这件事。船只在1月间有十八艘被摧毁或损伤，总计吨位为二十一万一千吨。在2月间增加到三十四艘，总计吨位为三十六万四千九百四十一吨。在三月刚开始的十一天中就有七艘船被摧毁，总计吨位为八万八千四百四十九吨。按照汇报，昨日就有三万吨被摧毁或者受损。这么计算的话，在这两个月出头的时间内，只在这个地方我们就损毁了六十多艘油船，共计吨位为六十七万五千吨。除此之外，延误时间的油船也有很多。

2．调换大西洋运输队的工作以后，很多美国驱逐舰不再承担穿过大西洋航线的护卫工作，可以执行别的任务。已有二十四艘反潜艇拖网船被我们让了出来，目前其中已有二十三艘到达了你们那里。

3．情势严峻，一定要进行一种勇猛的行动。我们十分渴望你可以把太平洋中的一些驱逐舰调出来，并且再提供一些护卫力量，以便我们转交给你们的十艘驱潜快艇在参战之前，可以在西印度群岛百慕大地带组建紧急运输队。

4. 除此之外，唯有两种改变方式：一是让油船短时间内停止运航，但是，我军战斗资源的供给会因此受到不小的损害。二是把哈利法克斯－联合王国之间的运输周期拉长（也就是降低运输量），如此一来可以在一个时期内调动充足的护卫船舰来对西印度群岛的运输队进行补充。但是一定要意识到，这不仅会让我们每个月的进口数量减少大约三万吨，并且还要一段时间之后才可以发挥作用。

5. 有关这些改变方式，我希望最高海军政府可以展开辩论。

假如我们因为运输队周期的拉长而必须要在短时间内削减进口量，你军一定要想着在下半年另外增加吨位来援助我们。不晓得直接对总统提出上面那些是不是合适，希望你告知我。

6. 总统就各种重要问题的电报，我已收到。了解到我们对战争的观点是相同的，真的感觉非常安心，十分欣慰。希望你代替我本人问候金（与）马歇尔，同时告诉他们："美好时光将会来临。"

* * *

针对这个问题以及整体的海军局势，美国总统和他的海军上将们展开紧急辩论以后，详尽回复了我的电报。对于拖网船与防潜快艇的抵达，他表达了欢迎之意。他就穿过大西洋的护卫实力方面指出了各种节约的办法，在 7 月 1 日之前将运输周期拉长也包含在内。到那时，美国的小护卫船舰与飞机的产量都会大幅度提高。对于我们下半年的进口措施，他再次对我做出了必需的承诺。

他在几天后再次发电报进行解释，我觉得他有些不安。

罗斯福总统致前海军人员　　　　1942 年 3 月 20 日

对于展开活动对大西洋上的潜艇威胁进行反攻的问题，近期你曾给霍普金斯发了电文，关怀备至。这让我必须要请你着重思考怎样激烈攻击潜艇的阵地、建立跟修复场地等等事情，这样才可以在计划好的而且潜艇必定会聚集的地区阻止潜艇的行动。

通过辩论，而且拟订措施以后，我答复说：

前海军人员致罗斯福总统　　　　　　　　　　1942 年 3 月 29 日

1. 我们要求对潜艇的老窝进行轰炸，以便应对德国潜艇接下来的诡计。昨天晚上，特意调遣了二百五十架轰炸机，其中包含四十三架大型轰炸机，往吕贝克推进。按照汇报，取得了前所未有的辉煌成果。这是按照你的意愿展开的。

2. 海军部与皇家空军海防总队已制订一项措施，打算在比斯开湾各个港口进行日夜巡查。潜艇前往加勒比海与美洲沿岸进行战斗的距离最短、最完美的起航点就是比斯开湾。现在，德国惯用的伎俩是白天在水底潜行，晚上在海面倾尽全力。我们期望它们的夜间行动会因为飞机夜晚的攻击与威胁而受到阻挡，逼迫它们多些在白天暴露的机会。所以，昼夜威胁才是最要紧的，这将延长它们的航线，减少你军的战斗周期。因为巡查地带往来的潜艇一直在六艘或者以上，每月或多或少都能损毁对方部分潜艇，上面所讲的益处无疑是锦上添花。

3. 考虑到你军仍在付出惨重的代价，组建运输队之后，也只可以给予局部的补充，所以海军部打算立即调遣四个轰炸机中队，之后再增派六个中队前往比斯开湾执行这项全新的巡查任务。既是有这样的有利之处，我十分恳切地希望能满足他们的意愿。

4. 另外一方面，对德国进行轰击是很有必要的。我们搜寻目标的新方式正获得明显的效果。不过，我们的轰炸机队并未像我们所期望的那般扩大。对于“兰开斯特”式飞机翼梢的结构性缺陷，我们感到非常失望。如此一来，我们四个中队中最新型、最出色的飞机就要有好几个月无法使用。与此同时，当天气慢慢变好，德国人正将他们的高射炮从城市撤离，打算对俄国展开攻击。当你全心渴望我们对潜艇的老巢进行轰击，石油目标尤其引人关注时，要另将这六个中队自轰炸机司令部中调出来，我认为非常不容易，更何况哈利斯原本在那儿表现得极其优秀。

*　　*　　*

我们3月末在圣纳泽尔获得了勇敢而辉煌的成绩。此地是大西洋沿岸唯一一个“提尔皮茨”号只要一受损就可以进入船坞整修的地点。假如可以毁掉这个全球最大船坞之一的所在地，“提尔皮茨”号要想冲出特隆赫姆，驶进大西洋，就会面临更大的威胁，它或许就会因此觉得没有出发的必要了。我们所有的突击队都摩拳擦掌，并且这项光荣的任务还和巧妙的战术紧密相连。皇家海军莱德中校带领着一支由驱逐舰与小型海防船舰组建的远征军，在埃塞克斯团纽曼上校的帮助下，率领二百五十位突袭队员，3月25日下午从法尔默思启程。在敌军不停地巡查下，他们要渡过四百英里的海面，并且要自卢瓦尔河口往上游行进五英里。

摧毁大水闸的闸门就是远征军的目标。“坎贝尔敦”号——五十艘美国旧驱逐舰的其中一艘——把三吨高爆炸药装在舰首，在猛烈稠密的炮火中冲进闸门。在这里，它主动击沉自己，舰上重型摧毁炸药的信管已经安置妥当，等一段时间就会爆炸。贝蒂少校就是将这艘驱逐舰开到这里的人。一支着陆军队在科普兰上校的率领下，从甲板上岸，打算去摧毁船坞机械。敌军用占绝对上风的军力阻拦他们，双方之间爆发了一场激烈的战斗。除了五个人以外，着陆军队的所有人均牺牲或被俘获。莱德中校的船舰在率领他的剩余军力向大海突围的时候，尽管受到了四面夹击，但居然神奇地冲进了大海，而且没有沉没，最终安全回国。不过，大爆炸并未立即发生，信管出现了故障。直至次日一大批德国军官与技术人员搜查那艘堵在闸门口的“坎贝尔敦”号残骸时，那艘军舰方才爆发出摧毁一切的能量。几百个德国人被炸死，那个大水闸被破坏，在大战期间一直没有修复。我军的俘虏得到了德军的善待，其中四人获得了维多利亚十字勋章，不过，那些英勇的法国人却遭到了德国人的严酷惩治。这些法国人在激动之下从各地前去支援他们渴望中的解放前锋。

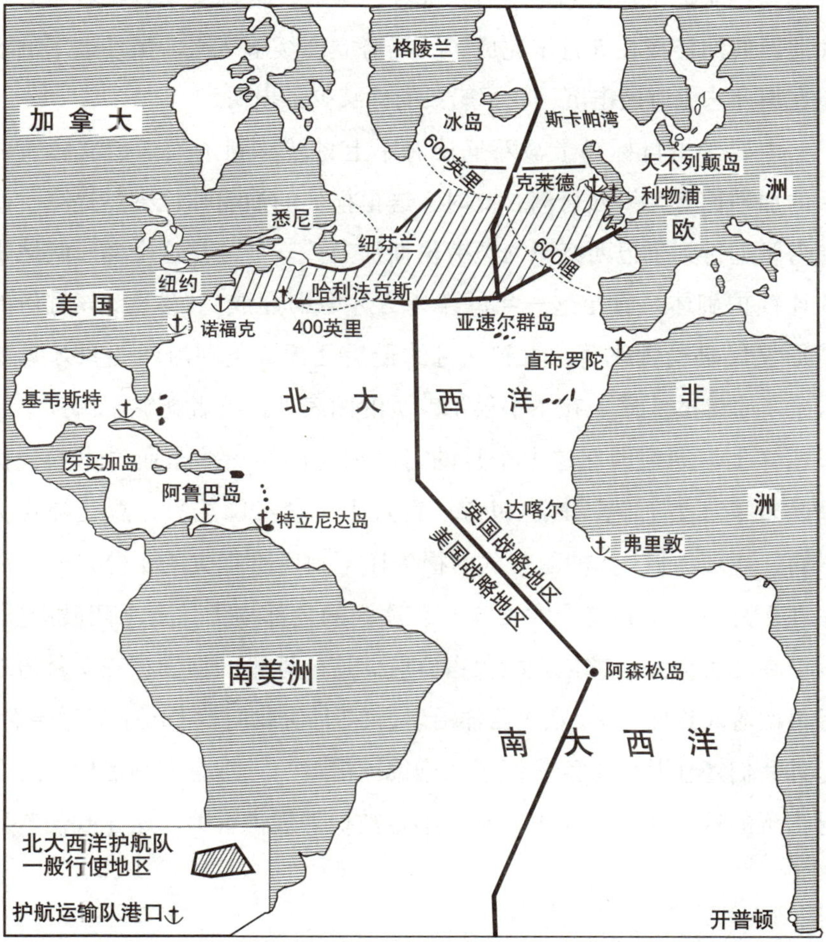


大西洋防御体系，1942年

* * *

等到4月1日，美国海军总算能够实施局部海域护卫体制。起初，在守卫严密的停靠地间，这最多只能让几队有护卫的船只在白天前进一百二十英里的路程。至于夜晚，全部船只都必须停止航行。不管哪天，在佛罗里达与纽约之间往返且急需护航的船只总是超过一百二十艘，由此引发的延误还演变成了另外一种灾难。直至5月14日才有一支建制完整的护卫运输队自汉普顿海峡前往基韦斯特。此后，这个体系迅速往北扩张到纽约与哈利法克斯。最终，自基韦斯特顺着东海岸往北延伸的连接在5月末完成了。局势立即缓解下来，虽然敌军的潜艇在想办法逃避被击沉，我军船只的确减少了损伤。

主要袭击目标马上被邓尼茨海军上将转移到了尚未建立防御体系的加勒比海与墨西哥湾。此时，这里损失的油船吨位突然提高。德国潜艇远行到了巴西海岸与圣劳伦斯河上。一个遍及这全部广阔地带的连锁护御体系直至这一年的年末方才全面建成[①]。然而，6月份的情形仅仅是稍微改善，直到7月的最后几天，美洲沿岸船只才算是告别了恐怖的灾难。在本书第125页的图表上，读者能够了解到，在大西洋上，同盟国在这七个月的时间内光因潜艇袭击而付出的代价就超过了三百万吨，其中包含一百八十一艘英国船只，总计吨位为一百一十三万吨[②]。护卫舰队的损失还不到所有损失的十分之一。敌军在7月份之前在整个大西洋与北冰洋的全部损失只有十四艘潜艇，其中在北美洲海面被摧毁的仅占六艘。这一地带的控制权在7月份之后再次落入我们手中。在大西洋沿岸，仅7月份我们就击沉了五艘潜艇，另外我们还在其他地区击沉了六艘德国潜艇与三艘意大利潜艇。这个月击沉的这十四艘潜艇中，有一半是被护卫舰击沉的，这让我们欢欣

① P123下，1942年的大西洋防御体系——图注

② P125，1942年1月到7月潜艇损失——图注

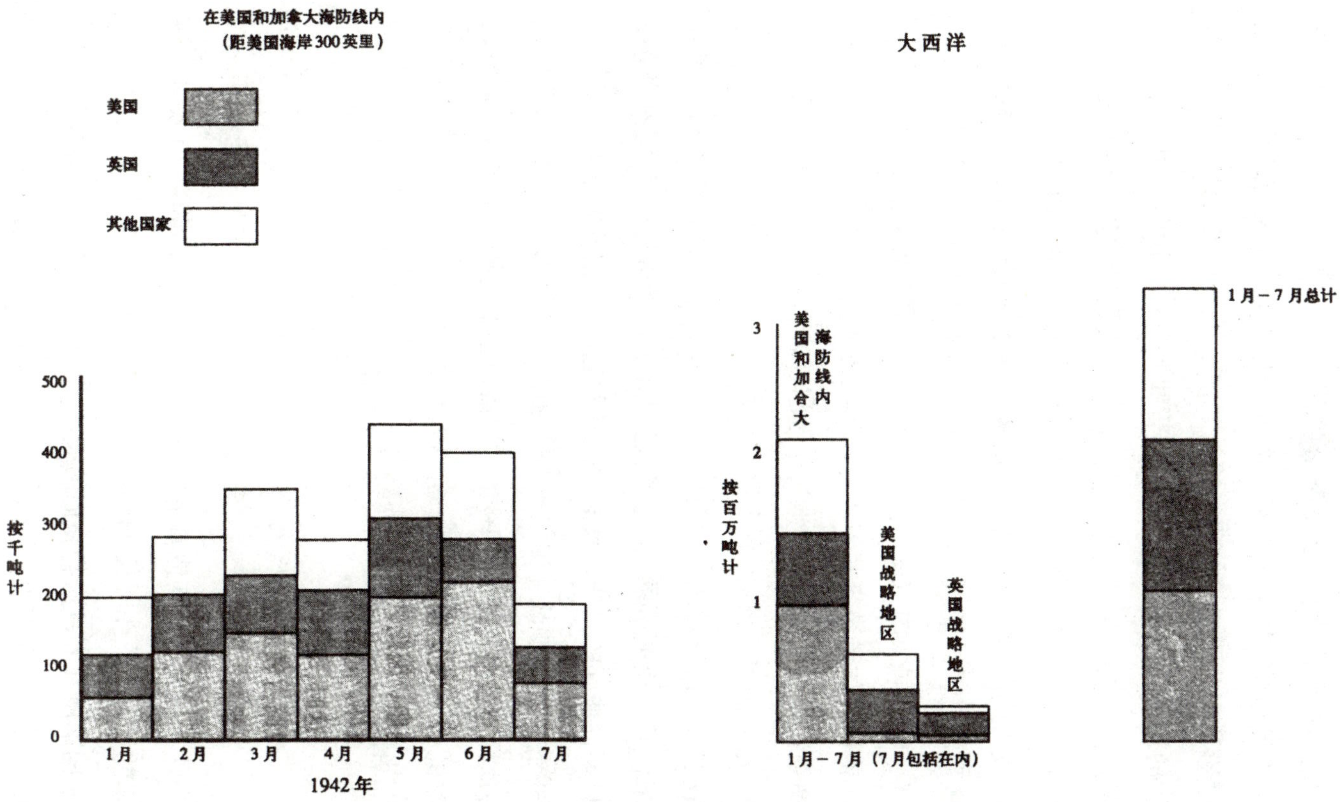


1942年1—7月潜艇造成的损失

鼓舞。这是前所未有的记录。但是，即便如此，敌军每个月新参加战斗的潜艇数量仍比我们摧毁的数量要高。

不止是这样，同盟国在哪儿实施反击方针，邓尼茨海军上将就把他的潜艇从哪儿调走。在我们追上之前，他总能在大西洋来去自如，找到新的地方获得暂时的平安。尽管我军享有一定的自由，却也在5月份爱尔兰西面大概七百英里的地区，一支运输船队受到了攻击，有七艘商船被摧毁。接下来，敌方潜艇还攻击了直布罗陀地带，并再次在弗里敦周边现身。希特勒这个时候又帮了我们一次，他执意要留下一队备用潜艇，以便阻止同盟国占据亚速尔群岛与马德拉群岛。读者们清楚，他对同盟国意图的判断是正确的。但是假如我们决意要走这一步，他们仅凭借潜艇并不能有效地阻止我们。邓尼茨海军上将对于这项命令觉得惋惜。当时美洲沿岸刚刚打破平静，并且他正重振旗鼓，打算再次攻击运输船队的各个重要路线。

我们最大的灾难就是潜艇的攻击。采用破釜沉舟的战术，对于德国人来说是一个明智的决策。我还记着我爸爸讲过的话，“在政治方面，只要握住好的方法，就必须坚持到底”。这同样是一种战术原则。与1940年的不列颠战斗中戈林不停地改变他的空袭对象相似，因为有吸引力地目标争相现身，如今的潜艇战也稍微缓解了一些压力。但是，遇上时机不对，潜艇战仍是一桩恐怖的事。

应当探究探究下面的这张统计表。

* * *

在这儿讲述一下其他事情的情况，同时也会稍微提一下截止1942年年末的大西洋战斗所获得的成绩。

德国潜艇在8月份将它们的关注点移到了特立尼达周边地带以及巴西的北海岸。在那里，运往美国运输航空工业使用的铁矾土和载着供给物不停去往中东的船只全是最诱人的攻击目标。此外，在弗里敦周边，还有一些潜艇神出鬼没。其中有的向南直达好望角，甚至还有几艘进入了印度洋。我们曾因南大西洋的状况而焦躁不已。9 月至 10 月间这里有五艘单独返回的大邮船被击毁。不过，全部前往中东的部队运输舰均在护卫之下安全通过。在被击沉的大船中，包括将近两万吨的“拉科尼亚”号，上面装着运往英国的两千名意大利俘虏，很多人都被淹死了。

在此时，战斗的主线再次顺着北大西洋上面重要的几条路线形成。德国潜艇已吃过亏，因而开始注重空军的实力。在全新的进攻中，它们始终在我方以冰岛跟纽芬兰为阵地的飞机爱莫能助的中间地区行动。有两支护卫运输船队在 8 月份遭到了严重的破坏，其中一支运输船队损失了十一艘船。有一百零八艘船在这个月被德国潜艇击毁，吨位总计达到了五十万以上。德国人在 9 月与 10 月间再次使用老方法，白天展开水下攻击。运输船队自然付出了沉重的代价。我们直至如今方才悲痛地意识到空军海防总队缺少足够的超远程飞机。空军保卫地区与我们海岸阵地的距离依然在六百英里以内，并且与纽芬兰的距离仅有大约四百英里。本书所附的大西洋地图中标注出了这些地区，表明中间有非常大的缺乏防御的中空地区。经历危险的水面护卫船舰在那儿，无法获得任何空中支援。

*　　*　　*

我们的空军海防总队在 1942 年最初的几个月度过了一段悲惨时光。远东与地中海部分相继请求支援，占用了很多飞机与经过训练的飞行员力量，而这些力量还要满足其他地方的急切需求，以致其被慢慢分化。而对于添置全新的远程飞行中队来扩大空军海防总队这件事，尽管我们已经期盼了很久，却也不得不暂时停下来。我们的空军人员在这种糟糕的局势下仍然倾尽了全力。

### 商船在大西洋上遭遇潜艇攻击导致的损失

**1942 年 1 月至 7 月（包含 7 月）**

| 月份 | (1)<br>美国海防线<br>(与南北美洲海岸距离三百英里的范围西面) | | (2)<br>美国战区<br>(西经 26 度往西，(1) 不包含在内) | | (3)<br>英国战区<br>(西经 26 度往东) | | (4)<br>共计 | |
|---|---|---|---|---|---|---|---|---|
| | 数量 | 总吨数 | 数量 | 总吨数 | 数量 | 总吨数 | 数量 | 总吨数 |
| 1 月 | 31 | 196，243 | 9 | 68，284 | 6 | 32，575 | 46 | 297，102 |
| 2 月 | 50 | 286，613 | 19 | 86，555 | 2 | 10，942 | 71 | 384，110 |
| 3 月 | 61 | 354，489 | 13 | 70，058 | 7 | 35，638 | 81 | 460，185 |
| 4 月 | 48 | 276，131 | 13 | 88，917 | 6 | 30，975 | 67 | 396，023 |
| 5 月 | 91 | 451，991 | 26 | 133，951 | 3 | 15，567 | 120 | 601，509 |
| 6 月 | 80 | 416，843 | 25 | 164，186 | 9 | 45，982 | 114 | 627，011 |
| 7 月 | 45 | 192，851 | 8 | 46，383 | 16 | 111，529 | 69 | 350，763 |
| 共计 | 406 | 2，175，161 | 113 | 658，334 | 49 | 283，208 | 568 | 3，116，703 |

在上述总吨位为三百一十一万六千七百零三吨的五百六十八艘船中，只有五十三艘船拥有掩护，吨位为二十八万四千吨。

对于潜艇惯用的白天攻击战术，尽管海军的护卫船舰提供了一定的保护，不过，对于运输船队周边极远的地区，仅仅依靠护卫船舰绝对无法到达，同时这也无法摧毁高度集中在船队两边的袭击。所以，在“狼群”袭击的时候，它们就可以利用数量优势完全打破防御力量展开联合攻击。我们意识到，挽救的方式是：不但要调遣水面上的护卫舰来掩护运输船队，并且还要使用充足的飞机进行保卫，以便发现周边的潜艇时逼迫它们潜进水里，这样就可以开辟一条道路，让运输船队毫无阻挡。只有护卫舰是不行的。想要将德国潜艇打败，我们必须海空并用，多方面搜索，一旦发现，就立即进行激烈的攻击。在数目方面，需要的飞机、经过专业训练的飞行员以及空中武装都无法起到决定性作用。但是如今，我们已经使用水上军队组建了一支“援助分遣队”，实施行动。

早就有人指出了这种战术，不过却始终没有采取行动。

第一支援助分遣队只有两艘海岸炮舰、四艘刚下海的新型快速巡洋舰以及四艘驱逐舰。在之后的潜艇战役中，它们成为一股非常强大的力量。它们配有经过专业训练并经验丰富的船员和最新型的武器。它们尝试不依靠护卫舰队，不受其他工作的制约，单独行动，并计划在所有受威胁地区搜索潜艇群，抓住并消灭它们。援助分遣队与飞机的协作是实现这些措施的重要原因。1943 年，飞机发觉潜艇以后，马上指挥援助分遣队围攻目标已成为一种常态。并且，在追捕一艘潜艇时常常有可能同时发现其他的潜艇，如此一来，搜到一艘往往会引出一“批”。

同时，运输船队和海上空军的援助力量，已获得了密切的关注。读者看过上几卷书，能回忆起我们第一艘护卫航空母舰“勇气”号在它短暂的经历中所获得的成绩。这艘船于 1941 年 12 月被摧毁。到 1942 年年末，我们参与战争的这种航空母舰已经达到了六艘。之后，除了英国打造的几艘之外，还有很多艘是由美国制造的。在 9 月份，英国打造的第一艘“复仇者”号曾经跟随俄国北部的运输船队行驶。它们在 10 月下旬掩护“火炬”运输船队的时候，攻击潜艇，初露本领。当它们配上了海军“旗鱼”式飞机之后，更加满足了当时的需求——不仅可以不依赖陆地上的基地全面侦查深海，同时还能与海面护卫船舰紧密协作。如此一来，通过竭尽所能，运用高度的智慧，我们反潜艇行动的效率明显提高了。不过，敌军的实力同样在提高，所以我们还要面对很多沉重的阻碍。

除去损失的舰船，在 1942 年 1 月到 10 月之间能参与战斗的德国潜艇数量由九十艘增加到了一百九十六艘，并且其中大概有一半秋天

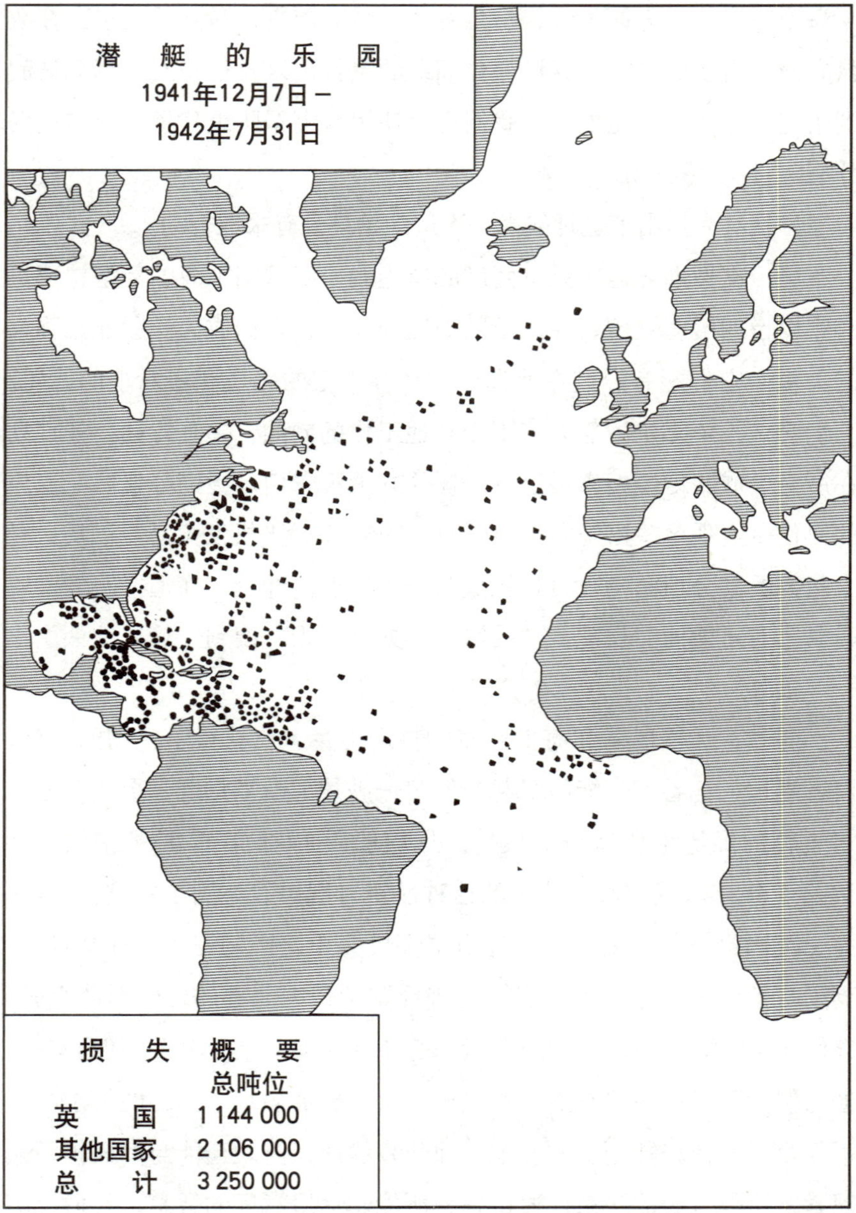


大西洋战役：潜艇在大西洋击沉的商船

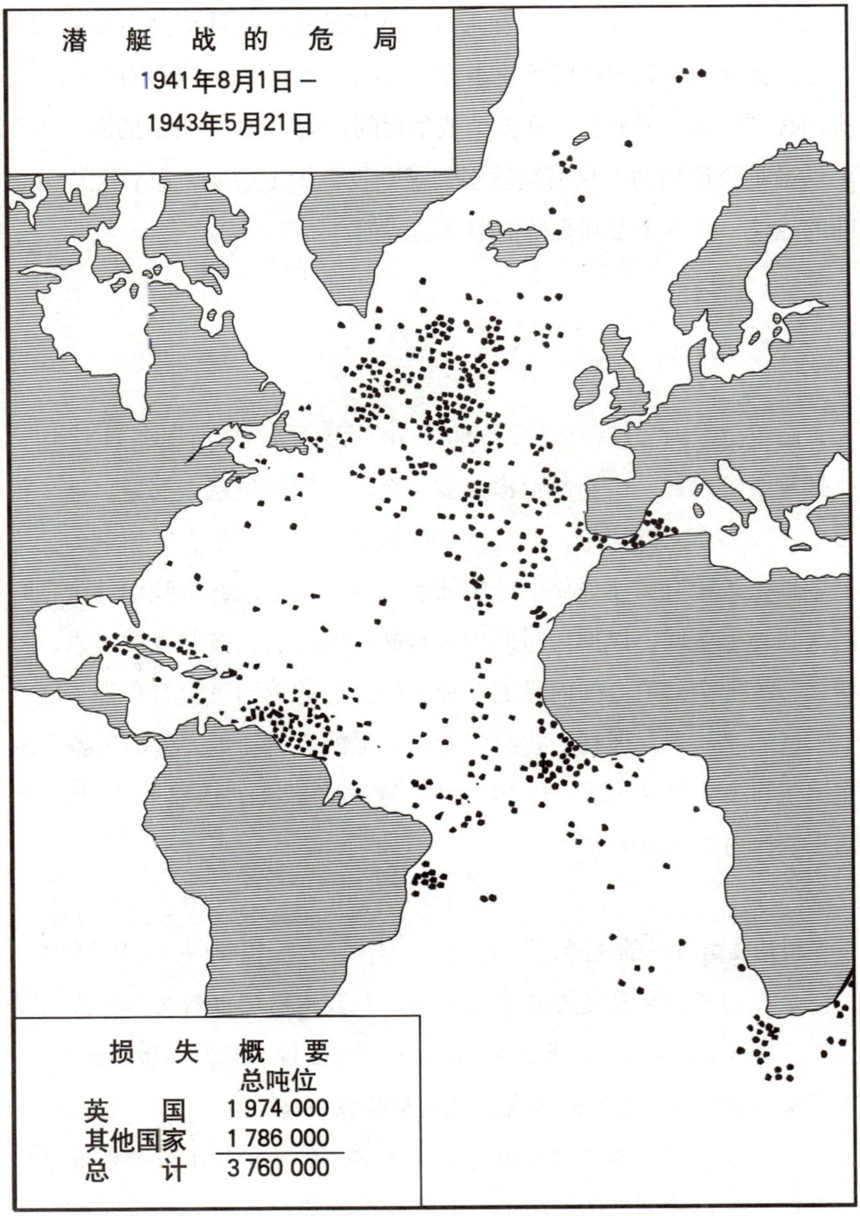


大西洋战役：潜艇在大西洋击沉的商船

时又开始在北大西洋出没。在那儿，我们的运输船队遇到了部队力量比过去更强大更激烈的潜艇攻击。同时，因为我们把战斗重点放在非洲，所以必须缩减护卫船舰。在整个战争期间，盟军在11月份的海上损伤可以说是最惨烈的，仅潜艇就损失了一百一十七艘船，总计七十万余吨的吨位，还有十万吨是别的因素造成的。

* * *

由于空军无法进行保护，外围海面的状况更糟糕，所以在11月4日，我打算亲自组建一个新的反潜艇委员会，专门解决这个问题。这一机构可以做出重大的决策，并且在这次战争中发挥了很大的影响力。为了尽量拉长配有雷达设施的“解放者”式飞机的航线，我们计划把它们从战场上召回，以便短时间内进行必需的改进。按照我的请求，罗斯福总统把全部适合的而且配有最新型雷达的美国飞机召集到了联合王国。如此一来，现在，我们就能以更强的实力和更完善的装备恢复在比斯开湾的军事活动。在1943年，这一决策和在1942年11月实行的其余计划都将取得成效。

首相致麦肯齐·金先生　　　　1942年11月23日

1. 对于运输队近期在穿过大西洋航线中所付出的沉重代价①，我感到深深地担忧。经历证明，空军护卫队发挥了强大的防御效果，可以让潜艇在白天潜进水底，很难聚集在一起。

2. 在协助航空母舰还没有动身之前，我们不得不依赖以海岸作为基地的远程飞机。如今，由于联合作战动用了全部协助航空母舰，因此不管怎么样，在几个月之内都无法满足全部运输队的需求。我们准备扩大一些“解放者”式飞机的油箱容积，让有效

① P130至P131，大西洋战役：潜艇在大西洋击沉的商船——图注

航程上升到二千三百海里。不过，为了覆盖全部运输船队，这些航行路程非常远的飞机不但要使用冰岛与北爱尔兰的机场，还要使用大西洋你那里的机场。

3. 所以，我们非常渴望可以使用拉布拉多半岛的古思机场，以便这些远程飞机展开反潜艇战斗。您是否能尽快筹备一下必需的油与地勤设施？在甘得，我们也用得着相同的设施，希望你在那个地方作出相同的安排。对于这些阵地，我们很快就会调遣空军海防总队的一个空军中队前去战斗。并且，只要加拿大飞机可以提升航程，对面临危险的运输船队进行援助，就会对降低船只损失发挥巨大影响。

* * *

加拿大人跟我们展开了大量协作，潜艇的进攻在我们防御力量的打击下已然减小，有所收敛。我们在 10 月份总共击沉了十六艘潜艇，这是战争过程中从未有过的最高月记录。不过，在 1942 年年末的亚速尔群岛周边，一支出海的运输船队遭到了大概二十艘的潜艇攻击。三天内损失了十五艘，其中英国的占了十二艘。

在 1943 年进行决定性战役当中，敌方潜艇尽管实力最强，却遇到了有效的挑战与控制。下次再讲这次经历。

冬天的天气让我们获得了喘口气的时间。

# 第八章　荷属东印度群岛的沦陷

**美国、英国、荷兰、澳大利亚战略地区短暂的存在——中国在美国人心中的分量——韦维尔与蒋介石的重庆会面——1月10日韦维尔抵达巴达维亚：在万隆设立总部——有关增强美国、英国、荷兰、澳大利亚战略地区，英美两国所做出的贡献——日本人1月份的发展——来自柏林的看法——韦维尔遭受威胁——2月13日他的汇报——2月16日的汇报——我交给三军参谋长的备忘录以及2月17日发给总统的电文——韦维尔提议把澳大利亚军队迁到缅甸——对爪哇发动攻击的日期：2月28日——我准备再次让韦维尔担任印度总司令——我跟他之间的通信——他冒险去往锡兰的航行——海军的惨剧——海军上将图尔曼的孤立无援——同盟军舰队的摧毁——“埃克塞特”号被击沉——爪哇的垂死挣扎——荷属东印度群岛被日本人掌控**

英国、美国、荷兰、澳大利亚、新西兰、印度、中国等国家的政府间用最安全的密码发了几万字的电文，打算在最高指挥下组建美国、英国、荷兰、澳大利亚司令部[①②]。人员完全是根据各个国家规定的数目比例组建的，均包括海陆空三部分。对于能不能让一位荷兰海军上将来统领海军以示让步，怎样与美国人、英国人筹划好一切的措施，

---

① 详见142页到143页的图片。——原注

② P164，美、英、荷、澳战区——图注

澳大利亚人会获得怎样的有利之处，这一类问题都经历了一场费尽心思的辩论。五个国家与三军间好不容易才就这一切统一意见。此时，日军已攻陷了大片相关区域。一场在爪哇海上的无望战役中，同盟国的联合舰队也被击沉。

起初，我们与蒋介石之间有一些误解，尽管局势的进展并未因此受到影响，但却牵扯到了复杂的政治关系。我在华盛顿的时候就已注意到中国在美国人民心中，乃至在上流人士的心中，拥有非同一般的重要影响。我注意到存在一种评判标准，认为中国与英国的作战实力不相伯仲，将中国部队视为一种能与俄国部队混为一谈的存在。我告诉总统，对于中国在这场整体战争中能够发挥的作用，我认为美国公众估计得太过了。他极不认同。中国人口高达五亿，假如这么庞大的人数可以同日本上世纪那般迅速发展，同时获得现代化武器，那时将会如何呢？我回复说，我谈的只是目前的战争，现在想要支撑下来已是极其费力的事。我表示，对于中国人，我自然很愿意援助，同时还会待之以礼。我佩服并喜欢中华民族，然而却很惋惜他们政治上那种极度的糜烂。不过我表示，在我觉得某一种评判标准与事实全然不符时，我绝对不会采取它。

在韦维尔将军还是印度总司令时，曾经越过喜马拉雅山，去重庆与蒋介石会晤。这是与美国人的意愿相符的。但是，这次会面的成果并不让人满意。蒋介石对罗斯福总统抱怨，称英国这位司令就中国对其自身问题所能发挥的作用明显没有热情。对于这一点，我打算讲明白。

首相致韦维尔将军　　　　1942年1月23日

1．对于你婉拒中国帮忙驻守缅甸与滇缅公路的原因，我仍旧不能理解。我清楚，你已接收了中国第四十九、第九十三师，然而中国第五军与第六军的剩余力量仍驻守在边境一边，而且缅甸好像面临着遭受蹂躏的严峻威胁。当我们记起中国人在孤军奋战、装备落后的情形下仍旧坚决抵抗了日军多长时间，当我们看到在日军的手中，我们过着多么困难的生活，我就无法理解为何我们不接受中国人的支援。

2. 我不得不跟你讲讲美国人的观点。中国在很多美国人的心中有着跟英国相同的分量。你是总统很重视的人，不过，他好像有些惊讶蒋介石在与你会面之后的失望情绪。美国三军参谋长执意让你领导缅甸，唯一的理由就是他们觉得你会对中国妥协，而且开通滇缅公路，这是获得全球成功一定要做的事情。千万要记得，在这所有的背后，亚洲人统一的暗影忽然现身，这还会让我们不得不消除的各种灾祸与挫败形势更加严峻。

3. 对于我在美国所得到的教诲，假如我能用一个词语来总结的话，那便是"中国"。

韦维尔答复道："对于中国的援助，我没有不接纳。你称第四十九师与第九十三师'如今'才被我接纳。事实上，12月23日我在重庆时就已经接纳了。他们一直不出发，都是中国人的原因。据我了解，除另一个质量不好的师之外，这两个师组成了中国第五军。我所希望的仅仅是别将第六军调到缅甸边界，这里供给困难……只消万事顺遂，在交通运输能够承受的情况下，从印度与非洲调到缅甸的英国军队应该是够用的……有关美国人对中国人的看法，我很清楚，不过民主国家在考虑事情时，通常不会基于理性的基础，而是基于感性体会。而一位将军的责任是，或应当是，用他的理性进行安排。在我看来，对于真正接纳中国的支援（第五军的两个师），让第六军作为后备军留在昆明，我的决断并没有错。不幸的是我的行为居然惹出这种误解。我期望你在情况允许时能改变总统的看法。我同样觉得英国人在中国不具备很高的威望，这在我们尚未获得一些成绩之前并不容易改善。不得不说，没有中国的支援，我们无法保住缅甸，也无法提升我们的威望。"

首相致韦维尔将军　　　　　　　　　　1942年1月28日

感谢你。我非常开心我们拥有相同的观点，我必定会抓准时机向总统说明。

* * *

韦维尔将军在1月10日抵达巴达维亚，而且，把总部建立在荷兰部队司令部的中央万隆周边。他仅有一个由于间隔太远而与支援来源隔绝的小型军官中心。不过在那条五千英里长的战线上，还有很多战区正展开剧烈的斗争。在这种情形下，他聚精会神着手组建第一个战时盟军间的司令部这桩繁琐而紧急的事情。

日本人的几次成功已经对组成马来亚屏障南边的一系列小岛构成了威胁，苏门答腊与爪哇可以说是里面首当其冲的。在东边菲律宾的巴丹半岛上，麦克阿瑟将军在孤军奋战的情形下仍旧展开了勇敢地抵御。在西边，英属马来亚的大多数地方已失守，新加坡同样危在旦夕。在这同盟军两边重要的、却已经面临危险的防御线之间，另外一群日本人又从如同迷宫的英属各岛越过，往南前进。荷兰在婆罗洲与席里波斯的沙捞越油港与文莱油港已经失守。敌方逐步推进，所到之处均修建了空军阵地，以增强战绩，同时对下一个选好的目标进行攻击。他们的军队从不走出其以海岸为基地的空军保护圈，也从不走出他们海上航空母舰的保护圈。在这场战略突击中，一个军国主义国家谋划已久的远大方案全都完成了。

韦维尔认为支援军队的抵达可以决定所有问题。中部岛屿上保卫主要据点的小部分荷兰部队已无法挽救。至于发生在新加坡的情况，我们全都了解了。因为荷兰本国已被蹂躏，所以那边所剩力量极少。在最开始的时候，他们就动用了所有的实力，如今已在逐渐削弱。从中东出发的两个澳大利亚师与一个装甲旅还在路上。另外，已有三个高射炮团急匆匆地到达了爪哇一无所有的机场。四十八架“旋风”式飞机自“无畏”号上起飞。另有来自埃及的两个轰炸机中队经印度前往苏门答腊。其中，抵达爪哇的已有八架。我们把所有的可以调动的力量全调过去了——加入英国与荷兰的海军部队的还有调遣自菲律宾群岛的美国亚洲舰队。美国人同样竭尽所能，把空中与海上的飞机都派往了同盟军司令部。不远的地方，日本的战斗机器也在快速而精准地工作着。

席里波斯岛的肯达里与东婆罗洲的巴里巴板大油港在 1 月末接连失守。敌军还用占绝对上风的实力占据了安汶岛及其主要机场。继续向东穿过英国、美国、荷兰、澳大利亚战区，日本还占领了新不列颠岛上的拉包尔与所罗门群岛中的布干维尔岛。这是他们试图斩断连接澳大利亚与美国的生命线的初步行为。在新几内亚的芬什哈芬，日本的第一群军队于 2 月初登陆，不过因为其他的地方上的情况，这些偏远地带短时间内还不会被日军掌控。在另外一头，进击缅甸的战争正在发展。

* * *

德国人那时候的念头是非常有趣的。海军上将雷德尔在 2 月 13 日报告德国领袖：

再过不了几周，日军就会占领仰光与新加坡，甚至还包括达尔文港。预计日本在苏门答腊不会遭遇有效抵抗，至于爪哇，或许会支撑相当长一段时间。日军正计划把锡兰这一主要据点夺走，从而对印度洋上这一基地进行守卫，并且计划使用占上风的海军实力把这个地方的制海权掌握在手中。

现在，在孟加拉湾、锡兰周边海面和苏门答腊与爪哇两边的海峡中，有十五艘日本潜艇正采取行动。

只要把仰光、苏门答腊以及爪哇拿下，对方就会失去波斯湾与美洲大陆中间剩余的油井。澳大利亚与新西兰的汽油供给均来源于波斯湾与美洲。只要日本的战列舰、航空母舰、潜艇和海军航空队可以把锡兰当作阵地，英国要想保持与印度、近东之间的交通，就必须依赖于护卫严密的运输船队。世界上能被当做英国海军大型船舰的修复基地的只有亚历山大港、德班与西蒙斯敦了。

*　　*　　*

对于这场灾难，韦维尔竭尽所能予以应对。在巨港，他组建了一支空军主力军队。对于袭击婆罗洲东西两面的各类军队，美国与荷兰的潜艇在海上的攻击也并非没有成绩。日本人在袭击巴里巴板时遇到了抵抗。四艘美国驱逐舰击毁了敌方的四艘运输船。一架荷兰飞机还击毁了另外一艘运输船。但是，空军的供给只够填补损失。海军的一支小型航空队在 2 月 4 日企图对从望加锡海峡出发的敌方运输船队进行骚扰。不过，由于遇到来自空中的攻击，而被迫撤回。汇报纷至沓来，听说在阿南巴斯群岛，正有一支强大的日本军队集合。我们在巨港的空军主力是几个澳大利亚航空中队，拥有六十架轰炸机，五十架左右"旋风"式飞机，没有足够的地勤设施，因为弹药匮乏，高射炮的掩护同样非常少。全部的轰炸机在 2 月 13 日都被我们派了出去，攻击一支来自阿南巴斯群岛的日本船队，该船队拥有二十五艘以上的运输船只，不过，我们并未获得具有决定作用的胜利，有七架飞机被摧毁。第二天上午，七百多名日本伞兵降落在巨港，打了一天飞机场抢夺战。假如这些伞兵无法获得援助，一定会被全部消灭，不过，在 15 日出现了强大的先遣队。他们是被登陆艇运到河口的。当时，全部飞机都被我们调去应付这些船与登陆艇，让敌军付出了惨痛的代价，进而阻止了他们的进攻——因为我们的空军实力必定削减，他们仍会持续进攻。如今，我们在巨港的军力仅剩二十架"旋风"式飞机与四十架轰炸机，其中还有很多是无法参与战斗的。而且截止到现在，当作基地的飞机场仍没有任何设施。情况到夜晚已非常明朗，我军屈指可数的军队不得不撤离，日军将会完全掌握苏门答腊南部。同天失守的还有新加坡。

在这场灾难尚未爆发的前一晚，对于局势的进展，韦维尔将军发了一份详细的紧急汇报给我们。我将其转述给了具有直接联系的两名自治领总理。

韦维尔将军致首相　　1942年2月13日

……在新加坡，敌军出其不意地快速前进，敌军还有一支护航运输船队驶向了苏门答腊南部，因此我们必须对守卫荷属东印度群岛的措施进行审查，原因是在措施中，苏门答腊南部发挥着极其重要的作用。只要有足够的时间，去往苏门答腊南部的澳大利亚第七师一抵达，就可以组建牢固的防卫。但是，我们的防御基地还没有筹备好。

大概要等到3月8日，澳大利亚第七师的先行步兵旅才可以作战，要等到3月21日，全师才可以行动。

假如苏门答腊沦陷，我们或许就无法长时间守卫爪哇了。相对这个岛的面积来说，守军军力不足。目前，澳大利亚第七师准备对爪哇进行支援，但是无法在3月末之前做到这一点。假如澳大利亚第七师自苏门答腊南部调遣出来，就能让爪哇利用起来。

就空军方面而言，防卫爪哇并非易事。更恐怖的是苏门答腊南部的沦陷。就算马上就能进行空军支援，我们的空军也必然会迅速耗损，供给不足。

我们为数不多的空军不但要正面迎对敌方的空军，还要对敌军的运输进行攻击，也就无法为我们自己的运输护航。

非常显然，对于守卫爪哇来说，保住苏门答腊南部是必需的。局势还不至于让我们立即改变措施，但是我们必须做出改变。假如如此，那应该优先考虑澳大利亚军团的目标，原因是，这一军团包含了大多数经过专业训练、武装完备的澳大利亚部队。

我们必须支援苏门答腊至最后一刻。往后再对爪哇继续支援或许就不划算了。

*　　*　　*

新加坡失守的第二天，最高指挥还研究了其战区的整体局势。他那份条理分明的汇报清晰全面地对当时的情况进行了叙述。

韦维尔将军致首相　　1942 年 2 月 16 日

1. 鉴于近期在新加坡与苏门答腊南部出现的情况，我们已面对极其严峻跟紧急的战术策略事宜。

2. 地理部分。爪哇（长度）为五百英里——大概与伦敦到尹沃纳思的长度相同——北部海岸简直全都是登陆地。

3. 敌军进攻的范围以及将会发生的作战活动。假如具备运输与护航船，在往后的十天到十四天里，敌军或许会调遣四个师对爪哇进行攻击。或许在一个月内会有两个或者更多师的支援。最大范围的空中攻击或许会有四百到五百架战斗机（自航空母舰上出发的也包含在内）以及三百到四百架轰炸机。

下面是我们抵抗敌军进攻爪哇的军力：

(1) 海军。作战军队至多会有三四艘巡洋舰以及大约十艘驱逐舰。假如在这个岛面临危险的两边分配这支军队，那么就全都非常弱。假如聚集在一起，就会由于距离问题难以及时到达重要地区。不管它处在什么地方，日本空军都会猛烈地袭击它。

(2) 陆地军队。现在有实力不强的三个荷兰师。英国军队有：拥有轻型坦克的第三轻骑兵旅的一个营以及三千名左右散落在各支军队里的澳大利亚军人。另有几千名皇家空军的地勤人员，不过，其中一些没有武器。美国部分：一个装备不完善的野战炮团。

(3) 空中部队。现在大概有五十架作战机、六十五架中型轰炸机或者俯冲轰炸机以及二十架重轰炸机。

唯有海军与空军实力在该地占上风的情形下，才可以对近期将要面临的爪哇的登岸进行阻拦。上面的情况证明，我方完全没有这种上风。只要敌军成功登陆，我们将无法阻止他们快速占领岛上的重要海空军基地。

大概在月末，首批空运的澳大利亚部队才会抵达爪哇。等到3月8日他们才可以参与作战。要等到3月21日，全师才可以抵达以及参与作战。4月中旬，这个军队剩余的一个师才能抵达。

总结：缅甸与澳大利亚在抗日战争中是至关重要的。尽管由所有方面来讲，爪哇的失守均属于严重的挫折，不过尚不至于致死。所以，没必要为了支援爪哇而竭尽所能，以免缅甸或者澳大利亚的防卫变薄弱。

什么地方才是澳大利亚最好的目标，这是目前最重要的问题。假如局势良好，或许会在岛上驻守部队，同时可以在占有优势的情况下袭击日军。这样的话，我就当机立断，提议采用危险的活动，就像我去年对希腊所采用的活动那般。我那时候认为，对于德国人的进击，我们可以获得良好的时机来阻止，无论是怎样的后果，我仍然觉得有风险的行动是合适的。在现在的状况下，我不得不指出：不管是从战略与策略见解来看，均不宜采取有风险的行动。对于所牵涉的各种政治原因，我同样充足地了解到了……

我就这件事做了如下备忘录：

首相致伊斯梅将军，转参谋长委员会　　　　1942年2月17日

我坚信，绝不会进行与韦维尔将军的主要建议截然相反的活动。就本人而言，我赞同他的建议。最管用的方法好像是：

（1）假如澳大利亚政府赞同，就把这个澳大利亚先驱师派去缅甸。

（2）再者，使用原本留给第二澳大利亚师的船舰，经孟买把第十七师运到缅甸。在途经锡兰时，留下一个旅。

（3）一旦有能使用的运输工具，尽快把剩余两个师调回澳大利亚。

（4）为了保障亭可马里，派W.S.第十七号运输船队运着支援的高射炮军队，同时派遣这支运输船队的其余船舰开往仰光。

我并不知道韦维尔将军准备怎么利用爪哇现存的军力。是要让他们与荷兰人共同抵抗到最后一刻，拖延失守的时间，或者别有打算，将他们派遣到其他地区？我认为，与之前的几个问题相比，这个更有讨论的必要。

我告诉罗斯福总统：

1.有关新加坡的失守以及日军在苏门答腊强行登陆所形成的全新局势，我相信你已经看见了韦维尔的相关电文。对于我们的境遇，今天我们将会在国防委员会，明天将会在太平洋委员会上进行辩论。有关我们的意见，我们会告诉你们。在苏门答腊与爪哇展开有效的抵御，希望可以有良好的结果。否则就将产生是否应该把所有的支援实力调往仰光与澳大利亚的困扰。看上去，澳大利亚政府非常想让他们的两个师返回澳大利亚。对此，我无法长时间不同意。现在，在巴勒斯坦的第三师或许也会接着撤离。我认为仰光是现在最要紧的地区，只有它可以保持与中国的联络。你也清楚，预计在这个月20日抵达那儿的英国装甲旅正好被韦维尔将军调走了。对于我们辩论的结论，三军参谋长明日就会使用军事途径转达给你。

2.利比亚的一场战役已经近在眼前，隆美尔或许会发动攻击。我们渴望获得良好的战绩。昨天刚开始的空中战役打得非常不错。

韦维尔将军没想到日本居然在2月末之前就发动了对我们最终据点爪哇的侵犯。根据现存的实力以及或许会获得的补给来讲，他毫无胜算。所以，他提议把在路上的所有澳大利亚军队都调去缅甸。靠近爪哇东部的秀丽的巴厘岛于18日失守。我们仅剩的一个同澳大利亚展开空中联络的基地帝汶岛也在几天后失守了。此时，海军大将南云那支因珍珠港事件而出名的急速航空母舰舰队，那时组建它的四艘航空母舰在战列舰与巡洋舰的掩护下现身帝汶海。19日在达尔文港稠密的船舰间爆发了一场毁灭式的袭击，伤亡无数。达尔文港在这场急战以后的一段时间内已经不宜再作为基地。

如今，我们都清楚，日军是在2月28日对爪哇发动攻击的。由五十六艘运输舰和一艘强大的护卫舰组建而成的西方作战分队在18日从法属印度支那的金兰湾撤离。由四十一艘运输舰组建而成的东方作战分队也在19日从苏禄海的和乐岛出发，于23日抵达巴里巴板。我们的联合参谋部在21日告知韦维尔将军，岛上现有的军队应该守卫爪哇到最后一刻，不再另外给予支援。他还收到指示，让他把司令部撤出爪哇。韦维尔答复道，他觉得美国、英国、荷兰、澳大利亚司令部不应当撤离，而是遣散。这一点获得了赞同。

* * *

根据局势的充分发展，我看见结果即将来临。

首相致韦维尔将军　　　　1942年2月20日

1. 很明显，敌方在各个方面的迅猛发展，影响了守卫美国、英国、荷兰、澳大利亚战略地区的所有措施。我们已经下定决心，用已有的军队和在路上的一些军队在爪哇奋战到最后一刻，同时把重要的支援实力派去缅甸跟印度。对于澳大利亚的侧翼，总统准备让美国来照料，至于我们，则要集中所有力量守卫或者夺回缅甸跟滇缅公路，这自然是指竭尽所能拖延爪哇防御战之后的情况。对于锡兰的重要性，他同样意识到了，原因是，我们海军东山再起的仅有路径就是它。

2. 我猜测，假如麦克阿瑟将军丢弃了（克里奇多尔），或许会对澳大利亚进行关照。你尚未跟我讲，你的总部在必须要从爪哇撤出时打算去哪里？

3. 我自己的建议是，任命你为印度总司令，让哈特列将军[①]返回他的北方司令部。你在这个核心地点就可以让我军整体的抗日战争灵活起来。

我在2月21日收到韦维尔将军的消极答复。

或许美国、英国、荷兰、澳大利亚战略地区的防卫已然崩塌，爪哇的防卫同样无法支持很长时间。空战向来决定了防卫……目前加入的所有力量均无法拖延战斗。最重要的问题是，什么是你想要拯救的……我认为这个总部没有存在的必要了……

最终，讲一讲与自己有关的事情。我与以前那样，你觉得把我派去什么地方最合适，我就百分之百乐意去什么地方竭尽所能。在这儿，我让你与总统失望了，让一个更出色的人过来，或许已获得成功……假如你觉得我前往印度可以发挥更大的影响力，我自然乐意前往。但是，建议你首先询问总督的看法，讲一讲这次失利之后，我的威望与影响力是不是还能保持下来。在东方，这是非常关键的两点。之后再讲哈特列与其接任者在北方司令部面临着怎样的困境。

① 在韦维尔将军去美国、英国、荷兰、澳大利亚司令部赴任时，印度总司令由艾伦·哈特列爵士担任。——原注

一想到要与这些坚强勇敢的荷兰人分开，我就非常伤心。我确实想要待在这里，与他们抗战到最后一刻，假如你觉得这么安排是有好处的话。

我衷心地祝福你。你或许正处于一个极其艰难的时刻，但是我清楚你的勇气会助你成功的。

根据我的感觉，我一贯遵守这种准则：对于军事指导者，应当从尽力完成任务的品质方面，而非从成果方面评价。对于美国、英国、荷兰、澳大利亚战略地区，我从不抱希望，我目前只准备拯救缅甸跟印度。对于这场如同风暴的灾难，我们认认真真地并适当地让韦维尔担负。他可以用冷静而果决的心态勉强接受，这是我最佩服的。一些人会寻找借口婉拒，或在接受一项难办的、成功率极低的工作之前，提出各种难以做到的要求，原因是做不好工作，只会损害他们在大众心中的名望。韦维尔的作为与陆军最优秀的习惯相符。所以，我答复道：

首相致韦维尔将军　　1942 年 2 月 22 日

在美国、英国、荷兰、澳大利亚战略地区不再由你指挥时，你应该马上赶往印度。我们再次任命你为总司令，在这个重要阵地上接着抵抗日军。

你或许需有一位副司令来分担你平日里的任务。你完全可以在抵达德里之后再处理此事。其余所有顾虑都不是主要的。

我期望你可以明白，总统与华盛顿的联合参谋部，以及我跟你在这里的所有朋友，对你不顾险恶的局势跟糟糕的环境、出色地指挥了美国、英国、荷兰、澳大利亚战略地区的作战作出了极高的评价。

韦维尔回答说：

我们暂时打算在2月25日从这儿撤离。对于你那份宽厚的电报，以及你再次让我掌管印度军区的那份信赖，我真的非常感谢。假如哈特列可以担任副总司令，会有极大的好处。

他在25日再次发来电报：

我今天晚上会与皮尔斯一同去往科伦坡。我在那儿会按照哈特列发给我的回电，前往仰光或者德里。

韦维尔与皮尔斯坐飞机自万隆离去。最高统领的美国驾驶员对走入座舱的一个人道："喂，我只有这一张铁路线地图，不过没什么大碍。据说我们准备去一个叫作'塞龙'的地区，地图上已经标出了这个地方。"他们到达"塞龙"时已经飞行了大概两千英里。在空中，韦维尔的经历非同寻常。起码遭遇了六七场致命危机，不过他毫发无伤。人们称他为飞机上的"约拿"。不过，约拿总是死里逃生，他所乘的飞机同样可以安全返回。有一次，飞机在空中着火，不过经过飞机上工作人员的急救，火被熄灭了，这位总司令并未被吵醒。

在锡兰，韦维尔收到了以下电文。

首相致韦维尔将军　　1942年2月26日

对于锡兰这个关键地区，希望您考虑一下它是否需要一位极其出色的军官来统领三军，同时管理民政。博纳尔是不是适合的人选。我们不想再出现第二个新加坡。

3月6日，博纳尔将军就任驻军司令。

*　*　*

以下电文是我发给那些留在爪哇与荷兰人共同战斗到最后一刻的人们的：

首相致空军少将摩尔特比　　　　1942 年 2 月 26 日

对于你以及所有驻守爪哇的英国士兵，我送上最大的祝福，期望你们在现在这场战争中获得成功与荣耀。能争得一天的时间也很珍贵，我清楚你们会竭尽所能拖延这场战斗。

目前，荷兰海军上将哈尔福利科是日益薄弱的同盟国海军部队的统帅。这位坚强的荷兰人一直充满希望，并且不惜一切，也不顾对手占绝对上风的军力，不断猛烈攻击敌军。他不愧是荷兰历史上赫赫有名的海员的后代。为了对付敌方动用大量运输舰队在海面上攻击爪哇，他组建了两支主攻军队。东边战线的一支军队位于苏腊巴亚（泗水），统率者是图尔曼海军上将。西边战线的军队由英国船队构成，位于巴达维亚的海港丹绒不碌。“霍巴特”号（澳大利亚）、“丹纳”号、“龙”号等巡洋舰以及“侦查”号、“坦尼多斯”号等驱逐舰构成了英国船队，它们曾经屡次出动搜索敌军。该船队按照命令在 28 日往科伦坡撤退，途经巽他海峡，并在几天后安全抵达。因为丹绒不碌燃油匮乏，并且不停地遭到空中攻击，西边战线的这支主攻军队才在此时撤离。假如它们被并入图尔曼海军上将的东线主攻军队，最终结果并无不同。

同时，在 26 日下午六点三十分的苏腊巴亚，图尔曼乘坐“德累特尔”号启程了。随行的有“埃克塞特”号（英国）、后炮瘫痪的“豪思敦”号（美国）等大型巡洋舰和“爪哇”号（荷兰）、“珀斯”号（澳大利亚）等较轻的巡洋舰及三艘英国驱逐舰、四艘美国驱逐舰、两艘荷兰驱逐舰。哈尔福利科海军上将下给图尔曼的指令是：“你一定要坚持进攻，直至敌军溃散。”原本，这个命令没有错误，并且日军攻击的运输舰队还将成为一份丰厚的战利品。不过，这一命令忽视了这种状况下敌军所占有的绝对上风、所有的制空权和西边主攻军队已被遣离的真相。并巨，图尔曼海军上将还缺少一套相同的通讯密码。他在下达指令之前，还要让一个美国联络官在“德累特尔”号舰桥上进行翻译。他请求从苏腊巴亚调几架作战机进行守卫并获得了回应。他在26日晚上搜寻了敌军，不过并没有收获。他在早上抵达苏腊巴亚，为各艘驱逐舰加油。可他刚刚进入港口就收到了哈尔福利科海军上将的急电，让他对在巴韦安岛西面发现的敌人发动攻击。

因此，图尔曼再次带着他那些疲劳不堪的军队出海了。在下午刚刚四点时，也就是一个小时后，战争爆发了。战局一开始还称得上旗鼓相当。远程炮战并未让双方受损，日军驱逐舰一连串的鱼雷也未击中目标。经历了三十分钟的战斗，一艘敌军战舰被打中并着火，然而没过多久，“埃克塞特”号的一个锅炉房就被打中了。它在速度放慢以后就掉头返回港口。它后边的船舰采用了相同的措施。大概在同时，鱼雷击毁了荷兰的驱逐舰“科多纳”号。因此，图尔曼海军上将撤往东南方，整体战斗停止了。在日军的烟雾中，唯有驱逐舰“伊列克特拉”号试图将鱼雷射出去，但却受到了三艘日军驱逐舰的阻击，最终被击沉。

“埃克塞特”号不得不短暂停航，之后它可以用十五海里的速度航行。它按照命令在剩余荷兰驱逐舰的护航下返回苏腊巴亚。

图尔曼海军上将把他那剩余的、分散的舰队重编之后，再次带领它们跑到敌人的侧翼，期望可以重创敌军的运输舰队。混战依然在接连不断地展开。如今，敌方已获得支援，又从空中掌握了图尔曼的一切动向。在射出所有鱼雷以后，美国各驱逐舰就被调回苏腊巴亚。英国驱逐舰“丘比特”号遇上了荷兰军舰当日埋设的水雷，马上沉没，牺牲了很多人。十点三十分之后，图尔曼海军上将在推进时与日军的两艘巡洋舰相遇。通过一番猛烈战斗，荷兰的两艘巡洋舰全被鱼雷摧毁，这位以少战多并且还战绩出色的荷兰英雄也英勇就义。平安逃脱的“珀斯”号与“豪思敦”号直接前往巴达维亚，并在第二天下午抵达。

* * *

我们还要听完这个故事苦痛的结局。澳大利亚与美国巡洋舰在加完油之后，又在当晚从巴达维亚离开，打算越过巽他海峡。它们恰巧闯入了日军西线主攻部队主力的中央，那支军队的运输船舰恰好在爪哇西部班顿湾让运载的部队登陆。在日本运输舰上的部队登岸时，那几艘巡洋舰趁机摧毁了这两艘运输舰，这样就在自身尚未被毁以前报仇。“珀斯”号上的三百零七位士兵以及“豪思敦”号上面的三百六十八位士兵都死里逃生，然而却被日本人抓入了俘虏营。澳大利亚船长与美国船长都和船只一起沉入水中。

同时，负伤的“埃克塞特”号与独自成功逃离灾难的英国驱逐舰“作战”号都到达了苏腊巴亚。然而这个地方马上就失守了。不过，尽管敌军用强兵驻守着所有的出路，这两艘军舰还是全出了海。昨天参与战争的美国四艘巡洋舰已打光了全部的鱼雷。即便是这样，在2月28日晚上，他们仍旧往前推进，而且从狭窄的巴厘海峡穿过。对于路上碰见的一艘敌军巡逻舰，它们也并未理会。它们在凌晨才彻底安全，往南推进，最终抵达了澳大利亚。对于重量庞大的“埃克塞特”号来讲，这条航线是无法通行的。它在2月28日晚上与“会战”号及美国驱逐舰“波普”号一块行驶，期望能通过巽他海峡直达锡兰。这支小舰队在第二天早上暴露了，四艘游荡的日本巡洋舰在驱逐舰与飞机的护卫下对其咄咄紧逼。这艘在1939年普拉特河口战争中赫赫有名的“埃克塞特”号在来势凶猛的炮火逼迫下，很快就无法行驶了，最终在中午之前遭到了鱼雷的致命一击。

“会战”号与“波普”号均被摧毁了。日军俘获了这两艘英国舰船上的五十位军官、七百五十位海军军人以及“波普”号上的所有生还者。

*　　*　　*

我们的海军队伍就这么被毁掉了，敌军还三面围困了爪哇。为了填补快速枯竭的空军力量，两艘美国船舰载着五十九架战斗机来进行最终的生死搏斗。其中一艘老的飞机供应舰“兰利”号在靠近时遇到了空中攻击，被摧毁。另一艘平安抵达，不过当时已无法将装箱的飞机运到岸上。荷兰人在最高司令部废除以后负责统领所有的盟军部队守卫爪哇。两万五千位荷兰正规军由普尔顿将军率领，最后，由希特维尔少将率领的英国部队分遣队也加入了这支守军。英国部队分遣队是由三个澳大利亚营、第三骑兵旅的一个轻型坦克营和由英国皇家空军后勤机构四百五十人与美国炮兵军队后勤机构的一些人暂时拼凑而成的。荷兰大概拥有十个空军中队，不过他们的很多飞机是无法使用的。英国皇家空军从苏门答腊撤离以后组建了五个中队，里面管用的飞机仅有四十余架。另外美军还余下了大概二十架轰炸机以及作战机。

这支弱小的军队承担了守卫爪哇的工作。爪哇北岸长约八百英里，还有数不清的海滩可以登陆。从东西两个方向过来的日本运输舰队载来了四五个师。时间没法再拖延下去了。按照荷兰那边在 3 月 8 日的决策，上万名英国人与美国人（包括五千名空军和他们出色的统领摩尔特比以及八千多位英国士兵与澳大利亚军士兵）投降了。

我们在爪哇曾下定决心与荷兰人共同抗战到最后一刻。尽管毫无成功的指望，不过起码屡次拖延了敌军攻击新目标的行动。此时，日本人彻底掌握了荷属东印度群岛。

# 第九章　对缅甸发动攻击

日本部队对仰光发动空战——他们在1月16日由暹罗侵入缅甸——第十九英印师的萨尔温战役失败——从锡当河穿过——我们往勃固河撤退——与澳大利亚政府让人难过的矛盾——澳大利亚人的看法——我2月20日发给卡廷先生的电文——发电文给罗斯福总统——总统发电文给卡廷先生——总统的提议并未得到他的支持——卡廷先生在2月22日发给我的回电——澳大利亚的护航运输船队被我派去仰光——澳大利亚政府的糟糕反应——他们2月23日的提议得到了我们的支持——罗斯福总统再次尽力——澳大利亚部队并不前往缅甸——亚历山大将军被任命为指挥——在仰光，他开辟了道路——平安撤退到卑缪——指导战略地区的不容易——我军剩余军队脱离危险——阻断了去往印度的道路

我们大都觉得，日军起码在马来亚的战争尚未取得成果之前，不会对缅甸进行大范围的进攻。然而，事实并未如此。日军在12月末之前就发动了针对缅甸的空中袭击。我军当时在此仅驻守了一个英国作战机中队以及一个美国空军志愿队的作战机中队。这支志愿军是在战争爆发前为支援中国人而组建的。我希望罗斯福总统让这支勇敢的军队驻守在仰光。

首相致罗斯福总统　　　　1942年1月31日

我得知，在1月31日之后，蒋介石可能就会让几个出色地

帮助防守仰光的几个美国空军志愿军作战机中队撤到中国。很明显，仰光的平安对蒋介石和对我们来讲都很重要。“旋风”式作战机预定于2月15日到20日抵达，假如让这些中队在此之前就撤离，将会产生难以预料的结果。我明白马克鲁德将军已经接到指令把这件事告诉蒋介石，不过我觉得局势非常严峻，应当告诉你本人。

我的请求得到了总统的赞同。虽然这些军队的实力并不强，却重创了日军用于空中攻击的飞机。在军事方面，轰击所造成的损伤并不严重，却引发了骚动，同时给拥堵的城市制造了较严重的死伤。当地很多工人、军界以及政治界的下层员工全失去了自己的工作，港口的运用尽管未受影响，但却严重受损。日本人的空中攻击在一二月份期间受阻，并且每每进犯都会有所损失。

日军自暹罗进犯缅甸，从1月16日对塔威发动攻击起，他们并未经历多大的艰难就把这个地方掌握在手中。我军驻守在南方丹老的少量驻军从海路撤离。在高加力，日本人的一个师在1月20日击垮了印度旅的防御，并从东边深入毛淡棉。几天后，毛淡棉落入他们手中。

在日本人发动针对缅甸的进攻后几周内，缅甸总统雷钦那德·多尔曼－史密斯爵士体现了镇静英勇的品质。我认为在新加坡失守的第二天，正好可以抓住机会对他表达尊敬之意，而且将即将爆发的危险告诉他。

首相致缅甸总督　　　　1942年2月16日

我从未给你发过电文，但我想跟你讲，我跟同事们非常佩服你在面对越来越严峻的艰难与危机时所体现出的坚贞不屈的精神。如今，新加坡将要沦陷，日本人必定会增派军队袭击你。包含一个装甲旅以及两个“旋风”式作战机中队的强大支援部队很快就会抵达。今天晚上，我们会就进一步采用的计划进行会议辩论。在我看来，缅甸及其与中国的联络对整体（东方）战略地区而言都是极其紧要的一节。祝愿你快乐。

*　　*　　*

与居于上风且不停增兵的日本部队作战两个星期以后，第十七师的三个英印旅不得不往萨尔温江防线撤退。他们还在这条防线的米邻附近以少战多，进行了攻击与反击的激烈战斗。局势在2月20日趋于明朗，为了避免全军尽殁，我军被迫继续往锡当河撤退。这条河的宽度为五百码，波涛汹涌，而且只有一座桥。在第十七师的主力军尚未抵达前，一支实力雄厚的日军就对桥头堡发动了攻击。撤至桥梁附近的行军纵队也遭到了敌军一个刚抵达的新师团的攻击。他们在一侧同我方展开交锋。桥头堡指挥官觉得我们撤退的三个旅的实力已减弱很多，各自散落遭到攻击，其实已步入陷阱。因此他在获得师长的同意后，下达了摧毁桥梁的指令。在第十七师开辟道路到达河岸的时候，桥梁已经被摧毁，前面只有波涛汹涌的河水。即便是这样，三千三百名士兵仍旧想办法越过了这道天险。不过，他们最后仅剩下一千四百支步枪以及几挺机关枪。其余一切武器跟装备都丢失了。这是一场巨大的灾难。

目前，日军同仰光之间仅剩下一条勃固河防线。在这儿，第十七师的剩余军队重振旗鼓，从印度调过来的三个英国营与刚从中东调过来的英国第七装甲旅加入了他们的队伍。原本，这个装甲旅是要去爪哇的，韦维尔将军却将他们派到缅甸，在之后的全部战斗中引起了巨大的影响。在南掸邦，更深入北边的第一缅甸师被中国第六军换防以后，转移到了东吁南边，驻守北通德勒的道路。

*　*　*

现在，我必须讲讲我们与澳大利亚政府关系中的一个悲伤的事故和他们并未接纳我军请求支援的事情。对于这些真相，我真的不想让我来讲述,不过要讲述缅甸战争的历程却则必须要这样。对于这些情形，在国内和澳大利亚，有很多人仅仅是单方面的了解。我建议彻底地讲一下双方的情况,如此才可以作出公平的评判,才可以获得必需的教训，当作将来的向导。

我国伦敦军政界在这极其紧张的时刻充溢着悲伤的情绪，不过战时内阁的观点与三军参谋长相同。但是请谨记，澳大利亚政府的看法却完全不一样。在孟席斯的指导下，他们组建了皇家澳大利亚军队，而且调派了不少于四个师的军力,用他们最好的人员组建了这些部队，千里迢迢支援本国作战。他们无须承担这次战争的爆发与没有认真备战的责任。自巴尔迪亚战役爆发开始，澳大利亚部队与新西兰师就在守卫埃及的沙漠战斗中发挥了主要作用。在胜利之时,他们显露身手，在很多次沉痛的失利中，他们也共同经历了灾难。在八个月之后，第九澳大利亚师将在阿拉曼战役中展开了具有决定作用的攻击。在希腊，他们经历了一切风险，遭受了很多磨难。在柔佛，有一个澳大利亚师打得非常不错，但之后再新加坡却惨遭歼灭或者是俘虏。这些情形从没有得到解说，以至于英国似乎该为整个作战指挥负总责。缅甸的前途大约取决于锡当河的失败，在这儿，再次体现出了帝国政府的物资与部署的巨大缺陷与欠妥当。只要是知道情形的人都会相信，因为日本人的军力占优势，全部制空权、制海权都被他们掌握了，以至于可以随意选取攻击地区。不出几天时间，韦维尔将军的美国、英国、荷兰、澳大利亚战略地区的全部广阔地带都会被他们的激烈攻击所占领和掌握。

在澳大利亚的全部军事思维中，整体防卫系统中的前方基地与挺进基地的要点均是新加坡。澳大利亚要依赖它获得必需的时间，使美国再度获得太平洋的制海权，以便美国的支援部队抵达澳大利亚，与其部队集合起来守卫澳大利亚。他们自然觉得，日本攻击澳大利亚是一场近在咫尺的灾难，它会让澳大利亚的国民，不管男女老少，都将遭受被日军降服的恐惧。对他们而言，缅甸与英国一样，仅仅是世界大战中的一方面。日军的推进与英伦三岛的平安无足轻重，但对澳大利亚而言，却是足以致命的威胁。在我们的前途已处在失败与毁灭的局势之中，对于英国指挥作战的水平以及我们在国内作出的判定，澳大利亚政府已经不再抱有希望。在他们看来，澳大利亚的城市与国民已面临灭亡的威胁，必须拿出最后的全部实力来应对这个危机时刻。

在另外一方面，1940 年我们在面临更加迫切的一场恐怖的危机时并未丧失理性，或是因为别的关乎生死的需求，就算自己面临的危险会加剧也毫不踟蹰。所以,我们认为可以让他们作出相同的决策，就像 1940 年 8 月为守卫沙漠地带，我们下定决心从实力不强的装甲军中调出半数军力前往埃及进行驻守那般。这么做并非毫无收获。假如澳大利亚可以在这个紧迫的时刻展开相同热忱的活动，或许早就获得了不错的成果。而我本人并不认为在荷属东印度群岛夺取渴望很久的所有丰富的战利品以后，日军还会再调出一支十五万的部队——无法再少了，不然就于事无补——从赤道穿过，往南四千英里，与澳大利亚人民进行激烈地战斗。在所有的战役中，澳大利亚军人都证明他们是具有作战能力的。即便是这样，我最先提议，将中东实力最强的澳大利亚军队中的两个师遣回澳大利亚。在澳大利亚各部长还没有请求我以前，我已在议院中公布了此事。而且，1 月份在华盛顿的时候，我就已获得了罗斯福总统的承诺，他必定会承担责任，由美国舰队负责澳大利亚海上的防卫工作，并且将九万多名美国军人派到那儿。这些方案正快速落实着。现在，缅甸出现了一个极其紧迫的战争威胁，我在战时内阁与三军参谋长的热情帮助下对卡廷先生表明了观点。

首相致卡廷先生 1942年2月20日

1. 我认为你已经完全理解，只有你的先驱师来得及抵达仰光，它完全可以避免仰光的沦陷和同中国联络的交通线被切断。

现在，这个师的先驱军队已在科伦坡南部乘上我军仅剩的英美船只（“芒特弗农”号），目的地是荷属东印度群岛。这个师在26日或者27日左右就会在仰光登陆。对于这个豁口，全球再没有任何资源可以填补。

2. 对于全部澳大利亚部队返回本国守卫故乡，我们完全没有意见，我们必定会竭尽所能帮助他们的运输事宜。不过，当前生死攸关而又紧迫的战争局势不容小视，一定要筹备好正在开往别的地方的军队，从而方便转变方向参与战斗。我们会竭尽所能，尽快把这个师替换出来，让他们返回澳大利亚。我拒绝了美国让你另外再往缅甸调派两个师的要求。他们会尽早赶回本国。但是目前，这个师是必需的，能够拯救形势的或许只有它了。

3. 请重读你在1月23日发来的电报，你曾在电报里表示：从新加坡撤离会是“一个无法宽恕的背叛”，我们赞同你这样的观点，所以往新加坡调派了第十八师和别的重要支援部队，而不是把他们派去缅甸。而且，我们下令让他们抵抗到最后一刻。在新加坡，他们失败了，并未守住它，否则他们必定可以将仰光守住。对于这个决策，我与国防委员会的同事们承担所有责任。但是，对于你的电文，你同样要承担重大责任。

4. 在这个危险的时期，你不得不依赖于美国的极大支持。他们可以往澳大利亚独自派遣必需的陆空军。看上去，他们已经打算要这么干了。你同样清楚，对于中国交通的通畅，总统极其关注，不然他就不会展开对日本的攻击。假如同盟国对中国的所有支援都被断开，那最凄惨的结果同样有可能在亚洲出现。

5. 我可以确定地讲，如果你不愿让你的军队在路过时把这个缺口补上，假如上面所讲的对整体战况产生影响的糟糕情形因此出现，这会在总统与华盛顿那边造成非常糟糕的影响，然而你极其依赖的就是他们。对于美国打算把夏威夷的海军主力部队派遣到澳新地带的趋向，希望你能特别关注。

6. 请你第一时间回复我们，船队的第一批船只将要驶向截然相反的方向，远离仰光，每过一天就失去一天时间。我坚信，为了所有的权益，特别是为了你自己的权益，我对你指出的事情，你必须非常认真地考虑。

我还给罗斯福总统发了电文。他不但非常重视滇缅公路，还坚持让澳大利亚予以斟酌。

前海军人员致罗斯福总统　　　　　　　　　1942 年 2 月 20 日

1. 在军队中，唯有澳大利亚的前行师能来得及赶到仰光阻拦敌军，以便等待别的支援部队的抵达。它们在 26 日或者 27 日就可以到达。考虑到战斗的需求，我们已请求澳大利亚政府赞同这一调动，而且，我们保证尽快接替他们的防守任务。其余所有的澳大利亚部队都将尽快返回本国。但澳大利亚政府居然并未接纳。这让滇缅公路通畅无阻，同时维持与蒋介石的联络拥有非常重要的作用，因此我已经又一次号召了他们。

2. 考虑到你派出了美国部队前往澳大利亚协助其防卫工作，并且或许会实行海军行动，我认为你有资格促使同盟军实行这个行动。所以，希望你能发给我一封电文，以便我将它附在刚刚所发的言辞激烈的电文上。在此期间，我们的三军参谋长均非常坚定，我坚信我军在华盛顿的联合参谋长委员会同样拥有相同感受。你可以跟凯西聊聊。

罗斯福总统立即发了两封电文。以下是他在 2 月 21 日发给我的回电：

我期望你可以将澳大利亚政府劝服，答应暂时把他们的澳大利亚先驱师派去缅甸。在我看来，这是非常要紧的一件事。请转告他们，我正往澳大利亚调遣部队与飞机，而且按照我的估测，这个地方的局势十分乐观，绝非惨淡。

他发给卡廷先生的电文：

总统致澳大利亚总统　　　　1942 年 2 月 20 日

在现如今严峻的局势下，你为来自中东的澳大利亚第一师做了决策，该决策具有重要的责任，我非常清楚。

我认为你此刻已经了解到，除在路上的各个军队以外，我们打算另派一支两万七千名的部队前往澳大利亚。总的说来，这支部队拥有完善的武装。为了我们的两个侧翼，我们不得不抵抗到最后一刻——一个侧翼把澳大利亚作为阵地，而缅甸、印度以及中国则是另一个侧翼的阵地。得益于我们所处的方位，对于澳大利亚的支援与右翼的指导事务，我们美国人可以非常好地予以解决。

请你满怀信心，我们正尽快前去支援你的基地。除此之外，美国海军已着手进行的和正筹划着的军事活动，会在一定程度上守卫澳大利亚与新西兰海岸。另外，我们必须保卫好左翼。假如缅甸沦陷，我认为我军的整体形势将遭遇极大的危机，而澳大利亚也不例外。唯一可以马上予以支援的军队就是你的澳大利亚师。他们可以马上参与作战，而且我坚信，对于现在看上去非常危急的形势，他们有拯救的能力。

我当然清楚日军正快速活动，不过根据你所处的方位，以及正前往你那里、或者正在你附近参与作战的部队情形来说，我并不认为你主要的中央地区正处在危机万分的状况中。

我当然清楚你的军人一直在全球作战，并且目前仍在作战，我当然也很清楚澳大利亚所付出的惨重代价，不过，为了我们在远东的整个战争行动，我希望你再思考一下你的决策，同时下令让现在正在返回澳大利亚的一个师用最快的速度去援助英国部队加入在缅甸的战斗。

你应该相信，我们乐意拿出所有力量与你共同作战，一直到取得成功。

承担美国、英国、荷兰、澳大利亚战略地区的所有守卫任务，而且，已经被卡廷政府承认的韦唯尔将军独自作出了相同的决定，并在几天前就提出了请求。他的确让所有澳大利亚军团如此调整一番。

这次的反响让人们很吃惊。

陆军元帅蒂尔致首相　　1942 年 2 月 22 日

刚刚，霍普金斯跟我说，对于总统要求调遣第一澳大利亚师去往缅甸的事情，卡廷并未答应。

澳大利亚总理致首相　　1942 年 2 月 22 日

1. 我已接到你言辞稍微激烈的要求，但是时间已经来不及了，而且你早就清楚我们希望将皇家澳大利亚军队安排在太平洋战区，你也曾经在对下议院汇报时表示赞同。另外，帕奇已在 2 月 15 日得到了有关就我方看法进行辩论的长篇汇报。

2. 另外给予缅甸军事支援的提议是由美国、英国、荷兰、澳大利亚战区的最高指挥官提出的。马来亚、新加坡以及帝汶岛全都沦陷了，在近期内，日军必然会将整个荷属东印度群岛掌握在手中。敌军仗着其空军优势，已开始对我们西北边的领地和拉包尔对东北边进行侵扰。我政府已经竭尽所能对美国、英国、荷兰、澳大利亚战区进行支援，并发挥了极大作用。原本，它调了一个师（少一个旅）以及协助军队前往马来亚。随后，还调了一个机关枪营以及强大的援助部队前往。对于安汶岛、爪哇、荷属帝汶岛以及葡属帝汶岛，澳大利亚政府也派去了部队。被调到这个地方的还有六个空军中队，以及皇家澳大利亚海军的两艘巡洋舰。

3. 你曾提议把澳大利亚两个师的部队派往太平洋战区，之后还对这个提议进行了补充，表明在皇家澳大利亚军队返回本国进行守卫的路上，一定不会予以阻止。我们答应把这两个师安排在苏门答腊跟爪哇，同时在2月15日发给帕奇的电文中表示：假如局势依然让日军占上风，会安排出一条撤退到澳大利亚的途径给我方。

4. 我们与美国、英国、荷兰、澳大利亚战区密切相关，这里的局势一片糜烂，以致日本人还从澳新地带往南前进。我政府考虑到三军参谋长指出的一定要保证所留军队足以打退敌人的攻击这一提议，所以非常不理解，为何还需要我们再次派部队去往美国、英国、荷兰、澳大利亚战区距离最远的地方。对于另外调派皇家澳大利亚军队的两个师去缅甸这一建议，虽然你表明不赞同，但我们的顾问都非常关注韦唯尔请求调遣这个军队的意见以及蒂尔的汇报。汇报中表示,因为缅甸部分或许急需更大的兵力,所以，还没有确定澳大利亚第六师与第九师的目标。只要有一个师参与战斗，就必须要予以帮助。迹相证明整个军队都会陷入这个地方，或是让希腊与马来亚战争中的情形在那儿再现。最终，由日本人占有上风的海军与空军实力来说，该师是否可以在缅甸登陆属于一件还不确定的事情。而更加值得质疑的事情是能否可以如过去许诺的那般派出该师。新加坡、槟榔屿与玛达邦既已沦陷，而在这个地方的日本海军实力还占上风，那现如今的孟加拉湾很容易就会被袭击。所以，根据过去的情形来说，我们往这个地方调派部队的行为就不足以被称为原因充分的战争风险。假如结局不好，就会让澳大利亚人民的精神遭受最沉重的打击。所以，原本的决策是政府一定要坚持的。

5. 对于把驻守在缅甸的第十八师调去新加坡，你宣称是依照我们的电文，我不得不纠正这一点。这份电文是在1月23日发出去的，而你则在1月14日发给我的电文中表示，这个师的一个旅将会在1月13日抵达，剩余各个旅的抵达日期是1月27日。

6. 综上所述，考虑到皇家澳大利亚军队在中东所取得的战绩，所以我们觉得有资格期待他们早日归来，而且为了确保他们平安抵达，还要另外调派足够的护航船舰。

7. 如果我们的部队能派往缅甸跟印度，那么按照我军顾问的推断，我们的安稳倒不会受到威胁，这样的话，我们就非常乐意支持这一调动。我们特别对你承诺，同时请求你转达给总统，他非常清楚，我们为帮助大家的工作付出了多大的努力。

上述第五节便是针对我的文件的辩驳。当时，我曾字字斟酌，就是想要避免讲到我们在做决策时曾受到了卡廷先生反对意见的影响。事实上,在他的电文到来以前,第十八师就登岸了。但这或许还会改变，尚未对另两个旅和别的主要支援军队作出安排。我向来就讲，我们承担这个决策的所有责任。卡廷先生既热情地参与了辩论，那就应当觉得他是有责任的。

同时，我想将会有一个非常好的反响，澳大利亚运输队已被我调去仰光。这么干起码会使澳大利亚政府有时间深入思考。

首相致澳大利亚总理　　1942年2月22日

为了拯救缅甸局势，我们和美国总统指出了有关调派澳大利亚先驱师的请求，不过我们并未想到你居然会不同意。我们清楚，假如我们在船只依照计划路线前往澳大利亚的同时等待你的赞同意见，那他们不能及时赶到仰光，或者因为缺少燃油而无法赶到。所以，我们打算让这个运输队临时改往北边行驶。如今，他们已往北边行驶了很久，其中一些船只要在加油之后才可以到达澳大利亚。这些实在状况，能让你有几天时间观察局势进展，从而方便你对状况进行考察。不然的话，应该遵循你的意愿，赶快把澳大利亚先驱师调回澳大利亚。

首相致韦维尔将军　　　　1942年2月22日

澳大利亚政府坚决不答应让他们的先驱师参与仰光的战斗，但在昨日，我们已经吩咐运输队往北航行，相信澳大利亚政府必定会应对这种紧迫的状况。运输队已往北边行驶了很久，必须要加油以后才可以驶向澳洲。为何这么干呢？如此一来，我们就有三四天的时间让仅占一票优势而得到政权的澳大利亚政府再次斟酌总统一再重复的请求。如此，也能让我们看到由赫顿将军率领的军队在缅甸前线有怎样的进展。

对于你的祝福，我极其感激。我坚信全国团结一心赞同我，拿我们所遭遇的艰难来看，这并非一件坏事。

澳大利亚政府的反响并不好。

澳大利亚总理致首相　　　　1942年2月23日

1. 你在2月20日的电文中明显表达了不让运输队向北边航行之意。在你2月22日的电文中，看出你已经将运输队派去仰光，至于我军对于这项具有重要关联的调动的赞同只是在走表面形式。你这么干已经加重了运输队所面临的危机，这么调动的结果应当由你负全责。

2. 有关我军作出决策的原因，我们已经告诉总统了。考虑到他与我的通信环境，他在充满情味的答复中表明他完全理解跟关心我军作出决策的原因。对此，我们觉得非常满足。

3. 周六，太平洋作战委员会对韦维尔的电报进行了会审，表明爪哇面临着即将被侵犯的威胁。现在，澳大利亚外界的防御已

缅甸
仰光
法
属
印
度
支
那
暹罗
曼谷
安达曼群岛
南
金兰湾
西贡
暹罗湾
尼科巴群岛
12月8日
12月8日
宋卡
海
哥打巴鲁
马槟榔屿
六
甲
海
峡
马来亚
吉隆坡
柔
佛
2月15日
新加坡
亚南巴斯群岛
纳土纳群岛
12月6日
亚庇
文莱
米里
北
文莱
12月23日
古晋
沙捞越
苏
门
答
腊
婆罗洲
2月14日/5日
邦加岛
巴厘巴
2月16日
马辰
印
巨港
勿里洞岛
3月1日
爪 哇 海
3月1日
奥斯芬
班腾湾
3月1日
度
巽他海峡
伦邦
万隆
巴达维亚
芝拉扎
苏腊巴亚
爪
哇
龙目海峡
洋
圣诞岛
科科斯群岛
0
100
200
300


美、英、荷、澳战区

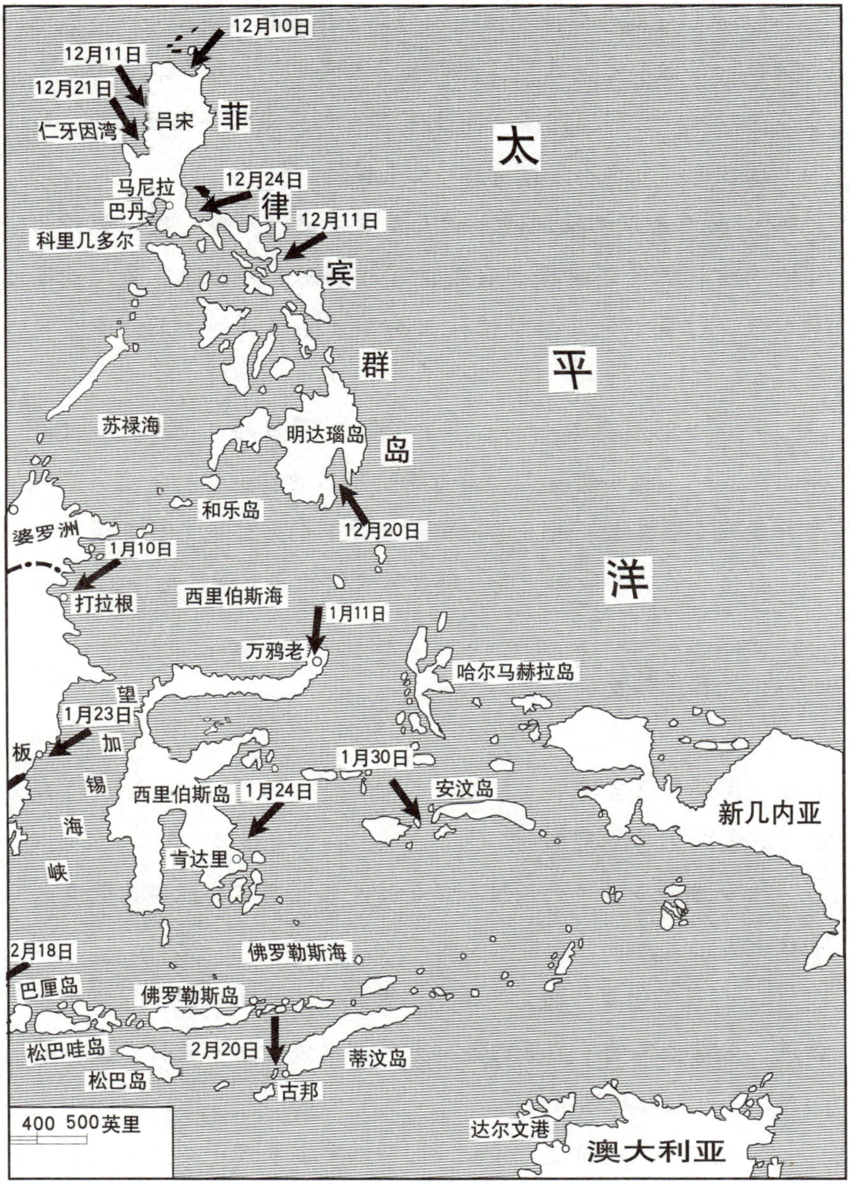
12月10日
12月11日
12月21日
仁牙因湾
吕宋
菲
太
马尼拉
12月24日
巴丹
律
12月11日
科里几多尔
宾
群
平
苏禄海
明达瑙岛
岛
和乐岛
12月20日
婆罗洲
1月10日
打拉根
西里伯斯海
洋
1月11日
万鸦老
哈尔马赫拉岛
望
1月23日
板
加
1月30日
锡
西里伯斯岛
1月24日
安汶岛
新几内亚
海
肯达里
峡
佛罗勒斯海
2月18日
巴厘岛
佛罗勒斯岛
松巴哇岛
2月20日
蒂汶岛
松巴岛
古邦
400 500英里
达尔文港
澳大利亚

美、英、荷、澳战区

在快速崩塌，彻底显露出了我军的薄弱之处。

4. 我们曾想尽办法调遣澳大利亚军队前往马来亚与新加坡进行拯救，接着驻守荷属东印度群岛。北部的一切防御工作都已崩塌或将崩塌。你眼下想要利用皇家澳大利亚军队去拯救缅甸。这与希腊相似，全都不具备必要的空中援助。

5. 我们意识到拯救澳大利亚是最主要的任务，这不但是为了它自身，并且还要保证它是抗日战争发展的基地。要想在这种情况下推翻我们极其谨慎做出而且反复强调的决策，是毫无可能的。

6. 我军总参谋长表示，尽管在2月20日的电文中，你仅讲到了先驱师。然而实际上，因为运输船只的货运量的原因，这两个师现在无法分散，并且第一批运输船只的最终地点将会决定全部运输船只的最终地点。这一现实与我们的这个决策相符。

以下是我的答复：

首相致澳大利亚总理　　1942年2月23日

2月23日来电得知：

1. 运输队正在去科伦坡加油的途中。随后就会遵循你的意愿去往澳大利亚。

2. 在等候你最终回复的几个小时里，我决意让这个队伍往北推进，这是必需的。不然的话，就算可以得到你的支援，我担心仍然来不及按时抵达。

3. 运输船队一改变方向往北推进我们就展开了部署，增加了护航船舰。在这支队伍前往科伦坡的过程中，这些增加的护航船舰将持续随行。离开科伦坡之后，只要条件允许，这些船舰也将继续护航。

4. 对于我的安排，我自然要担全责。

目前，所有能办到的全都实行了。

罗斯福总统致首相　　1942 年 2 月 23 日

1. 考虑到卡廷的最终回复是拒绝我们的强烈请求，我把以下电文发给了他，期望我们可以得到第二支分遣部队，支持缅甸前线的防卫任务。

2. “致卡廷。已接到 20 日的电报，致上谢意。对于澳大利亚迫切需要首个返回的师这一点，虽然我无法完全赞同，但对于你的境遇，我却极其清楚。在我看来，澳大利亚与缅甸这两个首要阵地都一定要不顾一切守卫到最后一刻，至于今日，首要危险在缅甸，也就是左翼。而澳大利亚，也就是右翼，我坚信我们可以保它平安。增派的武装完善的美国支援军队严阵以待，马上就会前往你那里。在这个基础上，再参照局面几周内的进展状况，我期望你斟酌一下把第二个返回的师派到印度或者缅甸，帮助这条战线的防御工作，让这个地方变成一个稳固的防卫地区。在一切情形下，你都可以信赖我们竭尽所能的援助。罗斯福。”

3. 我正草拟弥补措施，增强对澳新地带的掌控，同时深入阻止日本人的推进。

首相致澳大利亚总理　　1942 年 2 月 26 日

1.2 月 24 日下午六点半，缅甸总督从仰光发来电报：“没有重要改变，不过，只要我们可以调动澳大利亚人，就可以彻底扭转形势。很明显，想要将他们派遣过来并非易事。不过在我看来，有必要冒这个风险。不然的话，缅甸就向日军打开了大门。”

2.2 月 25 日晚上十一点二十分，，缅甸总督从仰光发来的电报：“我们非常需要知道澳大利亚师能不能过来，希望马上给予答复。”

3. 自然，我已经对总督转告了你的决策。

首相致缅甸总督　　1942年2月25日

我们已经发起了各种号召，而且获得了总统的赞同，不过澳大利亚政府拒不答应。持续战斗！

首相致伊斯梅将军，转参谋长委员会　　1942年2月27日

对于我们可以把哪些军队调到仰光战区，哪些军队还在路上，请做一个简单的汇报。对于印度现存的抵抗攻击或侵略的军队状况，也请做一个简单的汇报。最后，请告知锡兰海军、空军以及陆军三军防御任务的真实状况，还有空军、陆军的支援时间。

首相致霍利斯准将，转参谋长委员会　　1942年2月28日

1. 考虑到仰光的撤离和新交通线因此遭遇的局限，第七十师第二旅是否应该前往锡兰，这是一个疑问。这个旅到底要多长时间才可以抵达？

2. 对于雷达设备和所有改进意见，请做一个汇报，同时把时间附上。

3. 在亭可马里，我希望海军部可以保证充足的重型军舰，从而方便我军在得到支援以前的紧迫的两三周里打退来自海上的进犯。

4，在我看来，“无畏”号各个分舰队完全可以取消在锡兰的工作了。

5. 对于3月份、4月份以及5月份之间，海军的支援和我军在印度洋上组建舰队的一览表与日期表，请发一份给我。

*　　*　　*

我们所有的军队均来不及抵达仰光解决那里的困境，不过，虽然我们无法调云一支军队，但总可以派一个人过去吧。这些通信只会让这几页的文字黯淡无光，不过同时，我们已经准备让亚历山大将军前往这个在劫难逃的首都。他为了节约时间，打算直接飞过敌军掌控的广阔地带。他在三军参谋长与陆军部那儿得知所有事实之后，在将要出发的几个小时前，曾经跟我们夫妇在首相府邸共进晚餐。对于那个黄昏，我记忆犹新，因为我从未负责让一位将军去面临比这更大的危险。亚历山大依然如同平常那般，心态平静，兴致极高，并表示他很开心可以过去。他在第一次世界大战中以警卫师团级军官的身份参与作战，被誉为坚不可摧的人，军士在连天烽火中都愿意紧随其后。不管他是做尉官，还是做最高统领，他周围的人都信心十足。在敦刻尔克的最后一位英国指挥官就是他。从未有任何事让他感觉困扰或是惹他心急。在他看来，职责自身就能带来无限慰藉，特别是在职责表现得充满危机而又艰难的时刻。此外，他还拥有一种轻松愉悦的心态，所有与他交往的人很重视与他的友情，我也算得上是其中之一。因此我不得不说，我在我们一起吃晚饭时一想到要学习他镇静的心态，就感觉并非易事。

亚历山大将军在 5 月 5 日赴任，按照命令尽量将仰光保住。失败了就退往北边，守卫缅甸北部，并且维持与他左翼中国部队的联系。他很快就意识到，仰光必定会失守。日本正激烈进攻勃固，而且包围了北边侧翼，试图把仰光到卑谬之间的公路切断。如此一来，就把这个城市在陆地上的最后一条道路给堵塞了。目前，印度总司令是韦维尔将军。对于缅甸战争，他拥有最高指导权。

韦维尔将军致帝国总参谋长跟首相　　　　　1942 年 3 月 7 日

前两天，与缅甸的通信延误了很长时间。很明显，所有无线电报都已暂停，我没有获得丝毫有关于亚历山大的信息。从今天早上获得的海军信息中，我确定他昨天半夜时已经下定决心，丢弃仰光，下令让正在行驶的运输船队返航，并展开摧毁任务。我立即给亚历山大发电报咨询状况，不过并未获得回复。一旦获得确切信息，我会马上告知你。

事实上，亚历山大已下达命令将仰光的大型炼油厂摧毁，还展开了很多别的摧毁行动，并且命令所有部队顺着去卑谬的道路往北突击。日军原本准备从西边攻击仰光，但为了保护负责围困的师团调出一支强大的军队拦路部署。我军最开始那几次冲出重围的行动遭到了失败，所以不得不聚集一切能使用的支援部队，猛烈作战了一天一夜。不过日本指挥官是严格按照指令进军的。在他确定那个负责围困的军团已抵达阵地、可以自西边发动攻击时，觉得自己已经完成了封锁任务。因此，他开通了前往卑谬的道路，接着往前推进，参与日本人对这个城的全面进攻。同时，全部军队在亚历山大的统率下前进，井然有序地撤离仰光，并且还带走了他的运输车与炮队。经历了这场猛战之后，日军付出了沉重的代价，对于我军往北撤离的军队，日军并未施压。并且，在经历了长途跋涉后，日军也急需休整一番。缅甸师从容不迫地展开了一场守卫战，返回东吁。第十七师与装甲旅也逐渐抵达了卑谬。

* * *

把陆军营自缅甸北部拯救出来要经历一场长久而艰难的战斗。对于这些艰难，韦维尔并未轻视。

韦维尔将军致首相　　1942 年 3 月 19 日

假如日军坚持侵犯，我觉得我们将难以长时间保卫缅甸。很多军队依然缺少武装，他们还因为缅甸南部的经历而摇摆，剩下的几个缅甸步枪营可以发挥怎样的影响，非常值得怀疑。炮兵所

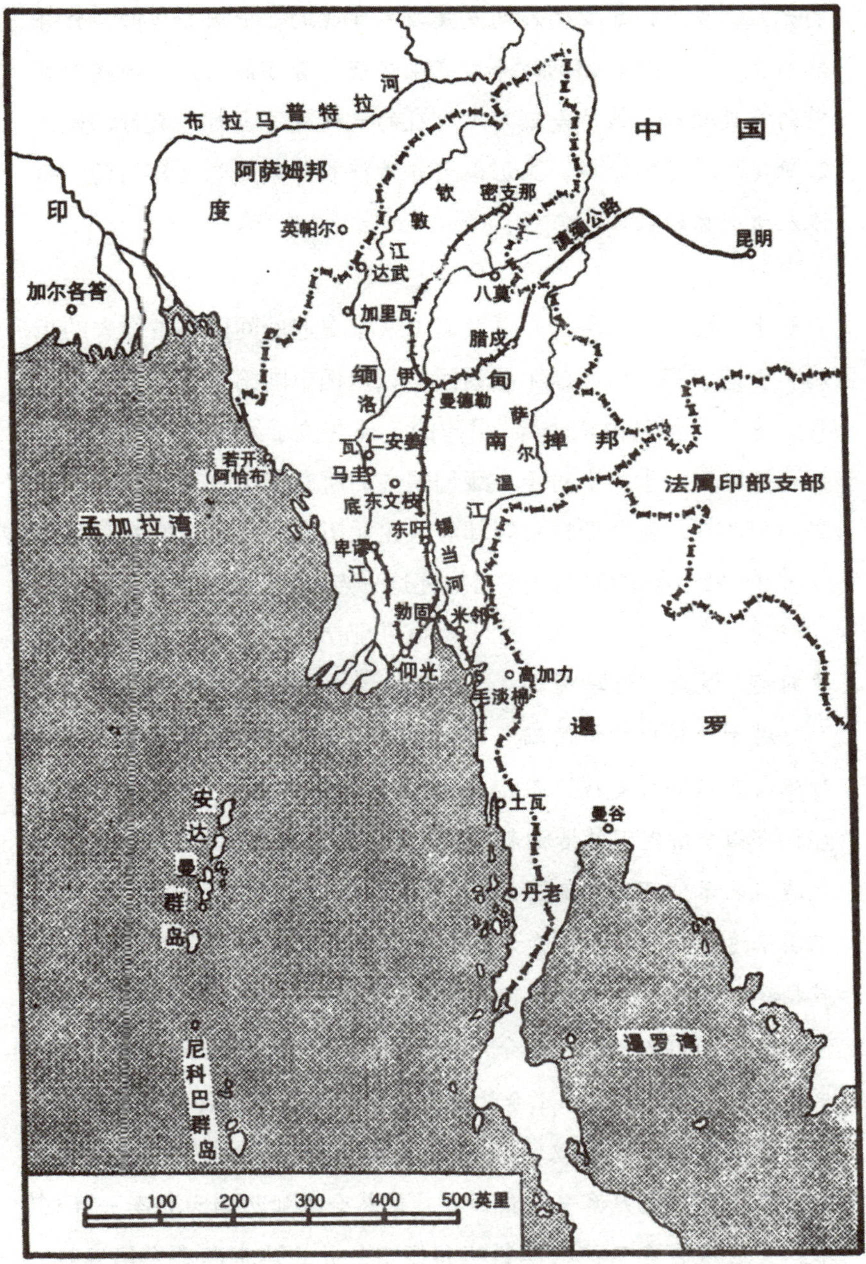

布拉马普特拉河
中国
阿萨姆邦
印度
钦敦江
密支那
滇缅公路
昆明
英帕尔
达武
加尔各答
加里瓦
八莫
腊戍
缅甸
伊洛瓦底江
曼德勒
萨尔温江
南掸邦
仁安
马圭
若开
（阿恰布）
东文枝
法属印部支部
孟加拉湾
东吁
锡当河
卑
勃固
米
仰光
高加力
毛淡棉
暹罗
土瓦
曼谷
丹老
安达曼群岛
尼科巴群岛
暹罗湾
0
100
200
300
400
500英里


缅甸

剩无几。现在，想要实在的支援是不可能的。中国那边的协作并非易事，他们对我们的战斗力产生怀疑，有可能反悔。与我们目前的状况相比，他们与日本人对抗的丛林战是否打得更好，还无法确定。不管怎么样，亚历山大非常擅长作战是毫无疑问的。日本人所面临的艰难必定不小。

对于亚历山大、蒋介石以及美国将军史迪威间面临着很大的指挥困难。史迪威将军已经从中国返回了，担任中国第五军与第六军的指挥官，这两个师是由六个师[①]组建的，现在位于缅甸。我军的请求被蒋介石接纳了。事实上对于在缅甸国内的所有军队，亚历山大应该拥有最高统率权。但罗斯福总统却建议让亚历山大与史迪威保有双重统率权。在这个困难的时刻我不必揪住这一点不放。

罗斯福总统致前海军人员　　　　　　　　1942 年 3 月 20 日

对于电报中所讲的缅甸指挥事宜，我近期已请求蒋介石持续对缅甸前线进行支援，而且准许史迪威根据他早已得到联合参谋部批准指令所定下的措施来部署协作方法。在最近的几份电文中，史迪威表示他可以跟亚历山大一块保持高效地工作，不过他急需中国派遣支援军队。蒋介石已经把中国第五军与第六军交给史迪威指挥，不过遗憾的是，他在统率权没有弄清楚之前不愿意将他们都派到缅甸去。对于蒋介石的这一观点，史迪威不但急切地请求他放弃，而且其实已下令让援军往南前进，期望蒋介石会答应。史迪威将复杂的统率权放在一边，指出了确保全面协作的方案。不过假如中国也另派一个指挥官，依然会跟亚历山大将军一样犯难。史迪威自身不仅极其聪明和能干，并且非常熟悉中国百姓，

---

① 一个中国师的军力等于三分之一个英国师或者印度师的军力。——原注

汉语流利，很明显并非一个只顾自己利益的人。在近期的电文中，他表示："已经与亚历山大将军部署协作事情，统率权这件事并不会对战斗指挥造成阻碍。已经要求大元帅往缅甸增添三个师。"在这种状况下，我提议现在应该让统率权的事情到此为止。我认为亚历山大将军与史迪威将军会亲密协作。奇怪的是，他们俩原本准备依照"超体育家"方案（也就是在法属北非）会面，如今反而在眉苗会见了。

* * *

仰光的沦陷代表着缅甸的沦陷。往后的战役就是日军与将要到来的雨季进行一场无情的比赛。对于亚历山大而言，支援已毫无指望，这是因为我军不具备能让他们上岸的海港。在维护撤离而且追逐数目庞大的敌军飞机以后，我们数目不多的空军只得被迫从仰光拥有较好设施的基地退到不具备警报设备的降落场。事实上，在 3 月末之前，它们就已经被歼灭了，在陆地上被摧毁的占了大多数。印度阵地的飞机想尽办法把军需物资与药物从空中投下来，同时分散了八千六百个人，里面包含二千六百名伤员。我军剩余的军队与众多非士兵人员毫无办法，不得不跨越丛林与山峰，步行六百英里。

敌军在 3 月 24 日接着发动进攻，攻击了守卫东吁的中国师。经过一周的猛烈战斗，他们占领了这个地方并在四天后顺着伊洛瓦底江两岸推进到了卑谬。截止到 4 月末，敌军已抵达曼德勒。与中国部队维持联络以及保住滇缅公路的期望破灭了。一些中国军队撤回了中国国内。剩下的就在史迪威将军的率领下顺着伊洛瓦底江逆流而上，翻山越岭到达印度。英国军队在亚历山大的带领下向西北推进，抵达伽利万。唯有如此，他们才可以把印度东边的界线保住。这些地区已遭到一支顺着亲敦江北部往上的日本纵队的胁迫，并且还在本国遭受大党的干扰。这儿的路类似于森林中的小路。数以万计的灾民拥堵在路上，有伤患，也有病人，并且所有人都严重缺乏食物。为解决这个问题，总督夫妻因为亚历山大将军的陆军与缅甸民政局的一项行政方案也加入其中，而且获得印度派来的援军，特别是阿萨姆邦以北的农场主们的帮助，才将这些人安排妥当。在预料中的雨季刚刚来临的两天后，也就是5月17日，亚历山大才可以进行汇报，称他们的部队已平安通过该地区。尽管损失了所有的运输车与几辆剩余的坦克，但他们已聚集在英帕尔。这是他首次单独指导作战的经验，尽管最终还是没有成功，然而在这次指挥中，他呈现出了将才、镇静与果决等优秀品质。最终，使他变成了同盟国最优秀的军事领袖。

通往印度的出路被切断了。

# 第十章　锡兰与孟加拉湾

**日军的胜利——锡兰这个重要地带——“T港”——英国东方战线的建立——支援印度战区——过于高估日本海军建设——他们或许会把目标定为中国——科伦坡的防守工作更稳固了——印度洋上面的危险——日本船队的侵犯——在空中对科伦坡发动攻击——“多塞特郡”号与“康沃尔”号的灾难——在孟加拉湾肆虐——我在4月7日发给总统的电文——打算把东方舰队派往东非——坚守锡兰的重要性——在4月15日对总统进行进一步解释——4月17日他的答复——我再次对韦维尔担保——日军不再侵犯——印度洋海面的真空地区——我们保持我们的主要目标。**

凭借占绝对上风的海军和空军实力，日本展开了远征，占领了荷属东印度群岛的所有要地、暹罗与英属马来亚全境。缅甸南边与安达曼群岛被他们掌握在手中，目前印度自身也面临着危险。印度海岸、锡兰海岸和再往西边我们所依仗的在中东的部队仅有的重要海路，面临着遭遇最大范围攻击的威胁。很明显，在马达加斯加的维希政府[1]必然如它之前在印度支那接连让步那般退让，我们因为这种状况而焦躁忧虑。

① 第二次世界大战期间，纳粹德国占领下的法国傀儡政府，还被称为维希法国。——原注

我们目前最需要做的是调遣一支有一定数量的陆军对印度进行支援，同时保住印度洋，尤其是孟加拉湾的制海权[①]。锡兰有科伦坡与亭可马里那样的海港，可以作为我们正组建的东方舰队良好的阵地。我们做出了最大的、乃至不顾一切的努力，以便在预料中的日本袭击爆发前，替锡兰争取充足的作战机。在这种紧急时刻，“无畏”号航空母舰已不再承担战舰的工作，反而用最快的速度往来行驶，运载飞机与设备。澳大利亚政府同样赞同，让他们自沙漠返国的两个旅半路在锡兰登陆，在这个紧要关头帮助保卫锡兰，等待英国军队的抵达。这确实是广受支持的缓兵之计。

在印度洋上与日军进行作战时，为了让我军舰队拥有一些不易被发现的停靠地点，海军部曾经进行了长时间的钻研。阿杜环礁是围绕着深水盐湖的一群环形珊瑚岛，坐落在马尔代夫群岛南部，与锡兰的距离大概有六百英里，能暂时用来替代科伦坡。此地与重要航路离得极远，敌军唯有远渡重洋才可以抵达，我军舰队却可以在科伦坡袭击范围以内从这儿得到藏身之地、燃油以及军需物品。这个盐湖与斯卡珀湾大小相同，能经由暗礁的四道深水海峡驶入。炮台跟探照灯被安置在周围覆盖着森林的小岛上面。补给舰与病院船反而在湖中停着。飞机场与水上飞机基地正在修建过程中。在一段时间里，这儿的一切始终不曾暴露。这个港口被我们叫作“T 港”，在印度洋的策略中发挥了一定的影响力。

从年初开始，我们的海军始终为在印度洋上修建一支能守卫我们在这个地方的权益的舰队而奋斗着。在直布罗陀，赛默威尔海军上将统领 H 舰队的时候战功卓著，这次被任命为可怜的汤姆·菲利浦斯的职位的接任者。他在 3 月 24 日乘坐“可畏”号航空母舰到达科伦坡。在他担任司令以后，由他负责统领的军舰有“沃斯派特”号战列舰，此舰在十个月之前的克里特战斗中遭到了重创，修理好以后才自美国

① P201 至 P202，印度洋——原注

返回，途经澳大利亚。另外还有四艘老式“皇家”级战列舰，包含“赫尔米兹”号轻型航空母舰在内的三艘航空母舰，以及涵纳荷兰军舰“赫莫兹克”号在内的七艘巡洋舰，十六艘驱逐舰。

这支来自远方的舰队已没有时间进行操练，来让它们互相之间配合默契。它们立刻被分为两拨，分别驻守在科伦坡与“T港”。一些飞机已抵达孟加拉湾西海岸地区，所以我们千叮万嘱，督促赶快建好这个地方的空军基地设施。不过在印度，一切事进展非常迟缓。我一再提出，所有这些设施都是早就商议好的，而且心急火燎地督促他们。

首相致伊斯梅将军，转参谋长委员会　　　　1942年3月4日

1. 希望允许我再讲一次印度战区的支援情形。第七十师的先驱部队——一个旅以及运载着反坦克炮与高射炮的舰队必须赶快到达锡兰（什么时候？）。随后，澳大利亚第六师的第十六旅与第十七旅两个旅也会到达。这些军队将会逗留七八周，船只的调遣一定要让军队易于调遣，而且按时抵达。接下来的事，韦维尔有权予以解决。除了还在路上的援军，第七十师的另两个旅同样能被他载到印度，而且能用于缅甸前线的战斗。这些军队快要抵达的信息，应可以让他更称心地把英国国内的保安营军队用在缅甸前线。

2. 在这个月6日，“无畏”号的两个（空军）中队就能到达锡兰。这些空军中队和原来的空军一块，应当可以守护好澳大利亚的两个旅（在它们抵达之后）和正位于港湾中的两艘“皇家”级战列舰。这样安排的原因是敌军的空中攻击只能来自一艘航空母舰。“无畏”号应该在月末之前就可结束作战装配，而且“沃斯派特”号很快就会抵达。一群巡洋舰与一个由二十艘舰艇组建的舰队即将集合起来。“无畏”号很快就会抵达，并且在几周之内，“勇敢”号也即将抵达，所以形势一定会好转。

3. 对于这样的观点，希望你能告诉我是不是我们全都赞同，原因是，小环节上的不支持和误会均会给我们造成非常大的困扰。

*　*　*

我们当然很关心日军的力量，不过重要的是，不该过于放大它。

首相致海军大臣和第一海务大臣　　1942年3月10日

1. 现在，日军一下子建造了九艘主力舰与两艘大型航空母舰，确定是这样吗？假如是真的，未来实在是值得忧虑。这一汇报的依据什么？自此刻起，在两年内建造好这么庞大的舰队，需要使用多少钢板、钢材和种种新型设施？对于这么多的船舰，哪些造船厂有能力在同一时间修造？它们是何时着手修造的？日军的军械工业达到了哪种水平？或许还有一些应当指出来的问题。希望把详尽的回复交给我。

不管怎么样，我们绝对不可以轻视日本，不过，实情才是我们想要的。

2. 如今，在无法确定上面所讲的猜测时，我同意发展把地面作为阵地的鱼雷飞机。

首相致海军大臣　　1942年3月19日

我的设想是，假如这里的船舰全部按时完工，那“吴港”号在1937年开始动工，1941年就应当造好了。但是，听说它目前刚加入舰队，已迟了一年之久。“佐世保”号计划五年内完成，然而“飘鹤”号计划时间仅为四年。这些船舰和五艘“英王乔治五世”号级的军舰或美国现代船舰比较，会是怎样的情形？我再次询问询问，对于吨位为二万七千吨的航空母舰，他们可以在四年内造好吗？他们真的可以在试航一年时间内完成吗？希望英国与美国把修建同类船只的数字告诉我。

人在进行防卫活动时不可以总按照最糟糕情况的预测，否则肯定会影响数量不多的资源的有效运用。海军部情报处采用谨慎的心态是没有错的。但是我认为，很多已经证实是错误的风险依然要冒下去。实际上，就像我们所知道的那般，日本的海军设施与我们相同，大大落后于纸面方案。

我军情报汇报所指出的日本师团的分散状况是可信的。

首相致参谋长委员会　　1942年3月13日

1. 由日本军队的安排状况来看，日方好像不像是要立即对澳大利亚展开大范围攻击。如今，对于澳大利亚的局势，你们正进行估测，并且日本人的这种安排情形恰好能作为你们对问题进行思考的根据。

2. 我认为，假如日本人在穿越阿萨姆邦的时候遇到困难，并且，我们在锡兰的局势更稳固，他们最有可能是改向北边，对中国进行袭击。

首相致澳大利亚总理　　1942年3月20日

对于你的建议，我们关注到了，而且彻底弄清了你的看法。我们无法像你所提议的那般，取缔我们与中东的所有海上交通防御线，原因是，我们在中东作战的大批部队的性命是依仗这条交通线的。对于锡兰的安稳，我们绝不会忽略，我们会竭尽所能把它守住。我们同样不可以没有支援与守卫印度的措施，把我军所拥有的四艘快速装甲航空母舰中的三艘调到太平洋，你能发觉，如此就会让我军在印度洋或即将开到印度洋的所有战舰完全丧失了对空中攻击的防卫，丧失作战能力。这样的话，我们每个月平均载着五万人左右去往中东或者印度的护航船队就将丧失保护，两三艘日本快速巡洋舰或者战列巡洋舰只要在一艘航空母舰援助下就能击沉它们。对于你在备忘录中的雄心，尽管我们很佩服，而且赞同你尽早得到主动的意愿，然而我们认为，像你所提议的那般无视别的危机与工作的行为是不恰当的。

在罗斯福总统所提议的新机构方案得到批准时，毫无疑问，上面所讲的问题就会包含在华盛顿议题中。对于这种状况，我已经告诉了你联合王国国王政府向罗斯福总统表明的看法。

只要我们完成所有阻扰日本人进攻的任务，或在必要情形下筹备好防御任务，我坚信日军不会对澳大利亚发动攻击。我认为，结束中国的战争才是日军的良策。

首相致伊斯梅将军，转参谋长委员会　　　　1942 年 3 月 25 日

向北深入重庆才对日军最有利。他们抵达重庆后，尤其是因为我们现在在锡兰的防御工作比较稳固时，或许会采用避免深入印度的决策。假如我们把自己的未来与中国人的未来这么密切地连在一起，那我们就能跟蒋介石达成更好的谅解。假如可以的话，照他命令我们依照策略上毫无差错的方式去干。无论如何，这是非常要紧的一点。

首相致伊斯梅将军，转参谋长委员会　　　　1942 年 3 月 27 日

1. 请允许我们把锡兰的情况解释清楚。在锡兰，我们所要的是完善海军基地（位于科伦坡的）的防御工作。原因是，我们急需把这个地方的舰队调到孟加拉湾参与战斗，从而不用从远在六百多英里之外的“T 港”调。只要是有可能让海军阵地面临威胁或影响舰队利用这个阵地的所有调动，全都不能获准。

2. 在孟加拉湾，大家曾期望“沃斯派特”号与另两艘装甲航空母舰可以发挥重要影响。把这么一艘快速航空母舰调往“T 港”去守卫那些作用不大的“皇家”级战列舰，好像是非常严重的失误。假如这些船舰不仅没有用处，而且还是负担，那为何不将它们调

走？例如，调它们去亚丁湾或负责海面巡逻。这样的话，就可以使用航空母舰了。与两艘（航空母舰）不在一块相比，在一块的实力会强很多。相同的道理，三艘在一块要比两艘或者把两艘分为两拨的实力强很多。

科伦坡的局势等到3月末的确变得更稳定了。在我们全体奋斗下，聚集了能利用的作战机六十多架和一个小范围的短程轰炸机队，统率它们的是托比亚克空军中将。这起码能确定，日军的空中攻击将会遇到严厉的反攻。

* * *

在印度洋与孟加拉湾将会出现让人心惊肉跳的事情。赛默威尔海军上将在3月28日获悉，日本人将会凭借包含航空母舰在内的雄厚军力在4月11日前后对锡兰发动攻击。舰队在3月31日被他聚集在锡兰南边，等待机会。并且，他还派遣飞机到与科伦坡有一百二十英里距离的地方巡查。仅有六架“卡塔丽娜”式水上飞机负责这种宽泛的侦查工作。能干的锡兰总司令莱顿海军上将立即下令让他的军队准备作战，并且遣散了港口的商船。“多塞特郡”号巡洋舰忽然终止了再次武装的任务，而且和“康沃尔”号一块加入到赛默威尔海军上将集合的舰队中。

自3月31日到4月2日，随处都是在焦虑担忧中等候的心情。在约定的等候地点，舰队不断地游荡着。不过，除发觉在锡兰东南部有日军潜艇在巡逻之外，并未有事件发生。在2日黄昏，当“皇家”级战列舰即将没有水的时候，赛默威尔海军上将推断，如果不是敌军在等候他由于燃料匮乏而不得不撤退，便是他所获得的敌军即将进犯的消息是假的。尽管不太乐意，不过值得庆幸的是，他决定返回六百英里之外的“T港”。“多塞特郡”号与“康沃尔”号返回了科伦坡。

4月4日，当舰队刚刚到达阿杜环礁的时候，一架负责巡逻的“卡塔丽娜”式水上飞机发觉有大批敌军战舰正在靠近锡兰。但是，在尚未汇报敌军的军力以前，它就被摧毁了。事实证明原先的警告除时间外全是对的，而且毋庸置疑，次日锡兰就受到了沉重打击。当晚，“沃斯派特”号、航空母舰“无畏”号与“可畏”号、两艘巡洋舰以及六艘驱逐舰在海军上将的带领下撤离阿杜环礁。他还向威利斯海军上将下达命令，在“皇家”级战列舰筹备好之后，带领它们与剩余的船舰跟上来。

莱顿将军的巡逻机在4日夜晚不停地向他汇报敌军在逼近。在4月5日，即复活节那天的清晨，预料中的袭击在八点之前爆发了。科伦坡遭到了日军八十架作战机的攻击。我军枕戈待旦。经历了猛烈的空战，我军击落了侵犯的二十一架敌机，同时也损失了十九架作战机以及海军航空兵军队的六架“旗鱼”式飞机。战斗在九点半时结束了。幸好港口的船舰早已遣散，损伤较小，只有港口设施受了些微损伤。被摧毁的有“坦尼多斯”号驱逐舰以及一艘“赫克特”号武装商船。

此外，“多塞特郡”号和“康沃尔”号还按照命令前去加入赛默威尔海军上将的舰队。当日天气晴朗。“多塞特郡”号舰长埃加海军准将了解到与敌人离得并不远，因此加速往前行驶。上午十一点，他们发现了一架日本飞机。两艘船舰在下午大约一点四十分受到了越来越激烈的袭击。每过几秒，成群的俯冲轰炸机就以三架为一队的队列接踵而至，只用了十五分钟就击毁了我们这两艘巡洋舰。生还者牢牢拽住漂移的残骸，坚强地面对磨难，等候着他们清楚要很长时间才可以抵达的援助。这艘军舰上的一千一百二十名士兵，而且大多数是伤员，在鲨鱼出没的海上承受着热带阳光的炙烤，在三十个小时以后，也就是第二天的黄昏，才被“企业”号与两艘驱逐舰救上来。二十九位军官与三百九十五位军人失去了生命。

此刻，赛默威尔海军上将方才明白他自身的军力远远比不上日本舰队。我们如今了解到，曾指挥珍珠港袭击战的南云海军大将统率着这一群巡洋舰、驱逐舰和跟随的油船。我军舰队直至4月2日仍在殷切等候的敌手就是这个。我们千辛万苦才把一场带给舰队灾祸的战争躲了过去。在拯救了我们两艘巡洋舰的幸存者以后，赛默威尔往西边撤离，到达“T港”时已是4月8日早上。

* * *

第二天在锡兰，我们遇到了更大的灾难。早上，亭可马里被一场激烈的空袭所摧毁。在作战机的保护下，日军的五十四架轰炸机将造船厂、工厂和飞机场炸掉了。我军飞机阻击了它们，并以十一架的代价击毁了对方十五架飞机。面对占有绝对上风的日本航空母舰，我们数量非常少的轻型轰炸机展开了一场勇敢而有风险的袭击。最终返回的飞机还不到一半。前天夜晚，“赫尔米登”号小型航空母舰与“吸血鬼”号驱逐舰出于安全的考量，从亭可马里离开。在路上，日本飞机炸毁了这两艘船舰，三百多人失去了生命。

同时，我军在孟加拉湾毫无防卫设备的船只遭到了日本第二支主攻军队的袭击，这支军队由一艘轻型航空母舰与六艘重型巡洋舰构成。在3月31日，也就是科伦坡实行危急计划的那天，加尔各答海港决意不让船只停靠。在此地，我们的海军实力极其薄弱，所以打算将船只编织成小队向外行驶。在五天后的加尔各答南边，自从一艘船被飞机击毁之后，我军就放弃了这种不可靠的方法。之后，船只停止航行。日本人在随后的几天里肆无忌惮地自空中和海面击毁了吨位为九万三千吨的船舰。再算上南云的部队在同一时间内让我军付出的代价，我们的损失居然高达十一万六千吨。

* * *

日本海军实力大规模地朝着我军聚集，让我们迫切地请求美国舰队展开一场约制行动。

前海军人员致罗斯福总统　　　　　　1942 年 4 月 7 日

1. 按照我军的汇报，日军战列舰五艘或是六艘，有两艘可能载有十六英寸大炮，以及五艘航空母舰，正参与印度洋战争。我们当然没有能力直接抵御，尤其是这些船舰集中在一块的情况下。对于我军舰队的组成，你是了解的。四艘“皇家”级战列舰和别的船舰合作对抗我们坚信已经在这儿的三艘“金刚”级战列舰绰绰有余。但是，它们肯定无法抵抗日军的现代化船舰。虽然在攻击科伦坡之后，敌机付出了沉重的代价，但我们还无法确定地说，我军的两艘航空母舰可以把日军在锡兰南部聚集的四艘航空母舰打败。所以，局势变成了我们非常担心的一件事。

2. 目前还无法确定，敌军仅仅是在印度洋佯攻，还是这些行动是对锡兰发动大规模攻击的序幕。由目前来看，我们没有足够的海军军力来抵抗它们。

3. 因为你军现在在太平洋的军力肯定强过日本人，现在的局势好像提供了一个非常好的时机给美国太平洋舰队，来逼迫驻在印度洋的日本海军前往太平洋，这样他们就不再进行筹划中的攻击意图，否则，已付诸行动的攻击同样会是毫无援助的。我不可以太过急切地将此事的紧要性加诸给你。

*　*　*

近几天的经历肯定会让人们觉得，在短时间内，赛默威尔海军上将没有能力发动一场全面作战。日本海军航空战略的胜利与实力是恐怖的。仅仅几分钟，鱼雷轰炸机就在暹罗湾击毁了我军两艘最出色的主力舰。如今，两艘重要的巡洋舰也被完全不同的空袭方式——俯冲轰炸机击毁了。这种状况在地中海以及我们同德意空军的所有作战中从未出现过。对于东方舰队来说，在锡兰周围待着无异于自寻死路。日本掌控了孟加拉湾，只要他们乐意，就能将锡兰周边的制海权掌握在手中。能用来作战的英国飞机数量远远少于敌军。战斗舰队也行动迟缓，炮火射程太短，而且航行的耐力不够，唯一例外的就是“沃斯派特”号。这支舰队自身此时也变成了一种累赘，原因是，面对如同击毁“多塞特郡”号与“康沃尔”号那种范围的反复空袭，能从航空母舰上得到的空中掩护是没有用的。锡兰各个阵地在大范围的空中或海面的袭击下均是不安全的。在阿杜环礁就更加危险了。

对于“皇家”级战列舰应当赶快从不安全的地方撤离这一点，我们都同意。在我把这一提议告诉第一海务大臣的时候，不用辩论，指令就按时发出了。海军部还委托赛默威尔海军上将将他的舰队向西边两千英里的东非撤离。这个舰队在这儿起码能保卫去往中东的重要航线。为了给我们和印度、波斯湾的海上交通线作掩护，“沃斯派特”号、两艘航空母舰和他自己都会在印度洋上行动。为了这个目标，他准备把孟买当作基地。海军部很快就批准了这些行动。在最近几天的糟糕局势中，我们与海军部的观点相同，立即就着手进行这些全新安排。

这个时候，还出现了一些惶恐的不良情绪。这些不良情绪有些时候反而先由高级指挥部扩散开来。保住锡兰才是最重要的问题。在我看来，“沃斯派特”号和两艘航空母舰不应该太早撤离孟买，现在在孟买待着好像并没有危险。

首相致伊斯梅将军，转参谋长委员会　　1942年4月14日

我们一定要竭尽所能，而且经历巨大的风险保卫锡兰。赛默威尔海军上将在短时间内完全能驻守孟买。为何要认为锡兰和印度南边将会在非常短的时期内失守，印度很快也会变得危险？这是非常偏激的想法。必须要转告他，在任何情形下，都不可以提议把任意参谋人员撤出锡兰。

三军参谋长赞同将锡兰修建为重要的舰队基地，并且还赞同把英属东非海岸的基林蒂尼作为东方舰队中快速船舰的基地。在两周以后，赛默威尔海军上将也去了基林蒂尼。除非洲海岸之外，我们暂时舍弃了整个印度洋。

*　　*　　*

由于我在4月7日的电文尚未获得总统的回复，我再次对他强调了我的建议。

前海军人员致罗斯福总统　　　　1942年4月15日

1. 我不得不重申印度洋的严峻局势。这种情况才导致了这样的局势：日本人自恃可以将他们几乎三分之一的战斗舰队与一半的航空母舰调派出来，但是面对这么庞大的军力，在几个月之内，我们是没有办法与之抗衡的。后果当然是：

(1) 锡兰沦陷。

(2) 对印度东面发动攻击。这将会对我们所有战争措施造成难以估测的影响，这包含加尔各答的沦陷、丢失经由缅甸同中国的所有联络等。但是，这还只是开始。在我们可以发动舰队海战以前，日军应该会在印度洋西部占上风。如此一来，不但我们前往中东与印度的运输船队会遭受妨碍，这还会切断源自阿巴丹的石油供给——石油匮乏，我们守不住印度洋地区海上与陆地上的基地了——肯定会使我军在中东的全部基地崩溃。并且，这还会切断经由波斯湾前往俄国的供给。我军几乎无法承受日军所施加的这么大的重压。

2. 我们曾期望美国太平洋舰队在4月末就会拥有足以夺回珍珠港的实力，这会让日军有一些危机感，让他们必须谨慎思考一番。但是目前，我们好像并没有恰当的方法来阻止日军往西方的活动。但我们尚且无法确认，距离这么远，即使珍珠港被美国战斗舰队大规模地收复，是不是一定可以向日本海军最高当局施加高压。我们彻底地理解了你们在太平洋地区的困难。

3. 假如你认为无法采取快速的行动强迫日本人集中在太平洋，那可以让我们脱离所面对的无穷灾祸的唯一方法，好像就是把一支配备现代化主力舰与航空母舰的大军部署在印度洋上。

我还需要空中支援。

6. 给印度配备一些重型美国轰炸机是一样紧要的事情。那儿现在仅有十四架，另外还批准调来五十架。不过在上周，这些飞机没有一架可以对日本海军船舰进行攻击。我们已经把利比亚的全部实力都调走了，并且是在尽量不会影响再次展开进攻的条件下。我们正着手将所有能在东方作战的飞机运到东方。不过，假如没有你军的帮助，我们依然感觉不够用。总统大人，希望你能准许我对你的坚定请求，作出必需的决策吧。

就像我所预想的，总统更愿意采取空军支援的方式。

总统致首相　　　　1942 年 4 月 17 日

我们已开始钻研你提出的迫切的需求。我们已经交给马歇尔我方空军的提议以便你进行审查评议，希望你可以看见。这会让飞机以最快的速度抵达印度。虽然它属于陆基飞机，但现在最好还是让它们掩护你们的舰队。另外一方面，这一方案对阻止日本人在锡兰、马德拉斯与加尔各答登陆非常有好处。换言之，它必然能改善印度战区总体的军事局势。但是这一方案需要把“突袭者”号当作渡船，所以“突袭者”号就无法作为航空母舰来运载自己的飞机了。尽管我们对“突袭者”号的防水设备与坚固结构并无夸赞，自然是最适合做渡船。出于保密目的，我们还没有告诉你太平洋舰队所进行的各种具体计划。不过我们很快就会转交给你，你肯定会觉得很有用。我充分地认识到，就像吃面包缺少黄油那般，我们缺乏海军。但我期望我的观点可以得到你的赞同。两个兵种的战术十分不同，那么是不是要把一支主力舰队与一支混合军队集合在锡兰地带就变成了严峻的难题。一边是因为上面所讲的理由，另一边是因为我意识到，阻挠日本人在印度或者锡兰登陆才是近几周最重要的事，我们并不是为了加入印度洋的混合军队，考虑更多的是如何接替你们本地的舰队。

我本人觉得，你军在印度洋的舰队在近几星期里将会得到很好的保护，更不会参与到重要的战斗中。而且我估计日本人的运输船舰会遭到陆基飞机的阻挠。对于以上所讲的关于空军的种种计划，期望你可以让我了解到你的看法。我们可以马上实施这些计划。

我向韦维尔作出了所有我可以办到的承诺。

首相致韦维尔将军　　1942 年 4 月 18 日

在印度洋上，我们正竭尽所能组建一支实力雄厚的舰队，从而迫使日军自他们的主力舰队中调出一支计划外的分遣舰队来，因此我请求罗斯福总统把“北卡罗来纳”号调到斯卡珀湾，与“华盛顿”号集合在一块。这两艘军舰都属于最新型的美国战列舰。如此一来，“约克公爵”号就可以被“北卡罗来纳”号取代，随“威望”号一起前往印度洋。因为在 5 月份，“光芒”号将会加入赛默威尔的舰队，在 6 月份，“勇敢”号也会准备好，所以在印度洋上，我们很快就会具备三艘快速主力舰和我军三艘最大的装甲航空母舰。我们正想办法增加航空母舰上的飞机量。如此一来，赛默威尔的舰队在八周至十周的时间里就会不停地增强，变成一支实力雄厚的舰队。在这种情形下，我们坚信美国的主力舰队会因此有更高的主动性，变成日军不得不最先应对的目标。

不过，假如锡兰，尤其是科伦坡，在这段时间沦陷了，这样集中海军就毫无作用了。所以，最迫切的任务就是使用高射炮和飞机守卫科伦坡，此事的重要性与守卫加尔各答不相上下。而在锡兰和加尔各答间的长距离印度海岸线上，近期无法支持空军打退着陆的攻击或保护海军行动。但是，你当真觉得日本人会以为有必要调派四五个师团扫荡马德拉斯省吗？他们这样的收获又如何比得上占领锡兰或往北进入中国打败蒋介石呢？在今年，日本若想获得重要成果，唯有把中国掌握在手中。所以在我看来，在解决此事的时候，你一定要有决断。任何事都没有科伦坡的海军基地和经由加尔各答同中国联络紧要。

我不得不说，中国一旦崩溃，起码可以让日本人空出来十五个师或二十个师。这样日本或许的确会对印度发动大规模进攻。

* * *

局势的发展让我们消除了因为即将丧失（哪怕是暂时丧失）在孟加拉湾和印度洋区域的制海权而产生的极大担忧。实际上，我们已经处在日本人往西前进的终点。与日本军国主义战略所划定的范围相比，他们海军的侵犯范围更大。不过他们仅仅在展开突袭或者假装攻击而已。对于渡海进犯印度南部或者锡兰，他们并未进行谨慎的谋划。假如他们发觉科伦坡没有做好准备与空中防御，他们自然会将侦查变成一次大规模的战争。他们或许会和英国舰队相遇、交火，而且让英国舰队付出沉重的代价，这一点是很可能发生的。假如真的发生了这些事，那他们或许会进行的活动就是任何人都无法控制的了。这种力量的交锋因为幸运跟适时的果决而没有变为现实。他们在科伦坡所遇到的坚强抵抗让他们坚信，只有沉重的代价方可获得更多的战利品。空军受的损失让他们坚信已经与强敌相遇。具有决定作用的原因是美国在太平洋上卷土重来的海军实力。在印度洋上，日本海军除几艘潜艇的局部活动之外再不曾露面过。它们忽然不见，就像它们忽然出现那般，留出一个敌我双方均撤退的真空地区。

我们当时不了解，其实我们在印度洋上所有交通线均已解除威胁。我们仍觉得，握有海面控制权的敌人将会派遣大批部队对印度展开大规模的进攻。所以，我们所担负的职责、我们的焦躁以及准备工作始终都存在。多次请求空中支援这件事就充分反映了这些情形，欧洲战线的重要策略措施则会因为这种范围的支援而被极大地扰乱。

韦维尔将军在 4 月 12 日交给三军参谋长的电报里表示：

我并没有夸大需求的必要性，我不得不警示你，除非提供充足的供给，否则我们将无法掌控印度洋与孟加拉湾，并且将面临印度失守的危机。面对敌军飞机的侵犯，我们曾经试着用不到二十架轻型轰炸机进行反抗，导致我军付出了三艘重要军舰、几艘其他军舰以及大约十万吨商船的代价。此后，我们却收到情报说二百多架重型轰炸机袭击了一个德国城市。想起这种情形，我们感觉极其气愤。

当然，一些自治领的人会赞同这种建议。

首相致自治领事务大臣　　　　1942 年 4 月 16 日

这些看法在当下必定很普遍。所有人都期望把轰炸机队调到印度跟中东。但是，所有具有决定作用的更改都已无法进行。能做的都做了。假如你可以去看望空军参谋长，聆听他的观点，我必定会很开心。这是我关心的一个小问题。将几个中队飞机调往那个地方，在抵达以后却在那里无所作为，这压根就是毫无用处的事情。我们为了对德国进行轰炸，已经在这里修建了一间大型工厂，这是我们所能做到的而且是仅有的支援攻击德国的方法。

不过，大家却试图用各种方法将它毁掉。大家一定要坚信，除非我们能在其他地方获得同等的好处，否则绝不能把我们这里的实力毁掉。

我们不会把针对首要目标的实力给分化掉，并且就像可预见的那般，新一波猛烈攻击也并未受到阻挠。这曾一度让人苦恼，但早已成为过往。我们现今已变得更有实力。

* * *

锡兰的空战取得了主要战果，这是我们那时没有预料到的一点。但在这场空战中，它付出了曾在四个多月的时间内毫发无伤地获得了很多摧毁性战果的、由南云将军率领、赫赫有名的航空母舰舰队。这么沉重的代价，导致三艘船舰必须返回日本，再度进行装备和维修。如此一来，日军在一个月之后展开对新几内亚的莫尔斯比港的袭击时，可以参与战斗的航空母舰仅有两艘。在之后的珊瑚海战斗中，假如这支舰队可以倾巢而出，那在这场紧要的交锋中，极有可能将局势挽回，对美国造成损伤。

# 第十一章　船只匮乏的毁灭性困难

**东方急需一支机动后备队——我请求罗斯福总统出借可再载两师部队的船舰和运输物资的船舰——我在3月5日对战争的整体观察——抗日战场——罗斯福总统的回答——我请求运输船舰得到准许——重要的要求——美国运输舰的潜能和瞻望——美国空中军队的部署——我们在策略方面的密切统一——总统对战术简化的私人观点——他在1942年第一次示意打开一条欧洲战线——美国造船技术提高的趋势——总统在3月18日交给我的信件——我在4月1日的回信**

我们常常因为潜艇战所造成的重大后果而胆战心惊，其他要事并未影响我们对它的关注。我在3月上旬写信给罗斯福总统，提起对我们的船只运输实力进行策略性利用与我们进口预算的联系。我殷切地期盼他可以出借足以把另两个英国师运往东方的美国船舰。因为东方存在很多战场以及或许会爆发的战争，任何人都无法断定这大片区域将会发生怎样的事情，因此，我希望可以获得一些能随意调遣的军力。假如在5月份或6月份从好望角路过的师可以有两个，那么我就会获得一支极佳的机动后备队，一旦埃及、波斯、印度或澳大利亚爆发战争，它就能马上前去支援。

前海军人员致罗斯福总统　　　　1942年3月4日

我从回国以后就始终非常关注船只的状况。我们1942年全年的工作都极有可能因这种状况而面临严峻地局限。在这儿，存在两个首要部分。第一是军事调遣。你早已清楚，大量部队正受我们调遣，来自中东的一个拥有三个师的澳大利亚部队以及英国第七十师正在太平洋上航行。为了填补中东的空白，同时大规模地支援印度与锡兰的陆空军，在2月份至5月份的这几个月里，我们期望可以把联合王国的二十九万五千人运出来。在2月份，一支载有四万五千人的运输舰队已经出发。另一支载有五万人的舰队，其中包含第五师和七个中队的飞机，准备在3月份出发。在四五月份，另两支一共载有八万五千人的舰队也准备陆续出发。我们为了把这项工作做好，将全部运输人的船只都集中了起来，而且想方设法提高返航速度，从而将船只的运输量提高。即便是这样，与原先的目标相比，我们依然缺少十一万五千人。

因此，我必须要请求你的援助。

在我看来，我们不得不坦诚地说，在几个月之内，“体育家”作战计划（英国经由东方和美国渡过大西洋，在法属北非展开种种不一样形态的干扰活动的措施）是肯定无法完成的。基于这种原因，你可不可以借给我们一些船只，以便在未来时间紧迫的四个月里把另两个师的所有人员（四万人左右）、必需的运输车、大炮以及装备运到印度洋？这就意味着，在4月和5月的上半月，我们期望可以着手在联合王国装船。现在，分派给“磁石”战斗方案（将美国部队运往北爱尔兰）的作战装载船能分担其中的一万人。“磁石”作战方案的部分人员都被这些船舰和寻到的所有船舰载到了联合王国，我们可以把其余部分人员的调遣往后推。

再者是我军所控制的运输船只，不但要保持联合王国的重要进口资源绵绵不断，还要把资源运往俄国，并且要满足我们东方部队越来越高的供给需求。为了运输资源到东方，不但要把我国进口所需的一群船舶调出来，就连美国的也要如此。原因是，在美国帮助运输资源的船只里，已经有相当一部分船只改去参与别的重要工作了。这些状况和远东战事的其余作用都将严重影响我军的进口数量。我们预估的进口量在今年的头四个月里只有七百二十五万吨，然而最近，商船被摧毁的数量急剧增加。

这就意味着，在今年的上半年，我们储备的资源将会出现下降，我们不可以再任由这种情况发展下去，一定要在将来的几个月内将输入率进行实质性的改善。对于我们在 1942 年一定要得到的进口资源，我们曾认真研究过，以便维持我军的所有实力，同时彻底了解到年末的时候，我军储备的资源不会达到危急边界。我们坚信，除了油船运载的吨数，目标不超过二千六百万吨就是不正常的。假如我们的船只数量实际上并未提高，这个目标绝对完不成。根据你们每个月的造船计划，在能利用的船舶逐渐增多的情形下，假如我可以了解到我们进口资源和自美国载往中东的设备的运载任务能获得的支援水平，这样将会极大地帮助我们整体计划。

在次日：

前海军人员致罗斯福总统　　　　1942 年 3 月 5 日

1. 在我回想我是怎么期待跟请求美国参与战斗的时候，12 月 7 日之后开始出现的事情居然让英国的状况糟糕到这种程度，真是让人无法相信。我们在新加坡遇到了有史以来最严重的灾难，而且，别的灾难也会接踵而至。因为距离太远以及船舶匮乏，你们强大的实力也只可以慢慢发挥效果。日军的侵犯是很难划定范围的。虽然我们可以在 1943 年和 1944 年全部修好，不过现在却必需遭受严重的损失。如今，整个地中海东岸—里海战线完全依赖于俄国部队的成败。俄国在春天遭到了德国的攻击，我担心其攻击强度将是非常猛烈的。马耳他的危机越来越严重，支援隆美尔的大批部队已经到达的黎波里，而且正在去往昔兰尼加的路上。

2. 自打我们上回会晤以后，我还没有彻底了解美国陆军、海军以及空军针对日本的作战方案。我希望你在太平洋上所占的优势，可以在5月份得到恢复，如此一来，敌军的注意力就会不停地分散。在3月中旬的印度洋上，除了已改造的四艘“拉米伊”级战列舰以外，可以增添两艘我们最新型的航空母舰和“沃斯派特”号共同战斗，而且可以另派三艘航空母舰在4月份前去支援，“勇敢”号则在5月份前去支援。这支舰队将会由四艘新型的以及一些老式巡洋舰和大约二十艘驱逐舰组成。这批船舰将把锡兰作为基地。在新加坡失守以后，我们觉得锡兰是当下最要紧的基地。除非自你方战区驶来大量日本舰队，否则我军在锡兰的舰队就可以阻扰对印度发起的海面攻击。所以，我希望逐渐强大起来的美国海军可以展开行动，制止这种状况产生。

对于相当数量的荷兰潜艇，我们希望它们可以逃到锡兰，跟我们可以自地中海抽出的仅剩的两艘潜艇在一块，这样应该能对马六甲海峡进行监控。根据我们所了解的，从美国、英国、荷兰、澳大利亚战区过来的你军潜艇将会把弗里曼特尔当作基地，以便在巽他海峡和荷属群岛的其余出口巡逻，不管什么日本船舰进入印度洋，我们都可以注意到，且能给其惨痛的教训。以后的两个星期会是锡兰最危险的时候，等到3月末，在那儿，尽管我们还不敢绝对地讲全部地区，但大部分应当安全了。

3. 由于“提尔皮茨”号和“舍尔”号位于特隆赫姆，所以我们的北方舰队既要守候北边的航线，并且要对俄国的运输舰队进行保护。但是，因为“沙恩霍斯特”号、“歌奈森诺”号以及“欧根亲王”号不再具备作战能力，并且我们觉得“欧根亲王”号受了重创，在短时间内，紧迫的形势已经缓和了下来。我们趁着这个时机再度组装了“罗德尼”号。在5月份，“罗德尼”号和“纳尔逊”号就能加入战斗。不过在8月份之前，“岸森”号都无法参战。

4. 假如能从你那里获得一份美国空军的安排和计划的简单汇报，我会非常开心。在爪哇，我们都受到了严重的损失，我很遗憾看见“兰利”号沉入水中[①]。我特别想知道你自中国或阿留申群岛出动的筹划已经发展到了哪种地步。并且，我们还希望在印度东北边驻守的美国轰炸机可以对位于暹罗与印度支那的敌军阵地发动大规模的攻击。

5. 你将得知地中海东岸－里海前方集合部队所出现的状况，和他们是怎样几乎全部撤到印度和澳大利亚的，同时你还会立刻得知，如果俄国在高加索地区失守，我们将要面临怎样艰难的境遇。假如你可以提供美国的一个师进行支援，从而不必召回在巴勒斯坦驻守的新西兰师，这绝对属于一种重要的援助。对于在中东驻守仅有的一个澳大利亚师，这也是一样的情况。澳大利亚与新西兰最强大的军队均位于遥远的国外，若美国能给予支援，就不必将这些军队自中东越洋召回，也能省去船舶运输与护航工作。对于这种正当的迫切请求，人们一定会赞同。为了方便你对大洋洲进行支援，对于“磁石”作战方案，我已打算批准投入更多的时间来完成。最后，美国的海军主力应当加大对澳新地带的防守力度。这是非常重要的，原因是唯有如此，当地政府迫切而又合理的请求才可以得到满足，而且也能保障我们反击的重要阵地。

6. 所有事情都集中在船舶上，我曾把另一封电文寄给你，里面对英国1942年的进口计划进行了解释。在秋天和冬天，这个计划必然会请求分派给它大量美国刚制造的船只。现在，准备运输部队的吨位才是具有决定作用的事情。按照汇报，现在我们的总

---

① 详见本册书第132页。——原注

运输人数是二十八万人。不过经过远距离航行以后，里面起码有半数的船只返航时属于空船。你军具有运输九万人的实力，但是你方宣称，美国截止到1943年夏天仅仅可以提高九万人的运输能力，我觉得非常惊讶。假如无法改善这种状况，我们在1944年之前就将无法扭转劣势。战争若长时间地拖延下去，将会有无穷的危机。如果能立刻下达指令，美国载人吨位必然将在1943年的夏天提升到两三倍。对于超过二十八万人的部分，我们真的束手无策了，特别是最近，这种类型的船只损失非常大。假如在这方面，你可以为我排忧解难，我会感激涕零。有关"体育家"作战方案的需求，我跟你拥有完全相同的观点，不过因为奥金莱克遇到的困难与船只的匮乏，这项方案必定会长时间延误下去。

7. 每个月我们的运输舰队会运输四五万人到东方。由于印度战区急需保持陆军军力，同时提高空军跟高射炮军力的需求，3月至5月我们的运输舰队无法运输超过三个师的部队，其抵达时间同样会分别延迟两个月。我认为，或许应该让这所有的部队来保护印度。除了在第五节中提到的关于横渡里海前线的意见以外，我已确定无法进行其他任何的准备工作。

8. 对于我们见面时我对你提及的议题，希望你准许我提出来。日军正着手将其军力分散到众多薄弱的基地上，同时试图依靠海军与空军的保护把它们连接在一起。敌军这种军力的分散逐渐加大，根据我们所了解的，已经引发了东京的担忧。除了对技术与战略上的装备展开长时间的筹备以外，所有事都无法大范围地做。在你跟我讲你准备在加利福尼亚州海岸大举组建突袭队的时候，我就意识到你掌握了重点。等到几支强大的军队做好准备以后，任意一支部队都能攻击日军占领的某一个基地或小岛，给予当地驻军致命一击。如此一来，他们所有的小岛时刻有可能被夺。在今年，即1942年，我们就能打出一些典型，让日军产生一阵混乱，进而必须调出更多的军力和物资对其余基地进行加固。

9. 不过，说实话，在加利福尼亚海岸附近，此刻就应着手规划为应对日军 1943 年的进攻，谨慎地准备船舰、飞机以及远征军等。这才是毫无差错的而且我们应该遵守的策略。除此之外，美国的实力已然达到这种水准，这支西方作战军队能在不干扰我们曾讲过的横越大西洋攻击希特勒的方案的情况下全部在你军的太平洋海岸进行。在未来很长一段时间内，你的困难好像就是让部队参与作战。要想让部队加入战斗，船只匮乏是一个决定性的难题。

我在 8 月收到了总统的一个整体回复，很明显，这个回复是参谋长联席会议长时间辩论出来的结论。他表示："自从收到你 3 月 4 日的电报，我们始终在持续不停地召开会议进行辩论。对于你们在印度洋所面对难题的重要性，我们都知道了。我们对它的重视程度与我们自身在太平洋所面对的难题相当，尤其是当澳大利亚和新西兰的保护职责被我们承担以后。"他提出，在澳新地带以及美国、英国、荷兰、澳大利亚战区，美国已出动了大多数的太平洋舰队。日军正迅速地安排军力，扩大势力范围。日军的袭击潜力仍旧很强悍，所以太平洋现在面临着严峻的局势。将运输船舰借给英国，进一步往印度派遣部队，将大大降低美国在别的地方发起进攻的可能。澳大利亚和新西兰的政府将他们两个师的部队驻在了中东，而且时刻都能派遣到印度。除了已听从命令去往澳大利亚与新喀里多尼亚的两师以外，美国打算再调出两个师，分别前往澳大利亚与新西兰，如此一来，美国在大洋洲的总军力就会达到九万余人。但是，这会在短时间内削减通过红海往中国运输租借法案所供应资源的船舰。一切都取决于驻在中东的澳新军团的两个师，没有其他彻底使用船舰的办法了。

除此之外，我所提出的主要请求得到了总统的赞同。他会提供船舶，将我们在英国的两个师与装备运输到好望角。第一支运输队的启程日期大概是 4 月 26 日，而 5 月 6 日前后可能是其他运输队的启程时间。这个请求附有一些重要的条款，我们往后就会清楚，预防是如何得好。总统表示："这些船舶的供给取决于在使用过程中对下述条款的接受程度：

(1) 不能继续执行"体育家"作战方案（干扰法属北非）。

(2) 派往英伦三岛的美国部队要以这些船舶可以从美国运输出来的为标准。

(3) 不得直接对冰岛进行调遣。

(4) 一定要有十一艘货船在4月与5月间从缅甸到红海的航线上调出来。这些船舶只能用于往中国与中东运输租借法案所供应的资源。

(5) 应该稍微减轻一些美国在1942年所担负的空袭德国的工作。应该大幅度减轻美国在1942年所担负的在欧洲大陆的作战工作。最重要的是，在运输英国这两个师的任务完成后，应该马上归返美国船舶。

我对这一切都非常满足。我的一个主要观点一直是，为了主要目标，尽量留有余地才是最重要的，特别是在战争时期。总统把额外增加的船舶借给我，让几个师可以再度被我运过好望角体现了我的这个观点。

对于我们合力运送部队的能力，总统与他的顾问们提及一些数据。我们在接着阐述此事时应该牢记这些数据。按照他的说法，现在的造船计划已经达到了极限，在1944年6月之前不会再有提高。

目前，我们所修造的运军船舶将能运送二十二万五千二百五十人。据我所知，英国并没有增加运军船舶的计划。目前，大概有三十万人可以通过美国船只来运送。在1942年，估测因为改造而增加的数目起码能运送三万五千人。等到1943年12月，还能多加十万人。等到1944年6月，仍能多加九万五千人。所以，忽略掉损失，等到1944

年6月，美国船舶运送的部队总人数将会达到四十万人。

英美的战略方案取决于上面的情形。

接下来将详细解说，美国所有空军截止到1942年年末的安排。

总统还说道，对于德国的军力与物资，假如我们要在1942年对它们发动进攻,那这支军队就需要尽量留在联合王国。之前因为“体育家”与“磁石”作战方案而集合的军力也包含在这支军队中。

他最后写道：

> 对于我军所有的军事安排的具体情况，我之所以亲口告诉你，并非认为不能将其告诉你信任的顾问们。但我希望你可以严格限定该信息的知晓人员范围。
>
> 周日，有关战区责任的削减状况，我会把我本人的意见交给你。
>
> 现在或许是一个危险的时候，但请记住，与你曾平安经历过的那些时期相比，这些日子并不会更加糟糕。

对于这些观点，我完全赞同，而且作出了下面的答复：

> 前海军人员致罗斯福总统　　　　1942年3月9日
>
> 对于我的意见，非常感谢你适时大方的答复。我军参谋部正在就新局势进行审查评议，很快就能发电报告知。

这个时候，总统另外还寄了一封私人电文，谈到了有关领导权和责任范畴等繁杂的问题。但最终，这些问题均得到了圆满解决。他表示：“我在周六晚上发给你的电文，和参谋长联合委员会的整体观点是相同的。对于这一点，你完全能从电文中了解到。我寄给你这封纯粹与个人观点有关的电文，是为了让你清楚我的观点是如何产生的。”他继续讲：“

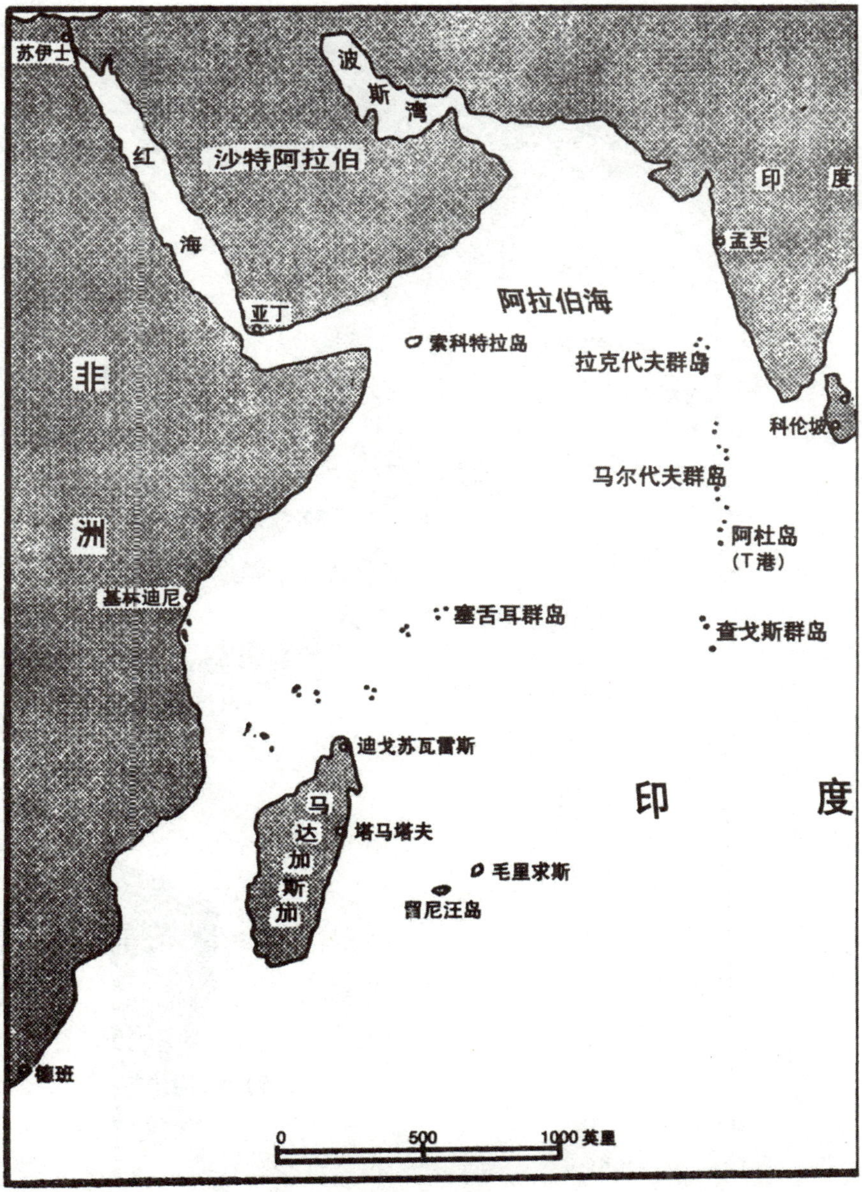
苏伊士
波
斯
湾
红
沙特阿拉伯
海
印
度
孟买
阿拉伯海
亚丁
索科特拉岛
拉克代夫群岛
非
科伦坡
马尔代夫群岛
洲
阿杜岛
（T港）
基林迪尼
塞舌耳群岛
查戈斯群岛
迪戈苏瓦雷斯
马
达
加
斯
加
塔马塔夫
印
度
毛里求斯
留尼汪岛
德班
0
500
1000 英里

印 度 洋

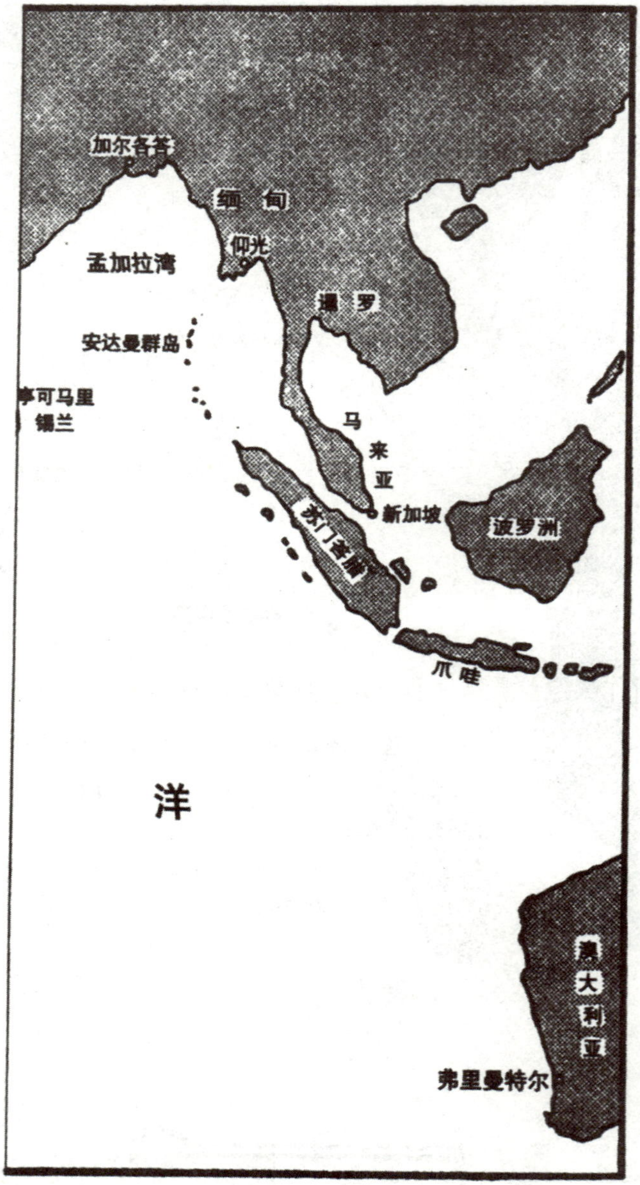

加尔各答
缅甸
仰光
孟加拉湾
暹罗
安达曼群岛
亭可马里
锡兰
马
来
亚
新加坡
苏门答腊
波罗洲
爪哇
洋
澳
大
利
亚
弗里曼特尔


印 度 洋

自打1月份我们会晤之后，当时所做的非常有利于西南太平洋地区的安排，大多数都已经不管用了。

所以，有关下述军事行动的方法，我期望你予以思考：

1. 美国担负了在太平洋地带的所有作战任务。海陆空三军在这个地方的所有作战决定，应该出自在华盛顿的美国三军参谋长，而且要在华盛顿组建一个有关作战问题的顾问委员会，由澳大利亚、新西兰、荷属东印度群岛以及中国担当成员，主席则让美国人担任。加拿大也可以参与其中。建议把伦敦太平洋作战委员会也挪到这里。虽然从政治方面来讲，你或许觉得太平洋作战委员会在伦敦是最有利的，但这个委员会的责任中包含供给在内的军事行动的内容应当在这儿履行。应该让美国人就任太平洋区域的最高指挥官。让一名澳大利亚人来主管澳洲大陆本土的作战指挥。让一名新西兰人来主管新西兰本土的作战指挥。让蒋介石负责中国本国作战。如果以后的攻击可以从日军那里收复荷属东印度群岛，应该让一名荷兰人来负责这个地方的作战指挥。

按照这种部署，应该让华盛顿与接受美国三军参谋长监督的一名美国太平洋区域最高统领来决定直接的军事策略活动。并且用相似的形式决定再次发动进攻的办法。这就包含，比如说，从南边的重要战场攻击西北方，并且从中国、阿留申群岛或西伯利亚等战场攻击日本。我军将会担负确切的职责，这样在这里英国除了尽量给予我们物资上的支持以外，就不必做其他工作了。

2. 中部区域自新加坡一直到包含印度、印度洋、波斯湾、红海、利比亚地区和地中海地区，都会让英国直接管辖。你军可以决定这个区域的全部军事活动事宜。但是你要体谅，因为澳大利亚和新西兰将会把大批支援派往印度与近东，各种事情要尽量和这两个国家会面协商。对于这些行动，我们将不断调动全部可以调动的装备跟船舰。毋庸置疑，这些情况的前提条件是将“体育家”作战方案暂停。

还有非常重要的第三点。

对于今年夏天在欧洲大陆开辟一条全新战线，我的兴致越来越高。这当然是就空中攻击和突袭来讲。按照船只和供给状况来看，由于最远的距离大约是三千英里，所以我们可以轻松加入其中。虽然肯定会付出非常大的代价，但起码这些代价将会让德国付出相同的代价，而且还会逼迫德国将俄国前线的大量各式军队派过来，从而弥补军力不足。

同时，按照这个方案，冰岛和“磁石”作战方案（把美国部队运到北爱尔兰），将会由于要在欧洲本地对敌军发动攻击而降低其重要性。

这自然是试图将所有允许的支援运去俄国。

很快，船只问题变成了我们策略的决定性困难和唯一的基础。因为日本参与战斗，英美可利用的军力几乎全部依靠于新建船只对我们损失船只的补充。英国与盟国船舶在 1942 年上半年被击毁的总数与 1941 年一整年的总数相同，并且比盟国总造船计划多出三百万吨左右。同时，美国陆军与海军还大大提高了条件。但在 3 月份，美国明年的造船计划已经提高到了一千二百万吨。美国在 1942 年 5 月使用新造船填补了眼前的损失。拿整个同盟国来看，这个指标要拖到 8 月末才可能完成。要再过一年的时间，我们才可以将早前所有的损失补充完毕。尽管美国的责任越来越大并作出了慷慨的决策，而且我们军队中还保存了三百万吨的美国货船和油船，但英国还是无法补足海军商船队越来越严重的损失。

* * *

随事情的发展，大家将会看见新希望是怎么出现的。新增加的工作是怎么施予这两个强盛的使用英语的海军国家的，和这些工作是怎么让人变幻多端地实行的。因为美国在太平洋上首次抗日战争的成功，整体局势很快就会更明朗，同时海上运输的全部难题终将因为美国高企的造船数目而解决。在这段令人焦虑的时期中，从以下我和总统的来往信函中就可以看出我们密切协作的情形。

敬爱的温斯顿　　1942 年 3 月 18 日

我坚信你了解，我在之前的一个月中就你的艰难境遇进行了长时间的思考。我们最好坦诚面对军事上的难题。不过，你那边还面临着另外的难题，你们的政府形式因为你们让人愉悦的不成文法而使战争时期与和谐时期全然相同。说实话，美国明文规定的法规因为要求四年一任的体制，反而让居于高位的倒霉者躲过了很多使人心烦的事情。

再者，便是那个我们一同崇敬的、让人喜欢的偶像——“新闻自由”。那些新闻故事不曾为难我们中的任何一个人，总体来讲，那些新闻故事并不算太糟糕。不过事实上，我们两个人都遭受了少数所谓解说性批评的胁迫。在这个危难时刻，他们本身还无法与所谓的政治分离，他们不但没有后台文件，也没有学问，居然试图在这个基础上引发议论。

我国的报纸——全部报纸中最差劲的——总是放大国内一些并不重要的事情，还高明地提议称，保护夏威夷才是美国的责任。我们的东海岸与西海岸龟速般地活动着，只待别人朝我们本土的海岸发动攻击。这些独立主义者的残余分子真的太奇怪了，我本人并没有受到他们的打击，他们只是不停地讲，我承担得太多了，抑或是我只是我个人的谋略家，在不接受海陆军意见的情况下展开军事活动。这些都是你早就知道的故伎重演。

以下是我这位非专业谋略家的意见。现在再对新加坡和荷属东印度群岛的事情进行思考，已经是毫无用处了。它们已经失守了。一定要保住澳大利亚，就像我发给你的电文所讲的那样，这个责任是我们双方都乐意承担的。印度一定要保住，你们一定要保住。不过说实话，与别人相比，对于此事我并没有那么担忧。日军或许会在缅甸西边的海岸登陆。加尔各答或许会遭到他们的轰炸。不过，我无法想象他们可以集中的部队，除了在边境上少数几个地区迅猛前进一些外，仍可以有进一步发展——但是在我看来，锡兰你们是可以保住的。我期望你们可以往那儿多调一些潜艇——与一支劣等海上舰队相比，它们的作用更大。我希望你们为近东的支援远超预期。你们一定要保住埃及、运河、叙利亚、伊朗和去往高加索的出路。

最后，我估计几天之内就会交给你一份共同袭击欧洲的详细的方案。

在你拿到这封信时，将接到我和李维诺夫会晤的消息。我希望很快就能收到斯大林的回复。在我非常不礼貌而直率地对你讲，与你的外交部以及我的国务院相比，我本人更可以出色地对付斯大林的时候，我明白你并不在意。只要是你的高级官员，斯大林都极其愤恨。他认为我是他最钟爱的人，我同样期望可以一直如此。

在准备这次我国海岸线以外的潜艇战时，我国海军确实动作太慢。我无需跟你讲，在以前，对于所有低于两千吨的船舰，很多海军军官都没有丝毫兴致。你在两年前受到了教训。如今我们仍要受到教训。等到5月1日，我估计将会有一支非常优秀的海岸巡逻队来巡查从纽芬兰到佛罗里达和去往西印度群岛的海域。通过使用请求、租借、偷等方法，我征集了长达八十英尺的各类船舶，而且组建了一个独立的指挥部，担任统帅的是安德鲁斯海军上将。

我相信你会保持积极和饱满的精神。并且我还相信，如果我对你讲，你应当以我为榜样，你同样不会在意。我每月会拿出四天待在海德公园把自己封闭起来，除非真的出现了非常重要的事情，不然我不会接听电话。期望你也尝试一下，而且同时期望你堆砌几块砖或画一幅画。

请把我热情的慰问转告给丘吉尔夫人。我与我的妻子都很想见见她。

你永久的

富兰克林·罗斯福

附有：怀南特在这儿。我觉得他确实是一个非常懂情理的人。

前海军人员致罗斯福总统　　1942 年 4 月 1 日

1. 刚刚接到你 3 月 18 日的信件，我非常开心。我很感谢你对我的事情以及本人的关心。我们这儿的局势始终很安稳。不过议院与新闻界那些不老实的人，除了对他人的所有工作吹毛求疵、惹是生非之外，当然无所作为。在我看来，新加坡令人牵挂，期望我们很快就能收复它。

2. 虽然迪吉·蒙巴顿在圣纳泽尔进行的是小范围的行动，但仍让人非常激动。身为你本人的下属，他在几星期前被我任命为海陆空三军中将，而且参谋长委员会的联合作战部司令官也由他担当。他具有相等的地位，参与到就他自己的事情进行的辩论或战争的整体指挥。他在你所提到的共同袭击欧洲中也会是个风云人物。我正盼望着你的方案的到来。我们这儿正全力展开方案设计和筹备。

3. 用一位非专业战略家的立场出发对另外一位非专业战略家讲话，我觉得日军最明智的攻击是从缅甸往北前进，深入中国，而且尽力将它毁灭。印度或许会遭到他们的侵扰，但我不认为会是大规模的进攻。每个月有四五万人被我调到东方。通过好望角以后，他们就能各自去往苏伊士、巴士拉、孟买、锡兰或澳大利亚。我已跟卡廷讲过，假如他遭到沉重的打击——我所说的是六到八个师的敌军——他必定会得到英国的支援。当然，这种支援必定以忽略别的战场的迫切需求为前提。我期望你能接着为澳大利亚提供所有可能的支援，如此一来，才可以让我顺利地把埃及、地中海东岸以及印度守住。这些防守会是一项艰巨的任务。

4. 尽管印度洋仅仅拥有两艘英国潜艇以及四艘荷兰潜艇，但我们不可以再把地中海的任一潜艇调到那里。现在，我们在锡兰拥有较强盛的实力，这个地方拥有武装完善的军队、“旋风”式战斗机、鱼雷轰炸机与雷达，以及强大的高射炮。赛默威尔海军上将的舰队实力明显上升。在战争爆发的时候，他或许有可能取得胜利。在那个时候，“铁甲舰”作战方案（马达加斯加）正在实行中。这个措施和迪吉关系密切。总体来讲，我期望印度洋的局势很快就可以变好，而且使日军在那儿毫无胜算。

5. 看起来，让日军担忧自身表面性的占领而且预防他们集中军力实行更大范围的攻击才是最重要的。对于你所筹划的加利福尼亚突击队的情况，我很乐意了解发展得怎么样了。我模糊地了解到他们正在接受多诺万的训练。

6. 如今，一切都依赖于大范围的德俄之战。看起来在5月中旬或6月初之前，德国并不会进行大范围进攻。对于俄国，我们正竭尽所能予以帮助，同时还要将他们的压力消除。我们一定要争取让所有运输舰队到达摩尔曼斯克。对于我们运去的资源，斯大林觉得很满足。应该给予的资源在6月之后会达到一半。由于船只的匮乏以及全新的战役展开，这将会是极其艰难的工作。能阻挡我军不断激烈轰炸德国的唯有糟糕的天气。我们的新式轰击方式非常管用。在希特勒和熊争斗的时候，潜入他的后背进行轰炸，在整个夏天，我都坚信这么进行下去是非常重要的。对于你可以运过来的所有物资，只要能让我们提高战斗力的就是非常有用的。通过在马耳他的激战，我们也牵绊住了德国与意大利的六七百架飞机。对于它们未来什么时候才可以前往德国南部前线，我尚且无法确认。但这个地方传言空降军队在这个月就会对马耳他发动进攻。

7. 斯大林预测俄军将会遭到德国的毒气攻击。我已经对他承诺，我们面对这种暴虐行径一定会给予无穷的反击。我们轻易就能完成此事。按照他的意愿，我提议在本月月末之前宣布它，而且运用这个时间段把我军的防御计划给实行了。希望你不要将上面所讲的告诉其他人。

虽然我在返回以后觉得与过去相比，战斗的压力更大了。然而在本人看来，我的身体极其健康。我和妻子共同把最诚恳的祝愿送给你跟罗斯福夫人。或许我会在天气稍微好转之后飞过去，同你一起过一个周末。我们需要处理的事情还有很多，做好进行谈话的准备吧。

# 第十二章　印度：克里普斯考察队

**英国对印度的诚意——英国为了保护印度子民而欠了很多债——印度陆军英勇忠心——印度志愿军有二百五十万——日军往西推进的影响——国大党的惨败精神——蒋介石的探访——我在2月12日发给他的电报——在战争结束后，让印度拥有自治领的身份——我自己对立宪会议的看法——一个有关印度事宜的大臣委员会——美国有了兴趣——我把所有从印度传过来的汇报都交给了罗斯福总统——旁遮普省长的观点——罗斯福总统的私人看法——英国草拟出宣言——斯塔福德·克里普斯的调查团——我军的提议没得到国大党的赞同——我在4月11日寄给斯塔福德的信件——总统因为困难而觉得失望——一个联合内阁——4月12日给总统的回复——斯塔福德爵士回国**

这次世界大战中没有一个地方如印度那般，有这么多的子民受到了有效的保护，免遭战争的磨难。战争期间他们是在我们狭窄的小岛的保护下度过的。只要一有意见不合，驻印度的英国大臣就将印度权益凌驾于自己的国家之上。他们始终觉得这事和英国荣誉密切相关。在预测到战争将在欧洲结束时，我们与印度签了协约。按照协约，保卫印度所消耗的一切物资跟钱全由英国承担。协定在印度是根据非常高的汇率签的，而我们所负担的债又是由贬值的卢比根据战争爆发之前的汇率换算成的“英镑余额”。换言之，英国欠印度的债越来越多。为了避免让印度如很多别的国家那般受到侵略，我们不但不曾仔细考查，也不曾仔细计算，每日所承担的印度防卫费用居然高达一百万英镑左右。我们在这场战争中遇到了所有的磨难，不过印度人却免受这些灾难，等到战后，我们欠他们的债务居然等同于我们在第一次世界大战之后欠美国的债务。所以，我宣布这些事情还需要进行改正，而且宣布因为承担了印度的防卫费用，我们保有反过来提出条件的权利。我还告诉了总督这些观点。

上面所讲的仅仅是背景罢了。在中东的战斗中，在守卫埃及、挽救阿比西尼亚以及在意大利战斗中，印度部队在此背景下英勇的气概以及作战能力发挥了重要影响。他们与英国部队共同战斗，将日本人从缅甸驱逐出去，战绩斐然。印度陆军对英国国王忠诚有加，印度大臣贵族们对他们跟我们所签协定的忠心耿耿，印度信徒、穆斯林士兵们也异常勇敢，这一切都会青史留名。为了组建一支强大的印度陆军，驻印度的英国当局曾经竭尽所能，然而印度的两大党派——国大党与穆斯林联盟，或持强烈的反对意见，或漠不关心。即便是这样，印度仍然有大约二百五十万的志愿军。到 1942 年，已组建了一支一百万人的印度陆军，并且每个月都有五万余人自愿加入队伍。尽管对那时的世界大战来说，这个庞大的印度陆军方案并不正确，不过它所得到的印度人民的回应就像印度军人所体现出的那般，把辉煌的一页留在了印度的历史上。

* * *

在日军往亚洲西部前进的时候，印度的局势同样糟糕到了让人担忧的地步。我们因为珍珠港事件而惶恐不安。我们的威望因为香港的沦陷而降低。如今，印度次大陆直接面临危险，印度政坛隐藏着的紧迫形势便慢慢地显露了出来。苏巴斯·鲍思所率领的一小批偏激分子居然直接加入到推翻政府的行动中，而且希望借由轴心国获得成功。不过，那群热切拥戴甘地、具有正确看法的人则觉得，在世界大战中，消极跟中立才是印度应当保有的态度。这些消极精神在日本部队的推进下传播开来。有人提议，假如印度不再和英国有关系，那也许日军就不再有发动进攻的念头。或许印度跟英国的联系才是它危机的根源。假如这种联系可以切断，印度所拥有的地位就会如爱尔兰那般。如此一来，这些有一定煽动作用的论点就传了出去。

国大党的心态因为日本的胁迫而变得更加糟糕。蒋介石夫妇在1942年2月访问了印度，此种状况在那时体现得非常明显。蒋氏夫妇访问的目的是激发印度人抵抗日军的精神，同时强调战胜日本，对全亚洲，尤其是对中国跟印度的重要影响。印度政党领导者趁机经由蒋介石给英国施压，希望英国对国大党的条件屈服。

战时内阁不赞同，在英国皇家代表与印度的甘地先生及尼赫鲁先生间出现一个外国领袖用公正的裁判者身份横加干涉的现象。所以，我对蒋介石说：

1942年2月12日

我们在内阁的成员觉得，对于我们团结整个印度来抗日的意愿，你所提议的对瓦尔达甘地的探访或许会产生阻碍作用。这或许会造成难以预料的后果，也就是在团结重于一切之时，各国之间的不统一反而被放大。所以，我鲁莽地请求您，希望不要让事情和总督、英国国王的愿望截然相反。我充满期望地憧憬，英国、印度以及别的大英帝国的部队逐渐成长起来，与长时间冲在最前面勇敢抗日的中国部队进行合作。

我们的愿望最终获得了蒋介石的赞同，并且因为总督的巧妙帮助，这种时机不当的访问并未形成任何不好的作用就结束了。

*　　*　　*

新加坡在 2 月 15 日被占领了。印度信徒和穆斯林间只多不少的分歧在印度的政坛跟报刊上体现了出来。因为期望构建一种联合战线，一些国大党领导者提议给予印度主权身份，并且请求组建一个全印度国民政府。对于这些问题，内阁曾经认真进行审查评议，所以，印度事务部和总督之间照样往返着大量文件。我把一封个人电报寄给总督，里面表明了本人对印度自治政府的看法。我几乎全部的同事都认为，在战争结束之后，一定要用非常盛大的形式把自治领的身份赋予印度。

首相致印度总督　　　　1942 年 2 月 16 日

我个人的建议是，应该让印度各个领域——印度信徒、穆斯林、锡克信徒以及平民等——最出色的领袖都参与上面所讲的组织。不过，这些人可以想出的最佳选举基本准则的方案，最终或许会让国大党领导者全部掌握住议会。这与我的愿望相差甚远。

由各大型公众团队和种族自身选举最出色的领导者参与议会，不管是在当时，还是以后，都是我应当遵从的办法。这样就能避免只跟党内政客们交流。

我在 2 月 25 日召集一些部长就印度的抗日状况进行研究，同时提建议给战时内阁。参与的所有部长均拥有关于印度的直接经验。艾德礼先生与大法官西蒙勋爵是会议的主持者，他们俩都曾是 1930 年西蒙考察队的一员。斯塔福德 · 克里普斯勋爵对印度的政治情况非常了解，而且跟甘地以及尼赫鲁拥有极深的友谊。枢密院院长约翰 · 安德森勋爵曾经连续五年担任孟加拉省省长。国防大臣詹姆斯 · 格里格爵士曾就任总督府执行委员会经济委员一职。在委员会中，唯一一个保守党成员是印度事务大臣埃默里先生。剩余的都是工党、自由党或者非党派人士。我保有在必要情况下参与的权利。一般情况下，这个委员会和我有着相同的看法，所以我从不需要参与他们的会议。战时内阁全然信赖委员会，而且委员会的提议大多被接纳。在如此顺当的情形下，我们拟订处理难题的计划。即便是这样，我还是会跟非战时内阁成员的大臣商量。

首相致爱德华·布里奇斯爵士　　1942 年 2 月 28 日

周二中午，战时内阁会辩论印度的问题。之后，因为所采纳决策的紧要性，我必须和所有非战时内阁成员的大臣商议，或许所有部门的次官也要出席。除此之外，因为帝国权益受到了明显影响，一定要尽快获得国王的同意。你应当马上将此事告知印度委员会。

我对草案的印象很好，不过我们绝对不可以冒险分化。我不只要知道眼下少数人的反应，而一定要知道大部分人的反应。

*　　*　　*

因为日军在亚洲的攻击扩张到了西部，美国对印度事宜明显表现出了越来越浓厚的兴致。因为对世界大战战略的关注，美国得以触碰到一些政治难题，但是，虽然他们在这方面坚持观点，却并不具备经验。珍珠港事件尚未发生前，印度被看作英国一个悲哀的“典范”，是英国的累赘。如今，日军扩张到了印度的边界，美国开始对它发表观点，同时给予警告。对于肤色的问题，种族单一的国家一直持有宽和崇高的观点。相同的，对于占有这些领地的国家的事情，不具备海外殖民地或者属国的国家将会形成非常崇高且脱俗的心态。

在我于 1941 年 11 月探访华盛顿时，总统根据美国的习惯，首次就印度问题和我辩论。我的反应非常激烈。如此一来，对于这件事，他之后从未在口头上提起过。之后，他在1942年2月末下令让艾夫里尔·哈里曼试探我是否同意英国政府和印度政党领导和谈。我对哈里曼说，我正打算发电报给总统。3月4日，这封电报发了出去。

前海军人员致罗斯福总统　　　　1942年3月4日

我们仔细地思考，在这个紧急的时刻，是不是应该宣告在战争结束后赋予自治领的身份，假如有条件的话，放弃英国联邦的权利也应当包含其中。穆斯林是一亿子民的代表，同时是在目前战斗中我们不得不依靠的陆军主力，因此不管怎么样，我们不可能跟它分裂。并且，我们还要顾虑到要对三四千万贱民负责，以及我们与各王公土邦的协定，他们大概有八千万人。毫无疑问，在侵犯的前夜，我们不愿把印度推进纷乱的深渊里。

美国对印度信徒的心态并不陌生。对于穆斯林那边的某些状况，我觉得应当让他们知道。因此在同一天，我交给了总统所有源自印度的就印度局势所做的汇报。重点在以下的选录中能够体现出来。首件是穆斯林联盟主席真纳先生的。

由小部分人出席的塞普鲁会议[①]压根不存在跟随者，它只是国大党的情报员跟巡查队。这个会议提出了一些不可靠的、高明的、所以轻易就会骗到人的提议。假如英国陷进专为它设置的陷坑，就会损失掉穆斯林印度，悲惨的后果就会随之而来，尤其是尽力战斗方面。事实上，塞普鲁的提议就是让全是印度信徒的全印度政府掌握一切权力。这实际是对影响极大的宪法事宜作出了决策，

① 为了一个叫作无党派会议的团队的权益，赫支·巴哈杜尔·塞普鲁爵士提议组建临时政府。那些发言者完全忽视了两个民族——印度信徒和穆斯林——的意见，所以马上遭到了穆斯林联盟的发对。——原注

然而，这与英国政府在1940年8月8日在誓词中给予穆斯林以及别的少数党的承诺不相符。该誓词承诺，在没有得到穆斯林赞同之前，不可以对宪法进行临时或者具有决定作用的修正，同时也不可以迫使穆斯林对一个无法接纳的政府屈服。塞普鲁的提议是将印度视作了独立国家，提出了重大的改正，损害了穆斯林对巴基斯坦的坚决请求。穆斯林情绪恐慌，因而造成了紧迫的形势。他们要求英国政府，假如英国国王政府想要获得自主平等的穆斯林同伴的话，那在对宪法进行任何重要更改的时候就要宣告赞同巴基斯坦方案。

“巴基斯坦”代表着穆斯林将会拥有分散的土地跟政府，结局就是印度的分裂。如今终于形成了这种庞大的蜕变，它所损失的是大约五十万人的性命和上千万人的迁移。在侵犯的危机已然逼近的时刻，绝对无法完成这样的改变。

第二个汇报是斐洛茨翰·诺恩爵士发来的。他是总督府执行委员会的一名穆斯林成员。对于真纳先生竭力提倡的印度信徒处理方式，他一再使用具有说服力的语言进行反驳。他概括说：

我觉得我有义务警示英国国王政府留意，假如他们屈服于印度本国的反英主义者，进而违反之前的承诺，那就会有极大的灾难降临到印度头上。英国反复宣称，它所信任的不只是国大党，而是整个印度的子民，然而这种行为就是背信弃义。我希望国王政府坚决维护所有印度子民的权益，不因来自外界的反对意见的重压而有所摇摆。

第三个汇报是印度事务大臣的军事顾问发来的，里面包含着下面有关印度陆军的消息：

无法根据地理位置区分印度陆军所招揽的各个阶层。大多数伊斯兰信徒都是西北边省和旁遮普人，不过同样有所奉献的还有拉捷弗达纳、中央省、联合省、比哈尔、马德拉斯等地。除了锡克人之外，大多数崇尚武术的印度人（多克拉人、查特人）都是旁遮普人。来自尼泊尔的廓尔喀人是一个很大的独立群体。在消息公开之前，各个阶层独有的反应是无法估测出来的。不过，我们却可以预测这对陆军所造成的影响。

印度军人都是自发的雇佣兵（还可以把他们叫作志愿军）。他们参与战斗是为了金钱和养活家人，并且还希望获得奖赏、感谢、抚恤金以及或许会得到的土地，但最重要的是，一些人满怀崇尚武术的传统思想，对他们的岗位充满自豪，其中的领袖们不仅忠心于英国军官本人，还普遍忠心于英国国王。对其参军的要求或者政府方面的任何根本性改变的迹象，不管是对他们的物质利益产生影响，抑或对他们身为英国军人的信念产生影响，都一定会马上造成忧虑情绪。

我在 3 月 7 日又给罗斯福总统发了电报：

前海军人员致罗斯福总统　　1942 年 3 月 7 日

遵循使你常常了解我军对印度策略的承诺，我眼下把旁遮普省长的一封电报交给你。自然，这并非对此事的唯一观点。但当敌军朝国家逼近，而在守卫印度的所有作战军队中，旁遮普人还提供了百分之五十的军力，这就变得非常重要了。我们仍然执着于寻找某种既折中又给人鼓励的方法。但我不得不谨慎从事，以免英国政坛在这个局势日益紧张的时刻产生动乱。

省长说道：

马上宣告在未来的某一天，印度将有权利摆脱英国。拿对旁遮普的影响来讲，以下是我的观点：占大多数的穆斯林领导者坚持认为，在穆斯林的宪法尚未制订出来前，整体局势一定要继续由英国主持。他们已开始质疑印度信徒亲近日本人的倾向。根据约定的计划制订的宪法会让印度信徒掌握权力，这肯定会让他们感到担忧。所以，对于将印度看作个体的保卫任务，他们不会有任何兴致，反而会去别的地区寻找同盟者。穆斯林和锡克人的关系本就糟糕，这种情况会因为上面所讲因素变为前所未有的紧张局势。各种族都期望可以将各自的年轻人保留下来，来守卫他们本身的权益，招揽新军的事将会因此遭受重创。动乱会是无法避免的，现在人数已被削减的保安军队或许将变得更少了。

* * *

在这个时候，总统告诉了我他对印度的个人看法。

罗斯福总统致前海军人员　　　　1942 年 3 月 11 日

我非常关注印度的事情。非常感谢你常常与我分享有关它的信息。你知道，我毫无信心提出任何意见，原因是对于这件事，与我相比，你们这些聪明人了解得更多。我曾打算从历史角度谈论此事，同时期望我所指出的能在印度使用的新观点可以帮助你。我之所以就美国政府早期的情形进行回忆就是因为这个。英国在 1775 年到 1783 年革命期间拥有十三个州的殖民地，它们均拥有独立的权力，且政府机关彼此间有着不一样的格局。在战争过程中，这些彼此自主的主权州间发生了严重的动乱，并且可以将它们连接在一起的纽带仅有两个：一是大陆会议（效率不高，并且没有明确权力的组织），二是一个由十三州维持得非常糟糕的大陆部队。

1783年战争结束的时候，由于新体制正在试验过程中，对最终制度所做的一切工作都难免泡汤。因此，尽管这十三个主权州各自拥有全新的责任，但很明显，它们还无法组合为一个联盟。所以，按照《邦联条约》，十三个主权州组合成一个临时政府持续运用权力，直至一个永远的联盟在经验、磨炼以及过错中产生。各个州从1783年到1789年的经验表明，若没有联邦中央的权力，它们将会各奔前程，产生分裂的国家。在1787年举行的一场立宪会议上，参加的人只有二三十个，是整个十三州的代表。他们的会议不同于国会，是少数真挚的爱国者全心全意想要组建一个联邦政府。辩论的事情都被记录了下来，不过，在会议召开期间，并未有旁听者加入。如今的美国宪法也就是这么形成的，很快获得了三分之二州的赞同。

这仅仅是我的一个想法，在印度也组建一个“临时政府”，领导者为小部分代表，里面包含各个阶层、岗位、宗教以及区域。这个领导团队会被认为是临时的自治领政府。毫无疑问，它将是现有英国各省政府和王公会议的代表。但我的主要想法是让这个团队替整个国家组建一个永远的政府，这能把思考的时期拉长至五六年，或者起码是战后一年。我希望由它代替新自治领的临时中央统治团队，并具备在金融、铁路、电报等公共事业机关的行政权跟管理权。

从1783年至1789年美国的问题艰辛中，或许能想出一种办法，让印度拥有一种全新的想法，让那儿的子民忘却仇恨，更忠于英国，在强调革命不如和谐改革的时候，关注可能被日本人占领的危机。

这种提议完全符合世界五十年来的改变以及所有抵抗纳粹党的国家的民主措施。我希望，无论如何你应该让伦敦那边列出提案，并且在印度那边，要确定并不会形成不情愿或者被强逼的情绪。尽管我非常乐意给予帮助，不过看在老天的面子上，最好别把我牵连进来。认真讲起来，此事跟我没有任何关系，它只是你我正在实行的胜利战斗中的一个重大环节罢了。

这是一份非常有趣的文件，它表明了在不一样的时期与真实状况完全不同的背景下要展开对比是多么的困难，而随意运用表面的相似性，对指挥战争会构成多大的威胁。

*　　*　　*

仰光在3月8日遭日军入侵。我大部分同僚都觉得，要想有效保卫印度，想办法改变政治方面的窘迫局面才是最重要的。对于印度的事情，战时内阁常常进行辩论。英国政府对英印政府提议的反应已经体现在一项宣言草案中，而且打算把克里普斯爵士派遣到印度，和印度各党派的领导人在那儿展开面对面的辩论。

首相致印度总督　　1942年3月10日

1. 我赞同你的观点，在尚未搞明白我们和印度政党异同之处前，贸然宣布我们的宣言是自寻失利，并且在这个最危险的时期，还会引发一场牵涉到所有人的剧烈的争辩。昨日，在我尚未看见你发来的电文以前，我们就已下定决心目前不会公布任何宣言。我们将会派出一名战时内阁大臣进行视察，这会被接受吗？如果不会，就没必要再白白费劲了。斯塔福德·克里普斯极具公心，自愿承担这份棘手难办并且危险的工作。他将会马上出发。虽然我们在研究问题时有着不一样的方式，但我完全相信他不惜一切打败希特勒一方的信念。公布他的调令会冷却疯狂的亢奋情绪，同时让事情拥有充足的时间获得冷静的处理。否则，此事没办法在短时间内得到处理。

2. 我们共同的策略将通过批准的文件发表出来。它是按照印度的权益拟订的，假如印度各党派不同意，那就会将我们的真心公之于众。对于这件事，倘若需要的话，我们会坚持共同奋斗下去。

3. 所以，我期望你等掌玺大臣抵达以后再就所有事情与他进行商议。毫无疑问，宣言草案是可以牵制他的。我们的最高法规就是宣言草案。除此之外，对于印度现在的军事以及行政状况，他会非常关注。

4. 归罪于蜚言、政策和美国主要看法，将我们的真心公之于众，并获得时间来得到必需的约定，以及克里普斯的访问是不可缺少的。

5. 我的观点是，作为为整体胜利的一个组成部分，印度防御工作一定要完成，除此之外，别的所有事情都没关系。对于这一点，斯塔福德 · 克里普斯爵士拥有相同的观点。

这些决定在次日被我宣布了出来。

*　　　*　　　*

3 月 22 日，斯塔福德 · 克里普斯爵士抵达德里。他以英国内阁批许的宣言草案为基础，主办了一场繁冗的辩论。英国的重要提议就是，如果战争结束后，条件是由立宪会议开出来的，英国政府就会郑重地承诺让印度拥有绝对的自主。限于篇幅，此处无法列出商讨的全部过程。对于商讨的结论，斯塔福德 · 克里普斯爵士的一些电报会进行良好的阐述。

掌玺大臣（在德里）致首相　　　　1942 年 4 月 11 日

1. 我今天晚上收到了国大党主席寄来的长信，表明国大党拒绝了我们的提议。不接受的范畴非常大，不仅仅对准防御计划，尽管信里表示国大党赞同总司令掌握战斗的指挥权，且总司令跟军事委员应该掌握相关行动的自主解决权，但是他们拒绝的内容范围非常大，不仅不同意防御计划，而且国防委员的职位还因为所指出的措施而受到了太多的约束。其拒绝的重要原因是，按照国大党的看法，一定要马上在不改动宪法的原则下组建国民政府，“明确地在约定中承诺，同时表明新政府会像一个自主政府那样运用权力，它的成员将会成为一个立宪政府内的内阁成员。”同时还在信里提到，现在提出的协议远景和老局势没有什么不一样。“在他们见到这种老局势再次出现的时候，我们所假想的目的——在人们的心理形成一种全新的作用，让他们认为自己民族的自由已然来临，并且他们正在守卫刚获得的自由——就完全变成自欺欺人，对于这种事情，国大党是无法参加的。”

2.很明显，毫无达成协议的可能，我会在周日返国。

以下是也在当天到达的电报：

你会听见一个几乎全新的国大党拒绝理由，不过，我没办法在电报中细说艰难的详情。

尽管这里是这种情形，不过我们已竭尽所能。我认为，你没必要因为士气或者人民的意见的缘故，为我的访问让局势变得更糟糕而担忧。在我看来，民众情绪在近几日好了许多。我认为虽然没有成功，不过，周围的情形确实产生了一些改善。

尼赫鲁可算是现身了，发布了一篇措辞巧妙的文章，表明同意全面抗日。真纳对我承诺穆斯林会坚定不移地拥护我们。通常而言，锡克人与别的少数民族同样会随之缓和。在某种层面上，我期望可以得到深入的承诺。真正的困难是国大党自身的内在情感。所以，它们才会长时间辩论，但对于做决定却迟疑不定。

对于形势，只要我们坚持理性解决，那或许将会扭转4月21日的全印度国大党委员会的局面。与工作委员会相比，这个委员会有着更大的代表意义。

尽管结局让人难过，我们并未失去信心。我们眼下必须先展开印度的防御任务。等我回去之后就会直接和你谈论此事。祝福。再会。

经历了长时间的紧张战斗，并且还要保护四亿毫无依靠的百姓免遭到日军的侵略，这个情报我受得住的。事实上从一开始，我就预料到或许会出现此类问题。我清楚斯塔福德·克里普斯会因未完成任务而极其难过，所以我想办法宽慰他。

首相致掌玺大臣　　　　1942年4月11日

你已经倾尽全力了。你所表现出的坚持与机警表明了英国是多么希望达成协议。你决不能因为结果而丧失信心或失去希望。此行你在整个英国与美国都形成了非常好的影响。事实上，分裂产生在一般领域，而非防御措施方面，这同样是有好处的。我非常开心你马上回国，迎接你的将会是一个隆重的宴会。对于你的意愿，尽管你并未一一完成，但你却已经为统一的工作做出了非常重大的奉献，为印度百姓以后的发展打下了基础。

我马上将克里普斯4月11日的首封电文以及我的回电寄给罗斯福总统。他因为谈判的不成功而伤心，让我推迟克里普斯的归程，期望最后再使一把力。

罗斯福总统致哈里·霍普金斯（于伦敦）　　　　1942年4月12日

希望马上把以下电报交给前海军人员。我们一定要竭尽所能避免分裂。

对于克里普斯从印度离开的时间，我非常诚心地期望你可以延后，尽最大努力防止会谈失败。

我非常惋惜地讲，你在交给我的电报中所论述的看法，称美国议论觉得会谈败于一般领域，我无法赞同这种看法。美国的总体看法正好和你所讲的截然相反。这里几乎一致认为，虽然印度人自愿让英国政府掌握海军与陆军的控制权，但英国政府却不想让印度人拥有自治权，所以造成了僵持的局面。美国不理解，假如英国在战争结束以后愿意批准印度的部分地区脱离英国，那么为何在战争时期，就不可以同意让印度人拥有相同的自治权。

对于这个问题，我认为我必须要极其坦诚地告诉你，你自然会体谅我这么干的原因。假如一切如美国人所预见那般而任凭眼前的会谈失败，假如印度此后被日军顺利入侵，以致我军海陆军惨败，那在在美国必然会印发无法估计的反对之声。你可不可以亲自让克里普斯把行期延后，同时直接下命令给他，为了寻找统一互谅的基础而进行最后的努力？按照我的推断，上周四晚上非常有达成协议的可能。假如你可以准许他宣布是你直接委托他再次就那个问题进行会谈，而且以两方可以做出些微的退让为前提，我觉得协议还有达成的可能。

就像我之前在电报中跟你讲过的那般，我依然觉得，假如目前可以让印度各方面拥有组建一个国民政府的时机，且实际上这个政府还跟我们按照《邦联条例》组建的政府一样，同时约好在试验期停止的时候，印度人能自行选择自己的宪政模式，并且能够如你之前承诺的那般，决定他们将来与英国的关系，那样或许就可以寻找到处理方式了。假如你已经倾尽全力，克里普斯却依然达不成协议，那起码在这件事方面，美国评论界会同情你，觉得英国政府已向印度提出了公正诚恳的提议。如此一来，很明显，要为不成功负责的是印度人，而非英国政府。

*　　*　　*

我感激局势的变化并未让这种疯狂的行为成为现实。人类在缺乏理想主义的情况下是不会有发展的。不过，那种损害旁人的权益，而且不惜把灭亡跟屠戮带给千百万不幸家庭的理想主义绝不会被认为是最崇高的。总统把印度问题与十八世纪末十三个殖民地和乔治三世作战那样相提并论。但截然不同的是，我却有责任保持印度大陆和谐安稳，守卫着世界将近百分之二十的人口。我们的物资为数不多并且情势极其紧迫。在日本部队的猛烈进攻下，我们的陆军军队被击退或投降。我们的海军已经被赶出了孟加拉湾，事实上，是赶出了大半个印度洋。在空中，我们显然处在下风。不过，我们依然有时机跟希望扭转局面，所以我们不可以不承担责任，使恐怖的灭亡降临到我们统辖了将近二百年的广阔而历史悠久的印度身上。没有完善的军政权力以及战区管理权，期望跟时机都将破灭。没有做一次立宪试验的时间，进行一段掌握英国与印度“将来关系”的“试验时间”。我们不可以放弃责任，辜负印度百姓，任凭他们进入无政府或被征服的局面。这尽管是一个策略，却是令人羞耻的策略。假如那么做的话，我们不仅会辜负印度百姓，同时还辜负了我们自己的军人，使他们的作战阵地和一同作战的勇敢的印度陆军决裂于饶舌的政治与毁灭性的动乱中。我们的本职责任就是把全部能做到的支援都调给印度的防御工作。

值得庆幸的是，在对印度事件进行研究后，我的主要同僚都和我达成了统一观点。倘若不是如此，我会毫不迟疑地把我本人的重担辞掉，在某些时候，这是一个人无法担负的重担。在这种环境中，毫不迟疑便是最高的慰藉。就像将会在之后的记载中见到的那般，我与战时内阁的决心都是不言而喻了。

下面的回复是我寄给总统的：

前海军人员（位于契克斯）致罗斯福总统　　　1942 年 4 月 12 日

大约在今早（12 日）三点，我和哈里违反了你的教导（拿霍普金斯的身体健康来讲），依然在就你对于处理印度事件的回信进行讨论。对于这种事情，在尚未举办内阁会议的情形下，我无法给出决策。事实上，内阁会议要到下周一才可以举行。这个时候，克里普斯已然从印度离开，所有的解说都让两方来宣布。在这种状况下，哈里同意打电话把局势告诉你，不过因为天气原因，没能成功。在今天下午，他就会给你打电话，而且还会用电文发给你一份汇报。

你应该清楚，对于你告诉我的任何内容，我向来都很关注。不过在这个重要时刻，假如全部事情都要再从头解决一次，我认为保卫印度的重任是我难以背负的。我坚信内阁和议会的意见同样是这样。你的来信称谓是发给前海军人员的，所以我把它当作单纯的个人信件保留着，并且我不准备在内阁郑重公布它，除非你跟我讲你乐意这么做。如你我之间出现意见极不统一的那些问题，在这恐怖的战争达到顶点的时刻，必定会使我们两个国家遭受极大的损失。

*　　*　　*

斯塔福德 · 克里普斯爵士于 4 月 12 日从德里离开，回到英国。全印度国大党委员会在两周后举行会议，维持工作委员会和掌玺大臣商议时所采用的措施。他们坚决认为国大党绝不会考虑“使英国保留即便是局部掌控印度的任意方针跟提议……英国必须放弃它在印度的权力”。

就像斯塔福德 · 克里普斯预料的那般，学富五车的尼赫鲁提议坚持抗日。他在克里普斯考察队离去的第二天道：“我们绝不屈服于入侵者。无论已然出现的状况如何，对于英国在印度的奋斗，我们绝不阻碍……怎样把自己聚集在一起才是我们的事情。”他简直是完全独立的。大部分国大党领导者都附和甘地的完全和平主义。5 月 10 日，甘地在他的报刊上说 ：“日军攻击印度的原因之一就是英国在印度的存在。这个诱饵将会因为他们的撤退而消除。但是，假如没能消掉诱饵，自主的印度就会更加有实力抵抗攻击。真正的不协作主义就将实力充足地展现出来。”

# 第十三章　马达加斯加

**我们担心马达加斯加——戴高乐将军的意愿——3月12日我的备忘录——希特勒总部恰巧在3月12日举行的会议——我请求罗斯福总统支援大西洋的海军——他答应对英国本国舰队进行支援——3月24日我发电文给史末资将军——他的开心——宣传给马达加斯加驻军——跟美国协作对军队气势的有利之处——总统重视他跟维希的关系——我军限量活动的紧要性——我再次对韦维尔将军承诺——发电报给奥金莱克将军——5月5日顺利在马达加斯加登岸——战役进展顺利——5月15日发电文给希福来特海军上将——史末资将军准备占据更大的区域——一个犯难的事故——这个岛投降**

尽管马达加斯加与锡兰之间隔着广阔的印度洋，不过因为害怕日军突击以及维希叛变，我们已出现应付不过来的现象。另外因为物资有限，所以难以马上给出决策。

我在1942年2月7日得知美国和维希政府之间尚未得到解决的谈判或许会造成认可马达加斯加属于维希政府的消息时，我马上发电报给罗斯福总统。

对于不占据马达加斯加和留尼汪岛，我期望别给出丝毫承诺。总有一天，马达加斯加极有可能忽然受到日军的攻击。然而维希在那儿展开的防御工作将不会多于在法属印度支那的工作。假如日军在迪戈苏瓦雷斯建立一个空军、潜艇抑或巡洋舰基地，只要有一个基地，我们全中东和远东的航线肯定就无法使用了。一段时间以来，我们曾经打算在尼罗河或者南非开始攻击，将迪戈苏瓦雷斯占为已有，而且在这个港口设立基地。但因为我们工作忙碌，这项活动现在已经被无限延后了，不过我不想一直这样。在执行任何行动以前，我必然会跟你讲。

我接到的回电中包含以下承诺：

对于不占据马达加斯加或者留尼汪岛，你可以坚信我们绝不给出丝毫承诺。

对于与维希就马达加斯加的事情进行会谈，史末资跟我相同，也觉得惊讶。他在 2 月 12 日的电报中非常担忧，“放弃我军的活动自由，却换得一个不值一提的回报。”他继续讲道：“在我看来，对于印度洋的平安，关系最大的是马达加斯加。就像在维希和日本的买卖中，印度支那所发挥的影响那般，马达加斯加同样可以发挥关键的影响，让我们在印度洋遭遇危险。我们和各个战区及英国在东方地带的所有交通线均有受阻的可能。”

我和总统之间的来往电文被我交给了他，以便让他安心。

* * *

早在 1941 年 12 月 16 日，日本刚刚参与战争没多长时间的时候，戴高乐将军就竭力提倡一项自由法国占据马达加斯加的军事活动。他在 1942 年 2 月 19 日还写信督促我给出决策，并把一项自由法国在英国海军与空军的援助协作下的远征计划告诉了我们的三军参谋长。

对于让戴高乐的军队进入马达加斯加，我始终是同意的。

首相致外交大臣及参谋长委员会　　　　　　1942 年 2 月 21 日

假如马达加斯加有被自由法国掌控的可能，我会尽力拥护。但是，怎么样才可以让它成真呢？

三军参谋长在给我的建议中说，假如我军要独自拿下此岛，那就需要很多的英国军队，印度、锡兰和印度洋中各个基地的支援肯定会因为这种安排而面临危险。

一开始，我就并未尽力提倡展开进攻。下面是我的备忘录：

首相致参谋长委员会　　　　　　1942 年 3 月 11 日

对于马达加斯加的活动，我支持它延后。

我们在任何情形下都不可能准许组成一支混杂的远征军。要么在自由法国部队登陆之后，让他们独自作战；要么就让英国独自完成该任务。

我不希望马上婉拒戴高乐的方案。请记住，十六个人就占领了法属喀麦隆。

首相致史末资将军　　　　　　1942 年 3 月 5 日

对于戴高乐将军让自由法国占领马达加斯加的提议，我们认真思考过了。这个方案取决于英国海军跟空军的援助，并且我们还担忧自由法国能不能获得必需的部队。请不要马上拒绝戴高乐提供的方案，尤其是拿维希政府现在的心态来讲，我们更加不可以冒着失败的风险。

*　　*　　*

最终，因为孟加拉湾的危险扩大，锡兰朝不保夕，我们决定占领迪戈苏瓦雷斯的良港。从策略方面讲，该岛的大多数地方都不重要，不过日本人在马达加斯加建立潜艇基地就会是重大灾难。对于这项任务，绕好望角前往印度的络绎不绝的支援军队好像就能顺便完成，避免花费更多的时间。我们依然清楚记得达喀尔的教训，所以为了避免让这次任务变得复杂，我们不可以让自由法国加入，因此决定让英国完全承担这次袭击任务。

首相致伊斯梅将军，转参谋长委员会　　　　1942 年 3 月 12 日

一定要特别关注钻研马达加斯加的局势。因此应采用下面的计划：(1) “H” 舰队（防御西地中海强大的英国分舰队）由直布罗陀出发。(2) 如有必要，我明日就请求总统调一支美国机动舰队换防。(3) 与此同时，还应该利用联合作战部队司令官（蒙巴顿勋爵）所讲到的四千名军人跟随船舰。(4)4 月 30 日大概就是展开袭击的时间。(5) 攻击成功后，防御军队应该赶快接替突袭队。外交大臣提议从刚果过来的比利时军队能代替他们，听说这些军队不仅装备精良、人员众多，并且能在必要的时候火速赶到。毋庸置疑，能寻到英国或南非的一些零散军队。为了缓和法国舆论，应该思考如何在战后，以严格的要求，准许自由法国进入这里。美国舰队暂时在直布罗陀停留占有非常大的优势，就像第一海军大臣提出的那般，这样就可以避免因为“奖金”①作战方案导致对港口的报复性轰炸。

看上去，上面几点可以实现统一。希望能交给我一份作战方案，或者一个不赞同它的原因。总而言之，这样一支突袭队是我们在东方所必需的。

① 这个电文机密代码是原先攻击马达加斯加作战方案中所采用的，之后改为“铁甲舰”。——原注

*　　*　　*

并非只有我们关注这个地方。在同一日的傍晚时分，希特勒的总部也有一场会议，下面的汇报是海军总司令做给领导的：

日本已了解马达加斯加对海上战争总体策略的重要性。根据报告，除了锡兰之外，他们还打算把基地设立在马达加斯加上，进而切断印度洋和阿拉伯海间的航线。从这些基地出发，对于绕行好望角的船舰，他们一样可以随意进行攻击。在这些基地被设立之前，日本有必要征得德国的赞同。从军事角度来讲，我们应当赞同它。需要重视的就是，这是具有重要政治影响的一个行动。它将会牵涉到法国跟德国、意大利、日本三个国家以及和英国的基本关系。法国本国、非洲殖民地和葡属东非洲将不赞同日本这种行为。

希特勒表示，他觉得法国不可能同意日本占据马达加斯加。

*　　*　　*

海军活动牵连如此之广，“提尔皮茨”号驶进内海还冒着这么巨大的危险，所以，我必须请求罗斯福总统暂时在大西洋援助我们。我无法推断这个活动要怎么去配合其自身的一些事情，不过，我坚信他会竭尽所能支援我们。

前海军人员致罗斯福总统　　　　1942 年 3 月 14 日

我们决心启动“奖金”作战方案。它并不会削弱我们东方舰队，目前在直布罗陀驻守的整个“H”舰队必然会被我们调动。但这样会让地中海西边的进出口没有了保护，我们并不想如此。对于“H”

舰队的防御工作，你能不能将两艘战列舰、一艘航空母舰以及一群巡洋舰跟驱逐舰从大西洋调过来暂时换防？最晚在3月30日之前，“H”舰队要从直布罗陀离开，并且在6月末之前，几乎不可能返回直布罗陀。在4月1日到6月末期间的地中海，我们没有打算让“H”舰队进行任何战斗活动。尽管法国对“奖金”作战方案实行了复仇活动，不过还不会轰炸美国船舰。对美国船舰自身来说，留在直布罗陀将会大大提高海峡两岸士兵的斗志。没有你的支持，“奖金”作战方案将难以展开。从另一方面来讲，假如这个作战方案没有完成，以至于基地被日本占领，将产生非常严重的危机。我们不曾将该方案告诉任何人。我们的进攻军队将会非常轻易地跟3月份的护航队混在一块驶往东方……

尽管不同于海军部让我提出的意见，不过总统仍然给出了让人开心的回答。他不同意让美国分舰队驻守直布罗陀，却愿意调遣他最新型的战列舰和其他几艘重要船舰加入我们的舰队。

* * *

作为我们对远东基地进行一般支援的一个环节，目前已经着手为“铁甲舰”作战方案拟订详尽的计划。军力包含第二十五独立旅与一个突击队，它们全都接受了专门的两栖战斗训练。另有第五师的两个旅已经按照命令跟着前往中东的运输舰队出发。这些军队的统帅是皇家海军陆战队斯特奇斯少将，从英国启程的日期定在了3月23日。

就算我们的方案并未暴露，我心里依然稍微有些不安，就事情的一般进展而言，维希政府有可能从达喀尔对马达加斯加进行支援。一群非常仇视我们的领导与军队正在达喀尔集结。所以，我命令我军所有经由达喀尔前往马达加斯加的运输舰队跟船舰要多加谨慎、小心，原因是我军将要启程前往这个岛屿。史末资将军当然关注到了海军在好望角截击维希船舰的筹备任务。他其实并不清楚怎么解决才是对的。因此，我发了电报给他：

首相致史末资将军　　1942年3月24日

1. 因为维希政府并不会对日军进攻马达加斯加发动有效的防御，而且会严重威胁我们的中东运输舰队和南非。我们决心发动突袭，并占领迪戈苏瓦雷斯。在今天晚上，袭击军队就会出发，另有一支五万人的运输舰队跟他们混合在一块前往东方。在我们看来，这次战斗一定能取得胜利。

2. 从今以后，这次行动将会使用很快就告诉你的密码代号。有特别需求的海军护航船队必须调动直布罗陀分舰队、各类航空母舰以及坦克登陆艇。这些全部都已经做了部署。罗斯福总统已经调派他最新型的战列舰和其他几艘重要船舰支援我们本国的舰队，以便成功完成这次行动。其中一部分本国舰队将会前往直布罗陀换防。

3. 我们不可以让法国部队经由达喀尔对该岛进行援助。尽管我们的方案并未暴露，但因为从战略方面来讲，该岛港口所具有的意义是有目共睹的，德国和维希的意图或英国报纸的推测都是没办法预防的。即便是这样，我们只要可以把达喀尔的法国军队拦住，就可以捷足先登。完成这项工作会非常有利于我军。

4. 虽然连续好几周我们都在探讨这个方案，但我们仍然要等到罗斯福总统供应的海军补给到位以后才可以给出决策。直到上周末，此事才处理好。我希望能抽一个合适的时间跟你讲讲全部情况。自然，我并未讲到技术详情，不过据我所知，其中已经费了不少功夫，并且三军参谋长坚信，借助英勇的军队完全可以击败该地的驻军。对于维希那边的一切反应，我们都认真研究过。按照我的观点，他们不会比巴黎工厂遭遇轰炸更愤怒，说到底，他们还是会忍耐下来。

5. 希望你绝对支援这项方案。对于我军在好望角对法国船只不得不做的扣押活动，在有需要的情况下，你也要大开方便之门。对于他们，我们应该尽量谨慎，不过不管怎么样，一定不能放任其驶向马达加斯加。

6. 我现在依然过得不太好，不过，远远好过我们一年前孤军奋战的时期。尤其是在这样愁云惨雾的时间，我们更加不应当失掉敢作敢当的作风。

史末资马上回复：

史末资将军致首相　　1942 年 3 月 24 日

整体局势因为你发来的电报而产生了变化。按照过去的信函，我判定马达加斯加作战方案将会延后到锡兰局势平稳以后。在那样的情形下，阻击维希的护航舰队将加剧与维希之间尚处于萌芽状态的危机，也或许会引发和美国的误解。这两种担忧目前都已经消除了，为了阻击护航舰队，我会提供所有急需的援助。

我很敬佩你的意志力。我坚信你一定能克服这全部的困难。

史末资非常关心这项方案。他马上着手为占据全岛做准备，而且将南非部队调派过来帮助这个被无限延后的方案。请记住，不管是占领马达加斯加岛上的一个海军基地，还是占领整个小岛，从它自身看来，尽管这是有必要的，但也终归只是我们主要战略的一部分，这个主要战略就是对印度进行支援，避免日军发动攻击。

首相致伊斯梅将军，转参谋长委员会　　1942 年 4 月 2 日

1. “铁甲舰”作战方案。对于维希驻军所展开的宣传，我军有着怎样的措施？按照汇报，英国遭到了法国海军的仇视，但维

希并未得到法国陆军部队的支持。我们千万不能忽视这一点。我发电报给罗斯福总统，就我们能否宣布这次袭击是英美联合进行的征取他的赞同。不管怎么样，应该让那儿的驻军知道，我军的攻击目的是防止日本人掌控该岛，并会在打败轴心国之后将其还给法国。假如已做好传单，我希望见一见，好有足够的时间让史末资将军在开普敦拟订印刷。除非总统坚持不赞同，我打算宣称在解放法国之前，由英国和美国一同守卫该岛。此事一定要跟外交部商量。

2．事实上，在登岸作战时，是不是能先让一艘插着白旗的船只驶进港口，在军力占上风的情况下，把最具有诱惑性的投降要求提给驻军？一定要认真探讨这一切。

首相致罗斯福总统　　1942 年 3 月 27 日

我军尊重你方和维希之间的关系，同时觉得有向他们付出一些代价的价值。不过，请考虑：

一定不可以让我们现在所实行的“铁甲舰”作战方案遭遇阻碍。美国不应当接受法国的条件，承诺如守卫印度支那一样保卫它们的殖民地，不让他们有埋怨我们背信弃义的理由。

我军的作战活动经过了详细的计划。里面包含了训练出色、具有极强作战能力的两个旅，另有一个旅当作牵制力量。除此之外，还配有坦克登陆艇、两艘航空母舰、一艘战列舰和一批巡洋舰。这一切均是逐渐强大的东方舰队的后备实力。假如我们在进攻时可以发放传单，证明这是英国和美国协作的远征军，我们就会获得极大的便利。对于这种行为，不知道你是不是赞同。

为了更重要的计划，总统不得不维持和维希之间的关系，所以对于我提议发放传单这件事，他无心接纳。

罗斯福总统致首相　　　　　　　　　　　1942年4月3日

你在电报中有关当作一同进攻的提议，我认为并不恰当。原因是，可以跟维希展开外交谈判并有可能如愿的国家只有我国。在我看来，非常重要的是，我们可以进行协调，别让状况因为发放传单或者别的非正式方法而变得复杂。对于这种观点，我真诚地期望你可以赞同。

总统的评论让我敬佩。

*　　*　　*

所有进攻部队在4月22日都已集结在德班，从赛默威尔海军上将的舰队中调过来的“拉米伊”号战列舰、“光芒”号航空母舰、两艘巡洋舰、十一艘驱逐舰、大群扫雷艇和驱逐快艇、十五艘运着陆军的攻击舰和运输船舰都包含在里面。除此之外，用来接替被摧毁的“赫尔米兹”号的“无畏”号航空母舰也会加入其中。随之而来的是一片繁忙。船上的很多物资都要再次分装之后才可以适应进攻状况。筹备最终的细枝末节一定要毫无误差。下发指令之后，经历了长时间航行的军队着手训练，演练他们特别的、大多数有些不适应的任务。这是从达达尼尔战争结束后的二十七年里，我们首次进行的大型两栖作战，如今已经对那时候的战略进行了全面改进。对于这种最艰难的战斗，海陆军的司令官、参谋人员和军人均没有经验。

在占领重要的海军港口后，我非常担心会不会被牢牢拖进马达加斯加的森林。

首相致伊斯梅将军，转参谋长委员会　　　　1942年4月30日

没必要太过关注“把全岛掌握在手中”。原因是，这个长达九百英里的岛屿仅有两三个重要的中央地带，尤其是迪戈苏瓦雷

斯。我们并不是要将马达加斯加降服，而仅仅是想掌握一些重要的地方，以便它免受日本的大范围攻击。一个首要目标是：赶快将我们的精良军队调到印度与锡兰，让来自东非或西非的几营防卫军代替他们。掌控此地不是个新累赘，而是对我军有好处。在科伦坡和阿杜环礁（T港）驻守的东方舰队搭配合适的空军，将会承担马达加斯加的防御工作。假如以下看法获得认可，我会开心的…… 虽然坎斯纳斯郡存在敌人，我们仍旧可以坚守住朴茨茅斯。所以，尽管敌人占据着安塔那那利佛与塔马塔夫，我们还是可以保住迪戈苏瓦雷斯。

因为韦维尔将军面临着日军侵犯印度的危险，他想要多了解一些与整体形势相关的消息，我必须再次对他作出了承诺。

首相致韦维尔将军　　1942年5月5日

对于印度而言，马达加斯加具有重大意义，如果日军经过锡兰，同时得到法国在印度支那那般的默许，允许他们在此岛上居住，那我军和你们及中东的整条交通线就算不被斩断，也会面临威胁。当然，我军还有可能面临被困当地的危机，进而让这个岛屿成为一个累赘。对于这种危险，我们期望利用强大的军队和行动将其降到最低。一旦占据迪戈苏瓦雷斯，所有援助就会尽早运输到你那里。对于马达加斯加，我们想要让非洲的两个旅进行保卫，其中有一个旅是从比属刚果或西海岸调过来的。已对这两个非洲旅下达了指令，在6月1日，其中的一个旅立刻就会出发。他们在非洲或马达加斯加是一样的。第五师马上独自行动……

我赞同你的观点：在东方，我们最担忧的时间是5、6月份，但我十分坚信：在5月，第五师将会抵达你那里，第二师则在6月抵达。除战争所引发的意料不到的事情外，这些在任意情形下都会是我们的决心。

我还把形势分析给奥金莱克将军。

首相致奥金莱克将军　　1942年5月5日

毋庸置疑，在以后的两个月中，太平洋与印度洋面临着非常大的危机，因为所有人都无法准确预测出日本下次攻击的目标。澳大利亚人当然会认为他们将会遭遇大规模的入侵。看上去，莫尔斯比港与达尔文港似乎真的会遭到日本的威胁。毫无疑问，努力把我们的军队困在澳大利亚就是他们的主要目的。为了支援原本在苏联跟满洲战线的二十个师团部队，日本从本国现存的十个师团部队中派出了三个，这是一个意义非凡的行动。显然，打败中国对日本有好处，他们强势进攻北部好像就是对这种观点的支持。

可以确定一点——日本绝不会发起全面攻击。他们并不会对在科伦坡和亭可马里港所受到的沉重打击感到开心，为了填补飞机的巨大损失，他们所有的航空母舰都已经驶回日本或台湾。假如他们大举攻击锡兰与（或）印度，那就会让人诧异：在爪哇失守时或在4月初，当他们强大的海军和空军进犯印度洋时，为何不曾尽快这么干？有关对印度的大规模进犯，我们现在不具备特别原因来证明已经到了火烧眉毛的时刻……

我们期望今天就可以占领迪戈苏瓦雷斯，为了这个目标，我们已经集结强大的军力……在7月上旬，英国第八装甲师绕道好望角，假如印度、中东或澳大利亚遭到大规模进犯，这支军队就能对此地展开援助。

*　*　*

在4月28日，运载着进攻军队的快速运输舰队离开了德班。运载着陆军运输工具与物资的速度比较慢的船舰早已先行出发。一块在“拉米伊”号上的有希福来特海军司令与斯特奇斯将军，所有远征军都已在5月4日进入进攻距离。深入马达加斯加东北海岸的迪戈苏瓦雷斯湾简直阻断了该岛北部的陆地和小岛的其余部分[①]。和市区相对的布防的安西朗港掌控着进入口。自东部逼近，按照汇报，这个地方有牢固的防御，但有几个海湾在地峡西部。尽管轻易靠近不了，不过能容纳比较大型的船舰。该地防御并不牢固，夜晚逼近能达到突袭的效果。登陆以后，陆军军队与安西朗只剩十八英里的距离。所以，西海岸的科雷尔湾被选为进攻起始点。在夜晚，运输船舰一定要在指导下穿过弯曲的、或许布置有水雷的海峡，向着不清楚状况的敌人的海岸行驶。在5日早晨四点三十分，首批军队毫无损伤地上了岸，并快速掌控了唯一一个能往海面射击的炮台。迪戈苏瓦雷斯机场和港口里的船舰在三十分钟后遭到舰队机群的袭击。“黑弥昂”号巡洋舰自东边发动佯攻。尽管维希政府完全没有料到，却仍旧展开了抵抗。第二十九旅和几乎所有的武装已上岸并往前行进，突击队抵达安德拉卡半岛的东部，准备登陆的还有第十七旅。

在十二辆坦克跟大炮的援助下，第二十九旅的先驱军队将敌军两个阻挡基地占领以后，在安西朗往南二英里的地方被敌军跨越公路的重要基地阻住了去路。这地方防御牢固，而且建有水泥碉堡。第二南兰开夏团在6日凌晨将敌军左翼攻破，而且在敌军后方修建基地，天天让敌军遭受重击。在收到这个胜利的消息以前，斯特奇斯将军让希福来特海军司令调动一些海军陆战队在安西朗登岸。这是一个勇敢的举措。在黄昏时分，“安东尼”号驱逐舰运着“拉米伊”号上的五十名皇家海军陆战队机警地驶进港中，而且顺利将皇家海军陆战队载到了港口。这艘驱逐舰平安避开了剧烈的炮轰。在黑夜里，五十名队员在普赖斯上尉的带领下摸索着进城。很快，他们发现并占领了海军弹药库，在库中找到了大量步枪、机关枪和大约五十名英国俘虏。这是一次出

① P242下，进攻迪戈苏瓦雷斯——图注

色的钳制进攻。第二十九旅那时已经获得第十七旅的援助，并获得了全面的胜利。安西朗在7日黎明之前被敌军放弃。我们掌握了该市和大多数防御工事。保护港口进口处的要地依然要处理，不过经历了“拉米伊”号早上短时间的轰炸之后，这里也对我们屈服了。所有的战斗在上午十一点停了下来，英国舰队在午后驶进港口。陆军总共伤亡人数不超过四百人。

首相致希福来特海军司令和斯特奇斯将军　　　1942年5月9日

我诚挚地恭喜你们，采用快速而果决的方式将艰难的作战任务完成了。希望把我的祝愿转达给所有士兵，而且告诉他们，他们的战绩是对英国与联合国的真挚支援。

另外致第二十九旅：九个月前，我和你们在因佛雷里相见的时候，我就清楚二十九旅会有非凡的成绩。

* * *

过去在海军部时，希福来特海军上将担任我的海军秘书，他同样是我的朋友。我把一份和我们的战略相关的整体说明交给了他。

首相致希福来特海军上将　　　1942年5月15日

对于我军在马达加斯加的作战情形，我希望你要清楚。此岛不能变成阻碍，一定要带给我们平安。精良的野战军队不可以长时间留在那儿。第十三旅和第十七旅应当马上前往印度。假如在几天时间内，你可以占领塔马塔夫和玛仁伽，他们就能在这方面援助你，但他们始终是要走的。

从“铁甲舰”作战计划拟订并且实行开始，印度洋的形势已变成我军占优势。时间过去了，日本人仍未朝着锡兰或印度发动进攻。反过来，与过去相比，这些危机看上去并未显得更紧迫、更具有可能性……人们预想不到日本会企图对迪戈苏瓦雷斯发动进攻，原因是那需要近万人的军力，运输这些军队的运输船舰，另外还有用来保护的战列舰和航空母舰会约束到他们为数不多的大多数舰队。与我们相比，他们使用每一艘船舰时都需要更加精打细算。所以，尽量少动用我军为数不多的物资将此地保住才是你的问题。

你或许觉得最好的方法就是等到事情平稳下来，和法国政府达成一种暂时的约定。还应该利用金钱和贸易方面的方便之处。

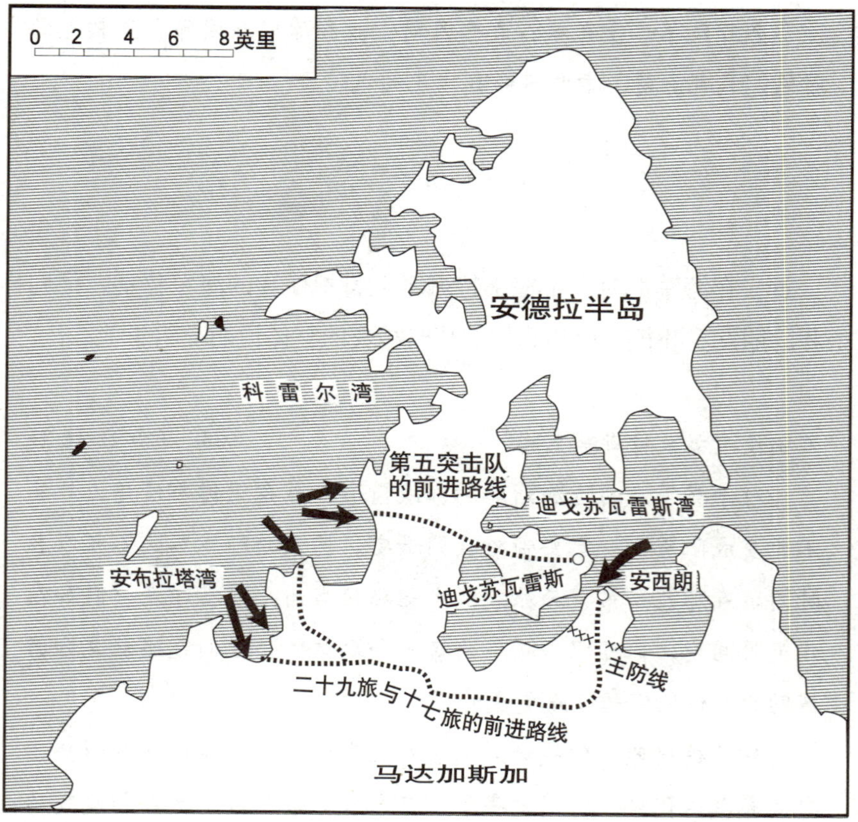


进攻迪戈苏瓦雷斯

你能给战争的最大援助，就是尽快让第十三旅与第十七旅前往印度。至于第二十九旅，也应该在两个月之内前往那里。自然，除一定要坚持将迪戈苏瓦雷斯保住之外，其余所有事情都取决于这项任务的。

希福来特海军上将马上回复：

1942 年 5 月 15 日

你所讲的整体形势对我们非常有好处……拿迪戈苏瓦雷斯被我军占领来讲，我觉得法国会采用一种和平共存的策略。不过，除了我军已经占据塔马塔夫和玛仁伽之外，我们始终无法获得更深入的关系或扩大我军的掌控区域……除非动用武力，不然我觉得这是没有办法完成的目标。

我答复他，现在应当把占据马塔马夫和玛仁伽的念头放下，而且应当用最少的军队确保迪戈苏瓦雷斯的平安。但是，史末资将军仍然坚持要进行深入作战，而且使用了有力的论据。

史末资将军致首相　　1942 年 5 月 28 日

塔马塔夫、玛仁伽等港口常常被法国潜艇利用，当然也可以为日本人所用。尽管我们并未被该地住民仇视，不过马达加斯加政府则怀有非常仇视的情绪。占据迪戈苏瓦雷斯之后，现在还不可能展开有效的抵御。但是，假如让他们有时间进行抵御，我们的工作就难办了。对于我军印度洋上的交通线来说，掌控马达加斯加是非常重要的，不可以作出有丝毫危险的行为。

同样急切表示想要往前推进的还有外交部。不过，韦维尔将军的需求和日本攻击印度的威胁是我一定要时时顾虑到的。

*　*　*

截至现在，全部都按照预想的发展着，但是此刻却发生了一件非常让人犯难的事件。有一架不知道来自哪个国家的飞机在5月29日现身在港口上空，随后离开。这好像是空军和潜艇袭击的前兆，所以我们下了特殊戒备指令。鱼雷在次日黄昏攻击了“拉米伊”号和周边的一艘油船。它们从什么地方来的？有什么预兆？

史末资将军致首相　　　　1942年6月1日

对于迪戈的惨剧，我表达真挚的安慰。这次进攻肯定是日本或维希的潜艇在维希的消息跟授意下展开的。这些情况表明，一定要赶快清除维希对该岛的所有掌控。现在的情形与其余情形一样，已证明所有放纵的方式都是有威胁的。我坚信，为了弄清楚整个局面，我军很快就会发起一场行动。我的南非旅团准备好了，只等待运输船舰。祝福。

首相致外交大臣　　　　1942年6月2日

有关迪戈苏瓦雷斯事件，海军部的看法是，一艘小型潜艇和一架侦察机在一艘大型的日本潜艇的带领下，进入了攻击港口距离以内。迫于险情，小型潜艇的所有船员——两名日本人，在完成任务以后凿沉潜艇登陆，但马上死在我们巡逻军队的手中。因为他们的文件是用日文写的，所以一名翻译员马上飞了过来进行解读。假如这是实情，那马达加斯加的维希政府未必就有关联。

让我们心安的是，这种看法很快就被证明是对的。那两个日本士兵为他们的国家捐躯了。在6月9日，“拉米伊”号安全到达德班，不过好几个月无法都参与战斗。

*　　*　　*

此刻，马达加斯加的事情一定要了结。占据迪戈苏瓦雷斯以后，为了让法国总督转变偏向维希的心态，我们曾给了他一小段时间。我军重要的东方护卫舰队经常在莫桑比克海峡遭遇潜艇的侵扰，为了控制这个地方，我们必需西岸港口，不过法国总督仍旧固执。所以，一定要在东非司令普拉特将军的率领下坚持作战。英国第二十九步兵旅在 9 月 10 日遭遇微弱的抵御之后掌握了玛仁伽。随之上岸的是东非第二十二旅。它越过第二十九旅，顺着公路前往塔那那利佛。马达加斯加不仅首府设立在该市，总督府也设立在该市。别的小批南非部队同

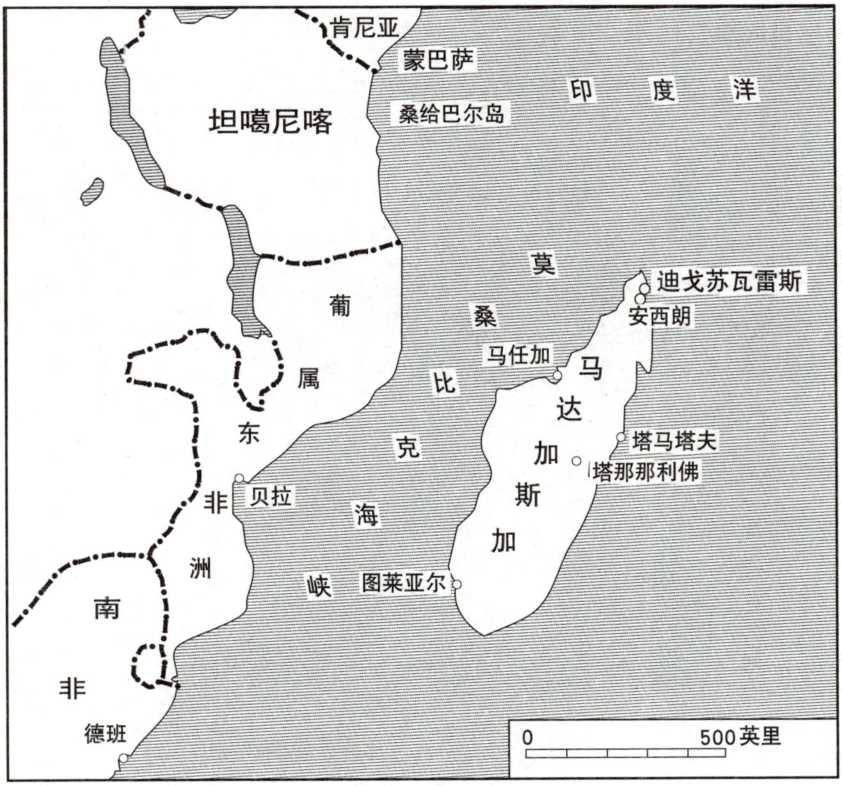


马达加斯加

样也顺着海岸公路深入南部。再次上船的第二十九旅被运到东岸塔马塔夫，在没有抵抗的情况下于9月18日占据了这座城市，该部队随后前往塔那那利佛。9月23日首府被攻下。

我们的部队深受住民的欢迎，但总督连同一些参谋人员跟随部队撤往了南边。我军对他发动追击，在10月19日一场战斗中顺利地虏获了750名敌人，我军没有伤亡。这拥有决定性的作用。总督在11月5日接纳了我军的投降要求。依然让法国人掌管该岛政府。得益于这些战果和一百多人的损失，该岛的军事掌控权完全落入我们手中。对于我们和近东、远东的交通线，该岛拥有非常大的战略意义。得益于隐秘的计划和正确的战略，马达加斯加这一战斗变成两栖突袭的典范。胜利的消息恰好是在我们非常需要良好战绩的时候传过来。事实上，在看不到尽头的时间里，英国公民了解到的唯一代表其高效战斗指挥的就是此事。

# 第十四章　美国成功的海战[①]

## 珊瑚海与中途岛

**日本成功时期——他们全新的推进方案——海军上将米尔兹把力量集结在珊瑚海——日本军队在图拉吉岛上岸——5月7日初次交战——5月8日海军上将福莱彻的军事活动——空中搏斗——美军胜利——海军历史上首场航空母舰战役——“莱克星顿”号的运道——海军大将山本的计划——日本海军利用的主力——美军遭遇不幸——他们在珍珠港的筹备——战斗在6月4日爆发——袭击和反击——福莱彻和斯普伦斯海军上将的出色战略——两边局势非常凶险——日本的航空母舰被摧毁了四艘——太平洋战役的转折点——山本撤退——美军追击——美军的一场杰出胜利——日本最高指挥官的美好品质——美军英勇和忠心的成功**

此刻，太平洋上发生了震动战争全局的事件。日本在3月末非常完善地完成了第一阶段的作战方案，方案的参与者们为此瞠目结舌。香港、暹罗、马来亚和广阔的荷属东印度群岛掌握在日本手中。在缅甸的日军正往内地推进。美军仍在菲律宾群岛的克里奇多尔艰苦地奋战，不过并没有可能解困。

---

① 参见美国海军上校S.E. 莫里森:《珊瑚海、中途岛和潜艇行动》。——原注

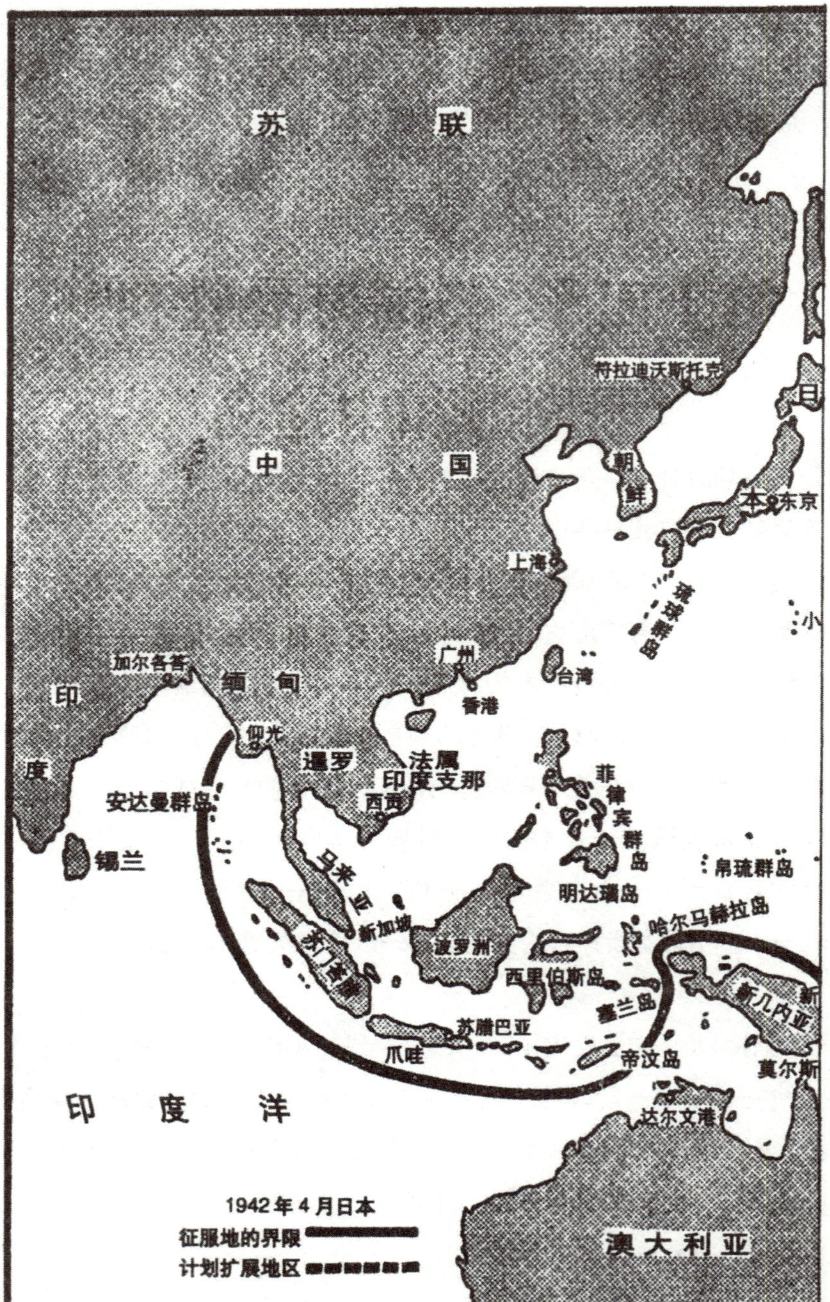

苏 联
符拉迪沃斯托克
日
中 国
朝
鲜
本
东京
上海
琉球群岛
小
广州
台湾
加尔各答
印
缅 甸
香港
仰光
暹罗
法属
印度支那
度
安达曼群岛
西贡
菲
律
宾
群
岛
锡兰
马来亚
帛琉群岛
明达瑙岛
新加坡
哈尔马赫拉岛
苏门答腊
波罗洲
西里伯斯岛
新
新几内亚
塞兰岛
苏腊巴亚
爪哇
帝汶岛
莫尔斯
印 度 洋
达尔文港
1942年4月日本
征服地的界限
计划扩展地区
澳大利亚


太平洋战场形势图

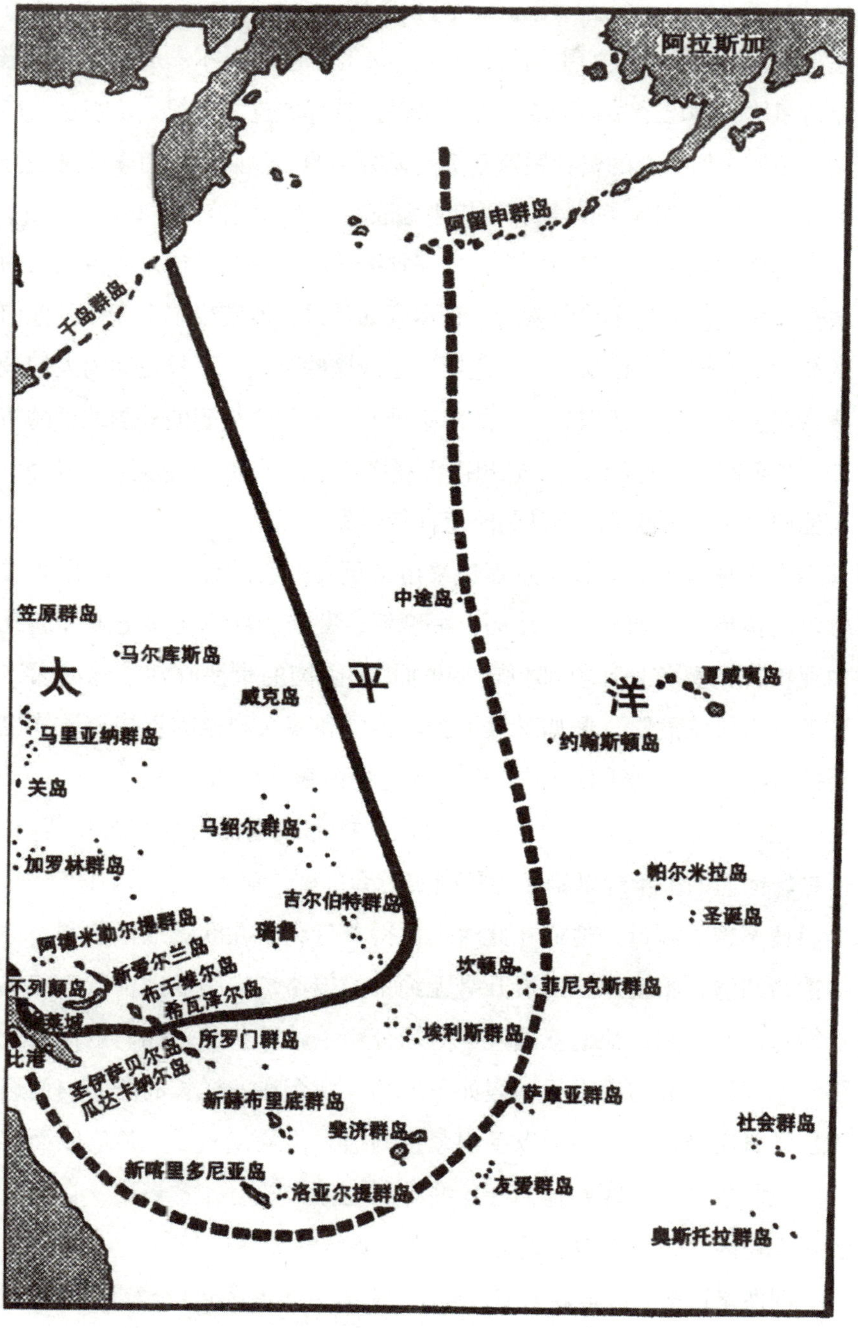
阿拉斯加
阿留申群岛
千岛群岛
中途岛
笠原群岛
马尔库斯岛
太
平
洋
夏威夷岛
威克岛
约翰斯顿岛
马里亚纳群岛
关岛
马绍尔群岛
加罗林群岛
帕尔米拉岛
吉尔伯特群岛
圣诞岛
阿德米勒尔提群岛
瑙鲁
新爱尔兰岛
坎顿岛
不列颠岛
布干维尔岛
菲尼克斯群岛
希瓦泽尔岛
莱城
所罗门群岛
埃利斯群岛
比港
圣伊萨贝尔岛
瓜达卡纳尔岛
萨摩亚群岛
新赫布里底群岛
斐济群岛
社会群岛
新喀里多尼亚岛
洛亚尔提群岛
友爱群岛
奥斯托拉群岛

太平洋战场形势图

日本人欣喜若狂。在他们看来，西方国家没有打算战斗到最后一刻。这种坚定的观念让他们更加信任领袖，并且加强了对军事成功的骄傲感觉。皇军此刻已经站在了战前方案中谨慎选择的进军界线上。在这个广阔的地域中所含有的资源跟财富都是无穷尽的，他们可以用来让这些被征服的地区变稳固，同时培养他们刚赢取的实力。在他们的长期计划中，这一时期被规定为休整的机会，用来抵御美军的反攻，或发动更深入的攻击。但是，因为成功的激励，日本领袖觉得已然实现了上天赋予他们的命运。他们不可以辜负它。之所以出现这些观点，不只是因为人们被成功迷惑了神智，还因为慎重的军事推测。强化刚得到的外围地域的防守，抑或为这些地方的防御着想而大规模往纵深推进，到底哪一种最好，对他们来讲，好像是应当从策略上衡量得失的问题。

在一再考虑以后，东京那边采用了更具野心的计划，决心向外扩张，阿留申群岛西部、中途岛、萨摩亚、斐济、新喀里多尼亚和新几内亚南部的莫尔斯比港都包含在里面①。美国的重要阵地珍珠港因这种扩张而面临危险。假如继续下去，美国和澳大利亚的直接交通线也会被斩断，而且会让日本获得适合的基地谋划以后的攻击。

在制定和实行方案上，日本最高指挥部表现得极其高明和英勇。但是，他们的决策却以错估的各国实力为基础。对于美国潜藏的实力，他们从不曾了解过。他们在此时仍觉得希特勒会在欧洲取得胜利。他们情绪高涨，希望对亚洲展开毫无约束的侵略，带领亚洲前行，建立功绩。如此一来，他们就陷入了一场豪赌：就算获胜，他们也仅仅是再多一年的时间占着上风。假如不成功，则会在一样长的时间内遭遇灭亡。真实结局是，他们以手中紧握的极大优势换来了一片广阔而难以掌控的领地。同时，他们在这些外围地域失败时才意识到，自身已经缺少在内部和重要地点设立一条严密防线的实力。

即便是这样，在世界大战目前这个阶段，没有人可以确定俄国不会

---

① P248，太平洋战场形势图——图注

输给德国，抑或不会被驱逐到乌拉尔山背面，进而使德国班师，对英国发动攻击，或采用另一种方法，越过高加索和波斯，与日本的先驱军队会合于印度。虽然美国短时间内还无法掌握太平洋所有的海上控制权，但为了让盟国取得胜利，美国一定要在一场具有决定作用的海战中取得成功，进而在太平洋上占住上风。对于这场胜利，我们并没有绝望。就如真相所证实的那般，我始终坚信，等到 5 月，在我们由大西洋提供的一些援助下，美国将会再次掌握太平洋的控制权。这种希望的基础就是对美国与英国刚刚造就的战列舰、航空母舰以及其他船舰的估计。对于这场动人心魄而出色的海战，我们此刻使用必需的简单形式进行叙述。上面所讲的辉煌战绩毫无疑问就是由这场海战决定的。

* * *

日本最高指挥官在 1942 年 4 月末着手实行新的扩大战略。其中包括占领莫尔斯比港和图拉吉岛，这个岛在所罗门群岛的南边，与之相对的是比较大的瓜达尔卡纳尔岛。占据莫尔斯比港是实现征服新几内亚的第一步骤，而且更稳固了他们在新不列颠岛的拉包尔前沿海军基地。他们能从新几内亚或所罗门群岛对澳大利亚展开包围。

美国情报机关不久就获知了日军集结在这些海上的情况。据情报，从加罗林群岛重要海军基地特鲁克驶过来的船舰正慢慢集结在拉包尔，很明显马上要往南推进。或许还可以推断出他们发起进攻的时间是 5 月 3 日。此时，因为任务不同，美国航空母舰分散在各处。其中包括 4 月 18 日杜立特尔将军对东京发动的英勇而震撼的空中攻击。实际上，这也许是决定日本新政策的原因之一。

尼米兹海军上将了解到南部的危险，马上着手集结有可能出现在珊瑚海上的最精良的舰队。在这个地区，已经有“约克顿”号航空母舰和三艘重型巡洋舰在福莱彻海军少将的带领下进行巡逻。5 月 1 日珍珠港的“莱克星顿”号航空母舰和两艘巡洋舰在菲奇海军少将的带领下前来和他会师。一个分舰队在英国海军少将科雷思的带领下，于三天后赶到。澳大利亚巡洋舰“澳大利亚”号、“霍巴特”号和美国巡洋舰“芝加哥”号都包含在这支分舰队中。其他马上就可以利用的航空母舰只有轰炸东京的参与者“企业”号和“大黄蜂”号。但是，它们想要加入福莱彻司令的舰队还要等到5月中旬。战斗在它们尚未抵达时就爆发了。

福莱彻司令5月3日在瓜达尔卡纳尔往南四百英里的海上加油时，得知敌军已经在图拉吉岛登陆。很明显，需要马上设立一个海上航空基地对珊瑚海的东部进行监视。由于这个前哨地带面临着的危险显而易见，在两天以前，小部分澳大利亚驻军已经撤离了此处。福莱彻马上使用自己的分队袭击该岛。菲奇的分舰队还在加油。“约克顿”的飞机群在次日天快亮的时候对图拉吉岛展开大力袭击。但是，敌人已经保护船舰撤离，只剩下几艘驱逐舰和一些较小的船舰。所以，战绩让人沮丧。

在之后的两天并没有发生重大事件，但是很显然，一场大战即将来临。在添加了燃油和弹药之后，福莱彻的三支分舰队在新几内亚严阵以待。他得知，对莫尔斯比港发动攻击的日军已经从拉包尔出发，在7日或8日，或许就会从路易西亚德群岛的约玛德峡穿过。对于敌军的三艘航空母舰已经驶入旁边海面的情况，他也是清楚的，只是不清楚具体方位。在两艘重型巡洋舰的援助下，日本主力军队的“祥鹤”号航空母舰和“飞鹤”号航空母舰从特鲁克岛顺着所罗门群岛东部往南推进,恰好处于空中侦察的范围之外,在5日黄昏从东边驶入珊瑚海。这些船舰在6日已经紧密靠拢，接近了福莱彻的舰队。一天傍晚，双方只有七十英里的距离，只是彼此均未被对方发觉。双方舰队在同一天晚上就拉开了距离。福莱彻在7日天刚亮的时候驶进了路易西亚德群岛南部预先规定的地方，打算在这里迎战进犯的敌人[1]。他命令科

---

① 详见P256上，珊瑚海——图注

雷思的分队接着往前推进，控制住约玛德峡南部的出口。在这个地方，当天或许会有敌军现身。敌军很快就发觉了科雷思的所在地。在下午，从陆地起飞的成群的鱼雷轰炸机对他进行了激烈袭击，其激烈程度与“威尔士亲王”号和“击敌”号被击毁时的程度相当。因为机智的指挥和运气，鱼雷并未打中任何一艘船舰。他接着往莫尔斯比港推进，直至得知敌军已经返回方才转而往南推进。

此时，由于仍然不知道敌军航空母舰的确切方位，福莱彻非常担忧。他在天快亮的时候发起了一次大范围的搜查，最终在早上八点十五分得到消息，发觉有两艘航空母舰和四艘巡洋舰停在路易西亚德群岛北部。但是，被发觉的敌军船舰只是保护运输舰的小型护航船舰，“飞凤”号轻型航空母舰也包含在里面，并非航空母舰主力舰队。福莱彻仍旧竭尽所能，于三个小时后击毁了“飞凤”。这项行动让敌军攻击军队没有了空中保护，所以被迫返回。由此，日军原定朝莫尔斯比港推进的运输船舰无法驶进约玛德峡，直至最终下达撤离命令之前，始终在路易西亚德群岛北部停着。

*　*　*

此时，敌人得知了福莱彻的位置。他现在的处境非常艰难，随时都有被敌军袭击的可能，但他本身的主攻军队到后才可以再次做好准备，参与接下来的战斗。然而他运气非常好，天气逐渐恶化，并且敌军还没有雷达。日本航空母舰舰队其实就停在东边袭击距离以内。在下午，他们曾经展开了一次空中攻击，不过飞机在大风和浓浓大雾中并未打中目标，没有取得战绩，但是它们在返回的路上从福莱彻舰队的旁边穿过时被雷达发觉。我军战斗机马上起飞进行阻截，敌人的很多飞机在傍晚的一场混战中被摧毁。在参与行动的二十七架轰炸机中，仅有少量轰炸机返回了它们的航空母舰，参与次日的战斗。

因为双方知道彼此距离不远，于是都准备在夜晚使用水面船舰发动袭击。但双方还都觉得这么干的风险太大了。因此，他们在夜晚再次分道前行。8 日早上天气的优势扭转了过来。此时，日军处在低云层的保护下，福莱彻的舰队则处于晴朗的海上。双方再次展开你躲我藏的游戏。自“莱克星顿”号上出发的一架侦查飞机最终在八点三十八分发觉了敌人的踪迹，大概是在同一时间，拦截的一个信号明确地表明美国航空母舰被敌军发觉了。双方爆发了一场力量相当的大战。

美国在上午九点之前调派了一支有八十二架飞机的袭击军队，等到九点二十五分已经全部起飞靠近目标。大概在同一时间，日军也派遣了相同的袭击军队，其中有六十九架飞机。大概是在十一点，美国开始发动进攻，而日本人，却在大概二十分钟以后发动攻击。所有战斗在十一点四十分停止。美国机群因为目标旁边的低云层而遇到了难题。等到他们发现目标，一艘敌军的航空母舰马上进入阵雨大雾中求得保护，所以，所有飞机开始攻击另外一艘航空母舰。三枚炸弹打中了“飞鹤”号,引起大火,不过它所受到的损伤并没有看上去那么厉害。尽管“飞鹤”号现在无法进行战斗,但依然可以回国接受修复。而“瑞翔”号则毫无损伤。

与此同时，在晴朗的天气下，“约克顿”号和“莱克星顿”号遭到了日本机群的攻击。因为巧妙的控制，“约克顿”号躲过了几乎全部的袭击。不过，它却因为一枚哑弹爆炸而受损，导致了极重的伤亡并引起了大火。大火很快就被熄灭了，这个船舰的战斗力几乎并未遭受损伤。笨拙的“莱克星顿”号就没这么好的运气，两三枚炸弹和两枚鱼雷同时打中了它，之后它燃起了大火，左舷歪斜，海水淹没了三个锅炉室。船上人员英勇地熄灭了大火，矫正了船身，使它很快就可以用每小时二十五海里的速度行驶。这是航空母舰史上的首次激烈交锋，按照战争结束之后的评估，双方损失的飞机为美国三十三架，日本四十三架。

*　*　*

如果珊瑚海的事件到此为止，那很明显是美国占有优势。他们击毁了“飞凤”号轻型航空母舰，严重损伤了“飞鹤”号，同时让试图对莫尔斯比港发动攻击的部队向原地返回。他们本身的两艘航空母舰基本上依旧毫无损伤，截止到现在，日本航空母舰在昨天只击毁了一艘舰队油船和跟随它的驱逐舰。不过，不幸突然降临到他们头上。因为内部爆炸，“莱克星顿”号在战后一个小时发生了激烈的颤动，下部船舱燃起了难以收拾的大火。努力挽救也没有效果。当天黄昏在并未持续形成伤亡的情形下，美国放弃了该船，随后用一颗鱼雷击毁了它。这个时候，双方都撤离了珊瑚海，并且还都宣称自己取胜了。日本使用让人不舒服的言辞宣称，不但击毁了海军上将福莱彻的两艘航空母舰，并且还击毁了一艘战列舰和一艘巡洋舰。不过在战后，他们自身的行为却推翻了这个说法。在这个时候，虽然去往莫尔斯比港的交通线已对他们开放，但他们反而拖到 7 月才前往那儿。全局在那时候已经发生了改变，他们放弃了原先的计划，改为从新几内亚的阵地沿着陆地前进。这段时间代表了日本经由海路前往澳大利亚的极限。

美方非常有必要将他们航空母舰的力量保留下来。海军上将尼米兹已意识到北方将会爆发更严重的事件，而且这个事件还要动用他所有的实力。现在，对于阻拦日本人闯进珊瑚海地带，他并没有什么不满。同时,他马上将所有的航空母舰都调回了珍珠港,“企业”号和“大黄蜂”号也包含在其中，随后日夜前行，与福莱彻的舰队会合。并且，他在中途岛战役尚未结束以前，很明智地把损失了“莱克星顿”号的消息给瞒了起来。原因是很明显的，日军并不清楚真相，正在私下里打探消息。

这场遭遇战所造成的后果和其战略上的重要性不成正比。从战术上来讲，这是自和日本开战开始，美国首次获得值得欣喜的胜利。之前从未见过这种海战。这是首次水面舰只并未彼此开炮的海战。它让

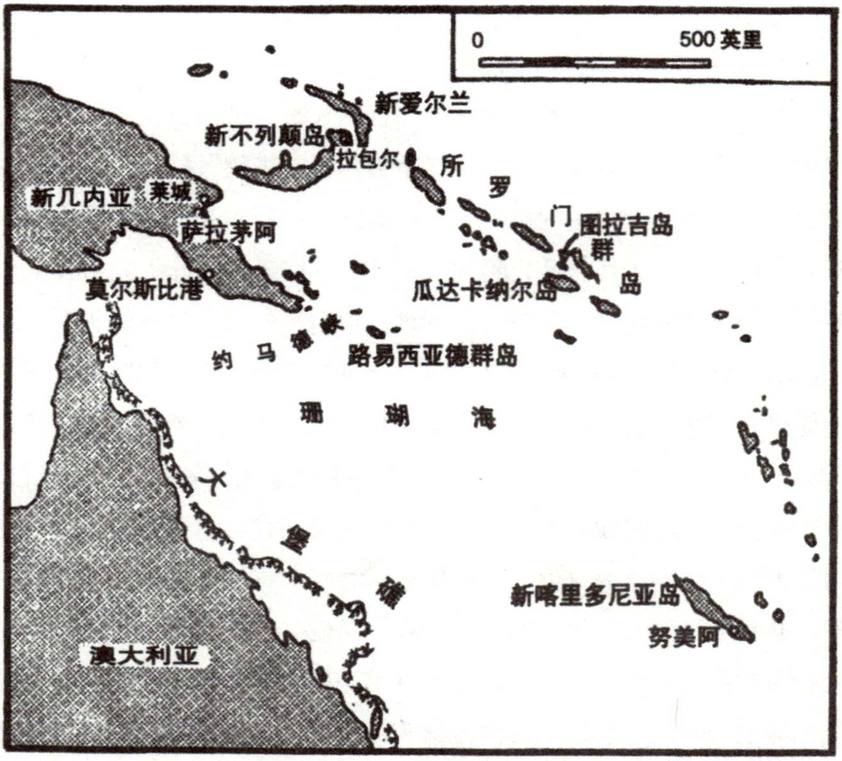


珊瑚海

战争的局势和危机都上升到了全新高度。全世界都知道了这个消息，形成了使人振奋的作用，给澳大利亚、新西兰和美国带来了极大的安慰和鼓励。很快，中途岛战役正式爆发。我们把用沉重损失换取的战略教训运用到中途岛战役中，取得了辉煌的战绩。

* * *

入侵珊瑚岛只是日本更大的狼子野心战略的起始阶段。甚至在这个起始阶段执行过程中，日本海军总司令山本就打算占领中途岛及其机场，和美国力量在中太平洋一决高下，由此岛能胁迫或攻占东部一千英里的珍珠港。与此同时，让一支牵制军队向阿留申群岛西面有利的基地推进并将其占领。通过认真部署行事时间，山本期望先将美国舰队引向北部，以应对阿留申群岛面临的危险，这样他就可以毫无阻碍地让主攻军队加入到中途岛战斗中。等到美国可以对该岛展开大范围干涉时，他期望到时已控制住中途岛，而且打算迎接激烈的反攻。对美国来说，中途岛是非常重要的，它是珍珠港的前线。因此，将会发生一场难以避免的大会战。山本坚信可以逼迫对方加入一场具有决定作用的战斗，而且因为他占有绝对的上风，尤其是在高速战列舰方面，他非常有可能消灭敌军。他给下属海军大将南云讲的简略方案就是这个。但是，所有计划的关键点就是海军上将尼米兹是不是会步入陷阱，并且还取决于他自身是否会遇到突袭。

不过，美国指挥官则机智主动。得益于情报部门，他消息极为灵通，甚至清楚发动攻击的预定时间。虽然攻击中途岛的计划或许是用来掩盖对阿留申群岛的袭击，进而让它有往美洲大陆转进的可能。但是与其他地方相比，中途岛最有可能遭遇更严重的危机。所以，他毫不犹豫地将他的军力布置在这里。他最大的担忧是，他的航空母舰如何都比不过南云作战经验丰富的四艘航空母舰，它们自珍珠港到锡兰一直战绩辉煌。南云舰队中的另两艘已经转道前往珊瑚海，而且其中有一艘受损。在另外一方面，尼米兹失去了“莱克星顿”号，“约克顿”号无法进行战斗，“萨拉托加”号修理以后尚未回归他的舰队，“黄蜂”号因援助马耳他岛而身在地中海一带。仅有在太平洋的“企业”号和“大黄蜂”号日夜兼程地返回。假如“约克顿”号可以按时修完，同样可以加入到即将来临的战斗中。距离尼米兹海军上将最近的战列舰在旧金山，并且它们的速度极慢，无法和航空母舰协作。山本则具备十一艘战列舰，并且其中还有三艘是世界上最快速最强大的战列舰。尽管美国处在不利的形势下，但尼米兹可以获得从中途岛出发的强大的空中援助。

*　　*　　*

在 5 月底的一周里，日本海军的主力从其基地启程。阿留申的牵制舰队是最先启程的，预计将在 6 月 3 日对荷兰港发动攻击，引诱美国舰队驶向那里。此后，登陆军队立刻前去占领这个群岛西部的阿图岛、基斯卡岛和阿达克岛。第二天，四艘航空母舰在南云的指挥下袭击了中途岛，登陆军队在 6 月 5 日快要抵达这个岛去占领它时根本没有预想到会遇到顽抗。当时，山本的作战舰队将会在其后方西侧停留，伺机在空中侦查范围之外迎战预期中的美国反攻。

这次事件的重要性仅次于珍珠港。5 月 26 日，“企业”号航空母舰和“大黄蜂”号航空母舰从南部到达。第二天，“约克顿”号也现身了。原定它的维修时间是三个月，不过我们为了参战的紧急需求而决心在两天内修好它，同时我们再次组建了一支全新的航空大队。它在 30 日起航，加入到海军上将斯普伦斯的舰队中。在两日前，斯普伦斯指挥两艘航空母舰率先离开。混合舰队的战略指挥依然由福莱彻海军上将担任。轰炸机停满了中途岛的机场，防御这个岛的陆地军队同样处在高度“警戒”中。为了尽早获得敌军靠近的情报，所以在 5 月 20 日展开了持续不停的空中侦察。中途岛西部与北部由美国潜艇负责监控。我们在惶恐担忧中熬过了四天时间。在中途岛西部七百余英里的地方，一架“卡塔丽娜”式水上飞机在 6 月 3 日上午九点进行巡逻时，发现了十一艘敌军船舰。随后我们进行了轰炸和鱼雷袭击，不过并没有成功，仅有一艘油船被一枚鱼雷打中，但是战役因此爆发，而且解开了所有有关敌军意图的疑问。按照消息，福莱彻海军上将有理由相信敌军航空母舰将会自西北方朝中途岛逼近，但他并没有因为敌军的情报而马上行动，而是准确地推断出所发觉的仅仅是敌军的一群运输船舰。他所指挥的航空母舰在 4 日凌晨抵达中途岛以北二百英里的约定地点，假如南云在这里现身，我们马上就能扑到他的侧翼。

6 月 4 日天快亮的时候，晴空万里，一架从中途岛出发的巡逻机最终在五点三十四分发出了期待已久了信号，汇报称发现了逼近的日本航空母舰。陆续有情报传过来。很多飞机正前往中途岛，同时发现大群援助航空母舰的战列舰。日本在早上六点三十分展开了强大的攻击。这次攻击遭到顽抗，大概有三分之一的侵犯者永远留在了这里。虽然空中袭击产生了很多损失和伤亡，不过机场依然可以利用，仍有机会对南云的舰队展开一场反攻。他占有绝对上风的战斗机遭到了重创。不过，这场被寄予厚望的勇敢的袭击所得到的结局是让人失望的。他们的激烈攻击所造成的混乱好像扰乱了日本指挥官的判断。他的飞行员跟他讲，必须要再度袭击中途岛。他的航空母舰保存了大量飞机下来，以便迎战时刻都有可能现身的美国航空母舰，但他没有很强的侦查能力，并且一开始就一无所获，因此他觉得美国飞机未必会过来。因此他打算解散为迎战美国飞机而保持的队列，以便为再度对中途岛发动攻击再次进行装备。不管怎么样，为了让首批袭击的飞机着陆，南云不得不清扫飞行甲板。并因此这项决策而遭遇了致命危机。虽然最后，南云得知一支美国舰队，其中包含一艘航空母舰，现身于东部，不过还是来不及了。正在添加燃油和弹药的无法使用的轰炸机占满了他的飞行甲板。他必然会遭到美国的袭击。

*　　*　　*

福莱彻和斯普伦斯海军上将按照他们早先的冷静推断，已做好安排加入这场在生死关头的战斗。早晨，他们截获了源源不断的情报。“企业”号和“大黄蜂”号除了自我保护所需要的飞机之外，在上午七点动用了全部飞机发起一场袭击。早上的侦查工作一开始由“约克顿”号上的飞机负责，因为它们的起落而耽搁了时间，不过在刚过九点以后，它的袭击机群也起飞了。此时，从另两艘航空母舰上升空的首批飞机已与目标靠近。敌军附近地区是多云天气，一开始，俯冲轰炸机群并未寻到目标。“大黄蜂”号的飞机群并不知道敌人已经转往他那里，始终未找到敌人，所以与战斗失之交臂。因为这些意外，第一次袭击是由三艘航空母舰的鱼雷轰炸机独自执行的。尽管它们非常勇敢地向目标靠近，不过面对激烈的抵抗，并未获胜。参与袭击的四十一架鱼雷轰炸机只返回来六架。他们的牺牲换来了回报。在日本人的所有注意力和能用的战斗机朝他们聚集时，“企业”号和“约克顿”号上的三十七架俯冲轰战机升空了。它们的炸弹可说是毫无阻碍地打中了南云的“赤城”号旗舰和它的姐妹舰“伽赫”号。大概在同一时间，“约克顿”号上的另外十七架飞机开始袭击“青龙”号。这三艘航空母舰的甲板在几分钟时间里就成为了屠宰场，正在燃烧和爆炸的飞机胡乱堆放着。船舰下舱燃起大火。这三艘航空母舰显然必定会遭遇毁灭的命运。海军大将南云不得不将他的司令旗移至一艘巡洋舰上，眼睁睁地看着他率领的精良舰队的四分之三丧生火海。

美国飞机在中午之后才返回着陆。尽管损失了六十多架飞机，但我们取得了非常卓越的战绩。敌人的航空母舰仅剩一艘“翔龙”号。为了太阳旗的荣耀，它马上下定决心进行一次猛攻。就在返回的美国飞行员们在“约克顿”号上讲述他们的故事的时候，我们得到了敌人飞机前来进攻的情报。根据汇报，猛扑过来的飞机大概有四十多架，尽管我们的战斗机和炮火重创了敌机，仍有三枚炸弹打中了“约克顿”号。尽管遭到了严重损伤，不过大火已被熄灭，这艘航空母舰仍可以继续行驶。然而“翔龙”号在两个小时以后再次来袭，并动用了鱼雷，造成了毁灭性的结果。在海面上漂荡了两天，它被一艘日本潜艇击毁。

在“约克顿”号尚在漂荡的时候,它就已展开了复仇行动。“翔龙”号在下午两点二十五分就暴露了。在一个小时里，有二十四架俯冲轰炸机自“企业”号上出发，并排逼近它。袭击在下午五点整拉开序幕，它在几分钟之内燃起大火，直至第二天早上才沉入水中。南云仅剩的一艘航空母舰也被击毁了，上面所有训练有素的航空人员也都随之而去。这是再也无法弥补的损失。6 月 4 日，这场战役停止了。它被准确地看作太平洋战争上的转折。

*　　*　　*

获胜的美国指挥官们仍然面临着其他方面的威胁。日本海军总司令可能依然会带领着他强大的作战舰队前往中途岛。美国空军已经付出了巨大的代价，假如山本决心接着往前推进，美国将会缺少和他对决的重型船舰。目前，担任航空母舰队指挥官的是海军上将斯普伦斯。由于不清楚敌人的力量，而且航空母舰缺少能援助的重型船舰，他打算不往西追击。毋庸置疑，他这项决策是对的，但让人无法理解的是，山本海军总司令并未采用扭转命运的方法。他起初打算前进，在 6 月 5 日早上下令，让威力最大的四艘航空母舰攻击中途岛。并且派出另一支强有力的日本舰队往东北方前进。假如斯普伦斯决心对南云的剩余舰队展开追击，他可能已经在夜晚的一场战斗中遇难了。不过，日本指挥官忽然在晚上改变计划，而且在 6 月 5 日早上两点五十五分下令全体撤离。我们不清楚他这么做的原因，但是很明显，他珍贵的航空母舰意外遭受的致命惨败深深地震撼了他。灾难再次降落到他身上。调去攻击中途岛的两艘重型巡洋舰为了躲避一艘美国潜艇的袭击而在行驶过程中造成了互撞事件。两艘军舰均严重受损，而且在其全军撤退时落在了队伍的后面。斯普伦斯的飞行员在 6 月 6 日袭击了这两艘无法作战的军舰。其中一艘被击毁，另外一艘也处在沉没中。最终，这艘历经战斗的“最高”号军舰还是返回了本国。

当我们占领阿留申群岛西面的阿图岛与基斯卡岛两座岛屿后，日本人就像他们悄然过来那般已悄然撤离。

*　　*　　*

如今回想一番日本领袖的指挥方式是具有教育意义的。他们在一个月之内曾两次用前进的妙计与决心让海军和空军参与战斗。然而每当他们的空军遭遇重击时，虽然目标近在眼前，他们还是全都放弃了。例如山本、南云以及近藤等中途岛战争的海军名将均参加并实行了这些英勇而大范围的战斗计划。在四个月的时间里，这些战斗摧毁了位于远东的同盟国舰队，而且将英国舰队逐出了印度洋。一支舰队若没有了来自空中的保护，且远离基地几千英里，将无法冒险停留在一个装备基本完整的空军大队及航空母舰所组成的军团的行动范围内，因此山本才撤出了中途岛。由于空中援助的匮乏，所以他下令让运输舰队撤离。并且由于这座岛拥有空军防御，面积也不大，所以绝对收不到突袭的效果，向其发动攻势相当于自掘坟墓。

日本之所以出现计划不灵活，并且每次没能根据原定计划执行时就倾向于放弃目标等问题，其最重要的原因是他们的语言既繁琐又不准确，而且这种语言短时间内极难用作信号通讯。

此外，还存在一个明显的教训。早在事情发生前，美国情报部门就顺利看穿了敌方最隐蔽的机密。如此一来，虽然尼米兹海军上将没有太强的实力，但他仍然可以在适当的时间与地点将相当多的军力集结起来。事实证明，在发生战斗时，这是具有决定作用的。该战役清楚地证明了在战争中守密的重要意义和情报暴露的后果。

* * *

不仅对美国，对全体同盟国的事业来讲，美国这一具有纪念性的胜利都是意义非凡的。它极大地鼓舞了士气。日本在太平洋占有的有利形势被它一下子改变了。而它的这种优势曾让我们在远东的所有心血遭遇了长达半年的失败。从现在开始，对于发动攻击，我们全部拥有坚定的信念。我们不再思考日本人接下来会袭击哪里，反而考虑的是我们可以在什么地方攻击敌军，将被他们很快占据的广阔领地夺回来。不过，这是一条艰难漫长的道路，想要在东方取得成功，仍旧要完成很多准备工作。但是对于结果，我们始终坚定不移。并且，各种来自太平洋的要求还不至于太过牵制美国打算应对欧洲战场要有付出的庞大心血。

*　　*　　*

在有史以来的海战中，最扣人心弦的战役就是这两场。美国海空两军和美国民族的美好品质在这两场战役中散发出了璀璨的光芒。空战所建立的新战术战法与截止到今天依然难以估测的局势让活动的速度与命运的变化呈现出从未有过的剧烈改变。但是，形成这种状况的主要原因是美国航空人员和海军士兵们的英勇跟奋不顾身的精神，以及他们指挥官们冷静巧妙的指挥。日本舰队撤回遥远的本国港口以后，他们的指挥官们就已经得知，不但他们航空母舰的力量遭遇了难以挽救的损失，并且他们还面对着一个对立的意志力与坚强的精神，完全可以媲美其祖先的崇高的武士道传统，而且还用无限发展的力量、数量以及科学为后盾。

# 第十五章　北极护航运输船队

## 1942 年

去往俄国的北部航线——在特隆赫姆的“提尔皮茨”号——物资堆集——总统对我施压——5 月 2 日我的回复——斯大林的条件——5 月 9 日我的回复——P.Q. 第十七号运输舰队的悲惨结局——第一海务大臣的通知——巡洋舰与驱逐舰的撤离——德国那边的状况——运输船队的不幸遭遇——我们打算在极昼停止以后不再在北极护航——“败而不馁”——我在 7 月 17 日发电报给斯大林进行详细说明——另外一条去往波斯的路——我请求俄国调动波兰师——我的电文得到总统的赞同——斯大林暴躁愤怒的回复——我打算默默接受——雷德尔对元首的声明——9 月份的运输船队开辟了自身的道路——英国在 1941 年与 1942 年间支援俄国的尽力程度——一次顺利的护航和结局——德国海军战略的重要危险

在希特勒袭击俄国的时候，运输装备跟物资乃是我们与美国唯一的可以支援俄国的方法。这些东西大部分产自美国与英国，还有一些是英国从美国那儿获得的军需物品。所以，我们急需补充的军队装备遭到了重大影响，并且不太可能为应对日本将要发动的袭击而做出有效筹备了。在 1941 年访问莫斯科的比弗布鲁克·哈曼科英美代表团商议将大批资源赠与俄国，他们的提议大体上获得了本国政府的批准。给俄国部队运输这些物资的一条直路就是海运，从北角绕过，沿着北极海航线，到达摩尔曼斯克，随后转到阿尔汉格尔斯克。按照约定，在英国或者美国港口，苏联政府负责用自己的船舰接受物资，随后送回俄国。但是，对于我们愿意供应的大批物资，他们并没有足够的船只进行运输。在一开始的四五个月里，全部进展顺利，仅失去了一艘船。但运输船队在1942年3月开始遭到自挪威北面出发的德国飞机以及德国潜艇的严重侵扰。

我们已知道，希特勒如何率领德国海军在冬天集结在挪威。他不只是为了预防英国的攻击，还为了阻止物资和军需品运到俄国。他从袭击大西洋与横穿大西洋航运的潜艇中留出了一些，用来保卫挪威。我早先就已说过，在希特勒看来，这都是不正确的决策。我们与我们的美国同盟都感觉很开心，在这个紧要关头，德国快速战舰的庞大战斗力并未用在改善潜艇战争的紧迫形势上。即便是这样，随着我们北极运输船队受到的攻击日益增强，英国海军部所要担负的重任也逐渐加重了。

“提尔皮茨”号在1月份向特隆赫姆推进。抵达那里没多长时间，“舍尔”号也过来和它集合，“西佩尔”号巡洋舰则在3月份过来集合。在这批水面舰只里，另有早前从布雷斯特过来的“沙恩霍斯特”号与“歌奈森诺”号巡洋舰以及同它们一块脱离危险的“欧根亲王”号。不过，“沙恩霍斯特”号与“歌奈森诺”号均被我们的鱼雷攻击过，失去作战能力的时间长达几个月。这两艘军舰在修复过程中全都受到了猛烈的空中袭击。在基尔的船坞内，“歌奈森诺”号于2月27日遭到轰炸。尽管我们那时候并不了解状况，不过它必定受到了重击，以至于自此以后，这艘军舰再也没有在海战中现身。保留下来的仅剩“欧根亲王”号，它和“舍尔”号相同，也被调去加入到“提尔皮茨”号的队伍中。英国“三叉戟”号潜艇的鱼雷打中了这艘军舰，但它还是奋力抵达了特隆赫姆，经过短暂维修以后，最终返回德国。它直至10月份才可以加入战斗。尽管在特隆赫姆的海军军力只是希特勒原计划的大约百分之五十，这仍然引起了我们的关注。

在 3 月 1 日，P.Q. 第十二号运输船队从冰岛离开，“提尔皮茨”号听从命令前往拦截。一艘英国潜艇汇报了它的踪迹。指挥“英王乔治五世”号与航空母舰“胜利”号为运输船队护航的海军元帅托维马上转去拦截。由于德国侦察机并未找到运输船队，“提尔皮茨”号便返航了。在它返回的途中，并未被海军元帅托维拦住。3 月 9 日“胜利”号上的飞机发现了它。因此，鱼雷飞机马上出发。不过“提尔皮茨”号还是想办法躲过了全部鱼雷，并躲藏在西弗尔特港的隐蔽处。如此一来，P.Q. 第十二号运输船队平安到达了目的地。德国飞机与驱逐舰在 4 月份重创了 P.Q. 第十三号运输船队，击毁了十九艘船舰中的五艘。我军击毁了一艘德国驱逐舰，但却因鱼雷击沉了“特立尼达”号巡洋舰。美国特种舰队在 4 月份抵达斯卡帕湾，“华盛顿”号新型战列舰、“黄蜂”号航空母舰、两艘重型巡洋舰以及六艘驱逐舰都包含在其中，所以，值得高兴的是我们增强了实力，而且还可以对马达加斯加发动攻击。但是，运输船队的困难与危机越来越大。还有三队在 4 月与 5 月驶向俄国北面。第一队前往冰岛北面的庞大流冰群，在二十三艘船舰中返航的仅有十四艘。在剩下的船舰里，一艘被击沉，抵达目的地的仅有八艘。第二批和第三批运输船队受到了越来越激烈的攻击，一共有十艘船被摧毁。尽管五十艘船舰顺利通过，不过在过程中，我们的“爱丁堡”号巡洋舰却被潜艇击毁了。

等到 1942 年 3 月末，美国与英国拿出来的物资已经大大超过了我们的海上运输能力，因而积压了大批货运和物资。华盛顿和莫斯科均提出紧急要求，希望我们承担更多的工作。因此，霍普金斯给我寄来了电文。

首相致哈里·霍普金斯先生　　　　1942 年 4 月 26 日

对于你本人寄来的与运至俄国的物资积压状况相关的电文，表示感谢。

有关这个问题，我们曾按照运输船队的严重状况进行了非常慎重的思考。今日，哈里曼收到关于我们可以在北部航线调派的运输船队数量，每一支运输船队货轮的数量，和我们解决货运积压的意见等等方面的充足消息。我期望你可以表示赞同。对于运输舰队，我们正在请求俄国人使用更多的方法。

罗斯福总统致首相　　1942 年 4 月 27 日

有关俄国的货运事宜。我因为你寄给哈里的电文而感觉非常担忧，原因是，我不只是担忧对俄国政治所造成的影响，更重要的是，我们无法按时把物资运给他们。在我看来，在物资的运输上，我们已经非常尽力。除不可抗力之外，这些物资要是积压在一起，会是一个重大失误。今天早上，我在与庞德和我本人的海军顾问们讲话时得知，现在的情形非常艰难。我的确非常期望你可以再钻研一番，马上调派的运输船队到底要有多大才可以把在冰岛积压的物资运出去。因为这个，我能同时也愿意进行适时的调整。不过，考虑到袭击马上就会降临到俄军身上，有关我们物资数量的事情，我反而更期望我们不要在此时与俄国寻求新协定。我认为在此时，使用任意理由对斯大林提出任意观点，给他讲我们将不再运输物资，将会导致最悲惨的结局。

罗斯福总统致前海军人员　　1942 年 4 月 20 日

为了解决已装货或者正在装货去往俄国的航运停止的问题，以及打算在 5 月份再次派遣一支运输船队这一急务，今日海军上将金与庞德进行了商议。对于这些船只，我急切地期望他们不要在英国装卸货物。我认为，这将会留给俄国一个难以忍受并让人忧虑的印象。在 6 月 1 日以前，将现在已在英美两国装货和正在装货的一百零七艘船只开出去才是我们的事情。对于金提出的建议，我希望你可以赞同。出于对轻重缓急的考量，我觉得这是我们运输船队运用最重要的一次。

我们将会关注从这个地方运输出去的数量，以便让已认可的6月1日之后从冰岛离开的数目不超过我们运输系统的运输能力。我清楚这件事非常困难，不过在我看来，这反而是极其重要的。所以，对于金的意见，我期望你可以与庞德认真考虑。

虽然我们非常想要这么干，不过这些条件是绝对无法实现的。

前海军人员致罗斯福总统　　1942年5月2日

1. 致上最高的尊敬之意。你所提出的意见是我无力完成的。海军上将金已表明了建议，我们横穿大西洋的护航队已太过薄弱。在两个月之内，协定中的缩减方案就会让运输船队系统陷入一片混乱。在这段时间，假如敌军自东岸朝大洋中央地带袭击，我们的重要生命线必定遭受不幸的结局。

2. 并且，不可以只凭借反潜艇船舰来解决俄国运输船队所遭受的阻碍。在任何时候，敌军的重型船舰与驱逐舰都有发动袭击的可能。就算是我们现在这一支运输船队也在遭到敌军驱逐舰的攻击。我军一艘船舰在打退敌军船舰的时候受损。潜艇攻击了一艘我们最出色的六英寸炮的巡洋舰“爱丁堡”号。该舰受到了重创，正被拖向摩尔曼斯克。至于上次被运输船队毁坏的“特立尼达”号仍在那里停留着。我刚刚接到汇报，“英王乔治五世”号与我们的“旁遮普”号驱逐舰发生了碰撞。“旁遮普”号正在沉没，船上的深水炸弹炸了起来，“英王乔治五世”被毁。所以，俄国运输船队因为缺少反潜艇舰所遭受的艰难，起码等同于缺少作战能力的水面舰只。在特隆赫姆，我们曾倾尽所有力量攻击“提尔皮茨”号，不过遗憾的是，尽管我们靠近了目标，但并没有伤害到它。

3，在这次行动上，我希望你不要勉强我们做出超出我们判断范围的决策。我们曾经针对此事进行了非常认真的探究。但其紧急程度仍是我们没有办法估测的。总统先生，我能对你承诺，我们已经尽了最大的努力，并且我再也不可以对海军部进行催促逼迫了。

4. 六艘从冰岛出发的船只已到达克莱德港，它们一定要马上再次装货。按照经验，我们最大限度可以每两个月派遣三支运输船队，每支有二十五艘或者三十五艘船。庞德另外还有电文寄给海军上将金。

总统致前海军人员　　1942 年 5 月 3 日

对于现在俄国运输船队的难题，我们只能努力赞同你的看法。但我仍旧请求你把运输船队的实力维持在三十五艘。我提议，坚持让俄国人把必需物资降到最小限度，原因是为了筹备“波黎勒”战斗方案①，我们要动用现存的全部军需物资与船舰。

斯大林元帅致丘吉尔首相　　1942 年 5 月 6 日

对于你，我有一个条件。现在，大概有九十艘载着各类重要战争物资到俄国的轮船正困在冰岛或自美国至冰岛的进口处。对于组建运输船队护航队，因为英国海军实力面临着困境，我得知这些船只的航运有可能会耽误很长时间。

有关这部分的阻碍，我完全知道，并且知道英国对此所付出的代价。不过，我认为自己有对你提出条件的责任。为了确保以上所讲物资能在 5 月份到达苏联，希望你能采用一切方法，我们前线急需这些。

希望接纳我诚挚的问候，同时祝愿顺利。

---

① 为攻击法国的重要战斗所进行的筹备工作的代号，最后变成“霸王”战斗方案的基础。——原注

首相致斯大林总理　　1942年5月9日

对你5月6日寄来的电报中的告知与问候表示感谢。我们打算将航线开通，最大限度地将战争物资运到你们那里。因为“提尔皮茨”号等敌军水面舰只在特隆赫姆的活动，每一支运输船队的行驶都已经变成了一场严峻的舰队活动。我们会继续竭尽所能。

毫无疑问，你的海军顾问们已向你提出来，在运输船队航线的两边，自敌军掌控下各种不一样的基地出发的水面舰只、潜艇与飞机袭击运输船队将会产生各种危机。为了处理此问题，我们已经把所有能用的力量都动用了。为了这个目标，我们大西洋运输船队的护航实力已被严重削减，并且你自然也知道，我们付出了巨大的代价。

我直率而郑重地提出，希望能增强苏联海军的支援，以便让这些运输船队可以安全行驶，我坚信你并不会反对此事。

斯大林元帅致首相　　1942年5月13日

已经收到电报。你承诺部署把最大限量的战争物资运到苏联，为了表达感谢，我特意写了这封信。我们很清楚英国正努力解决这些难题，而且也清楚在完成这项庞大的工作时，你们在海上正付出惨重的代价。

对于你让苏联空军与海军采用更有成效的方法在你所讲的地方守卫运输船舰的提议，你不用担心，我方将马上采用一切可行的方法。但你也一定要谅解我们海军军力不多，而我们大多数的空军力量也都已经被运用到了前线的战斗中。

请接受我诚挚的问候

首相致伊斯梅将军，转参谋长委员会　　1942年5月17日

对于我们目前不再派出运输船队一事，不只是斯大林元帅，

就连罗斯福总统也非常不赞同。俄国人正陷在猛烈的战斗中，他们想让我们一同承担危险，当作我们应该做出的牺牲。美国船舰已经整装待发。我本人的情感，混合着焦虑的情绪，觉得运输船队应该在18日启程。只要有百分之五十抵达目的地，这次行动就发挥了效果。假如我们无法实现这一点，我们对两个重要同盟国的影响力就会下降。天气与运气都是难以预测的，也许会帮到我们。我与你一样担心，不过我认为这是一件与责任有关的事情。

* * *

在我们尽了最大努力的时候，P.Q. 第十七号运输船队的命运出现了一段插曲。它是由三十四艘商船组建的船队，在6月27日，从冰岛前往阿尔汉格尔斯克[1]。其护航队包含六艘驱逐舰、两艘防空舰、两艘潜艇以及十一艘小型舰艇。由海军少将汉密尔顿率领的两艘英国巡洋舰、两艘美国巡洋舰以及三艘驱逐舰被用作紧急援助。我们顺着挪威的北海岸安排了九艘英国潜艇与两艘俄国潜艇，以便在必要的情况下袭击"提尔皮茨"号与德国巡洋舰，或起码能警示它们不要靠近。在西部，海军总司令托维指挥我军重要的掩护实力——"约克公爵"号和"华盛顿"号战列舰、"胜利"号航空母舰、三艘巡洋舰以及一小支驱逐舰，负责巡查警戒。

护航商船队经过熊岛的北面，在距德国空军基地大约三百英里的地方遭遇浮冰。海军部下令给汉密尔顿将军，"除非护航运输队面临与敌军水面舰队战斗的威胁"，由他指挥的巡洋舰队没有驶向熊岛北部的必要。很明显，这代表着不会让他去袭击"提尔皮茨"号。并且，重型舰在海军司令的指挥下就停留在距熊岛西北部一百五十英里的地方，

① P273上，北极运输船队：P.Q. 第十七号的航线。——图注

打算只要“提尔皮茨”号现身，就先派航空母舰“胜利”号上面的飞机发动攻击。7 月 1 日，运输船队被敌军发现，之后遭到了敌方空军的尾随，常常受到攻击。第一艘船在 7 月 4 日早上被击毁。当天夜晚，敌军飞机发射的鱼雷再次打中了三艘船，运输船队在这个时候与熊岛已经有一百五十英里的距离。海军少将汉密尔顿利用其职权决定仍与运输船队同行。按照情报，在 3 日午后的某个时间之前，“提尔皮茨”号就已从特隆赫姆出发。不过，我们无法获得它与别的德国重型舰只活动的确切情报。

对于运输船队的进展状况，海军部抱着非常焦急的情绪关注着。考虑到敌军的跟踪，一定要根据海军部那时候所知道的消息研究状况。在 7 月 4 日，我们有确凿的证据能够坚信，在阿尔塔再次补充燃油以后，“提尔皮茨”号与它的僚舰大概已经去阻截运输船队。与所有源自空中或者潜艇的攻击相比，这次来势凶猛、难以抵挡的大型袭击的危险性是最大的。对于抵抗德国人所需动用的军力，汉密尔顿将军的巡洋舰于事无补。趁着敌军尚未抵达前，尽力分散船只，似乎是保有运输船队一部分船只唯一的期望。敌军船舰或许会在离开港口之后的十个小时内抵达这个地方，然而商船每个小时仅仅能行驶七八海里。就算是我们能有效分散开,时间仍然非常紧张。当晚，觉得马上就要展开攻击的海务大臣直接用自己的名义发出以下紧急通知给汉密尔顿将军：

下午九点十一分

巡洋舰必须全速往西边撤离。

下午九点二十三分

考虑到敌军水面舰只的威胁,运输船队应该分散前往俄国港口。

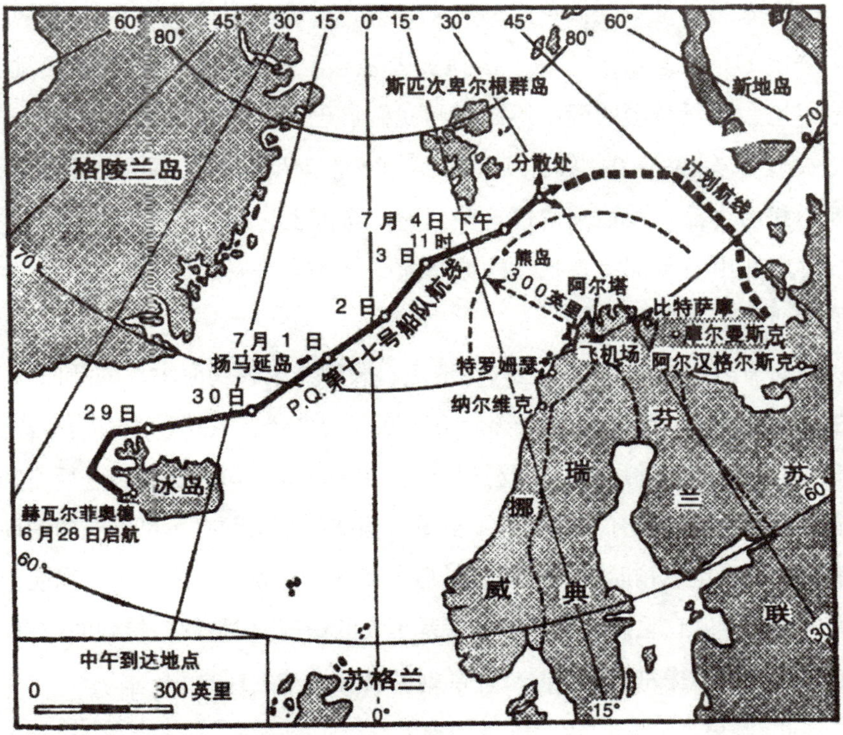


北极运输船队：P.Q.第十七号的路线

下午九点三十六分

应该分散运输船队。[①]

这项决定一旦发出去，就会让率领巡洋舰的司令丧失了抉择的余地。他所下的是明确而绝对的命令。对于放弃倒霉的运输船，虽然他感觉烦恼，却束手无策。我们的舰队无法按时到达出事地点进行援助。遗憾的是，保护运输船队的驱逐舰也撤离了，不过，这在当时这是一项正确的决策。之后，它们协助将分散的船只集合成几支小分队，同时在剩余充满危机的漫长途中，针对空中与潜艇攻击作出了护卫。

① 只有直接面临水面舰只的威胁时才执行分散的命令。信号手册里规定了运输船队每艘船在收到命令之后展开活动的具体规则。——原注

如果这只是与我们英国的船舰有关，或许庞德将军并不会下达这么坚定的指令。由于这是首次在英国领导下的大范围英美联合活动，他担忧会连累美国的两艘巡洋舰与我们自己的战舰同样遭到摧毁，于是做出了这些惊人的决策。这仅仅是我按照对朋友的了解得出的揣测，因为我始终没有跟他辩论过这些问题。实际上，以第一海务大臣的职权发出并由海军部审查批准的这些命令是非常机密的，我直至战后才了解到这些事情的过程。

同盟国的巡洋舰已穿过约定地点。假如并未收到海军部的新命令，在任何情形下，这些巡洋舰都会遵循原本的命令在大约一小时内撤离。事实上，战略上的局势并不受它们最开始的活动的影响。按照之后所知道的，把船只分散开的决策并不慎重。假如汉密尔顿将军可以在周围地带停留，直至运输船队完全散开以后再离开，那就可以避免运输船队因为目击巡洋舰仓皇撤离而形成的慌乱不安的情况。但按照他接到的信息，他必须假设“提尔皮茨”号或许随时都会在海洋上现身。

此刻,请允许我们转而讲讲德国的状况。敌军由“提尔皮茨”号、“舍尔”号、“西佩尔”号和相关驱逐舰所组建的舰队在阿尔塔会合，直至5日中午才从港口离开。当时根据空中侦查的状况，他们了解到运输船队已经散开，并且英国巡洋舰已撤离。很快，一艘俄国潜艇找到了德国船舰。这艘潜艇攻击了“提尔皮茨”号，而且错误地自称击中了两个地方。最后，“提尔皮茨”号还被一艘英国潜艇发现，汇报它正全速驶向东北方向。尽管德国海军上将清楚自己已经暴露，而且自己肯定在英空中攻击的范围内，但依然准备继续执行任务。不过对于这个问题，德国最高指挥部反而有不一样的观点，并且因为想起一年前的“俾斯麦”号的遭遇,打算让舰队撤离。他们还多多少少准确地估测到，或许更有效是用飞机与潜艇来应对散开的运输舰队。当天夜晚，德国的重型舰只收到命令返回港口。他们所形成的潜在危险导致运输舰队散开了。如此一来，德国人只在这些航线上现身，就直接给他们自己争取了一场巨大的胜利。

留给我们的是悲惨的结果。这个时候，分散并且毫无防卫的运输舰队已经变成阻拦它们的飞机与潜艇的囊中物。有的只有一艘船，有德则是商船组成的小分队。他们有些还附带一艘或者多于一艘的小型护卫船只。其不幸遭遇本就是一个充满传奇的故事。有些躲避在新地岛寒冷的海岸地带。在从冰岛离开的三十四艘船里有二十三艘沉入水中，它们的船员或死在寒冷的岛上，或因为冻伤而受到无法忍耐的痛楚与伤残[①]。英国两艘商船、美国六艘商船、巴拿马一艘商船以及俄国两艘商船抵达阿尔汉格尔斯克港，将自冰岛运过来的二十万吨货品中的七万吨卸了下来。沉入水中的美国商船共有十四艘。在整场战争中，最悲惨的海上插曲就包括这个。

我在 7 月 15 日用备忘录告诉海军大臣与第一海务大臣："我直至今早才了解到是巡洋舰队的司令官汉密尔顿下令让驱逐舰与运输船队分开的。对于这项决策，你那时候是怎样的观点？此刻又是怎样的观点？"我等候着调查相关人员行动的结果。这需要一定的时间，并且最终并没有人遭受惩罚。按照第一海务大臣的命令所寄出的电文全都存在，如何能给予惩罚？

在很多降临到我头上的事情里，也包括我在后面几章阐述的开罗与莫斯科之行，对于一些和我相关的事情，我暂时放下来不讲，不过我目前不得不讲下去。假如"提尔皮茨"号与它的僚舰靠近了护航的巡洋舰与运输船队，下令撤离巡洋舰是对的。因为不这么做就将付出没有必要的代价，而分散开才是商船的最大希望。驱逐舰的撤离产生了另一个难题。在汉密尔顿将军的汇报中，他讲到了燃油的状况，提出运输船队的散开导致它们没有办法寻到一艘油船对为数不多的燃油进行补充。他对船队行动中的意外事故进行了阐述，船队在那种状况下最需要的就是驱逐舰。但运输船队的散开让驱逐舰在抵御海面攻击

① 除此之外，另有三艘支援舰跟随运输船队出发。有一艘沉入水中。——原注

方面无法起作用。毫无疑问，驱逐舰的撤离是不对的。为给商船护航，它应当担负所有的危险。

自大战爆发开始，对于这个悲惨的事件，美国作家曾进行批判，并且还马上引发了苏联政府的一阵谴责与咒骂。而我们终究是在这一惨剧中得到了教训。

*　　*　　*

考虑到 P.Q. 第十七号运输船队的悲剧，对于北极运输船队的航运，海军部提议至少应在北方浮冰群融化以前与极昼过去之后再展开。在我看来，这是极其重要的一项决策，并且鉴于“败而不馁”的原则，我觉得这笔赌注不但不应该被削减，反而应该提高。

首相致海军大臣与第一海务大臣　　　　1942 年 7 月 15 日

请根据下面各个方面进行研究：

自这个月 18 日开始，根据现在所提建议暂时停止 P.Q. 第十八号运输船队的航运。探知我们在马耳他战斗行动的状况。假如一切顺利，把“无畏”号、“胜利”号、“阿尔戈斯”号以及“鹰”号派遣到斯卡帕湾北面，而且起码还要集结五艘协助航空母舰，与全部能用的“狄多”型船舰和至少二十五艘驱逐舰一起。在空中护卫与驱逐舰的保护下，使这两艘十六英寸炮的战列舰向南部行驶，避免靠近浮冰，只在天气最好的时候攻击敌军。在至少一百架战斗机的护航下，假如我们的运输船队可以行动，我们必定能再次把通道开通，并且，如果可以完成一次舰队的行驶任务，那就更不错了。

但是，我无法说服我的海军朋友们执行这个计划。它必定会制约一部分我们急需的、并且在现实军事重要性上高于北极运输船队的船舰。因此，我把以下电文寄给斯大林。对于这份电文，我已经提前获得总统的赞同。

首相致斯大林元帅　　　　　　　　　　　1942 年 7 月 17 日

自 1941 年 8 月开始，我们将小型运输船队派往俄国北边，截止到 12 月份，德国人并没有采取丝毫阻拦行动。运输船队的组织在 1942 年之后扩大，因此，德国人把一支实力极强的潜艇队与大批飞机调到了挪威北面，不断攻击运输船队。在允许的条件下，只需提供最强大的驱逐舰与反潜艇船舰进行护卫，就可以起码在一定程度上避免运输船队的损失。很明显，对于只凭借飞机与潜艇所获得的成绩，德国人并不知足，因为他们已动用水面舰只对运输舰队发动袭击。但是值得庆幸的是，他们一开始把重型船舰留在熊岛的西部，把潜艇留在东部。如此一来，我们本地的舰队就可以预防水面舰队的袭击。在 5 月，运输船队尚未启程的时候，我们得到海军部的提醒，假如就像预测的那般，德国人的水面船舰被他们留在熊岛东部，那我们将会有极其惨重的损失。但是，我们仍旧决心让运输船队启程。敌军水面舰队有一次攻击并没有得逞，但我军运输船队因为空中攻击而损失的船舰到达了六分之一。而对于 P.Q. 第十七号运输船队，德国人最终用我们一直以来最担忧的形式动用了他们的实力。他们在熊岛西部集结潜艇，并且保存水面舰只，打算攻击熊岛东部。现在尚且不知道 P.Q. 第十七号运输船队的最终情形。截止到现在，抵达阿尔汉格尔斯克的船只仅有四艘，另外在新地岛的港口中还有六艘。但是，这六艘时刻都有遭遇空中攻击的可能。所以，我们最多能够保留三分之一。

在敌军战斗舰队的位置变为北极地区的时候，我不得不讲明白这些运输船队活动的风险与艰难。在我们看来，冒着风险把我们本地的舰队开到熊岛东部，或者前往会受到强大的德国陆基飞机攻击的地方，并不正确。假如我们损失一两艘为数不多的强大战列舰，或遭受重创，并且“提尔皮茨”号及其僚舰，以及很快加入“沙恩霍斯特”号，我们将会（暂时）失掉大西洋的所有掌控权。除此之外，特别重要的是，现在每个月已经有高达八万人的运输美国部队横穿大西洋时遭受阻挠，导致在 1943 年开辟强大的第二战场的任务难以实现。

我的海军顾问们跟我讲，假如让德国的水面舰只、潜水艇和空军等维持现有实力，他们就能确定地讲，所有向俄国北面行驶的运输舰队就会遭到彻底失败。截止到现在，他们仍无法怀有丝毫期望，证实与 P.Q. 第十七号运输船队的状况相比，运出船队在极昼时完成航运能更强。非常遗憾的是，我们已得出结论：派遣下一批 P.Q. 第十八运输舰队的行动对你们没有任何有利之处，只会让我们的共同事业受到全方位的损害。并且，我对你承诺，只要我们可以进行部署，让至少是一定比例的运输船队抵达你那里，我们马上就会让运输船队恢复正常。问题的关键是，要让巴伦支海变成德国战舰的危险地区，就如他们对我们所干的那般。这是我们在动用我们共同的实力时应当懂得的。我非常乐意派遣一位皇家空军的高级军官到俄国北面与你们的军官拟订一个方案。

同时，我们打算马上把原本属于 P.Q. 运输船队的一些船只派到波斯湾去……

你提及在北部的联合活动。现在，那些妨碍调派运输船队的活动，也会阻碍我们把战斗急需的陆军与空军军队运到挪威北面。但是，我们的军官仍旧应该马上一块来思考进行联合活动的时间，到底应该是在 10 月份，还是 10 月份之后。假如你们可以把军官派过来，那就更加不错了。但是，假如不可以，就允许我们的军官前往你们那里。

除北部的联合活动以外，我们正在思考怎么对你们南线进行支援。假如我们可以把美隆尔驱逐出去，在秋天的时候，我们就能调派强大的空军对你们左翼的战线进行援助。要想给横穿波斯的航线提供这些军队，并且还不对你们的供给造成影响，很明显是非常艰难的。但是，我期望很快就可以把详细的意见提给你。总而言之，我们一定要先把美隆尔驱逐出去。现在的战斗很激烈……

斯大林元帅，感谢你准许波兰的三个师与他们位于巴基斯坦的同胞们一块进行战斗。我非常坚信，这完全符合我们的共同利益。在巴基斯坦，我们将会把他们都武装起来。在往后的战斗中，这些军队将会发挥极大的影响，同时会让土耳其人觉察到南边的军力增多了，从而避免他们变得怯懦。对于你的这个让我们非常看重的方案，我期望不会由于一定数量的要依赖波兰军人的食物生存的老少随着波兰人行军而泡汤。对我们而言，这些人的食物供给会是一种重担。但在我们看来，为了组建对我们共同利益忠诚有效的这支波兰部队，这也是很有必要的。在地中海东岸诸国地带，我们自身的食物同样非常匮乏，但在印度是有充足的食物的，要是我们可以把那里的运过来就太好了。

假如我们无法获得这些波兰军队，那么在如今展开大范围筹备的英美大举袭击大陆的军力中，我们就要调出一部分填补其空缺。这些筹备任务已迫使德国人把两支重型轰炸机队从俄国南边调到法国。请信任我，在你们伟大的战斗中，若是没有我们与美国人的支援，那简直是不经之谈。总统与我始终在寻找办法，克服因为地理条件、海洋和敌方空军所导致的非常艰难的困境。这份电文已被总统看过。

我实在不愿意讲我接到一份充满暴躁而大发脾气的回复。

斯大林元帅致丘吉尔首相　　　　1942年7月23日

1. 已收到7月17日的电报。在这儿，可以得出两个结论。第一，对于往苏联运送战争资源，英国政府不愿意继续采用北方航线。第二，英国政府不顾及有关 1942 年开辟第二战场的紧急工作的协定公报，把此事延迟到了 1943 年。

2. 对于英国海军专家所提及的理由，我们的海军专家进行了思考，觉得让苏联北方港口的运输船队停下来是完全无法让人接受的。在他们看来，只要是怀有诚意而且愿意实践协定的责任，这些运输船队维持正常航运是没问题的，而且还能重创敌军。对于海军部下令让 P.Q. 第十七号运输船队返回的意图，我们的专家也感觉难以理解，货船因为这项指令而不得不散开，在毫无掩护的情形下，零散地想办法抵达苏联港口。自然，我并不觉得定期驶向苏联北部港口的运输船队能不经历威胁或者损失就将任务完成。不过在战争期间，所有重要任务的达成都会有威胁或者损失。不管怎么样，在苏联因为苏德战线的紧迫局势而比过去更急需战争资源的时候，我肯定不想英国政府停止运送这些资源。很明显，北方口岸运输船队停滞的损失并不是运输队经过波斯湾就可以弥补的。

3. 而讲到第二个问题，也就是欧洲开辟第二战场的问题，我担心它并未受到应该有的关注。通过全面思考苏联前线现在的局势，我不得不重点提出，对于开辟欧洲第二战场，苏联政府绝不会答应延迟到 1943 年。

对于我这么直率而诚恳地将自己的观点讲出来，和电报中所讲的我的同僚们对此事的观点，我期望不会冒犯你。

这些论断的依据并不绝对。我们并不是要破坏往苏联港口输送战争物资的“协定的责任”。制定协定的时候都曾经进行特别规定，往俄国运送战争物资的责任让俄国人承担。我们只是处于好心才另外承担运送任务。而提到破坏在 1942 年开辟第二战场的计划，最可靠的申辩便是我们的备忘录。但我并不觉得与苏联政府就这些问题进行争执有什么有利之处。在他们自身没有受到攻击之前，他们是乐于见到我们一败涂地的，而且与希特勒共享成功的果实。就算在我们共同的战斗中，面对英美两国因为给他们运送支援物资而付出的代价，他们也不会轻易讲一句同情的话。

这个观点获得了总统的赞同。

罗斯福总统致前海军人员　　1942 年 7 月 29 日

我赞同你的观点，但是你一定要非常谨慎地答复斯大林。对于我们同盟国的人格以及降临在他们身上的艰难和危机，我们应当常常谨记于心。在任何一个人的国家受到入侵时，我们不能期待他从全世界的角度对待战争。在我看来，我们应当为他换位思考一下，我认为我们应当先非常详尽地跟他讲，我们已决心在 1942 年展开行动。我觉得，假如我们并未将所拟订的战斗方案的详细情况告诉他，那也需无条件跟他讲我们正在进行的真实状况。

并且我觉得，你不应该让斯大林对北方运输船队的事情抱有丝毫缥渺的期望。我自然赞同你的观点，假如有丝毫成功的可能，不管冒着多么大的风险，我们都应当将一支船队派遣出来。

我仍旧存有期望，觉得我们能直接把空军投入俄国战线。对于这个问题，我正在这儿继续思考。我坚信，只答应在埃及战争顺利的情况下将空军力量投过去的行为是愚蠢的。俄国有着迫切的需求。我有这样的预感，假如俄国部队与百姓了解到我们的一些空军正极其直接地与他们并肩作战，他们必将因此而倍受鼓舞。

并且我们能坚信，从战略角度来讲，我们现在的与打算运用的联合空军部队是非常不错的。不过我认为这一点并不会得到斯大林的赞同。在我看来，斯大林没有参与战略理论上的辩论的意愿，并且我确定，与我们的首要战争活动有所不同，对他战线的南部进行直接的空中援助才是最适合他的方案。

所以，我把斯大林满纸埋怨的来电就放在一旁，不进行任何申辩。俄国部队最后还是遭受了重创，战役则正处在胜负难分的紧急时刻。

*　　*　　*

在德国海军司令部跟元首于1942年8月26日召开的一场会议上，海军上将雷德尔进行了下面的汇报：

> 很明显，同盟国的运输船队并没有起航。所以我们能假设，我军让敌方最近一次运输船队全军覆没的潜艇与飞机已逼迫敌军，短时间内放弃这条航线，或者甚至已经从根本上将他整体的供给体系给改变了。英国人率领下的整体战局的部署决定了俄国北面港口的物资供给。他们为了制约德国军力，一定会拥护俄国。对于俄国北面，敌军或许会维持航运供应资源，所以海军部一定要顺着原本的线路把潜艇保存下来。大多数德国舰队也会在挪威北面驻守。这么做的原因不只是能袭击或许会现身的运输船队，还能应对敌军侵略的危险。并且，拿整个轴心国的战术来讲，尤其是英国和美国海军在地中海与大西洋受到重创之后，英国舰队受到我国“现存舰队”的制约有着非常重大的意义。除此之外，近海敌方水雷的威胁日益严重，所以海军舰艇应当只有在维修或者进行训练时才可以活动。

*　　*　　*

另外一支运输船队直至9月份才启程向俄国北面行驶。此时已更改了护卫方案，一支由十六艘驱逐舰组建的护卫队掩护着运输船队，并且装有十二架飞机的“复仇者”号新式护卫航空母舰也首次参与了护卫。

就如以往那般，英国舰队还完成了强大的援助筹备。这次，德国水面舰只终于不再阻拦，而让飞机与潜艇负责攻击工作。这导致了一场非常可怕的空战，在前来进行空中攻击的一百多架敌机中，有二十四架被我们击毁。在这些战斗中，有十艘商船失踪，另外还有两艘被潜艇击毁，但顺利将航线打开的船则有二十七艘。

<table>
<tr><th colspan="8">1941 年至 1942 年运往俄国北部的物资<br>俄国港口的到达数（数字仅系约计数）<br>1941 年</th></tr>
<tr><td rowspan="2"></td><td colspan="2">商船数</td><td colspan="5">货　物</td></tr>
<tr><td>英国商船</td><td>美国商船</td><td>车辆（辆）</td><td>坦克（辆）</td><td>飞机（架）</td><td>弹药和其他必需品（吨）</td><td>原油和石油（吨）</td></tr>
<tr><td>英国物资</td><td rowspan="2">34</td><td rowspan="2">14</td><td>867</td><td>446</td><td>676</td><td>75 512</td><td>0</td></tr>
<tr><td>英国物资</td><td>1 506</td><td>35</td><td>29</td><td>11 460</td><td>24 900</td></tr>
<tr><td>总计</td><td>34</td><td>14</td><td>2 373</td><td>481</td><td>705</td><td>86 972</td><td>24 900</td></tr>
<tr><td colspan="8">1942 年</td></tr>
<tr><td>英国物资</td><td rowspan="2">68</td><td rowspan="2">103</td><td>3 029</td><td>1 347</td><td>1 312</td><td>190 263</td><td>0</td></tr>
<tr><td>英国物资</td><td>18 998</td><td>1 448</td><td>648</td><td>337 429</td><td>44 583</td></tr>
<tr><td>总计</td><td>68</td><td>103</td><td>22 027</td><td>2 795</td><td>1 960</td><td>527 692</td><td>44 583</td></tr>
<tr><td colspan="8">全部到达数</td></tr>
<tr><td>1941—1942 年全部到达数</td><td>102</td><td>117</td><td>24 400</td><td>3 276</td><td>2 665</td><td>614 664</td><td>69 483</td></tr>
<tr><td colspan="8">海上损失数</td></tr>
<tr><td>1941—1942 年总数</td><td>22</td><td>42①</td><td>8 422</td><td>1 226</td><td>656</td><td>232 483</td><td>7 373</td></tr>
</table>

① 这些船只有部分是在大西洋北部损失的。——原注

*　　*　　*

我们不但承担了这些运输船队几乎所有的重任，并且就像这张图表所注明的，在 1941 年与 1942 年两年间，在我们极为有限的物资中，我们还尽量供应了大批飞机与更多的坦克给俄国。对于那些嘲讽我们并未在俄国艰难时期给予热心援助的人们，这些数字就是结论性的回复。我们果断地将我们的血汗托付给了我们勇敢而遭受着痛苦的同盟国。

*　　*　　*

1942 年无法掩盖皇家海军在没有丝毫希望的情况下所做的劳而无功的努力，我们不得不把希望放到将来。在 P.Q. 第十八号运输船队于 1942 年 9 月抵达之后，前往俄国北面的运输船队再次停了下来。很快，我们在内海的所有海军实力全都被投入到了北非的大战中。不过，囤积运送到俄国的物资和对以后运输船队的掩护方法等事情则在周密思考中。下次的运输船队直至 12 月末方才开始它充满危机的航行。在本地舰队的保护下，这支船队分为两批行驶，每批被六七艘驱逐舰保护着。首批顺利抵达。第二批的行驶则并不是很顺利。12 月 31 日早上，船队那时候正驶至与北角有一百五十英里左右距离的海上，敌军的三艘驱逐舰被正在“奥斯洛”号驱逐舰上率领护航舰队的 R. 萨布鲁克海军上校发现。他立刻转身迎击。战斗刚爆发，德国“西佩尔”号重型巡洋舰就在海面上现身了。英国驱逐舰与这艘具有强大威力的军舰纠缠了近一个小时。二十五英里外的伯纳特海军上将与英国“谢菲尔德”号、“牙买加”号两艘巡洋舰被战斗的炮火吸引了过来。这支舰队直奔南部，与德国“鲁佐夫”号袖珍战舰相遇。通过短暂的交锋，“鲁佐夫”号在天刚亮的时候逃往西面。德国舰队司令认为这两艘英国巡洋舰是作战舰队的前导，因此惊慌逃跑。“谢菲尔德”号在这场短时间的战斗中近距离击毁了德国一艘驱逐舰。随后是一场追踪战。德国的两艘重型军舰以及保护它们的六艘驱逐舰对由萨布鲁克保护的运输船队发动了攻击，不过并未得逞。

运输船队顺利到达俄国领海，失去了一艘驱逐舰，除此之外，仅有一艘商船稍有损伤。在战斗刚刚开始的时候，海军上校萨布鲁克受了重伤，一只眼睛失明，但他仍坚持战斗，而且亲自指挥作战。他因为指挥得当，被授予维多利亚十字勋章。

这场战斗在德国最高统帅部里面引起了极大反响。因为通讯耽误，最高统帅部是从英国广播中才得知此事。这惹怒了希特勒。在他暴怒而又不耐烦地等着战斗结果时，戈林还来火上浇油，激烈埋怨他不应该耗费德国空军中队来掩护本该报废的那些海军主力舰只。雷德尔海军上将听从命令马上进行汇报。海军会议在 1 月 6 日召开。对于德国海军以往的成绩，希特勒进行了强烈冗长的抨击。“假如元首打算将大型舰只报废，你们不应该觉得是一种贬低压制。对于海军来说，真正的贬低压制是把一支具有足够作战能力的舰队消灭。在陆军方面，就是将所有骑兵师消灭。”对于为何违背规定动用退役主力舰只，雷德尔听从命令做了书面汇报。在接到这份备忘录的时候，希特勒大肆奚落，而且下令让接替雷德尔的邓尼茨制订一项与他的条件相符的方案。在希特勒周围，针对德国海空军的前途对比问题，格林与雷德尔两人间发生了一场激烈的矛盾。不过，对于自 1928 年以来在他的指挥下所做出的成绩，雷德尔坚决地进行了申辩。他屡次建议组建一支独立的海军航空兵军队，不过因为戈林坚持以为，与海军相比，空军在海上能更有成效地执行任务，所以并未成功。戈林成功了。1 月 30 日，雷德尔辞去职位。颇具野心的潜艇司令邓尼茨成为接替者。自此之后，所有有用的新舰只的建造都被潜艇独自霸占了。

在当年的年末，英国皇家空军为了给一支驶向俄国的同盟国的运输船队作掩护而进行了勇敢的战斗，这在敌方海军战略方面，直接引发了一场巨大危机，也终结了组建另外一支德国公海舰队的不切实际的幻想。

# 第十六章　空袭

1942 年 2 月 27 日攻击布伦艾瓦——无价的战利品——一个没有得到处理的细节——“火石”——卓越的功绩——对我军轰炸机投弹精确性的质疑——引导轰炸机的装备——“前进”——“欧波”——“硫化氢”——对德国进行新一轮的轰炸的方案——“硫化氢”的生产进展很慢——“硫化氢”在反潜艇战役所发挥的作用——空中对海面搜寻雷达——和敌军一同使用的定向设备——对于我军新的轰炸，希特勒司令部的反应——抵抗德国夜晚战斗机的袭击——坎门胡贝尔线——叫作“窗口”的设计——对于运用这种方式，我们的迟疑——这种方式的惊人成绩

我军情报部门在 1941 年的冬天怀疑德国人正利用一种新式雷达仪器，替他们的高射炮探测我军飞机的航行方向与距离。听说，这种仪器与一个大型钵形电热器相似。我军情报人员的对空听音设备与空中摄影等很快就探测出来，在欧洲北海海岸散布着很多电台，而且安装着新设备的那座或许就在里面，安放在与勒阿佛尔距离不远的安蒂斐尔角上面。我们空中摄影侦察队一个中队长在 1941 年 12 月 3 日偶然间探访了我们的情报部门，获悉我们正怀疑的这个问题。他在次日主动驾驶飞机前往，探测出了那座电台的方位。他在 12 月 5 日再度行动，成功拍到了一张出色的照片。我们的科学家觉得，这正是他们想要的信息。尽管电台安装在有四百英尺高的悬崖上面，不过旁边有一片海滩能作为飞机降落场。因此，我们就拟订了一项突击方案。

在 1942 年 2 月 27 日一个下着大雪的夜晚，一队伞兵在午夜时分降落到崖顶上的德国电台后方，将驻军围困起来。另有一队接受了详细命令的工兵、皇家空军的一名无线电机械师与伞兵一块前往。他们奉命尽量把设备拆下来带走，同时把里面的设备绘制草图，或拍照。如果可能，再抓走一名德国报务员。尽管他们全部的工作时间因为时间表上的误差而由三十分钟缩减为十分钟，他们仍然做完了全部工作。他们寻获了大多数设备，借着火光拆卸并带到了海滩。海军正在这里等着，接应这队人马。就是这样，德国雷达防务中关键设备的重要部分被我们掌控了，而且得到了对我们发动空袭的有利消息。

* * *

凭借专门收集与雷达情报相关的间谍网快速扩张，还有友善的中立国人民自被侵占国家带过来的消息，在 1942 年里，我们对德国防御工作的了解在逐渐增加。当讲到“间谍”与“友善的中立国人民”的时候，应该单独介绍一下比利时人。1942 年期间，在全部与这个题目相关的“情报”里，有百分之八十是他们提供的，一幅具有重要意义的地图也包含在里面。这幅地图是从比利时境内北面两个战区德国夜间战斗机航线内德国探照灯与雷达军队指挥官那里偷拿出来的。拥有这张地图，再加上别的消息，我们的专家才有了把德国防空系统的疑问解开的可能。到这一年的年末，我们不仅清楚了敌军的系统是如何控制的，并且清楚要怎么抵抗它。

但是，我们还有一个不了解的细节，并且直至好几个月以后方才发觉。等到该年年末，林德曼教授——现在已经变成彻韦尔勋爵——跟我说，在德国人的夜间战斗机中，已经安装了一种新式雷达设备。除了知道这种雷达设备名叫“火石”，其设计目的是为了追寻我军轰炸机以外，其他就一无所知了。在我们的空袭尚未发动前，一定要对这种设备的状况有更深入的了解。我们在 1942 年 12 月 2 日晚上派遣第一百九十二中队的一架飞机来引诱敌军。一架发射“火石”电波的敌军夜间战斗机屡次攻击了这架飞机。几乎全部的机组人员都被打中了。倾听辐射电波的专业技术人员的头部受到重伤，却依然坚持观察。无线电报务员尽管受了重伤，仍在拉姆斯哥特上空跳伞着陆，保住了他的性命与无价的观察文件。其他的机组人员则将飞机开往海面，在海面上降落，其原因是飞机上的零件受到重创，已经没办法在机场着落。一艘从蒂尔那儿过来的小船救了他们。这样我们就补充了对德国夜间防务不了解的缺憾。

*　　*　　*

林德曼教授早在 1940 年就已让我质疑我军轰炸的精确性，所以在 1941 年，我下令让他指挥的统计处调查轰炸机司令部。我们所担忧的问题被调查结果证实了。我们得知，尽管轰炸机司令部觉得已经搜寻到目标，不过事实上，对于目标方圆五英里范围内的地带，有三分之二的机组人员无法打中目标。空中摄影同样宣称，我们给敌军的损伤是多么微不足道。对于这一点，好像机组人员也清楚，并且也因为风险大、成果非常小，而觉得失望。除非我们对这方面进行改善，否则接着发动夜间轰炸好像并无太大好处。我在 1941 年 9 月 3 日将下面的备忘录发了出来：

首相致空军参谋长

附带文件（有关 6 月与 7 月对德国轰炸的成果，彻韦尔勋爵所作汇报）意义非凡，好像应该引发你的密切关注。我等着你关于应对方法的意见。

之前曾经提及很多种借助无线电来指挥我们的轰炸机接近目标的办法，不过，在我们尚未了解到我军的轰炸有多么不精确的时候，好像没有理由对这些复杂的事情进行探究。我们目前已经全心全意关注这些事情。之前，我们研究出一种叫作“前进”的办法，这种办法在同一时间将电波分别自英国国内三个彼此相距很远的电台发出去。借助精确地掌控电波传至一架飞机的时间，就能探测出这架飞机的方位，与目标的距离会在一英里以内。这是一种改善，在攻击布伦艾瓦大概十天之后，我们就大范围运用了这种办法。凭借这个，我们对鲁尔地带的大部分目标发动了攻击，不过尚且无法进一步入侵德国。在同一时间，我们还攻击了吕贝克和罗斯托克，但并非运用“前进”这种方式。另外一种被叫作“欧波”的相似的办法就精确多了。不过，要运用这种办法，在一定的时段里，轰炸机必须要飞直线，面临着受到高射炮袭击的巨大危机。并且，就像“前进”这种办法那般，所设计的无线电电波过短，没有办法顺着地球表面的弧线传送。所以，它只可以用在高过地平线的特定高度与距离的飞机上——两万五千英尺左右高，二百英里距离。我们可以袭击的地区因此受到了极大的约束。还要寻找一些更好的办法。

从 1941 年开始，在这种观点被证实是可以实行的时，林德曼教授证明，在飞机上安装雷达设备，就能将飞机经过的陆地的地图投射到座舱的荧光屏上。假如轰炸机凭借“前进”的办法或者别的办法飞行，等抵达与目标距离大概五十英里的地方时，就可以打开这种雷达的开关，在云雾中投弹，而且不产生偏差。距离便不再是难题。飞机不管去什么地方都带有雷达眼，并且雷达眼还能在黑暗中看清陆地。

这种办法，也就是之后以密码代号——“硫化氢”而闻名的办法，遭遇了很多困难。有一段时间，时常有人劝告我，称这毫无胜利的可能。不过，就像后文中的备忘录所表明的，我坚决推进这项研究项目，最终取得了胜利。我们利用是一种特别的超短波。电波越短，飞机上荧光屏的图像就越清楚。这种电报被称作微波，而发射这种微波的机器全部是由英国发明的，这是海陆无线电战争中的一大变革。德国人直到得到它们以后，才仿造出来。但这全是后来的事情。在这个重要时刻，除进行科学研究之外，没有精力顾及别的。首先是制作可以实际操作的模型。假如它运行无碍，我们就要大量制造，在飞机上安装，而且教导我们的机组人员学会运用这种办法。假如花费了过多的时间进行实验，生产肯定会延后，如此一来，我们就很长时间不能发动精准的轰炸。

*　　*　　*

首相致空军大臣　　　　　　　　　　1942 年 4 月 14 日

在明年冬季，我们就会对德国发动轰炸攻击。我们对此寄托了极大期望。我们应该尽最大努力，不辜负全国为了这个目标而投进去的大量劳力。空军部的职责是使用在他们控制下的飞机，确保最大限度地将最好的炸弹投到德国城市中。除非我们可以承诺，我们投下的大多数炸弹真的可以让敌军遭受一些损伤，否则就无法证实我们采取这种袭击方式的有利之处。下面各条是胜利的必要条件：

(1) 必须让机组人员学习运用盲视轰炸装备。我们大多数夜间轰炸机将会在秋天安装这种设备。

(2) 找出领航员在使用星辰导航时利用六分仪座的困难，将这些困难攻克，而且确保他们可以使用这一方式靠近目标十二英里到十五英里范围以内，随后盲视轰炸设备就可以起作用了。

(3) 要确定我们所期待获得的大量轰炸机不会由于糟糕的天气而难以行动。这就要在机场备着合适的跑道，引导返航飞机降落的设备和或许用得上的驱雾设备。把融冰设备与盲视轰炸设备安装在飞机上等。

(4) 必须准备大量的烧夷弹与高装药率的炸弹，就算没有太强的穿透力也可以。在去年 7 月份，我曾经提到了这件事，而且获得承诺，不会短缺。不过我认为，我们大量储备的一千磅与五百磅炸弹的依然是无用的旧型炸弹。

我们应该预测到，敌军同样会在陆地与空中改善他们的抵御办法。据我所知，很多对付敌军的设备已经准备好了，在这段时间，我们是给予大力拥护的。毫无疑问，你将获悉，一切都是全力协作的。这样我们就可以在需要的时候就来得及安装并运用这些设备。

我在三周之后举行了一场会议，而且同意一项紧急计划。

首相致空军大臣　　1942年5月6日

据说，我在4月14日备忘录中所提及的很多事情都已经办好了，对于这一点，我很开心。

我期望一张“硫化氢”的大型订货单已部署完毕，并且所有事情都不可以阻碍这种仪器按时制造完成。假如我们可以如愿，我们明年冬天的战争形势就会有极大的改善。

你曾在汇报中提出，在今年年末之前，对于中等爆炸力的炸弹，飞机生产部无法悉数提供，这让人非常震惊。有关这一问题，我曾在去年7月份寄信给你，你的回答是，他们已保证尽快提供。如今看来，他们仍在等痛击试验等。自然，与我们这么大批耗费掉的轰炸力相比，投放大批装在薄弹壁中的高爆炸力的炸弹要强很多。

尽管全部重要事情都在解决过程中，不过还有很多方面的工作需要及时完成。所以，最好让专人管理，在适宜的时期采用必需的方式，同时月月进行汇报。我听闻，罗伯特·伦维克爵士不但有魄力，并且还有相关经验。他在“前进”设备方面曾经做出了巨大的贡献。你可能会觉得最适合的人就是他。假如我们最终因为某项任务并未及时完成而延误了轰炸计划，那么就真是最大的悲哀。

制造厂略感焦躁和担忧，不过，我在6月7日成功写出了以下信件：

首相致空军大臣　　　　　　　　　　　　　　1942年6月7日

听闻“硫化氢”的初次试验非常顺利，我很开心。不过，我为生产进度规划如此迟缓而非常着急。8月份生产出来三套，12月份生产出来十二套，以至这都无法开始处理问题。虽然我们还无法将这种设备安装在全部轰炸机上，但不管怎么样，我们一定要想办法完成足够的数量，以便我们的轰炸机在秋天可以看见目标，所以，不能让任何事阻碍这种设备的制造。

我建议在下周举行会议，就这一问题进行商讨，看是否还有更好的方法。我们第二次大范围空中攻击的成果让人非常沮丧，所以这种设备的制造就更紧迫了。

你已经和飞机生产大臣谈妥，对于督促加速生产这项无线设备的工作，我非常开心能请罗伯特·伦维克爵士本人参与其中。不过，我请你别用太多的零星仪器分散他的精力。首要事情是打中目标，我们使用“硫化氢”就能把这一目标完成。自然，别的全部项目也都是有效的，不过没有这种设备那么急切的需求。

我们迫切需要在同一时间，让训练、机场、跑道与炸弹等等任务共同展开，并且恰恰是因为这个理由，我才提议最好将全部工作交给罗伯特·伦维克爵士管理。将全部都协调好的困难是非常明显的，不过急切的需求也是毋庸置疑的。假如让罗伯特·伦维克就任这个职位是你不愿意的，我请你另外再选择其他人，负责让所有相关事情并肩前进，免得我们最终才发觉存在被忽略的项目。在我看来，对于此事，让空军部依照正常程序来做是远远不行的。

而炸弹，在1941年7月19日的备忘录中，你曾经跟我说，一份五百磅特制炸弹的生产订单已经被你交了上去，并且你还在设计一种大型炸弹。你在几次会议中提到，你完全认同普通炸弹没有这种炸弹优良的观点。但我非常沮丧，对于那些爆炸力仅有设计值一半的炸弹，我们还要耗费这么大的精力去运载。

* * *

对于我们轰炸机的行动来说，“硫化氢”非常重要。因此，空军大臣亲自处理此事。

首相致空军大臣　　　　1942年6月15日

这项工作由你本人负责，那真的太棒了！请一定要和彻韦尔勋爵维持联络，这样他能让你时常了解我的看法。

有关“硫化氢”问题，我想在周三上午十一点召开一场会议。

这种设备早在1943年就能用在战斗中了。因此发给了在几个月前仿照德国第一百战斗小组组建的导航机组。它马上发挥了作用。它的用途并非只局限在陆地轰炸上。为了探测海上水面舰只，我们的飞机在一段时间内曾经带着适用于空中的雷达。这被称为空中对海面搜索雷达。不过在1942年秋天，德国人为了探测这种仪器所发射的信号，开始把特制收波器安装在他们的潜艇中。这样德国舰艇就能潜入海底，避开攻击。最终，被我们空军海防总队击毁的敌军潜艇数量变少了，而我军商船的损失数量则变多了。用“硫化氢”替代空中对海面搜索雷达是很有用的。在1943年最后将敌军潜艇打败时，“硫化氢”发挥了一定的作用。不过在它可以生产完成以前，我必须求救于罗斯福总统，最终他大方相助。

前海军人员致罗斯福总统　　　　1942年11月20日

1. 安装着空中对海面搜索雷达装置的远航飞机是追击敌军潜

艇并守护我们运输船队最有力的武器之一。

2. 前不久德国潜艇安装了一种仪器，这使得他们可以接收到我军波长一米五的空中对海面搜索雷达装置的电波，所以他们可能早在我军飞机尚未抵达现场的时候就已经平安潜入水底。因此在糟糕的天气下，我们白天在比斯开湾的大多数巡逻都是没用的。至于在夜间凭借探照灯巡逻的飞机则几乎全都是没用的。我们发现敌军潜艇的数量急速降低，9 月是一百二十艘，等到 10 月仅有五十七艘。在尚未给飞机安装一种敌军现在还没有办法接收电波的空中对海面搜索雷达——“厘米式空中对海面搜索雷达”之前，这种状况无法改善。

3. 在比斯开湾巡逻的一个重要目的是，袭击在美国大西洋海域地带往返的潜艇。如今，由于很多美国运输船队从比斯开湾旁边地区经过，这片海域变得更重要了。

4. 我们将“韦林顿”式飞机改装了，同时把为我军重型轰炸机制造的一种“厘米式空中对海面搜索雷达”当作探测目标的设备给安装上，这样我们就能把比斯开湾中心海域掌握在手中。

5. 比斯开湾海域的形势就更加艰难了。一定要利用安装着“厘米式空中对海面搜索雷达”的远航飞机。

6. 因为船只在大西洋中心有极严重的沉没现象，为了在这片海域运行，我们必须改装“解放者”式飞机。这就使得我们只能从专门为了对德国发动空中袭击的那支无数不多的轰炸机队调派飞机来应对比斯开湾外围海域。就算能有其他飞机可以调派，同样需要一定的时间对设备进行必要的改装、安装。

7. 对于我们可以投到德国的炸弹的数量，我非常不愿意降低。因为我觉得，在冬天的几个月里，我们尽力维持并增强对德国的攻击是非常重要的。所以，总统先生，我希望你考虑马上将安装着“厘米式空中对海面搜索雷达”的三十架左右“解放者”式飞机从战略物资中调出来。据我所知，美国现在就有这些资源。这些飞机会马上用在对美国作战行动有直接贡献的地方。

* * *

我们在该地的问题不只是侦察潜艇。德国人为了方便他们的飞机与潜艇可以进入比斯开湾与西面进口处，曾建造了两座相距很远的定向电台。一座坐落在布雷斯特，另外一座坐落在西班牙西北边。我们驻马德里大使得到了与西班牙电台相关的情报，不过，他并未让西班牙将这座电台查封——这会让我们陷入无止境的法律与外交争端中——反而按照 R.V. 琼斯博士[①]的意见，让我们使用它。通过对这种设备拍照，我们了解到了它的使用方法。自此，我们的飞机与战舰就高明地安装上了和敌方一样的最出色的一种定向设备。实际上，我军空军海防总队对这种设备的运用范围要超过德国人，而且它是很有用的。在澳大利亚与太平洋，我们建造了很多座相似的定向电台。

* * *

提早将这个故事阐述一遍吧。在 1943 年,我们初步的空袭很成功,并且，“欧波”攻击的精确性让德国人更加惊恐难安。在俄国境内司令部中的希特勒得到了鲁尔地带几间工厂在多云的晚上被我军打中的情报。他立即让人将戈林和德国空军信号总监马迪尼将军叫过来。在大声训斥了他们以后，他讲道，英国有这种能耐，德国人却无计可施，这几乎是一种耻辱。马迪尼答复说，德国人不仅可办到，并且已在闪电战中凭借“X”与“Y”发射系统办到了。最高领导人称，他只想

① 这位琼斯博士就是原书第二册 339 页所提及的那位。——原注

要实际行动，不信任空话。我们通过诸多努力，才将要进行的计划部署完成。同时，在“欧波”的指导下，我军轰炸机司令部让鲁尔地带付出了巨大的代价。

*　　*　　*

不过，敌军的夜间战斗机仍是我们需要应付的。在我军轰炸机损失总数中，大概有四分之三这种飞机造成的。每架德国战斗机的行动范围都局限在一个狭窄的空间中，并且被各自的陆地电台掌控着。原本，这些陆地电台连成了一条跨越欧洲的长线，名为坎门胡贝尔线，以便纪念建立它的德国将军。每当我们试图跨越或者从侧面将这条线围起来，它就会被敌军拉长、加深。自柏林开始，西到奥斯坦德，北到斯卡格拉克，南到马赛，这种电台大概有七百五十座，如常春藤般散布在欧洲各地。被我们找到的仅有六座。不过数量过多，肯定难以逐一毁掉。假如任由它们持续操纵下去，我们的轰炸机就要从自北海开始到空中攻击目标地带为止绵延好几百里的夜间战斗机“岗哨”线经过。尽管在每个“岗哨”上空不一定会有很大的损失，但总的来说，一定会有所损失。并且，我军轰炸机的袭击形势早晚会受到影响。非常需要一种简单并能将敌军整体系统彻底弄乱的办法。

林德曼教授早在1937年就曾让我将一个简单的意见提给空防研究委员会。意见内容是，将切割成一定面积的锡箔片或者别的传导体片散落到空中，以便于轰炸机的假相显示在敌军雷达的荧光屏上面。假如我们的飞机把类似云雾的箔片散落在空中，那敌军的战斗机就没办法弄清楚我们的轰炸机与箔片分别是哪些了。之后，这种方法被称为“窗口”。专家们有所怀疑，直至四年后，才开始对这种办法进行试验。在林德曼教授的鼓励下，1942年进行了机密性的试验。做这些试验的是杰克逊博士。我们最高级的分光学家中就包括他。他在战争刚开始时加入空军，因非凡的夜间战斗机驾驶员而闻名。试验成功之后，“窗口”

这种办法快速应用开来。乍一看，假如针对敌军雷达的反应而将箔片切割为适宜的面积，就没必要如飞机那般大，并且因为适当的面积所形成的反应远远大于一堆不协调的金属，比如一架飞机。

在上级给了相当的鼓舞以后，在1942年，我们终于发明了一种简便高明的办法来制造这种在技术专业中叫作“谐和的两极”的箔片。据了解，只涂一面金属的纸条类似于平常包巧克力的糖纸，假如切割适当的面积，就能强烈地反射无线电电波。将几把只重几磅的此类纸条自一架飞机上撒下去，就像一团云雾一样，漂荡下落，就可以让雷达形成如同探测到普通轰炸机的反应。假如一团团此类纸条被很多架轰炸机散落在空中，就可以形成鱼目混珠的无线电反应，让敌军无法辨别真假飞机。我们期望德国的雷达可以被这种方法扰乱。因为这些纸条仅仅会随风飞走，从理论角度来讲，时速上百英里的飞机所形成的反应自然不同于这些纸条。不过，只是在数分钟以内进行辨别是不容易的。所以，我们期望，就算无法制止，也能阻碍高射炮军队的瞄准，并且还会让德国掌管陆地雷达操控的工作人员无法引导防御的战斗机寻找袭击的轰炸机。我军轰炸机司令部无意间得知此事，打算马上开始使用，来保全他们的飞机。不过，我们明显还有些顾忌。这一方法是这么简易好使，所以敌军很有可能效仿，这样的话，我军的战斗机一样会无计可施，而我们自身的防卫系统也一样会无效。所以，战斗机司令部建议，在我们尚未获得对应办法时，不管怎么样都不能泄露秘密。随后就产生了热烈的辩论。

为了决策将“窗口”运用在轰炸作战中的问题，我在1943年6月22日召集轰炸司令部和战斗机司令部的领导召开参谋会议。我们猜想，这一办法必定也会被德国人想出来，不过，就算他们也用上了这一办法，因为他们轰炸机实力的降低，我军在空中攻击德国的力量增强，仍会让我军占优势。我们的专家坚信，将这一办法大范围运用，就会让我军轰炸机降低三分之一以上的损失。所以在这场会议上，我们决心在“窗口”尚不会被德国效仿进而对我军在西西里岛的局势造成不好影响的时候立即运用它。因此，对于在我们国内应该采用的防卫措施的探究、生产与安装等都要给予非常优先的权利。

在积极参与并促进这一工作方面，发挥主导作用的是杰克逊博士。第一次使用“窗口”是在 1943 年 7 月 24 日对汉堡发动空中袭击时，效果要比预期好。按照我们截获的德国地面控制人员与战斗机驾驶员间的激烈交谈，能够了解到这一办法所引发的混乱。在一段时间内，我军轰炸机降低了大约百分之五十的损失。直至战争完结，尽管德国战斗机数量提高了四倍，我军轰炸机的损失却始终低于利用“窗口”之前的程度。在各种别的无线电防卫措施与战略的拥护下，因为利用“窗口”而得到的好处更稳定了。

有关我们是不是应当尽快利用“窗口”这一办法，以前与此刻都存在一些争论。因为不得不顾虑到很多原因，所以很难简单地给予答复。任何人都无法断定，在 1943 年夏天的时候，德国轰炸机的实力到底如何强大。假如我们又一次遭到敌军的空中攻击，并且我军的防卫设备还比三年前弱，我国人民就会遭罪。总之，可以讲我们这一办法利用得正是时候。我们在战争结束后才得知，相似的意见曾经被德国的一位技术人员提出来过。戈林马上知道这一办法对防御的损害。因此，马上将与这件事相关的全部文件封起来，而且严禁谈论这件事。当我们尚未利用这一办法时，他们也曾经因为与我们同样的理由而不敢用。最终在 1943 年至 1944 年的冬天与春天，德国人实行了这一办法。但在那时候，他们的轰炸力已经趋近衰败，将期望放到火箭与没有驾驶员的飞机上。

在适宜的时间我就会对全部事情进行阐述。现在编年体已被我们严重弄乱了。

# 第十七章　马耳他岛和沙漠

奥金莱克将军提议在四个月中不采取行动——他没有答应我邀他回国一趟的请求——我们与这位总司令的意见明显不合——斯塔福德·克里普斯爵士在前往印度的路上与开罗商议——商议氛围非常好，只是并无结果——马耳他岛和非洲沙漠之间的关联——马耳他岛的危险境遇——希特勒答应参与——我们为运输船队开通航线所做的努力——3月份维安海军上将的英勇意图——马耳他岛遭受德国空中攻击的高潮——“黄蜂”号航空母舰被罗斯福总统借给我——马耳他岛在空战中取胜——东部与西部在6月的运输船队——在十七艘船只中，抵达港口的仅有两艘——德国与意大利的商谈——墨索里尼打算对马耳他岛发动攻击——多比将军高声求救——“黄蜂”号又一次被总统出借——多比将军的身体糟糕极了——他的职位由戈特勋爵接任——隆美尔打算展开进攻——奥金莱克将军寻求深入延迟——我们对他下达了应该在6月份发动攻击的明确指令——他听从了——5月20日我发电文给他——他的回复——我本人的军事观点——一条战略原则

我们在2月份得知，为了对隆美尔发动第二次大会战，奥金莱克将军仍然提议在四个月时间内不采取行动。不管是三军参谋长，抑或是我与我的同事，均觉得这又一次损失巨大的中止是毫无必要的。我们都觉得，在俄国人顺着广阔的战线进行勇敢的生死搏斗时，英国与英国部队——供养人数已经有六十三万人，并且还连续不断地有支援

抵达——居然不顾巨大的损失，在这么长的一段时间内无所作为。这是让人悲痛的。除此之外，我们认为，与我们自身的相比，隆美尔的军力或许增加得更快。因为德国恢复了对马耳他岛的空中攻击，进而让我阻止德意运输船队前往的黎波里的措施无效，这些观点显得更加没有错。最终，除非保证物资按时抵达，否则马耳他岛自身也面临着挨饿的危险。这个时候，为了保卫马耳他岛而展开的猛烈战斗爆发了，更是慢慢在春夏季节趋向猛烈。

不过，奥金莱克将军反而嗤之以鼻。这一章将会证实我们慢慢施压给他，最终对他下达了明确的、正式的命令，对敌军发动袭击，我们宁愿展开一场主力战，也不愿看着马耳他岛失守。这位总司令曾经遵循命令做事，在为6月份夜间展开总进攻而筹备着。趁着这个机会，我们打算让一支非常重要的运输船队驶向这个重要岛屿。不过，他的延误导致他处于被动状态，隆美尔最先发动了攻击。

首相致奥金莱克将军　　1942年2月26日

我在这些困难时期并未如何麻烦你。不过，我此刻不得不问问你，你到底是怎么计划的？就我们统计的数字而言，在空军、装甲军队和别的军队等等方面，你的实力都远远高于敌军。危机好像是，他们或许会用和你相同的抑或更迅速的速度得到支援。我们因为对马耳他岛的供给而愈加担忧，并且所有人都知道，我们在远东有着怎样巨大的灾祸。

请回电。祝你万事顺遂！

期间，在一篇一千五百字的汇报中，奥金莱克将军曾经逐一罗列了他之所以不着急从事和这次依照自己原定的时间保证取胜的各种理由。

他在2月27日汇报称，他在加柴拉－图卜鲁格－比尔哈坎穆这条线保持着稳固的防卫基地。敌军攻击这个基地，肯定会遭遇失败，并且付出代价。这个基地的真正作用在于，保证图卜鲁格的安稳，进而替未来的攻击活动创建理想的据点。保障这个基地就是他的目的。他对他自身的军力、物资和其或许会增加的比例进行了估测，用此和估测中的敌军力量作对比，宣布马耳他岛防御危急的状况，和在昔兰尼加夺回比他此刻拥有的更接近前沿的降落机场的需求，他完全了解。尽管这样，在他看来，在6月份之前，可靠的优势无法从数量上获得，这是非常明白的一点。除此之外，在那时候之前发动大范围攻击，就可能面临着被逐一攻破的危机，并且，或许还会让埃及面临威胁。

他概括称：

总而言之，下面是我在西部战线的计划：

1. 在第八集团军的前沿战线，持续赶快创建装甲军队的主攻军队。

2. 并且，竭尽所能将加柴拉－图卜鲁格与塞卢姆－玛达雷纳基地给稳固下来，同时把铁路往前延伸到艾德姆。

3. 为了方便再度展开进攻，把军需物品的储存建在前沿地带。

4. 趁着第一次出现的机会，进行具有一定限度的攻击，以便将德尔纳－梅基利地带的降落机场给夺回来。要求是：这一进攻不会让为夺回昔兰尼加而展开的主攻失去机会，或者对图卜鲁格的安危产生影响。

这个文件引发了我军三军参谋长的紧密关注。我们都觉得，简单来讲，这个文件表明，直至6月份，乃至7月份，他都要不采取行动，毫不顾及马耳他岛的命运和其他无数急需思考的事情。在对所有事情进行彻底钻研以后，我发觉我们已经逐渐达成相同意见，因此就发了以下电文：

首相致奥金莱克将军　　　　　　　　　　1942年3月8日

按照你的估测，情况极其严峻，好像很难凭借电报进行改正。所以，假如你可以趁着方便赶快回来商议，我会非常高兴。希望与你需要的所有军官一块过来，尤其是一位了解坦克的情况与坦克作战的军官。

对于回国一趟的请求，奥金莱克将军用非常需要去开罗为理由婉拒了。我认为，他清楚我们将要给他下达怎样的命令。在他看来，他本人在与自己的司令部所下达的这项命令进行抵抗时，是比较有说服力的。

我们再次回到了这个矛盾激烈的问题。

首相致奥金莱克将军　　　　　　　　　　1942年3月15日

1. 你在2月27日的信件中所进行的估测，持续在此期间引得三军参谋长与国防委员会焦躁难安。所以，你无法回国商议，让我非常惋惜。你计划延迟一步的方法有可能让马耳他岛面临威胁。何况，也非常难确定敌军的支援就会慢于你。这样你最终会发觉，你的等待会让你和敌军处在基本一样的境遇，乃至以后更糟糕的境遇。始终在保持战斗的敌军的损失大大高于你。例如，尽管我方第七装甲师的损失大大低于东山再起对你发动激烈攻击的德国十五与第二十一装甲师，不过，第七装甲军队已经撤至埃及三角洲进行休息整顿了。预测德国很快就要对俄国展开激烈的反击，然而你高达六十三万五千名的军团（马耳他岛的驻军不算在内）却不参与战斗，而打算在7月份展开另外一场大会战，真是让人无法忍耐。

2. 不管怎样，你对德尔纳的袭击寄托了一定期望，认为能够拥有和敌方交锋的时机，能够逼迫敌军耗费生命、军火、坦克与飞机。在这种环境下，假如你的装甲军队被敌军打败，你能把它撤到你的防御区域内。不过，假如敌军的装甲军队被你打败，那在此期间任何人都无法理解，你为什么不乘胜追击敌军……

4. 为了援助你，我曾经竭尽所能，不顾让整体战争遭受巨大损失。让我非常痛惜的是，我觉得我们彼此间已不再互相体谅了。我已经请求斯塔福德·克里普斯爵士在前往印度的路上于19日或者20日停留在开罗一日，告诉你战时内阁的观点，以免这种情形发生。奈将军正单独一人前往开罗，会和斯塔福德聚集在开罗。对于三军参谋长的目的，他完全清楚。现在，英国参谋总长绝不会从伦敦离开。

首相致奥金莱克将军 1942年3月16日

对于我在3月15日发给你的电文，我应该进行以下补充。假如，按照辩论的结果来决定你必须在7月之前发动攻击，那你就应该立刻思考，起码将叙利亚的十五个空军中队派到高加索，对俄国防御线的左侧进行援助。

这个时候，斯塔福德·克里普斯爵士已经在前往印度的路上从开罗路过。自然，我们在国内所采用的计划获得了他完全的赞同。但是，在他抵达开罗的时候，他只接触了事情的表面。毫无疑问，他心中全是有关印度的问题，对于印度的问题，他既充满希望又拥有独特的看法。

斯塔福德·克里普斯爵士致首相 1942年3月21日

通过会见以后，对于开罗的氛围，我没有任何不满。昨天夜晚，在非常友善的氛围中，我、奥金莱克、奈、特德、坎宁安的代表人和蒙克顿展开了长久的商谈。我在会谈中仔细阐述了我发给你的电文。他们均竭尽所能相互帮助、协作。我在刚刚抵达的时候觉得有一些不协调的氛围。在奈将军抵达的时候，这种情况同样非常明显。这种氛围如今已不存在。任何一个人，其中包含奈将军，在当天黎明各自离开时，都非常高兴。我认为，你没有必要亲自前往现场了，并且你会看到，这是漫长艰难的旅程。我期望在奈将军返国之前，你能自他那里获得你其他需要知道的全部详细情况。对于奥金莱克将军的上进（精神），我深信不疑。不过我认为，他那种苏格兰人所特有的细心慎重和不想被乐观主义误导的观点，让他在汇报中过于在意形势的各种艰难与不稳定。我坚信，这些艰难是他决定要对抗的，而且我可以确定，假如让他觉得已经解除了所有的误会，同时，不再质疑他怀有发动攻击的心愿，这会极大地帮助他。对于我在那封长长的信件中详细叙述的状况，假如你赞同——我诚心希望你可以赞同——那我可以断定，假如你把一封简略友善的电文发给奥金莱克，表明你没有任何不满的情绪，同时跟他讲，在原定时间对目标发动攻势的时候，将会获得你力所能及的所有援助，这会非常有好处。

对于所有与技术性细节相关的那封长长的电报，我非常不满意。克里普斯已经出发前往印度。因此，我给奈将军发电报，他在出国的时候有着坚定的态度。

首相致奈将军（于开罗） 1942年3月22日

1．我已经从掌玺大臣那里知道所有情况。关于他们所讲的一切，你既然已经完全赞同，因此，对于这种人人满意的情况，我并未感觉莫名其妙。然而我们必须接受的是马耳他岛或许会失守和陆军的无所作为，在这个时候，俄国人正不顾一切地抵御德国的反击，与我们相比，敌军在更为迅速地支援叙利亚。

2．请不要匆忙返回，彻底调查坦克的可用状况、军火和中东对军力的利用等等问题。

3．在你离开之前，希望按时电告你所提及的二十项问题的明确答案，以便我们在此期间表明对这些答案的观点。

4. 最终，希望你表明自己对于敌军有可能发起进攻一事的观点，不管是从西部或者越洋攻击希腊，后者系（1）借助于空运或者（2）借助于船舰。如此一来，整体局势自然会发生变化。

* * *

马耳他岛和沙漠作战间彼此依赖的关系，最明显的就是在 1942 年。这个岛在当年勇敢防御，打下了为维护我军在埃及与中东的威望而展开的长久战斗的基础。在西部沙漠艰难的陆地战斗中，任何阶段的胜负都是刻不容缓的，而且时常由交战军队越海运输物资的速度决定。从我军的角度来看，这代表着绕行好望角的将近两三个月的路程时刻有面临潜艇攻击的危机，并且需要动用大批高级船舰。而对敌军而言，仅仅是从意大利跨越地中海的两三天的路程，需要动用的也只是一定数目的小型船舰。不过，马耳他岛的要地恰好阻在去往的黎波里航线的路上。在之前的第一册中，我们曾看到，该岛是如何成为了真正的马蜂窝，在 1941 年年底，德国人是如何倾尽全力来压制我们在这座岛上的行动，而且取得了局部胜利的。

敌军对马耳他岛的空中攻势在 1942 年变得更加激烈，这座岛屿的情况非常危急。当隆美尔的反击在 1 月份占有优势的时候，凯塞林对马耳他岛的攻击主要针对飞机场。意大利海军在德国的施压下使用军舰来对德国去往的黎波里的运输船队进行援助。因为在前文已经提到的波折，对于这些活动，我地中海舰队只可以展开有限的挑战。但是，我们自马耳他岛出发的潜艇与空军依然持续地给敌军以沉重的打击。

威名显赫的雷德尔上将在 2 月份想让希特勒相信在地中海获得具有决定作用的成功的重要性。在 2 月 13 日，也就是德国战列巡洋舰顺利从马耳他海峡穿过的第二天，他发现最高领导人有意采纳他的意见。

最终，他的劝说取得了一些胜利。最初德国插手北非与地中海两地，仅仅是当作一种纯粹的防卫措施，以便避免他们那个软弱无用的同盟面临失利。如今德国却改变了看法，将它视为一种攻击措施，把在中东的英国力量毁掉。对于亚洲局势的发展变化和日军入侵印度洋，雷德尔进行了详细的叙述。他在讲话中讲道："支持英国东方地位的两个西部支柱就是苏伊士与巴士拉。假如这些根据地瓦解于轴心国齐心协力的行动下，就会将不幸的结果带给英国……"这些话说服了希特勒。对于支持意大利这件劳而无功的事情，他直至此刻仍极少关注，如今，他又赞同雷德尔去促进他征服全中东的巨大计划。雷德尔海军上将坚称，马耳他岛是中东的要塞，大力提倡立刻筹备运输船舰，对这座岛发动激烈攻击。

现在，地中海有着非常明显的优势，只怕以后不会再有。全部汇报表明，敌军正在竭尽所能持续不断地把现存的支援军队运到埃及……所以，尽快把马耳他岛拿下是件刻不容缓的事情。除此之外，最迟到 1942 年就要进攻苏伊士运河。

作为一个稍微差一点的替代方法，他提议：

假如马耳他岛不被轴心国占据，德国空军就必须用现在的规模持续对这座岛屿发动空中攻击。只凭借这种空中攻击，就足够阻挡敌军再度在这座岛屿建立攻击和防御的势力。

对于从海上运输军队对这座岛屿发动攻击的方案，希特勒与他的军事顾问们并不赞同。最高领导人直至前不久才下令最终放弃攻击英国的计划。至于这项计划，则自 1940 年起延误到如今。在一年前的克里特岛，他最重视的空降军队被消灭，这是让他大感沮丧的因素。但是，此次德国却集体赞同占领马耳他岛，并且德国部队应该加入战斗。

希特勒依然持保留意见，仍旧期望德国空军的空中攻击会让马耳他岛屈服，起码也要让这座岛屿的防卫与各种行动陷入瘫痪。

我们想办法把东方的供应物资运送到马耳他岛。四艘船舰在 1 月份平安抵达。不过因为敌军在 2 月份的空中攻击，由三艘船只组建的运输船队遭受了损失。敌军潜艇在 3 月份击毁了悬挂着维安海军上将旗帜的巡洋舰“水神”号。马耳他岛到 5 月份就有爆发饥荒的危机。

我海军部决心冒着种种风险前往输送供给。四艘商船于 3 月 20 日在亚历山大港起航，负责掩护的是由四艘轻型巡洋舰和一支小舰队组建的强大的护航队。维安海军上将这个时候就任了“克里奥佩特拉”号的指挥官。敌军在 22 日早上发动空中攻击，并且意大利的重型军舰开始靠近。“尤利鲁斯”号立刻注意到有四艘军舰在北边，因此，英国海军上将马上转变舰首方向迎战，运输船队则在烟雾的掩护下驶向西南边。敌军的巡洋舰先是撤离了，不过，又在“李特利奥”号战列舰与另两艘巡洋舰的保护下于两个小时后返回。在之后的两个小时里，英国船舰——维安分舰队——在以少战多并且还受到德国轰炸机激烈轰炸的情形下，展开了一场勇敢而精彩的战斗。因为烟雾的有效保护，近距离护航队与商船自身的英勇的防御，我军所有船舰都完好无损。敌军船舰在黄昏时离开。在暴雨天气中，我军由四艘轻型巡洋舰与十一艘驱逐舰组成的一支舰队打得一支最强大的战列舰队狼狈万分，并且这支战列舰还有两艘重型巡洋舰、一艘轻型巡洋舰以及十艘驱逐舰的援助。尽管“克里奥佩特拉”号与三艘驱逐舰都被打中，不过都始终坚持猛战到最后时刻。

我发了下列电文：

首相致地中海战区总司令　　　　1942 年 3 月 25 日

如能马上对维安海军上将和跟随他战斗的军人转述我对他们这场勇敢精彩的战斗的赞许，我将非常高兴……海上最大的现代化战列舰之一，以及两艘重型巡洋舰、一艘轻型巡洋舰与一支艇队的援助，居然在大白天被英国的轻型巡洋舰与驱逐舰用鱼雷以及炮火打击得重伤逃跑。这是英国海军历史上最辉煌的一页，值得英国向参加这场战役的各阶层军官、尤其是司令官表达敬意。

这支运输船队只能独自前往马耳他岛。在那儿，维安海军上将的船舰无法加油，因此很难接着护航。在运送的珍贵物资中，落到马耳他岛驻军手上的仅仅是很少的一部分。在船只靠近这座岛屿的时候，敌军再次发动激烈的空中攻击。在与目的地仅有八英里距离的时候，“克兰坎贝尔”号与“布列肯郡”号被敌军炸毁了。剩余的两艘驶进港口，却在卸货时被炸毁。在四艘船只运送的两万六千吨物资中，送上岸的仅仅大约五千吨。在之后的三个月时间内，马耳他岛未能获得帮助。

这让我们下定决心，在我们能用战斗机援助马尔他岛之前，不会再派遣运输舰队。在3月份，曾经有三十四架战斗机从“鹰”号起飞前往，不过远远不够用。维安海军上将的行动让德国人坚信意大利海军已经失去了斗志，他们一定要凭借自身的实力。自4月初开始，这座岛屿的港口与港内的船舰因为凯塞林对马耳他岛的空中攻击而受到了重创。海军舰只已经没有办法把这座岛屿当作阵地，全部可以航行的船只在4月份月末之前都撤离了。

英国皇家空军在这座岛屿驻守，为了其本身的生存以及整座岛的生存而参与战斗。我军能够加入战斗的飞机在那紧迫的几周内数量非常少。我们的驻军尽了最大的努力支撑下来，保住自身，而且保证那些将马耳他岛当作中转站的前往埃及的飞机可以不停地飞行。在飞行人员加入战斗、地勤人员为下次战斗进行陆地勤务与加油的时候，军士们就修复被炸坏的飞机场。在紧急关头，马耳他岛克服了困难，我们在国内的人们也极其焦躁难安。

*　　*　　*

这个时候，我对罗斯福总统发出呼吁。他十分清楚，我们在地中海所有希望的焦点就是马耳他岛。

前海军人员致罗斯福总统　　　　　　　　　　1942 年 4 月 1 日

1. 敌军对马耳他岛发动了极其猛烈的空中攻击。如今，留守在西西里岛的敌军战斗机与轰炸机中大概有四百架德国的、二百架意大利的。我们不停地用“喷射”式战斗机对马耳他岛进行支援，这些飞机是从距马耳他岛西边六百英里左右的航空母舰“鹰”号上出发的，一群便有十六架。使用这一办法，我们曾屡次成功支援马耳他岛。不过，航空母舰“鹰”号目前因为转向器发生故障，已经有一个多月没有航行了。埃及已不再具备“喷射”式飞机。“阿尔戈斯”号既小又慢，并且这艘船舰还要替“喷射”式飞机出发的航空母舰筹备战斗机来保护这群战斗机。“胜利”号还能供我们使用，不过遗憾的是，这艘船的起重机不够大，无法将“喷射”式飞机吊起来。所以，在整整一个月时间内，我们都将无法支援“喷射”式飞机给马耳他岛。

2. 敌军反常地集结军力对马耳他岛发动空中攻势，由此事来看，他们或许想要尽早将我们在这个岛屿的空防实力歼灭掉，以便于他们支援叙利亚或者将他们在俄国的攻击增强。这代表着不管怎么样，马耳他岛都无法干涉装甲军队支援隆美尔，我军尽早袭击他的希望也落空了。

3. 有关借用“黄蜂”号航空母舰的细节，假如双方参谋部可以达成协定，你愿不愿意让这艘船舰承担一次支援马耳他岛的工作？凭借“黄蜂”号航空母舰宽阔的起重机、装载量以及长度，我们估算这艘船舰可以装载五十架甚至更多的“喷射”式飞机。如果“黄蜂”号不需加油，它能在夜晚从直布罗陀海峡穿过，在返回以前没必要停靠在直布罗陀，因为“喷射”式飞机能在克莱德装船。

4. 如此一来，不仅能在4月间改变对马耳他岛支援“喷射”式飞机的局势，并且，能一下子调派一批强有力的战斗机队给马耳他岛。如此，就能为我们创造一个重创敌军而且可能是具有决定作用的时机。在4月份的第三周就能着手开展这项活动。

回复十分慷慨。

罗斯福总统致首相　　1942年4月3日

有关是否可以使用“狂野”号航空母舰的事情，你在提议中并没有提到。这艘航空母舰打算在4月3日离开美国，取道百慕大，向克莱德驶去。并且，按照这艘航空母舰的设计图，起重机的大小足以将“喷射”式飞机吊起来。

很快，海军上将金经由格姆利告知海军上将庞德，假如我们估错了“狂野”号的情况，“黄蜂”号可以按你的请求进行使用。

“黄蜂”号调过来了。不过除了战斗以外，马耳他岛的驻军还要维持生存。

首相致伊斯梅将军，转参谋长委员会　　1942年4月3日

1. 应该马上研究这份证明局势严峻的汇报（马耳他总督发出的），以便采取措施。步枪或者机枪战斗既然并未爆发，那宣称小型武器弹药供应不上，好像让人难以理解。

拿这份汇报的第一段第三项来讲，我们是不是应该理解为这座岛屿的驻军已没有丝毫肉食？或者他们仍有能够宰割的牛，假如真的有，其他还有什么？

2. 我们自然不具备“大批的运输机”，不过，大型潜艇与“A”

型快船的增多，可以达到怎样的水平？我们不曾夺得“苏尔古夫”号，用来支援马耳他岛，这真是太让人遗憾了！一艘潜艇可以装运多少？可以装些富含维他命的压缩食物吗？

首相致第一海务大臣　　　　　　　　　　1942 年 4 月 12 日

你是否可以告知用潜艇给马耳他岛送给养的方法？据我所知，拆掉潜艇上面的一些炮位，就能极大提高它们的装运量。为了支援克里奇多尔，我乐意把这些细节告诉美国政府。

*　　*　　*

在 4 月与 5 月间，我们曾把“黄蜂”号与“鹰”号航空母舰上的一百二十六架飞机安全交给马耳他守军，这是让人满意的结局。空袭曾在 4 月份到达高潮，目前已经减弱，之所以会变成这样，主要是因为 5 月 9 日与 10 日这两天的空战结果。当时，刚运达的六十架“喷射”式战斗机参与战斗，给敌军飞机以毁灭性的打击。空袭突然在白天停止。最终，在 6 月份步入另外一次大范围计划挽救这个岛屿的活动阶段，并且这次是准备在同一时间由东西两面开进运输船队。在具备防空设施的“开罗”号巡洋舰与九艘驱逐舰的掩护下，六艘船在 6 月 11 日晚上自西边进入地中海。“马来亚”号战列舰、“鹰”号与“阿尔戈斯”号航空母舰以及八艘驱逐舰在柯蒂海军上将指挥下前去援助。在撒丁岛周边海面，敌军于 14 日在空中发动了激烈攻击，炸毁了一艘商船，“利物浦”号巡洋舰受损，无法航行。那天晚上，大批护航船舰在运输船队靠近突尼斯海峡的时候撤离了。不过，在次日早上，当运输船队靠近班泰雷利亚岛南面的时候，意大利的两艘巡洋舰在很多驱逐舰与飞机的援助下袭击了我军。英国舰只大炮的射程比不上敌军，在之后的战斗中，“佩脱英”号驱逐舰被击毁，另外一艘驱逐舰遭受了严重打击。最终敌军船舰被我们驱逐了出去，但并不是毫无损失的一天，空中攻击持续不断，我们又失去了三艘商船。运输船队严重受损，在当天晚上，抵达马耳他岛的船只仅有两艘。

东部的运输船队包含十一艘船只，更是没有好运气。维安海军上将将会再次就任指挥官，与他在 3 月份将敌军船舰驱逐出去时相比，他这一次可以调动更强大的巡洋舰与驱逐舰护航。但是，他没有战列舰与航空母舰的援助，并且，预测意大利舰队会用主力来对抗他。11 日，运输船队起航，在 14 日到达克里特岛南面的时候，受到了激烈而连续不断的空中攻击。维安在当晚得知，敌军包含两艘“李特利奥”级战列舰的舰队已经从塔兰托离开，想来应该是打算阻截他。维安曾经期望，英国潜艇和在昔兰尼加、马耳他驻守的空军出动，可以在敌方船舰逼近时毁灭它。一艘意大利巡洋舰被打中，随后沉入水中。不过，这仍然不够。敌军舰队接着驶向东南面，看上去，在 15 日早上，我们必然会受到占有绝对上风的舰队的阻截。因为敌方潜艇的攻击而损失“黑弥昂”号巡洋舰，还由于敌军的空中攻击而损失了三艘驱逐舰与两艘商船，所以，运输船队以及它的护航队必须要返回埃及。英国皇家空军付出了一定程度的代价。意大利的一艘重型巡洋舰被击毁，还有一艘战列舰受损，不过，敌军依然封锁着从东边驶向马耳他岛的航线，而且一直到 11 月，任何一支运输船队都不曾企图从这条航线经过。

所以，虽然我们竭尽所能，但在十七艘供应船中，到达马耳他岛的仅有两艘，这座岛屿依然面临着危险。

* * *

德国的档案证明，在敌军看来，马耳他岛与非洲沙漠战斗间的彼此影响极为紧密。只要马耳他岛的空军与小型舰队可以对敌军的交通线发动攻击，就会极大地损害他们在沙漠的战斗。他们的主要目标是让马耳他岛变成束手无策的地区，或者更好地将这座岛屿占领。德国空军为了这个目标不停地在西西里岛机场集结。另外一方面，在隆美尔努力作战时，他需要所有在的黎波里驻守的空军予以援助。不过，假如放松了对马耳他岛的攻击，这个要地就能马上恢复它的打击能力，并且马上能用其所有实力重击敌军运输船队。除了将马耳他岛占领以外，敌军不具备长久的处理方法。隆美尔急需汽油与支援部队，尤其是汽油。敌军在 3 月与 4 月把他们所有的实力转投到马耳他岛，持续不停地展开夜以继日的残暴轰炸，因此，导致这座岛屿的驻军疲惫不堪，气息奄奄。

陆军元帅凯塞林在 4 月初巡视非洲前方之后，与墨索里尼、卡瓦勒罗将军会面。凯塞林觉得，对马耳他岛的空中攻击已经让这座岛屿在以后一定的时间内不再具备作为海军基地的作用，而且，已经大大降低了它的空中威胁作用。他汇报称，隆美尔打算在 6 月份发动攻击，目标是将英国的军力毁掉，同时占领图卜鲁格。在马耳他岛不再发挥影响力，额外的供给又能持续不断地运过来以后，他就能完成这个目标。

墨索里尼决心加快占领马耳他岛的一切筹备任务。他请德国给予援助，而且提议在 5 月末发动攻势。这一作战计划被叫作“赫尔克里士”作战计划，在 4 月后期的电文中占据了明显的位置。卡瓦勒罗同意将意大利伞兵师的两个团、一个工兵营以及五个炮兵连拿出来。希特勒下达命令，德国应该投入两个伞兵营、一个工兵营以及可装载一个营军力的运输机，而且让德国海军负责筹备一定数量的驳船。

* * *

在斯塔福德·克里普斯爵士从印度返国途径开罗的时候，我再度感觉应该跟他讲，奥金莱克应该有所行动，这是非常重要并紧急的事情。对于他出国商议的结果，我们非常不满意。

首相致掌玺大臣（在开罗）　　　　　　　　　　1942年4月14日

我请求你不要让人觉得，我们在这里并不是很关心利比亚集团军为何长时间没有行动。我认为，隆美尔很有可能比我方增强军力的速度更快。如今，一个潜艇队一定要自地中海驶向印度洋，并且，因为敌军对马耳他岛的空中攻势，已经难以让轰炸机在这座岛屿上驻守，所以，从意大利前往的黎波里的航线也就不太会遭受阻碍了。除此之外，将会调遣更多的中东空军力量，以便应对印度的紧迫局势。迫使一名将军去接纳他觉得不太好的建议是没有用的。不过，我非常想让你了解到，我的观点与此间参谋长的观点都没有变化。

* * *

卡廷先生允许留下他的一个师参与沙漠战役，对于这一点，我们非常感谢。

首相致卡廷先生（在澳大利亚）　　　　　　　　　1942年4月15日

你决心让第九澳大利亚师在短期内接着驻守在中东，对于这一点，我们非常感谢。我们曾经获得充分的体谅，而这也是我的心愿，美国部队将会毫无条件地向澳大利亚前进。至于你方全部部队的发展方向，你的决策之前始终是完全自由的，未来同样会如此。

* * *

马耳他岛高喊求救，在很多根据点上的压力已超出了可以支持的程度。多比将军非常着急。在3月份，他曾经讲，局势很危险。他又在4月20日汇报称："现在已经超出了可以支撑的程度，并且，假如无法将迫切需要的供应物资补给我们，尤其是面粉与军火，那难以想象的一步就快要来了，并且还会很迅速……这是生死攸关的事情。”他在几天之后再次补充说，面包的消耗量已被他削减四分之一，目前的物资只可以支撑到6月中旬。

我打算让海军冒着巨大危险去支援马耳他岛。海军部也完全赞同。我们打算，而且当作可以选择的方法之一，便是派赛默威尔海军上将指挥他全部的航空母舰和“沃斯派特”号，穿过运河进入地中海，同时为一支去往马耳他岛的运输船队作掩护，期望可以和意大利舰队在路上大战一场。我要求罗斯福总统允许“黄蜂”号装载“喷射”式飞机，再度向马耳他岛行驶。“假如没有这种援助，我只怕马耳他岛将会变得粉碎。并且，马耳他岛的防守正有效地耗费着敌方的空军实力，同时有效地支援俄国。”总统的回复正好符合我心中所想。4月25日，他回复说：“我很高兴告诉你，‘黄蜂’号能再度装载‘喷射’式飞机向马耳他岛行驶。”

首相致空军参谋长　　　　1942年4月25日

如今，总统已经赞同“黄蜂”号起航，希望你告诉我未来的八个星期里“喷射”式飞机每星期支援马耳他岛的计划。

前海军人员致罗斯福总统　　　　1942年4月29日

已经收到来自马达加斯加岛的电报，非常感谢，目前正在为这件事展开全面准备。你允许“黄蜂”号再度重重地蛰敌军一次，我同样非常感谢……

*　　*　　*

最好将有关“黄蜂”号的所有故事在这里讲述一番。这艘船舰在5月9日顺利把另外一批非常重要的“喷射”式飞机交给了战斗中的马耳他岛。我发了一封电文给这艘船舰 :“黄蜂可以蜇人两次。”对于我“善意的”的电报，“黄蜂”号表达感激。倒霉的“黄蜂”号啊！当从充满危机的地中海向太平洋行驶的过程中，日本的鱼雷在 9 月 15 日击毁了它。值得庆幸的是，舰上所有勇敢的船员都获救了。

有关多比将军让人担忧的消息在 4 月份传过来。此时，他岿然不动，英国所有地区的人民都将目光聚焦在他身上——一位驻守要地的克伦威尔式的英雄。不过最终，他在长时间的紧绷状态下还是筋疲力尽。我得知这个消息的时候感觉非常惋惜，而且在刚一听说时，真的无法相信。但是，我不得不选举一位接任者。我发觉，现在担任直布罗陀总督的戈特勋爵是一位发愤图强的真战士。凯西先生前往开罗担任国务大臣的职位时要经过直布罗陀，因此，我托付他把经过详细地告诉戈特。

丘吉尔先生致戈特勋爵　　　　1942 年 4 月 25 日

我趁着国务大臣途经直布罗陀与马耳他岛之便，写了一封简洁的信给你。就像他将要告诉你的，在这个紧急关头，假如真的要调换马耳他岛的统帅，在全部人中，我们一致认为最适合承担这个非常重要的责任的人就是你。你大可安心，我将会竭尽所能调动一支强大的运输船队，在 6 月下半月输送供给到马耳他岛，并且，依旧会继续自西部提供“喷射”式飞机到马耳他岛。

从报告中，我们得知，你曾完美地组织直布罗陀的防御工作，而且让守军怀有高昂的斗志，这一切都让我非常欣慰。假如需要你来就任这个新职位，我们将给予你更多的权力，而国王政府与你真诚的朋友也会把无穷的信赖寄托在你身上。

* * *

同时，隆美尔正谋划着展开攻击。有关时间的部署，他宣称 :“在占领马耳他岛以后，装甲集团军会尽量发动攻击。假如对马耳他岛发动袭击的时间要延后到6月1日之后，那装甲集团军就没有必要等待这座岛屿被占领而惟有另行出击。”在4月30的计划中，他准备于次日晚上把英国部队歼灭在战场上，随后用突袭的方式攻陷图卜鲁格。但是，这取决于他需要的援军、石油、军火、车辆和食物的供给。他也曾问过，他可以从空海军那里获得多少额外支援，而且希望意大利重型海军舰只与突击舟可以“牵制住在亚历山大港驻守的英国舰队”。

5月6日，卡瓦勒罗去往非洲，就将要展开的攻击进行商议。他觉得——与我们在伦敦的观点相同——轴心国如果想要往前推进一步，就必须攻陷图卜鲁格。假如无法占领图卜鲁格，那加柴拉一线或这条线西面的地区就会是他推进的终点。在6月20日之前，全部活动都一定要完结，因为自那以后，在昔兰尼加使用的一些空军将由于“在其他地区的战斗活动”而撤离。班加西每日的进口量高达两千吨，或许会满足隆美尔的请求。不过他从德国或者意大利方面不可能获得更多的物资了。

* * *

可以将隆美尔的计划与奥金莱克将军的计划比较一番。正好在这个时候，奥金莱克将军发来一封电文，里面表示，他愿意在沙漠地区进行防守，同时往印度调遣一定数量的支援部队。这恰好和我们的建议南辕北辙。我回复说：“

首相致奥金莱克将军　　　　1942年5月5日

……对于你为了拯救印度的危机而情愿更进一步地削弱中东的军事实力这件事，尽管我们很感谢，不过我们认为，在此时，你在你的西线和敌人交战，并战胜他们，才是对整体战局最大的援助。我们对于这件事的一切指示在目的与作用上都没有变化。

并且，我们坚信，在对掌玺大臣提出的时间内，你可以执行这些指示了。

奥金莱克将军很快又发来一封电文，希望可以把他的部队和敌军交战的时间往后推。我跟我全体军政方面的同事说了此事。

首相致奥金莱克将军 1942年5月8日

1. 三军各参谋长、国防委员会与战时内阁曾经就整体战局对你的电报进行了慎重思考，其中，马耳他岛的事情是着重思考的。假如这座岛屿失守，将会是英国最大的悲哀，并且最终，尼罗河流域的防御工作将会遭遇毁灭性的危机。

2. 我们都觉得，虽然存在你所提到的危机，但你仍然应该对敌军发动攻击。并且，假如可以，在5月间对敌军展开一场主力战，自然是愈快愈好。对于这全部的命令，我们打算担负所有责任，赋予你执行这些命令时所需要的自由。毫无疑问，你在这一点上会发现敌军同样谋划着在6月初攻击你。

根据这种热烈商议的结果，我决心下达明确的指令给奥金莱克将军，这些是他必须听从的指令，不然就会被罢免职位。就我们对待一位高级军事指挥官方式来讲，这种手段非常不寻常。

首相致奥金莱克将军 1942年5月10日

1. 对于全局，三军各参谋长、国防委员会以及战时内阁再度进行了思考。我们已经打定主意，在你所有的军队没有为保全马耳他岛而战斗之前，我们绝不准许这座岛屿沦陷。假如这个要地被困沦陷，就会让我们三万多人的陆军与空军军队投降，并且还会损失几百门大炮。这座岛屿要是被敌军占领，就好像让他们得到一座坚实牢靠的去往非洲的桥梁，和因此而产生的优势。你与印度双方所依赖的可以得到大批支援飞机的空运路线会因为这座岛屿的失守而被断开。此外，还会危及对意大利的进攻和“杂技家”与“体育家”等等将来的作战计划。和这些灾难的必然性相比，我们觉得，你为了顾及埃及的平安而罗列的各种危机必定不是主要的，我们愿意冒这种危险。

2. 所以，我们再次强调我们所表达的观点和下列要求——我们可以准许的和敌人交战的最迟时期是，适时地牵绊住敌军以帮助运输船队在6月间夜晚能够通行的时间。

我们等待了许多天，并未收到回电。我们不清楚他在这段时间是听从了命令，还是打算辞职。

首相致奥金莱克将军　　1942年5月17日

对于你按照我们近期往来电报而做的决定，我希望我可以获悉。

最终，他发来了回电。

奥金莱克将军致首相　　1942年5月19日

1. 我的计划是执行你在5月10日电报中所下达的各种命令。

2. 按照我的推测，（你的电报）并非在讲，我们需要的全部只是发起一场为帮助去往马耳他岛的运输船队而约束敌军的战斗。在利比亚，进攻的主要目标仍是把歼灭敌方军队与攻陷昔兰尼加当作最终将敌军驱赶出利比亚的一个环节。假如我并没有推断正确，希望马上告诉我。因发起主力进攻的计划完全不同于以约束敌军为目的的计划，目前我暂且以我的推断没有错来展开安排。

3. 假如以分散敌军的实力、帮助去往马耳他岛的运输船队为目的来部署展开主力进攻时间，那实际行动的日期取决于三个因素。第一，运输船队的启程时间。第二，从此刻到准备行动日期内的敌军行动。第三，我方与敌方空军实力对比。这全部将在该地密切而不停地进行调查探究。

4. 目前，有可靠迹象说明，敌军准备近期对我们发动攻势。假如敌军真发动攻势，我们将来的行动就要取决于战斗的结局，而并非目前可以预想的。

5. 假如敌军没有率先发动攻势，我准备让在利比亚的里奇将军进攻。时间的部署将会尽力配合下面目标：尽力分散敌方的军力以帮助去往马耳他岛的运输船队，并且确保参与进攻的作战军队做好最大限度的准备。你可能会意识到的，这些因素是相互矛盾的，必定要在很大程度上折中处理，这应该由我负责和别的总司令官商议，再进行决策。要想攻击成功，其重要性（我们）已经进行了充足的叙述，就没有必要让我在这里多余地叙述了……

我立即回复：

首相致奥金莱克将军　　　　　　　　　　1942 年 5 月 20 日

对于我 5 月 10 日电文中的那些命令，你理解得没有错。我们认为，已是和敌军在昔兰尼加一较高下的时候了，马耳他岛是否能存在则和这场战役有非常大的关联……

我们自然清楚，无法确保不会失败。胜利或失败是带兵作战的人常遇到的事情。不过，不管这场战役始于敌军的攻击抑或由你发起，对于你和你勇敢的军队，我们将会给予无尽的信赖，并且不管出现什么情形，我们都将竭尽所能想办法支持你。

假如你可以亲自指挥，就像你曾在希迪雷泽格做过的一样，那我个人认为将有更大的把握。不过，我在这一点上绝不会逼迫你。

新西兰师的防线是不是应当与前方更接近？假如在与新西兰政府联系过程中，你需要协助的话，请一定要通知我。

奥金莱克将军没有接纳最后两条提议。他也曾经解释原因。我们将会看见，这位将军之后是怎样受情势逼迫而采用了这些举措。不过遗憾的是，已经来不及了！

奥金莱克将军致首相　　　　　　　　　　1942年5月22日

目前，我已经把我自己的责任彻底弄明白了，而且我会尽全力做好它，不会让你有任何不满。

对于我所率领的部队以及我个人，我非常感谢你给予了充分的信赖与支持。对于这一点，我们之前就深有感触。

虽然我非常想亲自指挥利比亚的作战，不过我认为，这并非可以遵从的正确目标。对于这种行为的可行性，我曾极度认真地思考过，而且获得结论，假如我执着于利比亚的战略问题，那么就无法保持正确平衡的观点。我认为，随时都能出现一种局势，让我必须对下面这两种情形进行选择：我是不是可以接着支援并支持第八集团军而不会遭到严重的妨碍，或者我是不是应该撤退并想办法创建北方战线。然而，为了将全部力所能及的支援交给里奇将军，这条战线目前正在被我减弱。衡量轻重，我认为我应该驻守在原地，不采取行动。不过你尽管放心，我愿意顺应形势，假如有必要，我会亲自指挥。我和里奇将军保持着紧密的联系，我每时每刻都在想着他。我期望万事顺利。

对于将新西兰师自利比亚调到埃及的必要性，我曾经进行了充分地思考。你既然坦然担负了政治方面的问题的责任，那么就应该能得到处理。此外，还存在别的问题需要进行思考。现在，我非常不想削弱利比亚的军队，一方面是由于这个地方的政治局面很不稳定，另一方面则是由于它或许会对土耳其人民造成的影响，我还不是非常清楚土耳其人民的态度……我已经着手准备在必要的时候将在伊拉克的训练有素的第十印度师派遣到埃及进行支援，并且已经指定第四印度师的一个旅为临时援军。拥有这些援军，第八集团军的食物供给以及饮用水差不多达到了饱和点……

对于你表达支持之意的电报，我再次表示感谢。我们将与以往相同，展开激烈的战斗。对于我们的军队与安排，我很有信心。我深信我们将会取得成功，并有取得更大成功的希望。

* * *

大概是在此时，我又给奥金莱克将军拟写了一封电文，表明我本人在军事方面的信念。不过，经过认真考虑之后，我并未把它发出去，因为我不想太过大包大揽。

下面全部是非正式的个人观点。

1.看起来，敌军真的很快就会对你发动攻势。你觉得这会把良好时机带给第八集团军，我与你的观点并不完全相同。尽管很多有名的战役是将侵犯者打退之后继续进行反击而获得成功的，不过我此次不由自主地想起在奥斯特里茨[①]一战中，拿破仑将对手意料之中的回击粉碎了这一历史事件。我们常常会想，德国人在他们正在筹备的一些思考周详的计划因为遭遇意外打击而被弄乱时非常愤怒。现在，对于装甲军队来讲，先声夺人具有特别的作用，所以，这种情况被采取得更多。总而言之，他们与我们各自有着自己的作战计划，互较高下，这种状况引发了我们热切的关注。我们或许有很好的进行抉择的机会，在敌军最虚弱的时候给予重击。

2.对于将要发生的事情，你曾经展开了长时间的思考，希望你可以谅解我的这些不够深刻的观点。我非常重视你的工作，所以必须要讲出来。

① 位于捷克斯洛伐克的西边。奥俄联军于1805年12月2日在这里被拿破仑打败。——原注

*　*　*

对于我所了解到的战术上的真理，我常常希望可以用简单的小故事来表明。下面的叙述就是一例。这是一个人让熊把一个炸药包吞下的故事。这个人小心谨慎地配制炸药，不仅要保证成分百分百正确，并且要让比例丝毫不差。他把炸药包裹在一张大纸卷中，正准备点着扔入熊的喉咙中，然而熊却率先扑了过来。

在这个时候，假如说我敢于将这则故事插入我在记叙的这段战事中，那是由于苏格拉底的一句话给了我勇气。他曾讲过：“喜剧的特点和悲剧大致是一样的，应该让同一个作家来创作。”

# 第十八章 “马上开辟第二战场！”

## 1942年4月

**总统郑重的计划——霍普金斯与马歇尔将军来到伦敦——他们的备忘录：“在西欧的作战计划”——我们的三军参谋长对美国的计划进行研究——4月12日我发给美国总统的电文——国防委员会在4月12日的会议——马歇尔将军的声明——我强调了印度洋上的危机——马歇尔将军得到霍普金斯将军的支持——美国的计划得到支持——我在4月17日给美国总统的汇报——他满意的回复——我本人的观点——守卫印度，英国义不容辞——我赞同在1943年进行一次跨越海峡的全面攻击——1942年马歇尔将军进行一次局部攻击的计划：“锤击”作战计划——其余的作战计划：对法国西北非与挪威北部发动进攻——总结**

当时，为俄国费心的还有美国总统。为了解除俄国身上的重担，他正和他的参谋部一起制订计划。

总统致前海军人员　　　　　　　　　　1942年4月2日

我已审核完联合王国在军事形势中所面对的多种刻不容缓与需要从长计议的问题，并得出了一些结论。我觉得这是非常重要的一些结论，所以我期望你也可以对问题有一个全面了解，而且我还期望你能认同。因为整个问题取决于联合王国与美国之间的全面协作，所以在最近几天，哈里与马歇尔就会去伦敦，先把问题的重点告诉你。对于这一计划，我期望俄国人热烈的欢迎。在你与哈里、马歇尔会面，并获得你的回复之后，我准备让斯大林马上派两名特使来见我。我觉得，这一计划将在与此间和英国的舆论动向相符的情况下拟订出来。最终，我希望可以把这一计划叫作联合国计划。

我很快又收到美国总统的以下信件：

华盛顿

白宫

4月3日，午后十一时

敬爱的温斯顿

哈里与乔治·马歇尔将要跟你讲的全部都是我的肺腑之言。为了把俄国人身上的重压消除，你我两国百姓想要开辟一个新战场。两国人民非常有智慧，完全可以看出来，俄国人所歼灭的德国人跟毁坏的装备比你我两国加起来的总和都多。就算尚未获得全面胜利，这终究是一个重大的战果。

这一计划是一定要实行的！唯有如此，叙利亚与埃及才会比较安全。就算我们的计划被德国人发觉了，也没有什么可害怕的。

祝你万事顺利。让哈里早点儿歇息，而且服从美国海军医官富尔顿的命令，我指派他为拥有全权的特级护理。

始终忠于你的

F.D. 罗斯福

霍普金斯与马歇尔在4月8日抵达伦敦。一份有详细内容的备忘录被他们带了过来。这一备忘录由美国参谋长联席会议制订并获得了总统的同意。

## 西欧作战计划

1942 年 4 月

美国与英国选西欧作为展开首次主要攻击的战场。英国和美国的陆地与空中的联合力量唯有在西欧才可以得到充分的发挥，并且也才可以在最大程度上支持俄国。

一定要马上做出展开此次进攻的决策，因为在很多方面均要展开大量筹备工作。在尚未展开此次进攻时，西欧的敌人一定要被压制住，并且还要在使用战略的同时组织突袭，让敌军无法猜测。这么做会让我们得到有效的消息，并且还获得珍贵的历练机会。

发动进攻的联合力量应当包含四十八个师（包含九个装甲师在内），英国应当承担十八个师（包含三个装甲师在内）。对攻击进行援助的空军需要战斗机五千八百架，由英国提供其中的两千五百五十架。

速度才是问题的重点。局限我们执行这一计划的重要因素是，缺少袭击时用的登陆艇和从美国运送必需的军队去联合王国的船只。在不会对别的战场的主要活动产生影响的前提下，在 1943 年 4 月 1 日以前，这些军队就能运送完。不过，这一任务唯有在百分之六十的运输工具不由美国承担的情况下才可以达成。假如这一调遣完全依赖于美国船只，那发动进攻的时间肯定会延后到 1943 年夏末。

因为需要的登陆艇大概有六千艘，所以为了完成这个数量，一定要极大地加速目前进行的建造计划。从现在来看，一定要加快接收与调遣大量美国陆空分遣队的准备任务的进程。

勒阿弗尔与布罗涅之间的海滩地区应该作为攻击地带，攻击时的首次攻势起码要出动六个师，而且还要空降军队的协助。在这次进攻以后，每周起码要投十万人进去。装甲军队在滩头基地稳固之后要快速行动，将瓦兹-圣康坦线控制住。随后，安特卫普便是接下来的目标。

在 1943 年 1 月之前，范围如此广阔的袭击如无法展开，就应当拟订一个计划，而且让它不停地顺应局势的需求，以便使用能随意调遣的军队来执行目前的作战行动。这一活动应当作一项重要措施来实行，这是为了（1）利用德国有可能发生的忽然崩溃，或是（2）“付出代价”，以便挽救或许瓦解的俄国抵御力量。在所有情形下，空中的有利条件很重要。另外一方面，或许没办法在 1942 年秋天调派跟保持超过五个师的军力。在这一时间段，联合王国将会担负起主要重担。例如，在 9 月 15 日，美国只可以支持所需的五个师中的两个半以及七百架战斗飞机。如此一来，联合王国就要提供高达五千架的飞机。

* * *

这次旅程让霍普金斯筋疲力尽，他生了两三天的病。不过，马歇尔立即与我们的三军参谋长展开商谈。没有办法在 14 日（周二）之前与国防委员会召开正式会议。对于整体局面，我、三军参谋长和我同事在这一时间内展开了商谈。很明显，美国非常希望插手欧洲，而且把战胜希特勒放在最重要的位置，我们全部的人都因此而感到欣慰。我们战略思想的基石始终是这一点。另外一方面，不管是我们，还是我们的军事顾问们，都无法根据 1943 年夏末之前英美大军跨越海峡在法国登陆这个环节拟订任何实际而有效的方案。我在 1941 年 12 月去往华盛顿的旅行中写的并交给美国总统的文件中所记录的，始终是我的目标与时间表。美国一种全新的观点也摆在了我们眼前，即在 1942 年秋天展开一场小规模的却具备一定实力的预备性紧急登陆。为俄国，并且也为广泛地展开战斗，我们非常愿意就这一新方案进行考虑，并且还乐意就别的压制方案进行考虑。

在对美国总统的备忘录与三军参谋长的观点进行慎重的思考之后，我将以下电文发给了美国总统：

1942 年 4 月 12 日

对于你的战争的前途和提议里的大型作战计划的文件，我专心而热忱地看了。你所提及的所有主张在原则上我都是赞同的，同样如此的还有英国三军参谋长。在打算展开主攻的同时，毫无疑问，东方与远东每天出现的紧急事件也是我们一定要应对的。我们快速地就所有细节进行了研究，只要是有明确行动的，其准备工作已开始实行。在 14 日（周二）晚上，国防委员会将会就整件事进行商讨，参加这次会议的还有哈里与马歇尔。毋庸置疑，我可以发给你我们全部都赞同的文件。

我能讲，我觉得在今年发起一次短期进攻来应对某种事故的提议所遭遇的种种艰难与难以捉摸的原因，都以非常完美的形式处理好了。假如如我们的专家所想，我们可以把所有计划顺利完成，这会是战争历史上的一项重要事件。

国防委员会在 14 日晚上与我们的美国朋友们会见于唐宁街十号。看上去，这是极其重要的一次商讨，所以，我事先约请伊斯梅将军进行记录。下面是记录的重点：

丘吉尔先生致开幕词称委员会已召开会议来思考霍普金斯与马歇尔将军所带来的重大计划，并且，这一计划还经过了三军参谋长的充分商讨与研究。他毫不犹豫地热烈接纳了这一计划。作为这一计划基础的概念完全符合战争的典型原则——即集中实力打击主要敌军。但是，我们不得不指出一个明确的保留观点——即对印度与中东的保卫是非常重要的。对于一支有六十万人的部队和印度的所有人民，我们绝不可以放弃。除此之外，还绝不可以丢弃澳大利亚和那些将该国与美国联结起来的岛屿阵地。即我们在实行马歇尔将军所提议的重要方案时，决不可以完全放弃别的东西。

马歇尔将军称，对于 1943 年应当干什么和展开最强有力的空袭来给予德国打击之事已经取得了所有协定。可以提供部队。必需供应的船舶、登陆艇、飞机和海上护航队才是重大难题。

他在与英国三军参谋长进行商讨的时候出现了两个问题。第一是，美国能否供应充足的物资来支持中东与印度。第二是，除了展开一次大规模的突袭以外，事实上，是否有可能在 1942 年登上欧洲大陆。我们或许要被迫这么干，并且在任何情况下，我们都必须为此筹备好。他觉得应该可以处理好所有的难题，就如我们能在相当程度上将制空权控制在手中那般。我们共同的空军计划的规模说明，这是可以完成的一点，尤其是俄国牵制住了德国的大量兵力，降低了我们作战的风险。如此一来，德国人也会体会到缺乏空军支持的战斗的感觉。对于在 1942 年展开新战役的事情，他在离开美国以前没有足够的时间进行研究，并且按照现存的资料，他的结论是在 9 月之前都没办法实行作战计划。假如这些计划一定要在 9 月之前实施，那美国将不会有多大的贡献。不过等到那时，将能充分使用美国在此间的所有武装军队。总统曾经特别强调说，在执行任何任务的时候，他期望他的武装军队都可以尽力担负责任。

艾伦·布鲁克罗爵士讲，对于马歇尔就 1943 年作战计划，英国三军参谋长完全赞同。1942 年的大陆军事活动将由德国人袭击俄国的结果来决定。我们觉得事情在 9 月之前总会有些眉目。

三军参谋长完全赞同首要敌人是德国。并且，还需将日本人拦住，同时确保他们没办法与德国人会合，这是非常重要的。假如印度洋被日本人掌控，那不仅中东会遭受重大危险，我们也会失去波斯湾的石油供给。其结果便是，德国将获得所需的所有石油，南线去往俄国的道路将被切断，土耳其将变得孤立无援，失去防御力量，德国人将得到去往里海的坦途，并且还可以与日本互相交换他们急需的物资。

丘吉尔先生继续补充讲，在未来的两三个月毫无援助的情况下，我们没有办法应付印度洋上的日本海军力量。现在，对于美国海军在太平洋的企图与动向，我们尚未彻底弄清楚。在航空母舰上的飞机获得压制日本人的有利形势才是该地的主要工作。很快，我们自身就会有三艘航空母舰去往印度洋。时机合适时，这三艘航空母舰将和“狂野”号会合。

霍普金斯先生讲，假如美国舆论占优势，那美国的大多数军力将会用于应付日本人。即便是这样，经过热烈的商讨之后，总统与美国的军事领袖们已下定决心，用美国的武力应付德国是没有错的。但是，不应当觉得在中东和别的大战场——俄国、澳大利亚以及太平洋——的局势上，美国政府的思想中有丝毫的误会。美国的决定取决于两个重要原因。第一个原因是，美国不但想要在海上展开战斗，同时还想在陆地上与空中展开战斗。第二个原因是，他们想要在最能发挥作用并且可以占上风的地方展开战斗，与此同时，他们还非常想要与英国并肩作战。假如今年就可以进行这种战斗，那无论这场战斗爆发于什么时候，美国都乐意尽量发挥最大作用。由于他们担忧发起一场自己难以充分发挥作用的战斗，所以他们提出，采取活动的时间最早是9月。

对于美国与联合王国的舆论，他已知道一些，并且也发现舆论在担忧美国海军正在做什么这一问题。这是不应当存在质疑的一点。美国海军必定会与英国海军彻底协作，来逼迫敌军有所行动。他们只期望可以在有优势的情况下展开战斗。

讲到澳大利亚等战场，美国自然会履行他们的义务。但是，在现在所提出的庞大计划上面，他们将会倾注自己所有的精力。美国急切想要与英国并肩作战。

查尔斯·波特尔爵士（空军参谋长）表示，一定要记住跨越海峡进行空袭与用一支远征军在欧洲登陆这两件事间的区别。前者能按照自己的意愿持续下去或结束。不过在后者上，我们就没办法依照自己的意志做事。只要在大陆上有驻军，我们就要维持空军力量。所以，假如我们的一支远征军出击了，我们就一定要确保有相当多的空军力量让战斗持续到最后时刻。

最终，丘吉尔先生表示，尽管这一计划（1943 年跨越海峡攻击大陆）的细节还需要进行确定，不过大致来讲，我们已经获得完全相同的观点。这两个国家一定会用高尚的兄弟情谊共同前行。他将会给美国总统发一封电文，把已经得到的结论告诉总统，并且为了印度洋的迫切需求，提出一个条件给他，不把这个条件给实现了，整体计划就会遭受重创。整体的筹备工作此刻就能开始，并且，我们在从事筹备工作时将会用上极大的决心。英语民族已经决心展开一场宏大的战役，以解放欧洲。人们将会慢慢知道这一实情。我们应当思考，在恰当的时候，是不是应当发表一项宣言。

*　　*　　*

如今，这一计划拥有了名称：“围剿”作战计划，但这并不是我起的名字。在这个基础上，全部人都抱着极大的信心与善良的心愿做事。我向美国总统进行了汇报。

前海军人员致罗斯福总统　　　　1942 年 4 月 17 日

1. 我们在上周二召开的重要会议的所有记录将会被你的特使带回去，并且还会把我们的三军参谋长根据你的提议所给出的详细看法带回去。不过我坚信，你乐意马上获得一份对我们得到的结论进行陈述的简洁说明。

2. 对于你倾尽全力打击首要敌人的观点，我们由衷地表示赞同，我们还热忱地接纳你的计划，不过要添加一个重要要求。你从我4月15日所发的电文中可以得知，制止日本人与德国人会合才是最重要的。所以，从现在来看，我们一定要保存一部分实力制止日本军队的推进。在会议上，已经就这一点展开了充分的商讨，并且马歇尔信心满满地觉得，我们能一块供应必需的人力与物资给印度洋与别的战场，并且还能马上开始你的主要计划的筹备工作。

3. 1943年的作战计划是简洁明白的，我们已经马上展开联合计划的筹备工作。但是，我们或许会觉得今年一定要展开行动。这一点在你的计划中有所表现，确定9月中旬是最早行动的时间。各方面的事情在9月中旬之前或许非常顺利地有了眉目。马歇尔曾经解说道，除非你可以在空军方面供应庞大实力，否则你不愿发起一次充满重重危机与恐怖结果的战役。不过，他并未让我们怀疑，假如有必要提前展开行动，你，总统先生，必定会热忱地乐意将现存的所有人力与物资投入这场战役。我们在展开计划与从事筹备工作时是按照这个基础进行的。从大致上讲，我们全都赞同的计划是在欧洲大陆上采用慢慢增强行动的计划，最初将是慢慢增强夜以继日的空袭，日益频繁地发动大范围的空中攻势，这一活动还将得到美国军队的加入。

4. 对于你在4月2日的电报中的提议，我表示赞同，你应当让斯大林派两名特使去探望你。要想将大范围的却不得不展开的筹备工作掩盖起来，在任何情形下都是做不到的。不过，我们面对的既然是从北角到巴荣纳的所有欧洲海岸线，那我们就应当想办法在我们攻击计划中的力量、时间与方向等等方面蒙骗我们的对手。我们确实应当思考一番，是否应当公开发表一项声明，表明我们两国决定为了解救遭受苦难的各国百姓，以高尚的兄弟情谊联起手来，一起派遣一支庞大的十字军向着欧洲前进。有关最后一点，我还会另外发电文给你。

罗斯福总统回复说：

罗斯福总统致前海军人员　　1942 年 4 月 22 日

对于你和你的军事顾问与马歇尔、霍普金斯所达成的协定，我甚是快慰。马歇尔与霍普金斯已对我汇报道，他们带去伦敦的提议获得了大家的赞同，你亲自发电报证实此事让我很感激。

我坚信这项行动将会让希特勒感觉极其失望。我还坚信，这项行动极有可能是希特勒倒台的关键点。我因为这种远景而感觉很高兴，你可以坚信，对于这一任务，我们的部队会投入最高的热忱与精神。

而发表公开声明这一点，我会思考一下。不久，我就会让你得知我对此事的观点。

我坚信，日本人与德国人的会合是需要大费周章的。不过，我同样意识到，此事将来的远景存在必须留神的地方。

就如你会从报纸上看见的那般，我们的空军已严重打击了日本人一次，而且我也正在期望，我们可以让日本人无法在印度洋维持很多大型舰只。对于这个问题，我在一两天之内就会与庞德（他正在来华盛顿的路上）进行一次交谈。

我已接到斯大林发来的诚恳电文，跟我说，他已派莫洛托夫与一名将军来看我。我提议，他们先到华盛顿，随后再前往英国。在这一点上，假如你有别的意见，请告诉我。我因为斯大林的电文而非常开心。

尽管我们还存在很多共同的难题，不过我想如实地讲，与过去两年的任何时间相比，我现在拥有对战争最乐观的看法。

你热情地接待马歇尔与霍普金斯，我想再度对你表达谢意。

*　　*　　*

我们此刻要讲讲自己的观点。对于已做了决定的和我觉得应当做的，我都保持毫不动摇的观点。

在我们制订 1943 年的庞大计划时，绝不会将其他责任丢至一旁。保卫印度不遭受日本的入侵就是我们英国所担负的主要责任，看上去，这种入侵极有可能会发生。除此之外，对于整场战争来说，保卫印度的工作具有决定性的关系。任凭英国国王的四亿印度子民如中国人那般遭受日本的糟蹋与摧残，是一件耻辱的事情。我们对印度子民有高尚的义务。并且放任德国人与日本人在印度或者中东联手，必定会对盟国的事业产生难以估量的灾难。在我心中，德国与日本人的联手，以及苏俄撤至乌拉尔的后方，乃至独自和德国讲和，有着几乎是相同的重要性。我现在并不觉得这两个事件有可能会发生。我对于俄国部队与民族为了守卫自己国家的领土而展开战斗的实力是信心十足的。但是，虽然我们的印度帝国拥有辉煌的历史，却极有变成敌军轻松得到的战利品。我必须要把这种看法告诉美国特使。缺少英国的积极支援，在几个月以内，印度就有被征服的可能性。希特勒要想征服苏俄，则需要更长久的时间，并且对于他来讲，同样是一项需要付出很大代价的工作。英美必须要在这完成之前掌握制空权,一定要到达最强大的水平。即使别的一切都没有成功，这一点最终仍会发挥决定性作用。

我完全赞同霍普金斯所讲的 :“在 1943 年，进行一场对法国北面敌军的正面进攻。”不过，在现在与发起进攻之间的时期内，到底应该怎么做？发起进攻的首要部队绝不会纯粹只为了这一工作着手筹备。在这儿产生了有明显差别的观点。马歇尔将军建议,在 1942 年的初秋，我们就应当想办法掌控住布雷斯特或者瑟堡，最好是占据瑟堡或者将两个地方一并占据了。毫无疑问，英国肯定会承担这次的作战行动。海空军、三分之二的陆军和能够使用的所有登陆艇都一定要由我们供应。美国可以提供的只有两三个师。我们一定要记得，这些军队都是近期刚刚招募的。要变成第一流的部队，起码需要两年的时间以及一位拥有极强专业技术的干部来训练。所以，这一计划当然要听一下英国参谋部的看法。显然，一定要对这一问题展开密切的技术研究。

尽管从一开始，我并没有不赞同这种观点。不过在我心里，还存在别的能够替代的计划。第一个是在法属西北非（摩洛哥、阿尔及利亚以及突尼斯）登陆，当时，这一计划被叫作“体育家”作战方案，最终又改进为伟大的“火炬”作战方案。还存在第二个能够替代的计划，这是我时常憧憬的计划，并且我觉得，就如入侵法属北非那般，这是个可以接受的计划。这便是“丘比特”作战方案——即解放挪威北面。这是直接对俄国进行支援，与俄国的海陆空军直接展开合作的唯一的办法。这是打通占据欧洲的北部尖端、将连续不停的供给运输给俄国的道路的办法。这种军事方法不但不用大批的军力，并且还不用耗费大批的供给与军火。德国人经由北角将这些非常重要的地方占领，基本没有牺牲什么。与现在的战争范围比较起来，对于这些区域，我们也能付出极少的牺牲来重新占领它。我本人同意“火炬”作战方案。假如我可以完全依我本人的意愿做事，我也想在 1942 年尝试一下“丘比特”作战方案。

我认为，在瑟堡建造桥头堡并非容易的事，较为不受人欢迎。从时间来讲，这也无法立即发挥援助效果，并且最终绝不可能得到什么成果。最好把我们的右手放在法属北非，至于我们的左手，则放在北角，在一年的时间内静等着，不要冒着风险硬对德国在英伦海岸对岸的设防阵线发动攻势。

我当时的观点就是上面所讲的，我从未后悔过这些观点。不过，我很乐意使计划委员会商讨一番“锤击”作战方案——对瑟堡发动袭击的军事行动的名称——和别的计划。我简直能确定，越是透彻地就这一方案进行讨论，它就越被人排斥。假如我拥有下达命令的权力，我肯定会选择“火炬”与“丘比特”这两个作战方案，在秋天时机合适时，把这两个方案给实行了，把“锤击”作战方案的谣言透漏出去当作约制。不过，我必须要借政治影响与外交展开工作，以便与我们珍贵的同盟国达成统一和谐的行动。世界缺少我们同盟国的援助唯有死路一条。因此在 14 日的会议上，这些替代计划我一个都没有提。

我们在最重要的事情上用安心愉悦的情绪对美国具有决定作用的提议表示欢迎，将把英国作为跳板，尽早对德国发起大举进攻。我们将会在下文中看见，对于那些将援助中国与打败日本放在优先位置的美国计划来说，我们极有可能非常容易与其发生矛盾。不过，从珍珠港事件之后我们组建同盟起，罗斯福总统与马歇尔将军顺应强有力的舆论潮流，意识到首要对手是希特勒。在我本人看来，我非常希望见到英美两国的部队共同在欧洲作战。不过，我本人又极少怀疑，对细节——登陆艇等——的探讨与对战争主要战术的思考，肯定会将“锤击”作战方案给颠覆了。最终，大西洋两岸的军事政府——海陆空三军的军事政府——都意识到不具备准备这一计划的能力，或者说——据我所知——对于执行这一方案的责任，双方军事政府都不想承担。相同的心愿与善良的意志无法克服无情的事实。

总而言之，我在 1941 年 12 月致罗斯福总统的备忘录中所提到的理论是我一直提倡的，即：

（1）英美两国的解放部队应当在 1943 年登陆欧洲。除了在英国南部登陆之外，他们如何将所有力量运送到欧洲？任何对执行这项行动有阻碍的事情都不能做，而必须去做所有对这项行动有推进作用的事情。

（2）同时，在俄国人与德国陆军主力展开大规模战斗时，我们不可以坐视不理。我们一定要与敌军交锋。这种决心与罗斯福总统的思想基本一致。不过，在横穿英伦海峡的大举进攻展开之前的一年或者一年零三个月里，怎样的工作是我们应当做的？事情是显然的，占据法属北非的方案本就是可能的、正确的，并且与总体战术方案相符。

我期望上面所讲的作战方案可以与登陆挪威的战斗相互协作。我依然坚信，在同一时间是有可能实行上面所讲的两个方案的。不过，在紧张商讨这些难以进行权衡的问题时，时常面临着失去目的的简洁与单纯的庞大危机。虽然我想要在同一时间实行“火炬”与“丘比特”两个作战方案，不过，我无意让“火炬”破坏“丘比特”。在一场猛烈的进攻中，将两个强有力的国家的所有实力进行集结与合作是面临着各种艰难的，我们绝对不可以让含糊不清的语句把情形打得更乱。

（3）所以，在英国与美国的部队可以在 1943 年的欧洲与德国人交锋之前，唯一弥补空白的方法就是，用英美部队强占法属北非，并且和穿过沙漠从西面的的黎波里和突尼斯推进的英国部队进行协作。

最终，当所有的计划和讨论都消失时，上面所讲的方案就变成了西方同盟国的统一决定。

# 第十九章　莫洛托夫的访问

**苏联对波罗的海沿海国家的请求——美国的否决——反对观点被我缓和了——3 月 7 日发给罗斯福总统的电报——英俄关系中比较缓和的一段时间——英国声明，假如希特勒把毒气用在俄国身上，德国将会受到毒气报复——和斯大林的通信——有关莫洛托夫访问伦敦与华盛顿的提议——5 月 20 日他抵达伦敦——5 月 22 日的会见——有关 1942 年横穿海峡作战问题——缺少登陆艇——莫洛托夫询问我对俄国前途的观点——我保证不管有怎样的状况发生，我们一定会继续战斗——艾登提议用一项英俄同盟条约替代一项领土协议——谈判好转——我们在契克斯的俄国客人——和斯大林和睦地互换观点——致罗斯福总统的汇报——莫洛托夫返回伦敦——6 月 11 日，有关 1942 年开辟第二战场的公报——我们用一份备忘录保卫了我们的立场——“任何承诺都是我们难以许下的”——俄国战场上主要战斗的发展状况——塞瓦斯托波尔的失守**

在艾登先生于 1941 年 12 月访问莫斯科的时候，遇到俄国政府要求他承认苏联当时西部边界现存情况的特别请求。在一项一般同盟条约里，俄国人非常期望明确地承认俄国占据波罗的海沿海国家与新的俄国和芬兰的边界。对于这一问题，艾登先生不愿意担负任何义务。他强调，我们曾经对美国政府保证，在大战尚未结束时，不因为领土变更事宜订立任何秘密协议。

在这场会见完结之时，双方赞同，艾登先生应该把苏联的请求告诉英国内阁与美国，而且在未来正式订立英苏条约而举办谈判时进行思考。这一切美国政府都已经收到通知。对于俄国建议的态度，他们是明确不赞同的。对美国人来说，接受这种请求就是直接违反大西洋宪章的原则。

在美国参与战斗的次日，我抵达华盛顿。当时听到艾登先生汇报称，苏联政府企图将波罗的海国家占为已有。就像在上册中刊出的电文所说明的那般，我曾表明不给予支持。不过此刻，事情在过了三个月之后，在局势的重压之下，事实上我觉得已经无法继续保持这种道义立场。在一场生死搏斗中，不应当让那些为了崇高事业而奋斗的人们承担起他们无法担负的重担。不管是过去还是此刻，我对波罗的海沿海国家的态度始终没有变化。不过我觉得，在这个时候，已经无法再进行拖延了。

前海军人员致罗斯福总统　　1942 年 3 月 7 日

假如怀南特在你那里，对于我国外交部对俄国的观点，想来他已经告诉你了。越来越严峻的战争让我意识到，不应该那么理解大西洋宪章的原则，导致否定在德国对俄国发动进攻时俄国所具有的边界。俄国恰好是在这个基础上参与大西洋宪章的，并且我猜测，俄国人在战争初期将这些波罗的海的沿海国家占据之后，必定已经采用严格的措施将这些地方的敌人给扫除了。所以，我期望你可以让我自由活动，尽早与斯大林将他想要签订的条约给签了。一切都预示着在春天的时候，德国就会对俄国发动大规模的攻击。对于与德国部队猛烈战斗的唯一的国家，我们却爱莫能助。

但是，总统与参议院依然对他们的立场毫不动摇。不过正如下文所说，最终，我们得到了比较好的结论。

*　　*　　*

这个时候，英俄关系出现了一个比较和睦的时段。

首相致斯大林元帅　　1942 年 3 月 9 日

1. 我已经给罗斯福总统发电报了，敦促他赞同我们在战后就俄国边界问题和你缔结条约。

2. 我已经给出清楚的指示，我们所承诺的供给不可以中止或者拖延。

3. 此时的天气好转之后，我们就恢复了针对德国的强有力的日夜攻击。为了减轻你军的一些担子，我们还在持续探求别的手段。

4. 毫无疑问，让我们在这一艰难时期获得最大鼓励的就是俄军越来越好的进展以及敌方那些众所周知的严重损失。

斯大林元帅致首相　　1942 年 3 月 15 日

对于你在 3 月 12 日发往古比雪夫的电报，我表达感谢之意。

我对你表明，对于你那封有关实行措施确保对苏联的资源供给，而且增强对德国空中攻势的来电，苏联政府表达谢意。

我坚信，虽然暂时失败，最终，我们部队的联合行动一定会把我们共同的对手打败。1942 年在反对希特勒纳粹主义的战场上将会是局势改变的具有决定作用的一年。

对于你发来电报的第一条，也就是有关苏联边界的事情，我觉得，假如订立条约的双方乐意接纳协议，并且签字，我们依然需要根据适用于双方的协议条款互换观点。

*　　*　　*

在德国将要展开进攻时，因为普遍期望想办法支援苏联部队，并且，因为担忧德国会用毒气来对付他们，或许是芥子气，我已经得到内阁的批准，打算公开发表声明：假如德国人用毒气对付俄国，我们也将报复性地用毒气对德国发动进攻。

首相致斯大林元帅　　　　1942年3月20日

1. 非常感谢你在15日对我近期电文的回复。比弗布鲁克已经去了华盛顿，他会根据我们之间和我们政府之间的往来信件，推进和元帅处理相关条约的事宜。

2. 麦斯基大使上周曾与我一同吃午饭，他讲到一些证据，证明德国人会在他们春天计划发起的进攻中把毒气用在你们身上。通过和我的同事以及三军参谋长商议以后，我愿意向你保证，有关将毒气用在俄国身上这件事，英王陛下政府会视同用在我们自己身上那般。为了供应飞机投掷，我已经储备了大批毒气炸弹。并且，只要你国部队与人民遭受这种攻击，我们就将毫不迟疑地把这种毒气弹用在德国西面所有合适的目标上。

3. 我们是否应该在恰当的时候公开提出告诫，证明这便是我们的决策。请思考这个问题，这种告诫或许除了制止德国人在对世界做出各种可怕的事情以外，还带来了这种新的恐惧。希望你可以给我讲讲你对这件事的观点，以及根据德国的筹备状况来看，你是不是觉得这是一种合理的告诫。

4. 现在并不急切。在我采用会让我国城市受到这种新型袭击措施以前，我自然需要充足的时间筹备好我国的种种防毒气措施。

5. 我坚信，你会给机会让我国新任大使本人转交这封信，而且获得方便，亲自与你商讨。他前往你国以前，如你所知，曾在过去四年里与蒋介石保持着亲密的私人往来。我认为，他曾经获得这位将军极高的敬重与信赖。我期望并坚信，他一样会获得你的重视与信赖。他跟我是相交多年的好朋友。

斯大林元帅致首相　　1942 年 3 月 20 日

1. 对于近期由克拉克·科尔爵士转给我的来信，我极其感激。我与克拉克·科尔爵士展开了一场长时间谈话，我坚信我们将在一种彼此完全信赖的氛围中从事我们的共同事业。

2. 我愿意对你表明，对于英国政府保证会将德国人把毒气用在苏联身上这件事视同把这种武器用在英国身上一样，（并且）英国空军会立刻将英国所储备的大批毒气弹用在德国适宜的目标上，苏联政府非常感谢。

* * *

这个时候，总统同样与苏联人维持着愉快的关系。我们已经从上一章中看见，他曾经提及莫洛托夫访问华盛顿这件事。他更希望这位特使先去美国，不过，斯大林却另有打算。

斯大林元帅致首相　　1942 年 4 月 23 日

艾登先生近期交给苏联政府两份苏英协议草案，草案与艾登先生在莫斯科时所商讨的协议条文在一些具体事实方面有些不相符。考虑到这些草案反映了新的观点矛盾，并且，这种矛盾还不是通信可以处理的，苏联政府打算无视所有阻碍，派遣莫洛托夫去伦敦，以便经过亲自商议，把所有阻碍协议缔约的事情都处理了。因为在欧洲开辟第二战场的问题（这是由美国总统在最后写给我的信中提到的。在信里，他邀请莫洛托夫先生到华盛顿就这个问题进行协商，需我们两国政府代表初步互换观点，就更有必要这么做了。

请不要拒绝我的庆贺，而且请你在抵御英国对手的战斗中获得成功。

前海军人员致罗斯福总统　　　　　　　　　　1942 年 4 月 24 日

有关你在信函中讲到莫洛托夫的旅程这件事，我已经收到斯大林寄来的信件。他表示正打算把莫洛托夫派到这儿，就我们协议条文中的一些矛盾进行辩论。他想要赶快进行处理。可能已经在路上了。你必须要了解到，我目前已无法提议让他更改访问的日期了。所以，只要莫洛托夫一来，我准备赞同研究我们的草案，而且希望马上将首要阻碍给清除掉。不过，我会对他提议，在最终签字以前，他应该先去华盛顿看你。

首相致斯大林元帅　　　　　　　　　　1942 年 4 月 24 日

对于你在 4 月 23 日的来电，我表示感激。我们自然欢迎莫洛托夫先生。我坚信我们与他肯定可以做一些有利的事情。你可以准许这次访问，我非常开心。我坚信，这是非常有价值的一次访问。

*　　*　　*

直至 5 月 20 日，莫洛托夫方才抵达。第二天上午就开始了正式商讨。就在当天和随后的两场会议上，俄国坚持他们的立场，甚至特别表示请求赞同俄国占据波兰东部的问题。不过这一点并未获得赞同。原因是，这和 1939 年 8 月签订的英波协议有些矛盾。对于俄国对罗马尼亚的请求，莫洛托夫还要求在一项秘密协议中予以认可。这同样是与我们和美国的谅解备忘录南辕北辙的。所以，虽然在外交部中艾登先生主持的会见氛围非常友善，协商还是步入了僵局。

除了条约问题之外，莫洛托夫来到伦敦还试图试探我们对开辟第二战场的态度。所以，我与他在 5 月 22 日上午举行了一场正式会见。

一开始，莫洛托夫就表示，苏联政府派他来到伦敦是为了就开辟第二战场的事情进行商议的。这并非什么刚出现的问题。在大约十个月之前就已经被提出来，而目前，尤其是近期，又被罗斯福总统予以推进。他曾经提议斯大林先生派遣他（莫洛托夫）去美国就这一问题进行商议。尽管是由美国启动的现在这场商讨，不过苏联政府觉得，他应该取道伦敦去往美国，原因是英国率先担负了建立第二战场的首要工作。俄国战场在未来的几周与几个月里有着怎样的状况，将会对苏联与其盟国造成沉重的结果。苏联政府极其看重与感谢英美两国所供应的物资支援。但是，建立第二战场才是最迫切的事情。他访问的目标是，要了解英国政府到底对起码要让德国的四十个师在1942年撤出苏联这一远景有着怎样的意见。原因是，对比现在在苏联战场上武装力量，占上风的好像是德国。同盟国可以完成上面所讲的各项事情吗？

我在回复中一针见血地对莫洛托夫表明了，我们对未来在大陆上作战的共同意见。拥有制海权的国家在之前的历场战争中占有巨大的有利形势，它能随心所欲地在敌军沿海上岸。是敌军不会在所有根据点都将迎战海上攻击的准备做完善。自从空军现身之后，整体局势就不一样了。例如，在法国与低地国家，在几个小时以内，敌军就可以将空军派遣到沿海地带任一遭受威胁的据点。并且悲惨的经验也表明，无视敌军的反抗，强行登陆是一种不恰当的军事战略。结论是，大多数大陆海岸都无法当作我们的登陆点。所以，对于我们的行动，我们只可以考虑在我们占上风的、战斗机可以获得制空权的那一带海岸执行。实际上，我们的选择已经被限制在加莱海峡、瑟堡的顶部和布雷斯特的局部地带。对今年在这些地方的一处或者好几处上岸的事情已进行了探讨，并且也已筹备妥当。我们的计划是以这种假定为基石的：让源源不断的几批攻击军队登岸必然会引发空战。假如这种空战持续一周或者十天，其实就会瓦解在大陆上的敌军。这一点只要变成现实，空军只要不再反抗，在我们海军优势的保护下，我们就可以从别的地方登岸。在拟订方案与着手筹备方面，是否有为在敌方重兵把守的海岸上率先登岸而需要的特别登陆艇才是最关键的问题。遗憾的是，我们在这种特殊艇方面的实力非常弱。这一点早在去年8月召开大西洋会议时就被我提起过。而且，我让罗斯福总统深刻地意识到，美国急需赶快修造坦克登陆艇与别的进攻舰艇。最后，总统在今年的一月份也赞同，为了修造这类舰艇，美国一定要更加努力。在我们这边，我们在过去一年多的时间内替损失惨重的海军与商船修造急需船只的同时，还竭力修造了大量进攻舰艇。

但有两点一定要记得。第一点是，虽然有美好的心愿，也竭尽所能了，但即便我们在1942年所实行的任何行动取得了胜利，也无法使敌方将东线的大批地面军队撤走。但空中就有不一样的局势了。我们在各个战区的战斗机方面，已具备德国二分之一的实力，在轰炸机方面则具备德国三分之一的实力。假如证实我们在大陆上强行发动空战的方案是正确的，那德国人就只可以从以下两条路中选一条：不是眼看着其战斗机毁灭于西线战斗，便是将他们的空军撤离东线。

第二点牵涉到莫洛托夫的提议。让德国人将起码四十个师的军力调离俄国（那些目前已经在西线的也包含在里面）才是我们的目标。不得不关注的是，我们现在在利比亚正与轴心国的十一个师较量着，里面还包含德国的三个师。在挪威与相当于德国八个师的军力较量。在法国和低地国家与德国的二十五个师较量。如此一来，总共加起来就有四十四个德国师。

不过，我们对此并不满足。为了在今年把俄国的重担减轻，假如可以深入做出任何努力与方案，只要是对的并且理智的，我们就会毫不迟疑地予以实行。显然，假如不顾一切地执行行动，我们的一些行动将引发灾祸性的结果。并且会使敌方趁着我们受挫失败的机会毫无顾忌地宣传自己，这样，对俄国以及盟国的整体事业都是毫无利处的。

莫洛托夫先生称，他坚信英国诚挚地期望着苏军在今夏对德作战中取得成功。对于英国政府来说，苏联成功的远景到底是怎样的？不管英国政府有着怎样的观点，他都乐意听见坦诚的声音——无论好坏。

我表示，在尚未彻底清楚双方的资源与后备实力以前，对于这一问题，极难正确判断。德国的军事专家们去年都觉得苏联军队将被压制而受挫失败，这其实是非常不对的。最终，苏军不仅将希特勒打败，并且让他的部队濒临瓦解。所以，对于苏联军队的力量与作战能力，俄国的盟国都信心满满。英国政府所得到的消息并没有指出在东线任何特别地区有德国军队大批集结。除此之外，目前看上去，德军宣称打算在5月份发动的大举袭击未必可以在6月之前开始。不管怎么样，希特勒今年的攻势好像无法如1941年那般气势汹汹，或者有那般的威胁力。

莫洛托夫随后询问说，在1942年，假如苏联军队无法支撑下来，英国政府会采用怎样的立场与态度？

我表示，假如因为德国的激烈攻击而导致苏军实力大幅度削减，希特勒为了进犯英国，极有可能竭力将地面军队与空军撤至西线。他还有途经巴库而直接到高加索跟波斯的可能性。后面这种推测将会让我们受到巨大的威胁，并且我们绝不可能由于有充足的军力来进行抵抗而觉得满足。所以，我们的命运与苏联军队的抵抗仍是息息相关的。不过，如果事情没有按照预想的方向发展，他们只要一失利，并且在情形不会恶化时，我们仍会持续进行战斗。期望在美国的协助下，我们可以在空军方面占有绝对的优势。那在往后的一年半或者两年内，我们就有能力对德国的城市与工业展开毁灭性的空中攻势。除此之外，我们仍需持续切断大陆上越来越弱的敌军实力，展开登陆战。最终，英美两国必定会取得胜利。不应该忽视的是，在法国沦陷之后，英国曾用极少装备不完善的部队独自和希特勒人数极多而且很少失利的部队作战了一整年。不过对人们来说，这种战争是多么巨大的悲痛。我们又是多么恳切地期望击败德国的。对于应该尽最大努力将可恶的对手击败，我们又有着多么强烈的心愿。

我在我们的会见结束时请求莫洛托夫先生一定要记得跨海攻击的艰难。我们英国在法国被打败以后简直是毫无抵抗力的，只有少量装备不完善的师，不到二百辆坦克与不到二百门大炮。不过，希特勒由于无法获得制空权，因此并没有试图侵犯。我们现在所面对的也是一样的困境。

*　*　*

艾登在5月23日提议用一项期限为二十年的一般性公开同盟条约来替代领土协议，丝毫没有提到边界问题。俄国人当晚表现出退让的迹象。对于他们所面对的英美政府，他们有着相同的观点和深刻印象。莫洛托夫先生次日上午就以艾登先生的草案为基础展开协商，得到了斯大林的准许。一些次要的更正被莫斯科方面提了出来，重点强调了协议草案中联盟的长久性质。在5月26日，双方就签订了这项并未对领土进行任何规定的条约。这让我欣慰不已，这比我预想的好太多了。艾登适时提出这一新提议，表现得非常高明。

莫洛托夫在处理完这件重要事情以后出发去往华盛顿，去和总统以及他的顾问们对建立第二战场的事情展开总体军事商议。一经过约定，在采纳美国观点以后，莫洛托夫应该在返回莫斯科以前，回到伦敦，来对这一问题进行最终的协商。

*　*　*

我们的俄国客人称，在停留期间，他们想要在伦敦郊外居住，所以我将契克斯交给他们用。我这段时间住在斯托利芒的新楼中。但我曾在两个夜晚去往契克斯。我在那儿有与莫洛托夫、麦斯基大使展开长时间私人谈话的机会。麦斯基是非常优秀的翻译，不但能镇静快速地翻译，并且学识渊博。凭借毫无瑕疵的地图，我企图就我们正在做的工作进行解释，并且解释了一个岛国在作战能力上的局限与特点。我还对两栖作战的技术进行了详尽的解释，而且叙述了在遭遇潜艇袭击的情形下，保持我们跨越大西洋生命线的危机和艰难。我觉得这些话已经打动了莫洛托夫，并且他还了解到我们的问题完全不同于一个地域辽阔的大陆国家。不管怎么样，与过去相比，我们变得更加亲密了。

在莫洛托夫待在契克斯期间的一些惊人事件中就能看出俄国人对待外国人的那种难以动摇的不信任。他们一到，立即索要了全部卧室的钥匙。通过一番折腾，他们的要求被满足以后，我们的客人总是锁着门。我们负责管理契克斯的工作人员在可以进去整理床铺时惊恐地发觉，有手枪藏放在枕头下。三名使团主要成员不但有他们自身的警卫人员照顾，并且还有两名妇女料理衣物，整理房间。这些女人常常在苏联使节们去伦敦时在主人的寝室看守着，仅仅在吃饭时轮流下楼。但我们可以说，她们很快就变得亲切了，甚而使用差劲的法语与手势和府邸管理人员谈话。

对于莫洛托夫本人的安危，我已经采用了专门的警戒手段。他的警卫人员曾清查了他的卧室，所有的橱柜、家具、墙壁与地板都被老练而仔细地检查过。床铺得到了特别的关注。为了防止定时炸弹，所有床褥都得到了检查。俄国人重新铺了所有的床单与毛毯。为了方便躺卧者能够立即跳起来，不会被裹住，在床铺的中央留了一些空地。晚上，把一支左轮手枪放在他的睡衣与公文包旁。预防威胁，尤其是在战争年代，向来是没有错的。不过，这么做必须符合实情。最简单的经验便是询问自己，对方是不是怀有将相关人员杀死的兴趣。我认为，我在莫斯科进行访问时并未怀疑俄国人的接待。

*　*　*

首相致斯大林元帅　　1942 年 5 月 23 日

对于可以在伦敦招待莫洛托夫先生，我们感觉非常开心。在军事和政治事宜方面，我们都与他展开了有利的谈话。对于我们的计划和资源等等状况，我们对他进行了完善而真实的解释。他将会向你说明这项条约中的难题，重点就是我们不可以违背对波兰的约定，还一定要顾虑到我国和美国的观点。

我坚信，假如莫洛托夫先生可以从美国回到这里，将给我们的共同事业带来极大好处。我们可以等到那个时候再进行商议。并且，我期望经过这种商议，使我们三个国家间实现亲密合作。除此之外，等到那时候，我还能对他讲清楚我国军事计划的近期进展。

斯大林立即赞同。

斯大林元帅致丘吉尔先生　　1942 年 5 月 24 日

莫洛托夫与我个人都觉得，为了与英国政府代表就我们两国都重视的事情进行会谈，他应该在从美国返回的路上留在伦敦一段时间。

首相致斯大林元帅　　1942 年 5 月 27 日

1. 有关你在签订条约的过程中所做的一切，顾虑到我们的难处，我们非常感谢。我坚信，美国那边给出的肯定是非常大的回报。从今以后，无论在什么情形下，我们三个大国肯定会并肩前进。非常荣幸可以与莫洛托夫先生相见。我们已竭尽所能极大地解除我们两国之间的阻碍。对于他将要返回这里，我非常开心，因为我们还需要去解决很多有利的任务。

2. 截止到现在，运输船队进展顺利，但现在却也处在最危急的时期。我非常感谢你为了援助运输船队而采用的手段。

3. 在往后的二十年内，我们既然已经结成同盟和朋友，借着这个机会，我对你表达真挚的祝福。同时希望你可以坚信，我相信我们必定会胜利！

*　　*　　*

我及时汇报给了总统。

前海军人员致罗斯福总统　　　　1942 年 5 月 27 日

在本周与上周，我们与莫洛托夫先生进行了非常有好处的合作，并且，条约原本的提议被我们完全更改了。想来，你已经从淮南特那里知道了这一点。我认为，各项提议目前已经没有我们不赞同之处，而且与我们的大西洋宪章完全相符。在昨天下午，这项协议已经在双方极其友善的氛围下签订了。莫洛托夫是一位政治家，他拥有一种与我们在李维诺夫身上看见的完全不一样的行动自由。我坚信，你可以与他达成非常好的互谅。请告诉我你的印象。

一直到现在，北方运输船队一切顺利，不过，往后两天肯定有非常大的危机……

蒙巴顿与利特尔顿将会一起去美国。不过，因为蒙巴顿正领导着我们的共同事业，访问时间肯定不会很长。

我完全清楚，现在，你正全神关注太平洋的情势。假如你觉得一定要马上把“华盛顿”号（战列舰）调回来，我们可以体谅。不过，等到 7 月中旬，我们一定要把“沃斯派特”号、“勇敢”号、“纳尔逊”号和“罗德尼”号集结在印度洋，这是非常重要的。“英王乔治五世”号在 6 月末重新装备完之前，假如我们可以保住“华盛顿”号，那么就可以完成这项任务。

对于护航船队在切威斯特与汉普顿之间行驶这件事，很明显，它已经发挥了我们预想中的好效果。不过，加勒比海与墨西哥湾依然是让人感觉棘手的地方。对于这个问题，金与庞德海军上将已经有了联络。我想要他们觉得，就算要在别的地方冒风险，为了应对这些地方的需求，我们仍然有供应充足护航船舰的可能。

我必须要感谢你派出七十艘油船供应联合王国储存石油一事。没有它，等到年末，我国的石油储存量就会下降到危险程度。考虑到美国油船近期的严重损失，并且在这些船只被调出来以后所付出的代价，这种行为就更显大方了。

* * *

苏联使者这个时候正坐飞机去往华盛顿。

罗斯福总统致前海军人员　　1942 年 5 月 27 日

估计客人今天晚上就能抵达。不过我们在周四之前不会就“波黎勒”计划进行会谈。期望不久就可以获得你与莫洛托夫商讨“波黎勒”的简单总结。这将有利于我的理解。

总统所讲的“波黎勒”计划，便是 1942 年的“锤击”作战计划。这是我们很了解的。

前海军人员致罗斯福总统　　1942 年 5 月 28 日

1. 在之后的汇报中，我将会把有关“波黎勒”、“锤击”与“超级围攻①”各项作战计划的正式会谈内容寄过去。

---

① 详见原书第 297 往后各页。——原注

其他私人谈话同样改善了氛围，不过并没有发生质的变化。在双方关系的亲睦与诚意方面，我们获得了极大发展。

2. 我们正与你们的官员努力工作，所有准备工作正不断大举展开。迪吉（蒙巴顿）抵达以后，将会把1942年的困难告诉你。我已经下令让参谋长们就登陆挪威北部的方案进行探讨。要确保我们明年对俄国的供给，好像非常有占领这个地方的必要。我已跟莫洛托夫说了，在他返回这里的时候，对于这个问题，我们将会准备一些商讨资料给他，不过，我们并未展开进一步的探讨。假如能拟订妥当的计划，我本人非常重视此事。

3. 一直到现在，我们的北方运输船队正开辟他们的道路。三十五艘船已损失了五艘，有的沉入水中，有的返回。假如俄国空军准备了任何保护伞，那我们明天应该就会进去其保护伞下。不然的话，还会有持续两天的危险。

4. 奥金莱克今天晚上的情报表明，利比亚已经爆发战争。这或许是我们前所未有的一场大会战。

5. “体育家”作战计划（在法属北非登陆）是我们一定不可以忽视的。假如需要的话，这项计划将会得到一切已备好的援助。

* * *

斯大林兴奋得简直要大喊出来。

斯大林元帅致丘吉尔首相　　1942年5月28日

对于你在这项新条约签订时所表现出来的友善感情与善良的心愿，我极其感谢。我坚信，这项条约对于往后增强苏联与英国间，还有我们两国与美国间的友谊，将是意义非凡的。并且，在战争成功结束以后，同样会对我们这几个国家的亲密合作有推进作用。我还期望，在莫洛托夫从美国返回的时候，你与他展开的谈话将会为解决还没有做完的事情提供一个机会。

你可以完全信任运输船队的保卫措施。为此，我们在现在以及往后都将竭尽所能。

请接受我真诚的祝福和我对我们一同取得最终胜利的信心。

* * *

在莫洛托夫访问美国以后返回伦敦时，对于在1942年通过横穿海峡作战来建立第二战场这件事，他自然有许多计划。有关此事，我们还在与美国的参谋长们一起积极探讨。不过，我们所看到的只有难题。毫无疑问，一项公开声明尽管无济于事，不过也能让德国人怀有畏惧，进而尽量让他们把军队驻守在西线。于是，我们与莫洛托夫商议好，发表一项公报。这项公报发表于6月11日，里面包含下面这节："在交谈过程中，对于在1942年建立欧洲第二战场的迫切任务已经获得充分的谅解。"

我觉得最重要的是，这番以把敌军引入歧途为目标的努力不该把我们的盟国也引入歧途。所以，在拟订公报的时候，我在内阁大厅里面对着几位同事，交给莫洛托夫一份备忘录，表明尽管我们竭力想要把计划拟订出来，不过我们并未承担执行活动的义务，也无法给出任何承诺。在之后我们遭到苏联政府谴责，斯大林亲自把这个问题提给我时，我们常常把这份备忘录拿出来，同时指出"我们由此难以给出任何承诺"这句话。

## 备忘录

我们正在筹备1942年8月或者9月在大陆登岸这件事。就像之前已经表明的，专门登陆艇决定了登陆军队的数量。显然，假如为了进行行动而不顾一切，我们的某种行动便会造成灾祸性的后果，同时对盟国的共同事业也毫无益处。这是因为我们很难事先判断到时是否会出现执行行动时的局势。所以，我们难以给出任何承诺，不过，在看上去明智完善的情况下，我们应该毫不迟疑地实行我们的计划。

莫洛托夫在冒险坐飞机返回本国时，好像很满意他这次出使的成果。我们之间必定已经产生了一种友善氛围。对于华盛顿之行，他好像非常有兴趣。已签订了长达二十年的英俄条约，当时，人们都寄托了非常大的期望。

* * *

东线的战争在这些谈话还在展开的过程中已经爆发。在这一年最开始的几个月里，俄国人已经用残酷的压力逼迫敌人撤出了战线上的很多据点。对于这个冬天的激烈形势，德国人毫无准备，所以吃了很多苦，付出了巨大代价。

当春天到来时，在4月5日，希特勒下了一项命令。下面是这项命令的一段前文：

在俄国的冬天战役[①]已经快要结束了。在防御方面，我军在东线的英勇卓越与牺牲自我的努力已获得巨大胜利。在人力与物力方面，敌军损失惨重。俄国还企图趁着一开始的优势，在冬天的时候，扩张后备军力，以便用于以后的作战。

等到天气与地理环境都有利的时候，德国优秀的指挥官与部队肯定会再次主动行动，逼迫敌军按照我们的指示做事。

目的是，消灭苏联人剩余的所有防卫潜力，同时，尽力截断他们的关键供给源。

---

① P356，俄国冬季攻势，1942年1月到3月——图注

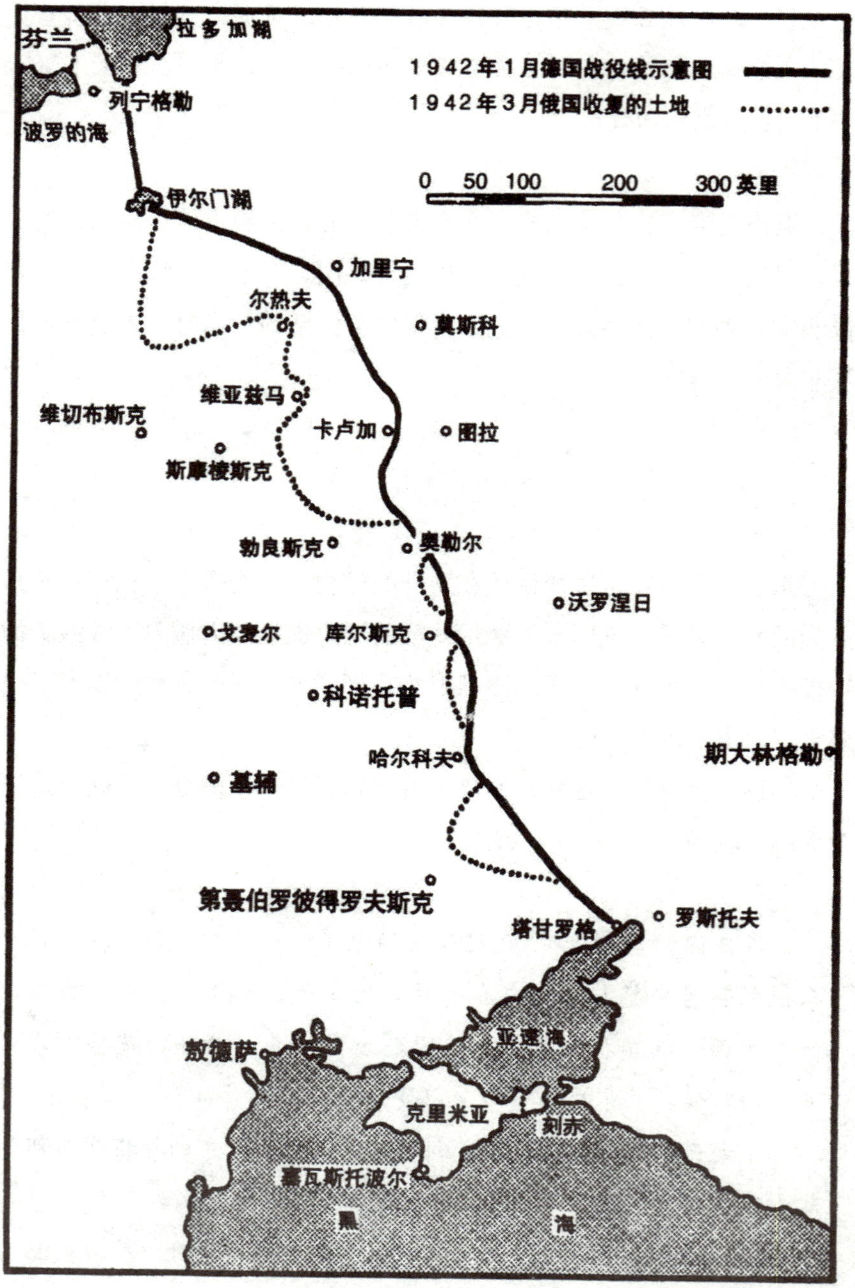


俄国冬季攻势，1942年1—3月

“为了达成这一目标”，他继续道，

> 我们的目标是保住中线，在北线则要攻占列宁格勒……至于在陆军的南翼前线，则要强行攻破，直抵高加索……首先，现在全部的部队都需联合在一起，用于南部地区的主要作战行动。目标是把敌军消灭于顿河前面，从而得到高加索地带的产油地区，同时越过高加索山脉……我们一定要想办法攻到列宁格勒。在重型武器的轰炸下，我们起码要让这座城市难以再作为军需与交通运输中心。

这些主要作战活动的准备应该是，让曼施坦因的第十一集团军攻占塞瓦斯托波尔，同时把俄国人驱逐出克里米亚。为了进行这项任务，由陆军元帅博克指挥的南方集团军群已经得到大量军队。总计有一百个师，分编为五个集团军，里面包含近六十个德国师，八个装甲师。剩下的则是罗马尼亚、意大利或者匈牙利人的军队。在东线两千七百五十架德国飞机中已有一千五百架被派往南方援助战斗。

原本，这场大战准备在5月末左右展开，不过，俄国人居然率先出击。在哈尔科夫南面，迪默申科于5月12日发起了一场激烈攻击，深入德国战线。不过，他的南翼十分薄弱，德国的一连串攻击逼迫他放弃了已攻占的所有地区。尽管这次“摧毁性”的攻击造成了俄国严重的人员伤亡，不过，却让德国人的计划推迟长达一个月。这给之后争得了宝贵的时间。

在这场战役尚在进行时，德国第十一集团军已经对塞瓦斯托波尔展开了袭击。经历了一个月的包围与激战，最终，这个要地失守了。

# 第二十章　战略的自然选择

**“锤击”作战计划因为自身的缺点而被放弃——突袭敌军而快速撤离：“大将军”作战计划的问题——我不赞同这个计划——我的替代计划:“丘比特”作战计划——5 月 1 日和 6 月 13 日的备忘录——敌对的空中防御工作并非绝对具有决定作用——有关挪威计划的更深入的辩论——我 1943 年所预想的横跨海峡进攻——6 月 15 日关于“围剿”作战计划的备忘录——对于多需的作战规模和精神假想——保存了 1942 年的法属北非计划**

莫洛托夫离去以后的几个星期里，专业人士热烈提出了观点。对于“锤击”作战计划这一问题，我倾注了所有的精力，而且要求他们不断汇报。没过多久，这一难题就变得具体了。自海上登岸的部队向瑟堡发起猛攻，在德国军力或许占上风并且拥有牢固的防卫工事的抵抗下，这会是充满危机的作战。假如攻击顺利，同盟国部队将会被困在瑟堡和康坦半岛的顶端。如此一来，他们将不得不处于不断的轰炸和袭击下，独自在这块狭窄的炸弹与炮弹的陷阱中支撑将近一年。他们只可以从瑟堡港口获得供给。然而在整个冬天和春天，他们又不得不对这个港口进行防卫，以便抵御也许连续不停或偶尔发生的绝对优势的空袭。这个任务肯定会占用我军的大批船只与空军实力，而对别的作战产生损害。如果我军攻破了任何德国部队驻守的一系列防线，在夏季，我们必定会从康坦半岛顺着它狭小的中部推进。即便是这样，我军推进能够利用的铁路仅有一条，但这条铁路必定也会被摧毁。除此之外，我们看不出这个毫无把握的意图能怎样援助俄国。在法国境内，德国有二十五个机动师。而等到8月，我军参与“锤击”作战计划的军队将不会多于九个师，并且肯定有七个师是英国军队。这样，德国压根没必要调用俄国前线的军队。

因此在军事参谋人员当中，不只是英国人，同时还有我们的美国战友，都不禁表现出相当低的自信与热情。我没必要反对“锤击”作战计划。这项计划因其缺点而被放弃了。

*　　*　　*

所以，我们另外提出了一项大举突袭敌军而快速撤离的替代性方案。它被叫作“大将军”作战计划。为了这项计划，我写道：

首相致伊斯梅将军，转参谋长委员会　　　　1942年6月8日

1.我仅仅看过“大将军”作战计划的大纲。计划拟使用一个师与一些装甲军队登上大陆，尽量在两三天内展开有效的攻击，随后尽量让剩下的军队撤退。这会是我军因为俄国遭遇的悲惨而发自内心的呐喊与响应。假如我们发起这种袭击，对俄国毫无帮助，只会在几天后遭遇严重损失而撤退。毋庸置疑，这同样帮助不了向全世界的宣传。我们将损失宝贵的人员与器材，而且，让全世界嘲讽我们自己和我们的战斗力。对于这种让整体局面越来越糟糕的行为，俄国人并不会表达谢意。法国爱国者给予了我们帮助，他们的家人也因此会遭受德国士兵的报复。这将被大肆传播，当作对展开大举作战行动时相似冲动举措的警示。目前，在鼓舞我们这么做的人里，很多将会率先把这种危险指出来。这种行为将是用感情替代理智，不是由专业顾问们镇静的决心与常识来确定行动。

2.为达成这种结果，我们一定要把两件最艰难的战斗活动完

成:第一件,面对严阵以待的敌军,从海上狭窄的地方登岸。第二件,在两三天以后,把登陆军队的剩余力量撤离海路。之前可能提起过,这支军队在预定地点周围肯定会遭受德国优势装甲军队和精锐步兵的抵抗,并且这些军队还会把他们引得深入内地。由以前我们在利比亚打得难分高下的情形能够知道,假如我们和德国装甲军队同样打得难分高下,那我们不得不担心在岸上留守的登陆军队将面临着极大的威胁,同时还要遭受巨大损失。除非将伤员遗弃在那里,否则对其撤离的部署会引发一系列的困难。

3. 但是,所有事情都被看作“诱饵”,引诱德国战斗机和优良的英国战斗机交锋。这种观点是假设德国战斗机宁肯被摧毁,也不愿意利尔或亚眠被英国装甲军队侵入。他们这种牺牲是正确的行为吗?和我们提议用的部队相比,德国拥有占绝对上风的装甲军队和陆军。他们越是让登陆部队深入法国境内,就必定可以更周密而深入地牵制住这支登陆军队。如此,他们就可以极有节制地利用空军,避开战斗,进而让他们觉得我们的主要目的泡汤了。

4. 假如这是同时发生的十几个性质相似的作战行动之一,便会得出完全不同的论点。这样成立的大量军队一定会在法国引发动乱,进而让敌军面对严重危机,逼迫其出动所有的空军力量,甚至把东方的很多空军中队调回来。但是,德国最高统帅部并不会关注这种单独攻击的行动。就算吸引了他们的关注,我们也只可以在那儿逗留短短几天时间,压根不可能改变什么。实际上,在我们的剩余军队用敦刻尔克的形式返回不列颠时,第四天的战况造成不论朋友和敌人,均在交谈时夸大了在敌军海岸登岸的艰难。我军将因此而面临一系列的障碍,这对 1943 年的真正作战毫无好处。

5. 对于下面两个原则,我将请求三军参谋长予以参考:

(1) 除非我们准备在那儿停留,不大规模登陆法国。并且,(2) 除非德国人又一次在和俄国的战斗中失败,因此士气低靡,否则不能大规模登陆法国。

综上所述，我们不该由于“大将军”作战计划而把“锤击”作战计划的准备工作延后或者阻挠。再者，除非德国因为在与俄国作战中失败而士气低靡，否则我军不应该展开“锤击”作战计划。第三，我们一定要了解到，假如俄国陷入困境，我军因自以为是而引发的惨败将不会有助于他们。

6. 应该尽量大举遵照原定日期执行“锤击”作战计划的准备工作，这才是正确的。不过，实行“锤击”作战计划的前提是俄国人获胜，和随之而来德国西线士气的低靡，而非俄国人的失利。

此后，我们再也不曾听说“大将军”作战计划。

* * *

如今，我本人的建设性计划再次被我提起。

首相致伊斯梅将军，转参谋长委员会　　　　1942年5月1日

## “丘比特”作战计划

1. 这得是今年“锤击”作战计划的一种替代。

2. 一定要赋予这一计划高度的战略与政治重要性。我们一定要提供给俄国的所有计划或许就是这些。在研究时，以下这类问题是计划人员没必要顾虑的，例如（1）俄国人愿不愿意用船舶装运更多的军火？或（2）他们是不是不想让我们实行“锤击”作战计划？我们来看一下它好的地方。

3. 在大概一万到一万两千名具有强大作战能力的部队掩护下，挪威北部仅存的两个飞机场上大概驻守着七十架德国轰炸机与一百架战斗机，其任务是防止挪威的全部进入口被我军侵入，

还有对我军的运输船队进行重击。如果我们可以占领这两个机场，同时留驻同样的军力，那不但能让去往俄国的北面航道维持通畅，并且还能开辟一个小范围的第二战场。他们就没那么容易把我们驱逐出这儿了。假如成功，我们就可以逐渐往南前进，从上往下对纳粹的欧洲版图发动攻击。把敌军驱逐出飞机场，并将他们的驻军歼灭，就是我们一定要做的全部工作。

4. 最易得胜的方法是突袭。原因是，不到最终时刻，敌军将难以判断它到底是一支寻常的海上护航队，还是一支远征队。

5. 一定要注意，在这一作战计划中不能多用舰队或反潜艇舰只。因此，远征队一定要自给自足。军队一定要把将他们运过去的船舶当作据点，供给要从船上获得。他们冬天大部分的时间住在这些船上。我们一定要想到他们所修建的临时住房可能会遭到敌军的破坏。除此之外，德国潜艇将会在海军护送远征队登岸以后现身，把交通线断开。假如远征军带着三至四个月的供给，那潜艇就会由于长久的等待而感觉厌倦。这样运载另一批供给物的运输船队就可以平安通行。但是，我们先要清楚它们是不是在那儿等着。

7. 首先，把六个战斗机中队和两三个轰炸机中队驻入摩尔曼斯克。这样只是稍微扩大了我们提供给俄国前线北翼顶部的支援规模，不会引起敌军的特别关注。

8. 然后，让相当于一个师的突击队登上比特萨摩地区。这一行为意味着冒险和猛烈的战斗，不过，和我们所提到的“锤击”作战计划比起来，它就不足挂齿了。在行动同时我们一定要用相当于一个旅的军队掌控波尔散格尔峡湾南端的机场。

9. 自摩尔曼斯克出发的英国飞机随后将入驻这些飞机场，需要处理如何把他们驱逐出那儿的问题。毫无疑问，我们会要求俄国在芬兰北部施压，并且我军的军事活动也会和其配合。

10. 计划的进行一定要分为两个方面：第一是战斗军队。第二是一周以后的供给。自此之后，起码在三个月内，远征队要独自生活。对于我军的境遇，冬天的到来会有什么影响？冬天让我们更易于被敌军袭击，还是更艰难？类似的问题要耐心考虑，以获得答案。应当在冬天将新型雪地坦克派往战场。对于是不是应当往南部推进，对特罗姆塞发动袭击，除非是要配合重要的战局，否则是没有必要作决定的。

为了这一计划，我在之后的六周时间内展开了拼搏。

首相致伊斯梅将军，转参谋长委员会　　　　　　1942年6月13日

以下关于“丘比特”的笔记应该和我们之前关于这个计划的文件一起交给计划委员会过目。计划人员要攻克很多难题，拟订明确的计划。对于计划是不是有实行的价值等，他们没必要关心，这要让比较高的决策层来决策。

俄国军队或许用来跟在英国最出色的一支登陆部队的后边。

在下周二，我必须要获得一份初步汇报。

之后，我写出对这一计划的最终观点。无论发生什么，对于这一计划，我仍旧信心满满。

### “丘比特”作战计划

1. 在“大将军”与“丘比特”作战计划间具有两个重要的不一样的地方。第一，我军在“丘比特”中必定可以用占上风的军力侵入进攻地点和整个被袭击的地方。第二，如果取得胜利，在大路上，我军就会得到一个永久性的根据地。这非常有助于我方运输船队的持续通行，同时，还能让我们朝着南边无限扩张。事实上，对于希特勒的欧洲版图，我们已经可以逐渐缩小它。在这两个关键机场被我们逐渐强大的空军入驻以后，在空军的保护

下，我们使用伞兵军队等办法就可以对南方机场发动袭击，使这个北方地区被我们掌控。如此，等到 1943 年的春天，别的登陆行动就能完成了。在海岸基地飞机的保护下,我们要展开登陆战，将特罗姆塞和纳尔维克占为己有，随后再把博多和摩城占为己有。必须大力改善糟糕的交通,否则难以调遣大批部队抵抗敌方。当我们前进时，也仅有我们前进时，我们才会得到当地住民的帮助。这一切将是“围剿”作战计划成功的前奏与随之形成的行动。这对敌军的调遣所产生的混乱大大高于我们用自身力量所产生的后果。对瑞典与芬兰所造成的影响同样是非常有好处的。假如我们判断在法国境内的德国部队还没有士气低下到足够让我们发动进攻的程度，这会是今年秋天替代“锤击”作战计划的最佳作战形式。

2. 假如不具备空中优势，就无法在任何地区敌前登岸，即便对方空军作出有限的抵抗，也是如此。这已如公理般被我们接纳了。我们所有海军力量因此只可以用在英国国内基地战斗机保护的非常短的一段法国海岸上。因此，我们也只可以把海军力量用在那些敌方精锐军队严正以待的海岸据点上。应当具备空军优势与战斗机保护的问题是毫无争议的。不过，还有一个问题应该提出来，那就是：假如要占领的对象有相当大的价值，并且没有其他占领它的方法，那这种优势与保护是不是一定要具备呢？不该过多强调 1942 年春天挪威战役的教训。我们当时基本不具备高射炮军队，丝毫没有防空能力，导致我们很多舰只在整整一个月的时间里都处在敌军空袭下。在那个时候，我们可以用在岸上的装备只有十二门高射炮。在纳姆索斯与昂代尔斯内斯，我军曾经有两万多人上岸，在让他们撤离时，并没有遭受太大的损失。因为敌军的空军力量与陆军力量都很强，我们无法长时间停留在那儿。对于这个问题，我并不准备过多地争讨。不过，毋庸置疑的是，商船在安装了强大的“欧力根”式自动高射炮或其他高射炮以后，也可以短时间内或者合适时进行战斗，避免全军尽没。上回的俄国运输船队受到长达四五天连续不停的袭击，大概有百分之二十的损失。所以问题就是，在不具备战斗机保护的情况下，在敌军装甲兵与步兵都非常脆弱的地方登岸，或在战斗机的保护下登上敌军驻扎着强大装甲兵和陆面军队的据点，这两种办法中最好的是哪种？这是一个同攻击重点与力量相关的问题。

3. 近期，中东司令部为我们提供了可能出现的攻击数字的详细估测材料（在他们的战区中）。这或许是一种没有错误的估测，也或许是错误的估测。但不管怎么样，总归是仔细观察这些问题的办法。一定要由细节观察这些问题,而非循于常规。让我们把9、10月份当作例子，调查在摩尔曼斯克和比特萨摩德国空军可能对一支远征队发动攻击的次数。这支包含护航舰只的远征队总共有大约四十艘船只正向海岸接近。在进攻前一天天刚亮的时候，这支舰队或许会被发现。所以，一定要在当晚进行最终的靠近，在天快亮之前发起攻势。在白天行驶时，将会有四五艘辅助航空母舰掩护这支舰队，每艘舰只都在甲板上配备了六七门“欧力根”式自动高射炮或者其他种类的高射炮。在登岸时与舰只下锚或冲到沙滩上时，将让六七艘海滩防卫舰的浮动高射炮火承担掩护责任。在靠近的时候,它们同样会进行保护。相同的,在到达的时候,运输舰上的高射炮会用来保护它们自身。由上面所讲的状况看起来，运输船只和护卫舰的损失将不多于五分之一或六分之一。不可以只因为五分之一的军人牺牲在路上，就说一次军事袭击没有成功。只要其他人抵达了目的地,同时将任务完成,便不算是失败。

4. 当然，在靠近时，英俄两国在摩尔曼斯克的空军力量将一起或各自打击在航线上的所有敌军机场。如此，会进一步降低舰队损失。

5. 登岸、进攻、占领飞机场和别的关键据点等均与联合作战部相关，没必要在这里讲。

6. 我们现在希望运输舰只在运载军队时，也把大多数供给装上。在无法在岸上寻找到适合的地方以前，这些舰只还可以当作军队的营房与基地。关键的是，在三个月内，远征队要可以自给自足，这样海军不必承担护航工作。我希望可以知道下面的预计数字：所需部队的数目，例如，精锐部队两万五千名。装运这些部队所需要的船只数量。这些船只最适合的吨位。它们一定要带着的足够用三个月的物资数目。除此之外，还有到底是让一支舰队一块把它们运去比较好，还是等第一批上岸以后，再运第二批。

7. 一旦我军控制住飞机场，从摩尔曼斯克出发的我军飞机应该赶快占据这些机场。甚至在我们高射炮入驻阵地以前，就应该进行这种行动。我们在空中和岸上都一定要开辟一条道路。不过，一定要进行特别部署，以便赶快将轻便的高射炮送至机场。各个飞机场都应当具备大概三个机动或轻便的“博福斯”式双筒自动高射炮中队。它们要在占领两月后入驻阵地。比较重的高射炮也应该尽快运达。一开始，因为我们能够使用的飞机场仅有两个，所以，应该在它们四周布置上大炮。

8. 一旦这些飞机场配备高射炮和战斗机的掩护工作做完以后，重型轰炸机就会从苏格兰飞过来，利用这些飞机场对南面敌方的空军基地进行攻击。

* * *

目前，对于 1943 年夏天从英美两国大举攻击法国，我打算想出一个计划。自打美国加入战争之后，这一计划始终是我的目标。我在 1941 年 12 月 18 日给总统的第三份汇报中就对这件事进行了简述。尤其让我担忧的是，我们一开始就应该了解这么庞大的作战行动，同时作出恰当的计划。里面倾注了我所有的精力。这个冒险计划的性质与规模及在这一行动中一定要拥有的精神，我期望可以进行规定。不管这一计划有着怎样的细节，总归要竭尽所能。

首相致伊斯梅将军　　1942年6月15日

1. 附件应该让三军参谋长进行思考。我期望可以赶快看到他们对此文件的观点。这一文件还可以交给计划委员会阅览。

2. 由于他在别的方面还存在很多需要做的事情，所以“锤击”和“围剿”作战计划的准备工作应该和本土舰队总司令的工作区别开。对于这一点，请跟我说明要如何做才可以达成。

## “围剿”作战计划

1. 这种军事活动必须具备普遍性、同时性以及激烈性。敌军无法对全部地区进行警戒。第一步一定要试着大规模登上至少六个地方。并且，在起码不少于六个的地方展开佯攻，以让敌军更混乱。假如进展成功，佯攻能够持续进行，敌军的少量弱势空军肯定会把力量给分散了，甚至会全体出击。当战斗在一两个地方猛烈展开时，别的地方或许会取得轻易打败敌军的成果。

2. 第二步要增强已登岸军队的力量并在成功的地方持续前进。在海上进行流动性袭击，能让第二批军队对袭击地点进行广泛选择。

3. 等到那时，希望“丘比特”作战计划已在进行中。应当计划在丹麦、荷兰、比利时、加莱海峡等要爆发关键性空战的地区、康坦半岛、布雷斯特、圣纳泽尔和奇龙德河口进行登岸或佯攻。

4. 大批军队登岸便是首要目标。随第一批登陆的起码要有十个装甲旅。这些旅一定要甘愿冒着非常大的危机朝内陆前进，号召人民，把敌军交通线断开，同时竭尽所能扩展战区。

5. 在这些攻击制造出混乱与不稳的状况以后，第二批就会跟随而至。其目标是，让装甲军队与机械化军队集结在通过认真选择确定的战略地点。假如事先就已经选好了四五个这样好的地方，或许可以选定其中三个地方，而且在彼此间建立联系，这样战斗计划就变得具体了。

6. 假如利用了上面所提到的部队，敌军就会遭到非常大的干扰。除了局部反攻之外，他们组织反攻起码要一周时间。一支占优势的空军战斗机队在这周一定要入驻占领的飞机场，所以到时候我们一直在争夺的加莱海峡上空的制空权肯定会变成一种一般性的制空权。作为成功的关键性要素，皇家空军一定要探讨如何把这些飞机场快速占据，而且进行充分利用。一开始，这些飞机场只可以作为加油站。而最关键的目的是尽早升到空中作战。总的来讲，在第一阶段不可避免地会有一些不寻常的损失。非常紧要的是，赶快把高射炮运过来并组装起来。对于此事，所有飞机场都要主动进行研究。

7. 在战斗爆发于被袭击国家内地时，一定要占领起码四个关键港口。为了达成这一目标，起码要使用十个部分配备了脚踏车并都经过了巷战特别训练的步兵旅。在这里，也一定要预计到人员与装备或许同样会有非常大损失。

8. 为了确保上面所讲的作战行动顺利，应当在登岸发动日之后的一周内，让不少于四十万人的军队登岸，并让他们积极参与战斗活动。

9. 一旦占领并且开始使用任何的港口，就应该立即进行第三步进攻。从我们西部港口启程的大型船只将会承担这一行动。这些船只起码可以运送三十万步兵、相应的大炮和一些先期登陆军队的装备。第一批和第二批都是关键性的进攻军队，在第三批尚未抵达前，不要将其依照军、师来整编指挥。在登岸后的两周里，如果可以登上七十万人，得到制空权，而且敌军已表现得极没有秩序，而我们起码已经得到了四个能用的港口，那我们就稳操胜券了。

10. 无论有怎样的损失，在突击后战役接下来的发展可以依照惯用编制与供给方式展开。等到那时候，便是增加支援和配合行动的问题了。前线将进行扩张，还有可能进行有序地前进。除非我们已经准备好在前三批登陆的庞大军力中的很多次袭击都不会成功，并且，假如没有成功，就将满盘皆输。否则在现有环境下，我们就不该执行这么不平常的作战行动。

11. 上面所讲观点都是要简略表明能够确保拥有极大胜利希望的规模与要素。

* * *

一直到夏天，参谋长们还在持续不停地进行商讨。他们都赞同让“锤击”作战计划作废。没有人再提起“大将军”作战计划。在另外一方面，我的“丘比特”作战计划也没有获得太多积极的支持。但是，我们一致赞同在 1943 年展开关键性的横越海峡的攻击。不过，这出现了一个难以避免的问题，我们在这段时间内应该干什么？无论何时，除在沙漠作战之外，英美两国绝不会不参与作战，而仅仅冷眼旁观。在 1942 年，总统决定尽量大举同德国人交锋。那这一计划要在什么地方才可以实现呢？毫无疑问，肯定是在法属北非了。在提到这个地方的时候，总统总是笑着。在很多计划里，唯有最适合的才会存在。

我放心地等候回复。

# 第二十一章　隆美尔的进攻

**我们的防卫阵地——雷区跟“哨所”——5月26日展开德国袭击——奥金莱克的公报——我们千架轰炸机在5月30日空袭科隆——在桥头堡跟比尔哈坎穆的苦战——我们的机动战略后备队——6月9日我给奥金莱克的电报——奥金莱克预估伤亡——一个使人难安的特点——艾德姆与“骑士桥”在6月12日与13日的坦克战——国务大臣在6月14日的电文——奥金莱克和里奇：让人不满的折中方法——图卜鲁格正面临危险——战时内阁在6月15日的电文——奥金莱克在6月16日的回电——这个堡垒的重要性——我打算继续访问华盛顿**

尽管奥金莱克将军觉得自己尚未强大到能够夺得主动权的程度，不过，他仍满怀信心地等候着敌军发动攻击。里奇将军在他上司的督促下，率领第八集团军用心布置了一条防卫阵地，从海岸上驻守着南非师的加柴拉一直延展到沙漠南部四十五英里的比尔哈坎穆。在那里驻守着的是自由法国第一旅，指挥官是卡尼斯将军。为了保住防线，他们采用了一连串叫作“哨所”的设防据点作为防卫系统。一个旅或者更多的军力坚守着这些据点。一切战线均处在大面积雷区的保护下。在这后方当作后备的是我们的装甲军队与第三十军。

除了阿拉曼战役之外，沙漠上的全部战役都始于装甲军队在沙漠侧翼上的发动的快速大包抄。趁着5月26日到27日夜晚的月光，隆美尔发动攻击，而且使用了所有的装甲军队从比尔哈坎穆绕过，往前扫荡，试图与英国的装甲军队交锋，并歼灭它。随后在28日黄昏，他把艾德姆至希迪累泽格的阵地掌控住，以便从后方对英国安排已久的阵地进行攻击。印度的一个摩托旅被他打败，而且他从一开始就高速前进。英国装甲军队以及全部为对付他这种进攻而严阵以待的军队坚决抵抗着他。通过几天的激战，他意识到自己难以有所发展。同时，这给从比尔哈坎穆远远绕过运送的物资和这次无休止的战斗所需的弹药也带来了很多的阻碍。所以，他需要寻找到一条比较短的交通线。他的工兵就在英国的布雷区开通了两条捷径。第五十（努森波兰）师的第一百五十旅忠诚坚守的“哨所”就在这些不停扩张的道路的两边。大批装甲军队与运输车辆在31日终于能被他撤入这两条狭窄的道路。他又面向我们的方向修建起来一个所谓的“桥头堡”，第一百五十旅的“哨所”被围困在其中。这个被粗粗比喻为“大锅”的地方就变成了我们空军的首要目标[①]。

隆美尔原先那个冒险计划肯定不会成功。不过，只要他撤入我们的雷区，这些区域就会变成他防卫中有力的一个组成部分。在这里，他等待机会进行下次反扑。

在6月1日的公报中，奥金莱克将军就这场灾难性苦战的最初阶段进行了详细解说。所以次日，我几乎在下议院一字一句地进行了宣读。

奥金莱克将军和特德空军中将致首相　　　　1942年6月1日

隆美尔将军在5月26日夜晚动用了德国非洲军团发动袭击。当天，他竭力在给他率领的全部德国与意大利部队下达的指令中说明，对于我们留在利比亚的部队，他们在这次大范围作战行动中将会发动一场具有决定作用的袭击。同时，他为此已经打算配置一支在数量方面占上风，并且有完善的装备以及强有

① 第373页附图，表明了敌人最开始的突袭与我方阵地。——原注

力空军援助的军队。他在命令的最后为意大利国王兼埃塞俄比亚皇帝陛下、罗马帝国的领导者以及大德意志帝国的领袖欢呼。这次攻击已在我们意料之中，并且已经严阵以待。由缴获的文件来讲，很明显，隆美尔的意图就是打败我们的装甲军队并夺得图卜鲁格。

在27日，敌军对我军位于加柴拉以南的重要阵地北线发动的攻击几乎毫无收获。其通过加柴拉进口处攻破我军在海岸道路一带防线的意图亦遭我军轻松制止。我军的装甲师与步兵旅在5月28日、29日以及30日这几天，始终与有意大利机动军团援助的德国非洲军团进行着极其猛烈而连续不停地战斗。从北边的阿科鲁玛延伸到往南四十英里的比尔哈坎穆，和在从艾德姆到往西三十英里的我军雷区之间的宽阔地带内，双方反复进退。敌军发觉自己的物资与水快要用完了，必须要在我军布雷区内开辟一条道路。顺着卡普措小路的一条总战线，另外一条则在往南十英里的地方……还无法明确估算我军在这些袭击下摧毁、击伤车辆与坦克的数量。不过，已经有充足的证据表明我们取得了非常大的战绩。每天晚上，我军夜晚轰炸机队都在对敌军的前沿飞机场与交通线发起进攻。

敌军在5月31日顺利把很多坦克与运输车辆撤到这条或者那条道路上。随后，为了守卫这些车辆，预防来自东面的袭击，他们准备完善的反坦克炮还被他安排进入了阵地。不过，在这道屏障的外层，依然存在大量的坦克与运输车辆。所以，在我方空军的轰炸机与战斗机的有效帮助下，我军依然不停地攻击和破坏着这些坦克与车辆。

在比尔哈坎穆东面的地区，我军展开了扫荡。这一地区的很多坦克与车辆已被毁坏，而且还有两间大工厂被占领。我们依然在猛烈作战，战事还没有完结。进一步的苦战是意料中的。但不管有怎样的结果，毋庸置疑，我们已彻底打乱了隆美尔首次进攻

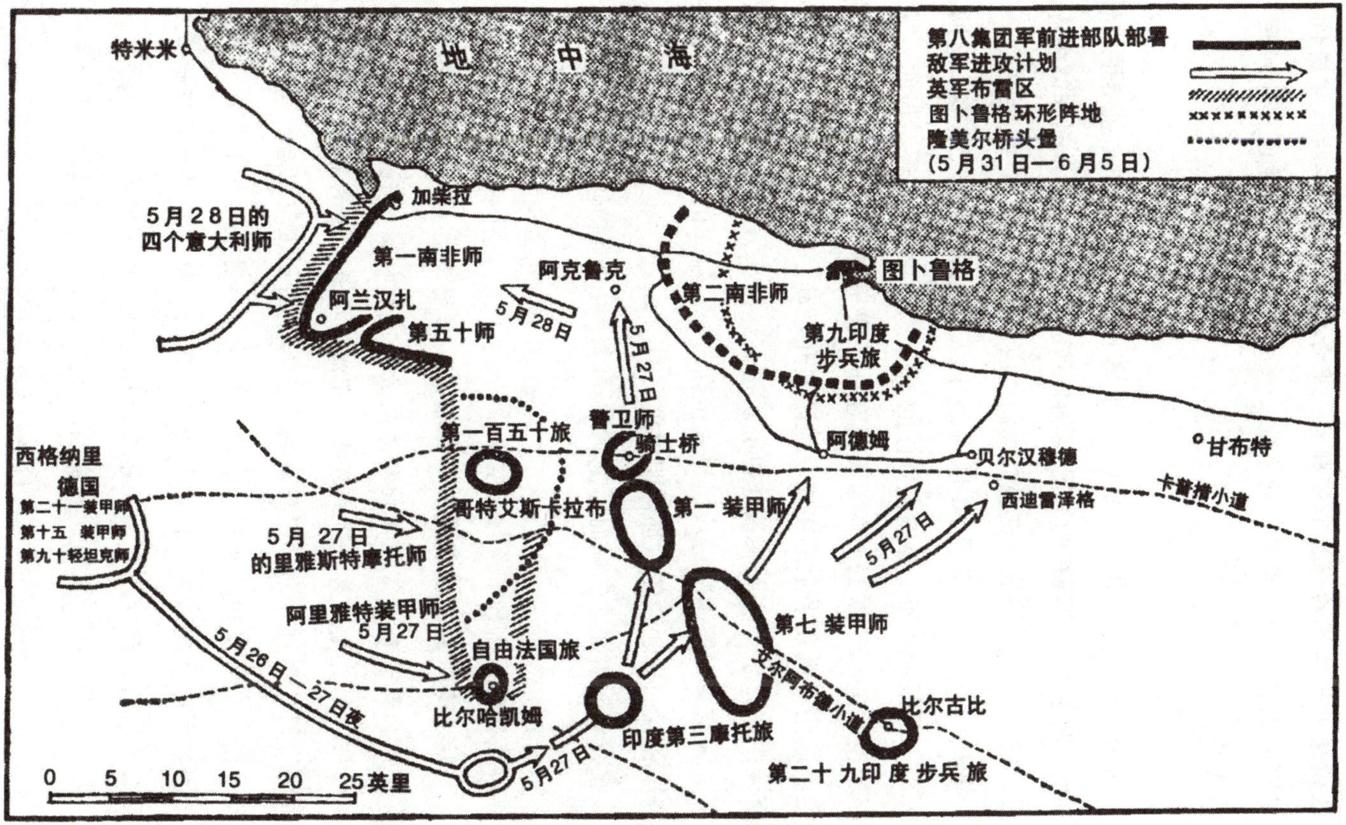


隆美尔5月27日—28日的计划

的计划，并且他的失利已经让他在人力与物力方面损失惨重。在这顽强艰苦作战的一整个星期里，里奇将军与他的军指挥官诺利中将和戈特中将所表现出的才能、决心与坚强的精神已上升到最高境界。

对于下列评论，我感觉满意："根据上面所讲的全部，能够明白地了解到，对于持续到现在的战况，我们应该觉得满意，甚至是非常满意。并且，对于进一步的战事进展，我们也应该仔细关注。"

随后，我提到了 5 月 30 日到 31 日大举空袭科隆这件事。这回，有一千一百三十多架由英国人驾驶的飞机飞越大海。我还汇报称："英国皇家空军的一千零三十六架飞机在昨天夜里再次飞到了欧洲大陆的上空。这些飞机几乎全都在埃森地区展开行动。我军在这第二次大范围空袭中失去了三十五架轰炸机的踪迹。这两次大范围的夜晚空袭代表了英国空军对德国的进攻已进入全新阶段。空军的规模很快会像美国空军和我们一起合作时那样明显扩大。"

我在对战事建立的局面感觉满意同时，也非常担忧马耳他岛。

首相致奥金莱克将军与特德空军中将　　　　1942 年 6 月 2 日

我没有必要再强调我们的运输船队平安到达马耳他岛的极大重要性。并且我坚信，你们双方均会有所行动，让我们的空中护航飞机，尤其是"勇士"式战斗机可以从尽量往西的降落场出发。希望你们已制订计划，以便我们在将马尔图巴占据以后，马上把它当作一个前方加油基地。警卫的部署、高射炮的防卫、在允许的情形下供应我们战斗机作战的航空汽油、机油与弹药等空运事宜也应该包含在计划内。就算是加两次油，也很明显会有非常不一样的结果。毫无疑问，其余各点是你们俩都能想到的。希望你们在全部部署好以后赶快告诉我。

*　　*　　*

目前，我们了解到，隆美尔想要在发动攻击的第二天占据图卜鲁格。并且，奥金莱克将军坚信，隆美尔原本的计划起码在这一方面已不会成功的看法是对的。为了重振旗鼓，以待再次前进，隆美尔不得不从我军雷区穿过，把那个桥头堡保住并进行发展。在自由法国第一旅应付源自陆地与空中的不停袭击下，只有强力坚守住比尔哈坎穆，那在这儿，他才可以平安运送物资。

在6月的第一周，战事主要聚焦在两个地方：比尔哈坎穆与桥头堡。坚强的第一百五十努森波兰旅就在那个桥头堡中。物资与水的补给是隆美尔急需的。要想不使这整场战事失败，他就不得不歼灭这个旅，让他的车运队能够通行。这是已经确定的一点，并且他准备在6月1日把这个旅歼灭。以下是隆美尔自己讲的一些话：

> 德意部队在英国人那种能想象出来的坚强抵御下一码码地艰难推进。对于这次防御，英国人指挥得很有技巧。他们与平常相同，直到剩下最后一发子弹仍在战斗。①

就我们而言，将这个桥头堡攻破才是现在最重要的。原因是，虽然我们猛烈进攻了敌军的交通线，不过，敌军经过充分恢复再从那儿突袭仅仅是时间问题。不知不觉间，几天时间已在我们对别的可以采用的计划进行考虑时没有了。我们直至6月4日才进行了一次努力，但这次失败损失惨重。由于没有援助以及缺乏管理，一个印度步兵旅与四个野战炮团都失败了。它被奥金莱克先生称为“整场战役的转折点”，这丝毫没有错。我们错过了好机会，主动权再度被隆美尔掌握，他顺利地对里奇的部队进行了打击。

---

① 德斯蒙德·扬：《隆美尔》第267页。——原注

敌军的装甲军队很快就冲出了桥头堡的包围，再次发动攻击。这是另一波重击。战役的第二阶段爆发时，比第一阶段更糟糕。就算有皇家空军的奋力作战，之后的崩败依然在所难免。

*　　*　　*

我们手中要保留一支在海上拥有机动性的战略后备队。正如我们已看见的，我最关心的一点就包括这个。在 1941 年夏天，尽管美国还没有加入战争，不过，罗斯福总统已经被我说服，把美国的运输舰借予我们，好运送两个师到好望角。在日本加入战争以后，这些运输舰可以让我们对印度进行支援。我在 1942 年 3 月 4 日再次要求总统，在这个到处隐藏着危险的时刻，允许我们使用美国船只运送另两个师到好望角附近的待定目的地[①]。目前，这一支可观的军力正位于海上，让我们可以随意选择目的地。看上去很明显，他们应该去埃及援助沙漠战役。不过即使俄国在里海 – 高加索地带的防线被攻破，而让我们遭遇更严重的危机，或者日本的确进犯了印度或者澳大利亚——这点，从最低限度来讲，同样绝不会发生——我们还有一个月的时间能另外用来挑选目的地。

我连忙跟奥金莱克将军讲了这个好消息。

首相致奥金莱克将军　　1942 年 6 月 9 日

我始终不停地挂念着你们的大战役，还想我们怎样才可以更好地给你的部队支持，让它能够打胜仗。要通知你一些好消息。

现在，第八装甲师正在好望角，弗里敦也将迎来第四十四师。我特意保有了确定这几个师最后目的地的自由，直至我们更好地明白我们的方向。考虑到在珊瑚海与中途岛周边的战役中，日本

① P171，缅甸——图注

海军已经付出代价，我们觉得，近期对澳大利亚的大范围入侵是没有可能的。尽管我们拒绝了韦维尔，不过，假如日本看起来有入侵印度的企图，这两个师也一定会被我们派往印度。现在看起来，这同样是没有可能的。何况英国第二师、第五师以及第七十师都在印度。

所以，除非澳大利亚在最近几天面临极重的被进犯的危险，我们打算把第八装甲师跟第四十师派给你。所以，你可以在假设第八装甲师与第四十四师将分别在 6 月末和 7 月中旬抵达苏伊士的状况下，制定出你的战斗计划。

此后，你应该打算把你的一个印度师与第二百五十二印度装甲旅调到印度。自然，这也应该根据整体形势是怎样的来决定。为了方便通知韦维尔将军，请告知你的提议。

已经另外告知你们第八装甲师的确切情形、它的坦克技术准备情况和各艘船上的准确装运量以及它们抵达的时间。如此，你就能上岸、编组和延误最少而最有用的形式加入战斗等进行最妥当的安排。我们觉得，你既已拥有将要抵达的后备军，在对你现存力量的使用上，你就能更得心应手。顺便送上美好的祝福。

奥金莱克将军致首相　　1942 年 6 月 10 日

你的美好祝福让我深受鼓励。在过去两周展开的猛烈而艰难的战斗口，我期望可以使你看见一些成果。得知我们从这个战区内获得第四十四装甲师与第八装甲师，非常开心。尽管我猜测这一决定仍会有变动，不过为了更有成效地利用他们，我仍要马上拟订计划。目前，第八装甲师司令官待在开罗。

我发现，以后或许会让我往印度调派一个印度步兵师与一个印度装甲旅。你应该清楚，我不仅不具备充足的部队来应付来自安纳托利亚的德国攻势，还不具备守卫波斯的实力。不过，尽管我清楚这些危险或许并不会出现，为了应对这些危险，我依然要拟订方案。我清楚，与对我的北线和东北线的威胁相比，对印度的威胁来得更迅速些，性质也更严重些。最关键的战略问题既是成败的重点，可以调动部队对付这种万一会出现的状况的唯有你。我提起在叙利亚、伊拉克以及波斯的工作只是为了提醒你，在这一地区的防卫方面，除非在德国还没有深入进犯之前，我们就可以拥有充足的支援，否则，要想用我们现在的实力取得胜利，希望是渺茫的。

就像你所讲的，得知有这两个强大精良的师过来支援我们，会让我在指挥现有部队的活动时更加得心应手。你可能已得知，我已经把伊拉克的大量军队调遣到了叙利亚，以增强第八集团军。

我们所有人都非常感谢你。

* * *

一份截止到6月7日的双方伤亡人数估算表在10日由奥金莱克将军寄过来。“在激战还没有结束的时候，在以往与如今，对于军队在人数上与装备上的损失状况，都很难得到详细的数字。我们估测大概有一万人的损失，其中被俘获的大约有八千。不过，还不清楚第五印度师的准确伤亡数目。”我们俘获了四千，里面包含一千六百六十名德国人。敌军失去了四百辆坦克，其中“确定真实”的有二百二十一辆。我军的损失总计三百五十辆，其中包括能修好的。如此一来，在6月9日的战斗中，我们适合战斗的装甲力量只余下二百五十四辆坦克、六十七辆步兵坦克。敌军已有一百二十门大炮被我们摧毁。至于我们自身，则有十门中型大炮、一百四十门野战炮、四十二门六磅弹炮、一百五十三门两磅弹炮被摧毁。

因为各种原因，我们失去了一百六十七架飞机以及七十名死亡、失踪或者负伤的飞行员。估算大概摧毁跟击伤了一百六十五架飞机，德国飞机占了其中的百分之七十五。

同时，第八集团军已经得到了第三印度旅（遗憾的是已失败）、第十印度师、一个装甲旅以及别的几个军队的支援。并且，第五印度步兵旅同样严正以待。自战斗爆发起，第八集团军得到已经得到了两万五千名军人、七十八门野战炮、二百二十门反坦克炮以及三百五十三辆坦克①。

坦克、大炮以及飞机的数量是让人没有任何不满的，也是正确的。看见以下声明，我不禁大为吃惊："我军大约有一万人的损失，其中被俘获的大约有八千。不过，还不清楚第五印度师的准确伤亡数字。"把伤亡作为一方，俘虏则作为另一方，这种差别如此大的比例证明，肯定发生了某种让人不愉快的事情。并且还证明，对于这件事，开罗司令部在进行权衡时并未从一些关键方面出发。

首相致奥金莱克将军　　1942 年 6 月 11 日

对你的情形与数字表示感谢，我认为它们都很有用。尽管人们自然总是想要以战略或者反击获得胜利，不过，我们不必担心会出现一种持久的消耗战的局势。原因是，我们在交通运输方面并不占劣势，这肯定会使里奇的消耗慢于隆美尔。从那批以最快速航运给你的支援看起来，这就更可靠了。修理工作让人非常受鼓舞，所有相关人员的功劳也能从这方面看出来。请替我致意里奇，而且跟他讲，他那种坚强而坚定的战斗已经得到了广大人民的称赞。对于所有行动，他们天天都在关注。

---

① 第三印度旅也包括在其中。在刚爆发战斗的时候，它就已在那儿了。——原注

奥金莱克将军回信道：

奥金莱克将军致首相　　　　　　　　　　　　1942 年 6 月 11 日

对于 6 月 11 日你那封鼓舞人心并且体谅的来信，我极其感谢。

我们损失惨重，并且我担忧是否能在下次大战中防止再这样。但是，就像你所讲的，我们有着比他充足的资源。他的境况并不让人艳羡。

对于你的问候，我已经向里奇将军转达了。我清楚，他会因此而非常感谢。

*　　*　　*

因为隆美尔有充足的支援，而且占据比尔哈坎穆得到了全新的活动自由，目前，他使用装甲军队从南边袭击我们，攻破了我方阵地。我们已转移了侧翼。在战线北边，仍旧在原先阵地上坚守的第一南非师与第五十师的其他各旅都面临着被切断的威胁[①]。

为了抢夺在艾德姆和“骑士桥”之间的山脊而展开的一场苦战，在 6 月 12 日与 13 日始终在进行着。这是坦克战的巅峰。敌军占领了战场，我们的装甲军队则变弱了很多。在皇家骑兵师第二团的援助下，由警卫旅展开一场坚强抵抗以后，我们就必须撤出作为这一带交通中心的“骑士桥”。第一南非师与第五十师只是因为及时撤离才幸免于难。他们之所以可以顺利撤离，是因为皇家空军进行了长时间的援助。

等到 14 日就能明白地看出来，这场战争的形势突然发生了变化。国务大臣凯西先生把一封电文寄给了我，重点是军务上的消息。

---

② P381，图卜鲁格战役——图注

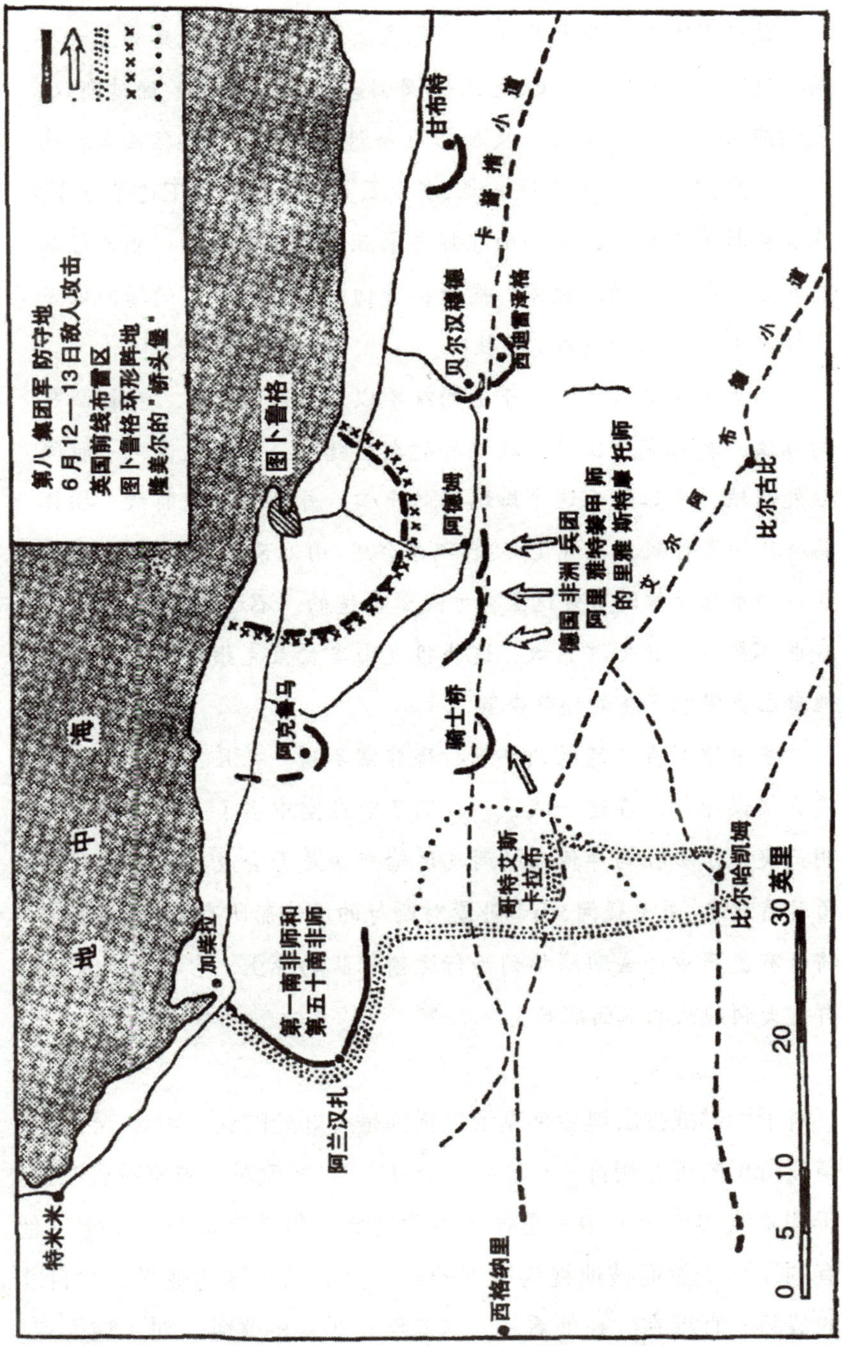

第八集团军防守地
6月12—13日敌人攻击
美国前线布雷区
图卜鲁格环形阵地
隆美尔的"桥头堡"
地
中
海
特米米
加柴拉
阿兰汉扎
第一南非师和
第五十南非师
阿克鲁马
图卜鲁格
骑士桥
阿德姆
贝尔汉穆德
西迪雷泽格
甘布特
卡普措小道
德国非洲兵团
阿里埃特装甲师
的里雅斯特摩托师
哥特艾斯
卡拉布
比尔哈凯姆
比尔古比
艾尔阿布小道
西格纳里
0 5 10 20 30英里


图卜鲁格战役

国务大臣致首相　　　　　　　　　　　　　　1942年6月14日

你清楚西部沙漠的战斗已变得多么严重。奥金莱克和里奇共同度过了一天一夜。昨天,也就是13日,回来得非常晚。通过商议,我们应该坚守阿科鲁玛—艾德姆（分别距离图卜鲁格往西与往南十六英里)这条线。关于这一点,奥金莱克已经对里奇下达了命令。在加柴拉的阵地上，第一南非师与第五十师正在撤离。我已经和总司令保持着密切的联系，同时，密切关注战区战事的增减以及已经派去的和正派去的支援状况。

而奥金莱克自己，对于他的统率以及他以现有军力指挥战事的办法，我都完全信赖。我仅有的期望就是，他可以在同一时间分处两地，不但处在这个蜘蛛网的中心，并且亲自到前线，指挥第八集团军作战。在近几天,我偶尔会想,由他亲临前线指挥战事,让他的参谋长暂时负责这里，才是最合适的。不过，他并不赞同，我也不愿强行让他这么做。这战役是由奥金莱克指挥的，应该让他自己决定他下属的领导事宜。

皇家空军在特德的领导下打得非常不错。并且，我觉得能够没有错误地讲，在这一战区，我们已经在空中占了上风。今天与明天决定了去往马耳他岛的两支运输船队是否会成功。从空军的角度看起来,毫无疑问,西部沙漠对西行的运输船队有帮助。明日,将会有更严重的威胁降临到西行运输船队的身上，它们或许是来自意大利舰队的水面舰只。

对于沙漠战役由奥金莱克亲自指挥是有好处的这一观点，凯西先生与我所想的正好相符。而早在一个月之前,我就对这位将军表明过。由于职责太多，致使中东总司令缚手缚脚。虽然这场战役决定了他所有的工作，然而被他视为职责的一部分的只有这场战役。源自北方的威胁一直都在。在他看来，这有给予关注的义务。对于这一点，我们这些在国内的人，处在可以更好地进行判断的位置，反而无法赞同他的观点。

他所进行的仅仅是折中的部署。他让里奇将军负责这场具有决定作用的战役。但是在近期，他的副参谋长不再是里奇将军。同时，对于这名军官，他还进行了严格督促，不停地下达命令。他直至灾难出现以后才觉悟，打算把他一开始就应当做的事给做了，亲自掌控战事方面的直接指挥权，并且这还是国务大臣一再劝说的成果。他本人的失败正是因为这点才被我归结为某些错误。毫无疑问，这些错误的责任应该由我跟我的同事同时承担。原因是，在一年前，我们曾经把不恰当的巨大责任分派给这位中东司令官。不过，对于他这些不恰当的担子，我们曾竭尽所能，通过明确、及时而屡次改变的提议予以减少。不过，他并未接受。我本人觉得，我坚信，假如最初的指挥官就是他，并且假如他充分运用权力把一位助手留在开罗，照料北方，同时对他领导的这个广阔地区的很多杂事进行管理，那这场战争的胜利者就很有可能是他。确实是这样，当他后来亲自指挥，剩余的力量也就被解救了。

很快，读者就能看出来，我因为这各种印象是怎样的悲痛，以至于我在 8 月 10 日下达给亚历山大将军的命令中，非常明白地确定了他的主要工作。一个人确实要活到老学到老，

这个时候，我给奥金莱克发电文表示 :

首相致奥金莱克将军　　　　　　　　1942 年 6 月 14 日

我极其诚恳地支持你想要战斗到最后一刻的决心。不管是怎样的结果，我们都会支持你。撤退是毁灭性的。这件事情不但和武器相关，也和毅力相关。希望你们所有人都受到上帝的庇佑。

* * *

图卜鲁格的事情马上降临到我们面前。就像去年那般，我们确定应该不顾一切地守住它。经过一个月毫无必要的耽误之后，在叙利亚的新西兰师目前又被奥金莱克将军派遣过来了。不过，它没能按时赶上加入图卜鲁格战役。

首相致奥金莱克将军　　1942 年 6 月 14 日

1. 有关加柴拉的部队，里奇将军准备撤到什么地方？在任何情形下，图卜鲁格都是绝不可以被放弃的。只要把图卜鲁格守住，敌军要想用心攻击埃及就是没有可能的。在 1941 年 4 月里，这所有状况都是我们已经经历过的。对于你所讲的撤至“老边界”，不清楚你指的是什么。

2. 我非常开心你可以将新西兰师调至西部沙漠[①]。请把这个师能够行进的日期与地点告诉我。

3. 这一切获得了帝国总参谋长的赞同。请让我一直清楚状况。

奥金莱克将军致首相　　1942 年 6 月 15 日

1. 已经下令让里奇将军阻止敌军穿过阿科鲁玛－艾德姆－比尔古比这条总战线。这并不代表着这条线可以被当作或者应该当作一个连续防线来坚守，只是在这条线的东面不能有敌军存在。对此，从加柴拉阵地过来的两个师应该会有所帮助。尽管我不准备让第八集团军在图卜鲁格被包围，不过，也丝毫没有放弃图卜鲁格的意思。我下达给里奇将军的指令是：

（1）不能让敌军从阿科鲁玛－艾德姆－比尔古比这条总战线穿过。

（2）在图卜鲁格，不能让他的部队被围困。

（3）只要有机会，就袭击并围困敌军。

---

① P387，西部沙漠——图注

同时，在塞卢姆－玛达雷纳堡地区，为了尽快进行反击，我提议组建可能算是最强有力的后备队。

2. 过大约十天或者十二天，已经在出发路上的新西兰师应该会全部集结起来。不过，假如有必要，先头军队应该尽早抵达。

我们并不满意对里奇将军下达的指令。原因是，这道指令并未明确让他保卫图卜鲁格。我把下列电文寄出去以弄清实情：

首相致奥金莱克将军　　1942 年 6 月 15 日

我们得知你不准备放弃图卜鲁格时很开心。你的电文被战时内阁理解为，假如出现必要状况，里奇将军将会按需求给这个地方留下充足的部队，以保住图卜鲁格。

回信非常确定。

奥金莱克将军致首相　　1942 年 6 月 16 日

有关对电文的理解，战时内阁是对的。在这个地方，里奇将军恰好留下了他觉得合适的军力，就算图卜鲁格暂时被断开，依然可以充分坚守住。基本驻军四个旅，同时储存了充足的弹药、食物和水。近期，第八集团军准备的基本动向是，确保艾德姆防卫地区为行动中心，同时，把现在拥有的所有机动军队都动用起来，以杜绝在艾德姆或者图卜鲁格以东地带有敌军驻守。我已经就此事下达了明确的指令给里奇将军，并且我坚信，他会予以执行。

现在和去年的局势完全不一样。原因是，现在在边境上拥有设防阵地的是我们，而非敌军。并且，就算坎普特的着陆场短时间内还无法供我们使用，在图卜鲁格的上空，我们也能使用战斗机。我认为，敌军若想将图卜鲁格围困起来，同时，还要抵挡我军在边境阵地上的火力，就需有多于我们的消息所说明的部队数量。既然如此，对于边境与图卜鲁格之间的地带，我们就可以避免它被敌军掌控。

首相致奥金莱克将军　　　　　　　　　　　　　1942年6月16日

你顺利在新战线上密切联络支援军队且再次安排第八集团军的消息深受欢迎。并且，对于你准备不顾一切损失将图卜鲁格保住的消息，战时内阁得知以后也非常开心。

现在，在这儿，我们自然无法对战争的战略进行判断。不过看上去，假如我们所有部队可以并肩战斗，并且主动权还可以由你掌握，那自然是有帮助的。或许，这个时机会随着新局势的产生而降临。并且，因为敌军明显已经遭到施压，假如可以不给敌军喘口气的机会，就更是这样了。原因是，装甲战争准许一步一步铺开的战略，而对于发起进攻而言，这种战略是有帮助的。至于采用防守那方，虽然在上回战争中很有力，却依然不得不持续不停地对进攻者的计划屈服。我们所有人都把美好的祝福送给你。

*　　*　　*

依照上回的战争经验，对此，我们信心满满。不只是这样，就像奥金莱克将军所说的，从理论上讲，我们的境况已经远远好过1941年的。在图卜鲁格附近的一条防线上，我们已经有一个集团军的军力。并且，还有一条近期刚建成的宽轨铁路进行援助。在安排军力时，我们已摆脱了那个主要依赖海上交通的侧翼的限制，而是按照战争的正规原则,由我们前线的中心点出发,沿着一个直角返回我们的主要基地。尽管我在这种情形下曾经担心过已发生的事情，不过，从双方全部的军力与隆美尔在供给上的极大艰难来看，我依然觉得全部都会变好的。

但是，我们并不了解目前图卜鲁格的情形。鉴于奥金莱克的计划是等候发动攻势，也鉴于已经过了好几个月，在图卜鲁格那些经历过

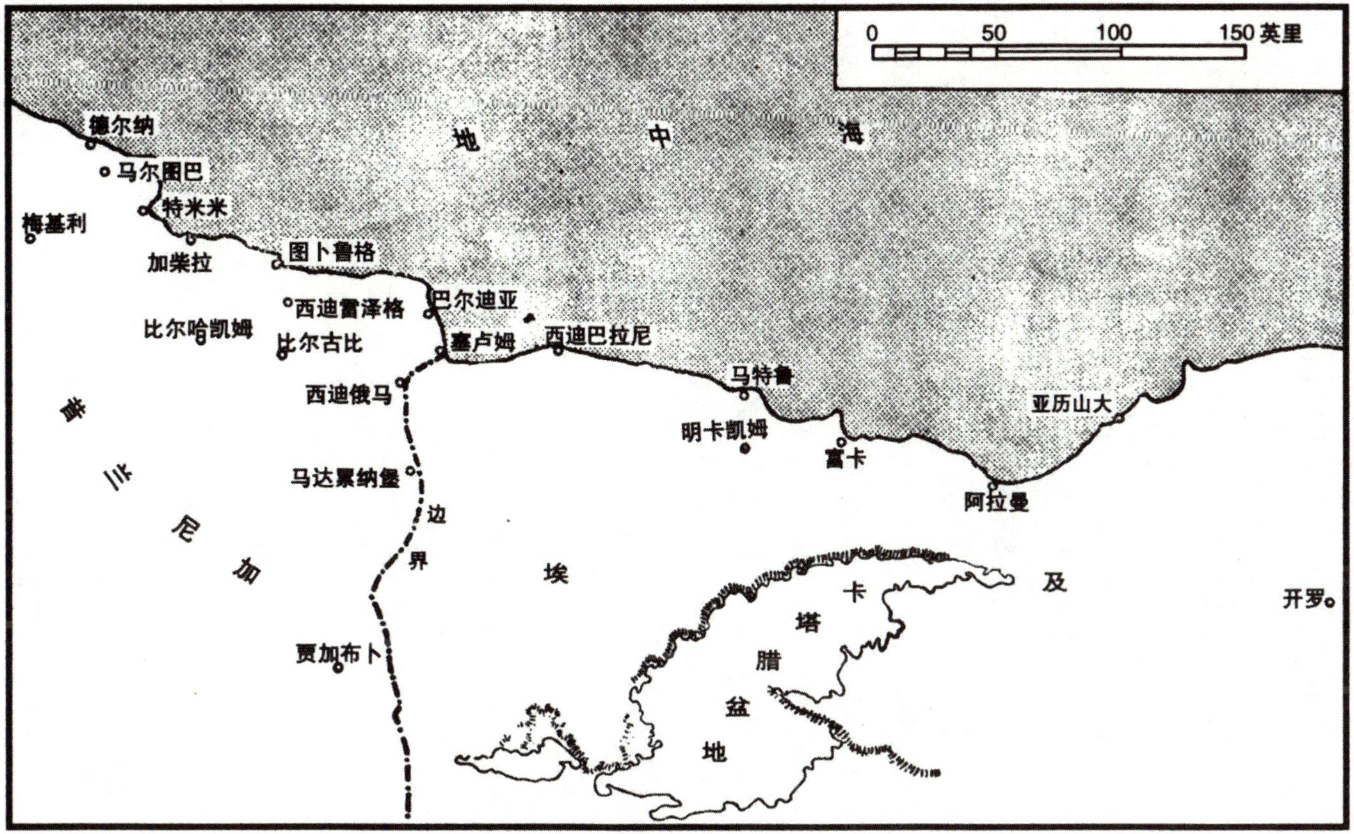
0 50 100 150 英里
地中海
德尔纳
马尔图巴
特米米
梅基利
加柴拉
图卜鲁格
巴尔迪亚
西迪雷泽格
比尔哈凯姆
比尔古比
塞卢姆
西迪巴拉尼
马特鲁
亚历山大
明卡凯姆
富卡
阿拉曼
西迪俄马
马达累纳堡
昔兰尼加
边界
埃及
卡塔腊盆地
贾加布卜
开罗

西部沙漠

很多考验的工事上，无法想象是不是还保持着最佳状态，是不是的确增强了。对他已经下定决心的防卫战来讲，图卜鲁格的工事与出击口均属于一种难以估量的因素。

最后，在图卜鲁格防御方面使用的“暂时”这个词，还含有一种不曾被伦敦了解到的意义。我们的目的，我们觉得总司令同样会完全赞同的那种目的是，就算主要战事对我军不利，图卜鲁格也应该再度以一个独立的堡垒坚守着。至于第八集团军，则应该顺着它主要的交通线，往马特鲁港的阵地撤退。如此，让图卜鲁格始终在隆美尔的侧翼待着，他一定会进行围困或监视，因此他自己的交通线会越来越长，而且会越来越不安。因为新西兰师已经离得很近，还有强大的援军即将自海上来临，我个人觉得，从长远角度来讲，我们并不会因为双方用了或许最强的实力来激战而损害局势。所以，对于已经决定的再度对华盛顿进行访问的计划，我并未取消。原因是，在那儿，有一些对战争的整体策略而言非常关键的事情需要我解决。我在此事上获得了同事的赞同。

# 第二十二章　第二次对华盛顿进行访问

**需要替 1942 年与 1943 年拟订共同的行动计划——“合金管”：原子弹——6 月 16 日我寄给国王的信——前往华盛顿——一次在海德公园的颠簸着陆——和总统坐同一辆车出游时所考虑的重要问题——原子裂变的早期历史——与罗斯福总统以及霍普金斯在 6 月 20 日的谈话——“重水”与毫无收获的危险——美国制造原子弹的决策——我有关总战略计划的笔记——图卜鲁格的失守——患难之交——一次针对未来战略的会晤——与艾森豪威尔以及克拉克的首次见面——我交给他们跨越海峡发动攻击的文件——又举办了几场夜间谈话——6 月 22 日报纸上的显眼标题——6 月 24 日参观杰克逊炮台——称赞美国陆军组织工作——奥金莱克的电报——我再次向他保证——6 月 25 日再次在华盛顿举办会谈——顺利返回国内**

对于这次出行，替 1942 年到 1943 年的作战行动达成最终决定才是我的主要目标。美国当局——尤其是史汀生先生与马歇尔将军——普遍急切地想要在某些计划方面作出决策，让美国可以在 1942 年与德国在陆地上和空中展开大规模的交锋。如果不能做到这一点的话，对于“德国第一”的战略思考，美国三军参谋长就有可能展开根本性的改动。让我惶恐难安的还有另外一件事，即“合金管”问题。后来被叫作原子弹的密码代号就是“合金管”。目前，我们的研究与实验已达到了不得不与美国签订明确协议的程度。大家觉得，要想让事情办成，唯有我本人去和总统商议。在沙漠大战正激烈进行时，战时内阁居然决定我应该在帝国总参谋长与伊斯梅将军的陪同下从祖国与伦敦离开。这一事实完全可以证明，对于处理我们所面对的一些重大战略问题，我们是多么的关注。

在这段非常艰难的时期，情况紧急，到处都隐藏着危险，因此，我决心不经过海路，而是从空中前去。这代表着我们无法获得充分情报的时间仅有一天一夜。为了马上可以从埃及转过来消息，及时发出全部汇报，快速翻译出来，我们已进行了种种有用的部署，从而避免在预计或者实际上要进行决策时出现贻误。

按照习惯，首相通常不把自己的继任者正式对国王指出来，除非他被要求这么做。但这是战争年代，为了答复国王在最后一次每周例行的谒见中所提到的要求，我把以下信件发给了他：

唐宁街十号，白厅

1942 年 6 月 16 日

陛下：

在将要进行的旅行中，假如我遇难，希望陛下可以准许我的提议，让外交大臣安东尼·艾登先生负责组建新政府这件事。我认为，他是下议院最大政党以及我有幸管理的联合政府中一员优秀的大臣。我坚信，对于陛下的工作，他可以用目前这危难时期所必需的果断、干练、才干予以解决。

你的忠诚的臣仆

温斯顿·丘吉尔

在这个时候，尽管我已经知道 1 月从百慕大飞回时曾经发生风险，不过，我还是极其信赖驾驶员凯利·罗杰斯与他的波音水上飞机。因此，对于这次空中旅程，我特意把负责人指定为他。与我同行的人还包括：陆军部计划局局长斯图尔特准将（后来在参加卡萨布兰卡会议飞回国内的时候，他遭遇了不幸）、查尔斯·威尔逊爵士、马丁先生以及汤普森海军中校。在6月17日午夜前不久,我们从斯塔兰腊尔出发。当时，皓月当空，天气非常好。在副驾驶员的座位上，我坐了两个多小时,欣赏着璀璨的海洋,对我的那些问题和让人担忧的战役进行思考。在这个“新房子”中，我愉快地睡着了，直到天大亮我们抵达甘得时才醒过来。原本,我们要在这个地方加油。不过,因为没有加油的必要，就跟机场打了声招呼，随后接着前进。飞在阳光下，白天变得非常长。在间隔六个小时的时间内，我们吃了两次午饭，同时准备在抵达目的地之后再吃晚饭。

最后两个小时是飞行在陆地上空的。我们大概在美国时间七点时靠近了华盛顿。在我们慢慢往波托马克河着陆时，我看到了华盛顿纪念碑的顶部，它高达五百五十余英尺，基本等于我们的飞行高度。我对凯利·罗杰斯上尉提醒道，在全世界的一切目标中，如果我们居然因为撞上这个纪念碑顶端而终结我们的故事，那就是不幸中的最大不幸了。他向我保障，他会非常谨慎，留意不碰着它。这样在飞行了二十七个小时以后，我们终于平安稳当地在波托马克河上着陆了。在这儿欢迎我们的有哈利伐克思勋爵、马歇尔将军以及美国几位高级官员。我在英国大使馆吃了晚饭。那时候已经很晚了，没来得及飞往海德公园。我们看了近期的全部电报——没有发生什么重大事件——随后，开心地吃了露天晚餐。英国大使馆坐落在高坡上，是华盛顿最凉快的地方之一。与白宫相比，这一点是深受人们喜欢的。

次日，即19日的早上，我前往海德公园。总统已在该地的海德机场上，注视我们在我所经历的最颠簸的状况下降落。我受到了他非常热情地接待，而且他亲自充当司机，送我穿过赫德森河，到达巍峨的悬崖峭壁处，在那里坐落着他位于海德公园的家。为了让我欣赏海德公园的美景，总统开车和我逛了公园各个地方。我在这次开车出游的过程中很多时候都处于思考状态。罗斯福总统身患残疾，没办法用脚踩车闸、离合器或者加速器。不过，他强有力的臂腕可以灵活地应对这一切。他让我试一下他的臂力，称一名赫赫有名的优秀拳击师都很羡慕它。这让人安心。不过我坦言，有几次汽车在赫德森河那边的悬崖旁，在草地边沿挪动车身或者倒车时，我真的期望汽车的机械或者车闸别出差错。我们一直在就公务方面进行交谈。他在开车的时候，尽管我留意不使他分神，不过，与正式谈话的成果相比，我们在交谈过程中或许获得了更大的发展。

得知我带着帝国总参谋长一块过来了，总统很开心。回忆起年轻时期，他总是兴趣盎然。在海德公园，布鲁克将军的父亲曾受到总统父亲的接待。所以，对于与这位已取得如此高位的父辈朋友的儿子相见，总统表现出了极大的兴趣。他在两天后会见时用最大的热情来招待他，而布鲁克将军的人格与风度也对他产生了一种近乎亲密的感情，这非常有利于事情的进展。

* * *

为了先做准备，让总统了解各个问题，我曾经对哈里·霍普金斯讲了我所要完成决断的各种重点，让他转达给总统。“合金管”是其中最复杂的问题之一，同时，就像以后所证明的，又是一个重要的问题。

对于那时候的情形，我想使用我在 1945 年 8 月 6 日广岛因原子弹爆炸而使其变成废墟以后所发表的声明来解释：

> 在 1939 年这一年，各国的科学家已经普遍认可了原子裂变有可能放射出能量这一点。但是，在这种可能性尚未变成现实以前，存在很多各种各样需要处理的问题。并且在那个时候，几乎所有的科学家都不敢预言：会有一颗可以使用的原子弹在 1945 年制造出来。即便是这样，这一计划有着如此大的潜力，以至于英国国王陛下政府毫无错误地觉得，对于我们的科学人才，虽然具有许

多不一样的要求，但还是应该接着展开研究工作。我们的大学在这一时期是大多数研究工作的场地，这些大学主要包括牛津、剑桥、伦敦（帝国理工学院）、利物浦以及伯明翰等等。工作的联系与推进在联合政府尚未建立的时候由飞机生产部负责，而负责主持的则是乔治·汤姆森爵士，担任顾问的是主要由科学家们组建的委员会。

按照当时的整体协定，大规模地收集科学消息，在联合王国与美国参与这一工作的科学家相互间也彻底交换了观点。

在 1941 年夏天取得了如下进展：乔治·汤姆森委员会已经可以汇报称，他们认为，绝对有可能在大战尚未结束前完成一枚原子弹的制造。彻韦尔勋爵负责让我不断地了解全部这些与别的技术的进展状况。他在 1941 年 8 月末的汇报中讲，我们正在取得非常大的进展。各个技术委员会所展开的科学研究工作的整体负责人是任枢密院长约翰·安德森爵士。在这种情形下（也鉴于我们近期已经充分准备的普通高级炸药的效果)，在 1941 年 8 月 30 日，我用下面的备忘录把这一问题提给了参谋长委员会：

伊斯梅将军，转参谋长委员会

对于现有炸弹，尽管我本人觉得没有任何不满，不过在我看来，我们不应当阻碍这方面的改善。所以我觉得，应当根据彻韦尔勋爵所提议的方法展开行动。并且，内阁大臣约翰·安德森爵士应该是这件事的负责人。

对于参谋长委员会的看法，我乐意进行了解。

三军参谋长提议，马上在特别优先照顾的环境下展开行动。所以，对于这一工作，我们在科学与工业部门成立了专门机构进行指导。卜内门公司也答应把 W.A.S 埃克斯先生调过来，作为我们这个因为要保密而叫作“合金管局”的项目的负责人。在不再担任枢密院长以后，约翰·安德森爵士就任了财政大臣。我让他接着主持这一工作。因他是最能胜任这一工作的人。他的主席职位下还成立了一个咨询委员会，来做他的顾问。

罗斯福总统在1941年10月11日给我写信，提议我们应该在这个方面一起努力。所以，英美两国结合起来进行全部工作，美国还迎来一些相关的英国科学家。等到1942年夏天，对于去年种种非常有前景的预言，这个研究计划也用更准确更广泛的基础给了肯定。同时，也到了我们决定是不是要开始修建大规模生产工厂的时候了。

*　　*　　*

对于这个问题，我与总统在海德公园会见时就已谈论过。文件我是随身带着的，不过，因为总统还要了更多来自华盛顿的情报，商讨依然要延后到第二天，也就是20日举办。吃过午饭，我们在楼下一间显眼的小房间中进行了商谈。因为没有阳光能照进来，所以这个房间很阴暗。罗斯福先生在书房大小的书桌旁安稳地坐着。在他的身后，哈里时坐时站。我的这两个美国朋友好像不在乎这种炎热的天气。

对于我们已获得的极大的进展，我对总统作了简述。目前，我们的科学家坚信，成果在这次大战结束以前就会显现出来。他表示，他们这方面的工作同样有了发展，不过，在尚未展开全面试验之前，没有人可以讲会不会遇到什么实质问题。我们俩都深刻地觉得有一无所获的可能。我们清楚，德国人为了得到“重水”的供给，付出了怎样的努力——“重水”是一个恐怖、罪恶而且不平常的名词。它已经开始逐渐出现在我们的秘密情报中。假如敌军赶在我们前面制成一枚原子弹，将会是什么情形？有关科学家的断言，无论大家是怎样的质疑，这些断言在科学家们之间同样争论不休，并且他们用的还是外行人无法理解的专业术语。不过，在这个让人畏惧的领域，我们不可能冒着这一毁灭性的危机落后于别人。

我尽力建议，我们应该马上进行全部情报的收集，一起在平等的环境下工作，得到的任何成果都要平等共享。所以，再次出现了应当在什么地方修建研究工厂的问题。对于不得不承担的庞大费用和随之必须要从别的战时工作系统上调动大批的资源与人才，我们已有所了解。考虑到英国正受到频频轰炸与敌军飞机的不停侦查，在英伦三岛上，好像没有修建所需的醒目的大型工厂的可能性。在我们看来，我们自己的先进程度起码也与我们崇高的同盟国一样。毫无疑问，我们也能在加拿大修建工厂。经过积极收集铀资源，加拿大做出了重大贡献。对于一个大西洋两岸的科学家都无法确保其成功的计划，不仅需要耗费几百万英镑的费用，还要动用珍贵的战斗力，决策当真很难做。即便是这样，假如美国人不想冒风险，我们也能够凭借自己的实力接着在加拿大前行。假如加拿大政府抱有不同的意见，那就把工厂建立在大英帝国的其他地方。但是，我在总统讲到他觉得美国决定建立工厂时，感觉很开心。因此，我们一起决定下来，奠定了协议的基础。有关此事，我会在后面几册书中接着讲述。同时，我坚信，就是因为我们对总统讲了我们在英国所获得的进展以及我们科学家对最终成功的信念，才让他作出了这一对命运有决定作用的重大决策。

* * *

在当天，我将以下有关我们面临的迫切的战略决定的照会交给了总统：

秘密　　　　　　　　　　　　　　　　　　　　　1942 年 6 月 20 日

1. 有很多海上船只连续不停地沉毁，已经变成我们最大也是最迫切的危机。目前，为了减除实际战斗中一定要付出的代价外的船只沉毁事件，还能采取怎样的进一步办法？有没有应该削减的没有用处的货运？为了建造更多的护航船只，我们是不是应该降低商船吨位？假如这样，需要降低到什么程度？

2. 对于“波黎勒”作战计划，我们一定要坚持进行准备。假如可以，就在1942年实行。不过在1943年，该计划一定要实行。正在展开这一计划的所有工作。我们正着手部署，9月初派出六个或者八个师的军力登陆法国北部海岸。但是，对于肯定会引发灾难的军事活动，英国政府并不同意。原因是，无论俄国人处在怎样的境遇中，这都无益于他们，并且这还会让法国人受到连累，遭到德国人的报复。再说，还会把1942年的主要战役严重推迟。我们坚持觉得，除非我们将会继续留在法国，否则今年在法国就绝不会有实际性的登陆。

3. 除非德国完全失去士气（这点尚没有可能），截止到现在，对于1942年9月有希望胜利的作战计划，任何一个负责的英国军事政府都无法拟订出来。美国参谋长们是否有计划？他们将会袭击什么地方？可以利用的登陆艇与舰只是怎样的？打算指挥这些军事活动的军官是哪位？英国要出动怎样的部队，提供怎样的支援？假如可以寻找到一种合适的并有希望胜利的计划，英王陛下政府会给予它热忱的欢迎。同时，会尽力与美国战友一起承担他们的危险与牺牲。我们一直坚持的共同策略就是这个。

4. 不过，假如无法拟订出能令所有政府都信心十足的计划，致使1942年9月无法在法国进行大范围的战斗，那我们还应该做什么？在1942年，莫非我们要任凭大西洋战场没有战争吗？在“波黎勒”计划中，我们是不是应该准备别的一些军事活动，把一些占优势的阵地掌握住，并且对于俄国人的担子，也能直接或者间接地予以减轻？就是因为处在这种条件与背景下，我们应该研究法属西北非的军事活动。

* * *

我们在20日深夜乘总统的专车返回华盛顿，并在第二天早上大约八点的时候抵达目的地。在严密的保护下，我们来到白宫。我再次被安排在宽敞的、有空调设备的房间中，那里的温度大概是30度，低于白宫别的大部分房间。在那儿，我住得非常舒服。我看了一小时的报纸跟电报，然后吃早饭，并在过道中寻到哈里，随后去总统的书房看他。跟我一块来的还有伊斯梅将军。没过多久，总统收到一封电报。他沉默地将电报给我。电报上写道："图卜鲁格投降，两万五千人成为俘虏。"这消息让人大吃一惊，我几乎无法相信这是事实。因此，我要求伊斯梅往伦敦打电话问问，亚历山大港哈弗得海军上将[①]的以下电报在几分钟之内被他带了过来：

> 图卜鲁格已经失守，局势越来越糟，或许，亚历山大港马上就会遭到重大空袭。考虑到马上就是月圆时刻，为了以防万一，全部东方舰队正被我调至运河南面。这个周末，我希望英王陛下军舰"伊丽莎白女王"号可以从船坞驶出[②]。

在大战期间，我可以回想起来的打击最大的事情中就包括此事。它不仅在军事方面有着重大影响，并且也影响了英国部队的声誉。八万五千人在新加坡向在数量上不占优势的日本军队投降了。而现在，有两万五千名（其实是三万三千名）经验丰富的军人在图卜鲁格向或许仅有他们一半数量的敌军投降。假如沙漠部队的士气全都如此，那非洲东北部所面对的灾祸将更加难以应对。我并未试图掩饰自己的震惊。失败是一码事，耻辱则是另一码事。任何东西都不比我这两位美

---

① 哈弗得海军上将在5月31日接替坎宁安海军上将，担任地中海舰队司令。——原注

② 由于此时亚历山大港将会受到有战斗机保护的俯冲轰炸机的攻击，哈弗得将军才做了这种决策。——原注

国朋友的怜悯之心与侠义之情可贵。他们不曾责怪，也不曾口出不逊。罗斯福道：“我们怎么可以帮助你？”我马上回答说：“尽量将你们可以调出来的‘谢尔曼’式坦克给我们，赶快将它们运至中东。”总统让人把马歇尔将军请过来。马歇尔将军在几分钟内就过来了。总统就对他讲了我的请求。马歇尔将军说：“总统先生，‘谢尔曼’式坦克刚进入生产阶段。第一批几百辆已经分派给我们的装甲师了，他们在这以前只能使用旧装备。要想拿走士兵手中的武器是很不好办的事情。即便是这样，假如英国急需，我们当然会想办法。除此之外，我们还能把一百门口径为 105 厘米的自动火炮提供给他们。”

为了讲明白这件事，我不得不做出这种声明，言语是比不上美国人的行动的。美国六艘最快的船只载着尚未安装好发动机的三百辆“谢尔曼”式坦克与一百门自动火炮驶向了苏伊士河。在百慕大旁边，一艘载着全部坦克发动机的船只被潜艇击毁。无需我们讲一句话，另外一批发动机被总统与马歇尔将军装上另一艘快船，而且命他们追上运输船队。“一起经历过艰难困苦的朋友才是真正的朋友。”

* * *

在这之后没多久，布鲁克将军、哈里·霍普金斯和我们一起举行会议，就将来的战略事宜进行商议。保留了一份伊梅斯将军对军事方面的结论的记录。

1.1943 年“波黎勒”作战行动与准备工作的规模要尽可能大，要全速前进。但是，英美两国应该准备在 1942 年发动进攻才是最关键的。

2.假如可以顺利实行 1942 年在法国或者低地国家的作战行动，所获得的战略和政治的成果要大于其他战场的作战行动。应该用种种可行的速度、力量与机智来促进这一战场的各种计划与准备方案。对于这一行动中的明显危险与难题，也一定要用最坚决的努力予以攻克。假如有可能拟订出完善明智的方案，我们应该毫不迟疑地予以实行。反过来说，假如通过详细地检验证明，就算尽了所有努力，依然不一定能够取得成功，我们就必须准备另一方案。

3. 要认真的、有意识地审核法属北非（“体育家”作战计划）战役的可能性。并且，应该尽量赶快明确完成各种计划。从还没有离开美国的参与“波黎勒”作战计划的部队中可以挑选出实行“体育家”作战计划的主要部队。联合参谋部应该认真考虑挪威与伊比利亚半岛在1942年秋冬季节的作战活动的可能性。

4. 计划“波黎勒”作战行动依然在伦敦集结，“体育家”作战行动则在华盛顿集结。

* * *

当我们在6月21日午饭后无事闲坐时，哈里告诉我：“总统非常想让你与两位美国军官见面。因为在陆军、马歇尔与总统本人那里，他们都非常受重视。”因此，我拥有冷气的房间在五点时迎来了艾森豪威尔与克拉克两位少将。我对这两位优秀的、过去却丝毫不知道的人马上有了深刻印象。他们俩均从总统那里过来，这也是他俩首次面见总统。我们的谈话几乎都是围绕着1943年横穿海峡对欧洲大陆发动攻击这件事进行的。在那个时候，这件事被叫作“围剿”作战计划。在一个多小时的时间内，我们进行了愉快的谈话。为了让他们相信我本人对这一计划的重视，我交给了他们一份我在启程前两天，也就是6月15日给三军参谋长写的文件①的副本。我对这种作战行动的方式与规模的初步看法，我在这份文件中都提到了。不管怎么样，这份文

① 详见第四册316页。——原注

件的精神让他们感觉没有任何不满。那时候，在我看来，袭击时机在1943年的春天或者夏天。在这次战斗中，我认定这两位军官将会发挥极大的影响力，而介绍我认识他们的原因就是这个。所以，一种友情在我们之间产生。这种友情经历了战争的胜负。对于它能一直维持到今日，我感觉很满意。

在一个月之后的英国，很明显，艾森豪威尔将军迫切地想要对我的热忱进行考验。他问我愿不愿意交给马歇尔将军一份我那个文件的副本。我答应了。

* * *

晚上九点半，在总统办公室内，我们举办了另一场会谈。这次会谈的参与者还有美国三军参谋长。我们对海军局势以及在美国东海岸周边德国潜艇击毁船只的惊人消息进行了商讨。我竭力建议，金海军上将应该马上将护航制度延伸到加勒比海与墨西哥湾。他完全同意，不过他觉得，等到他拥有了可以使用的适合的护航船只时才是最佳时间。

我和总统在晚上十一点半再次举办了一次会谈。马歇尔、金、阿诺德、蒂尔、布鲁尔以伊斯梅都参与了。中东形势的恶化和继调派接受过沙漠战争特殊训练的第二装甲师以后再次调派大量美国部队去那一战场的可能性便是会谈的主要内容。对于这种可能性，大家都赞同要特别结合航运情况进行认真研究。并且在同一时间，经过总统的完全赞同，我告诉奥金莱克将军，8月里可能会有一个接受过高强度训练、配备“谢尔曼”式与“李”式坦克装备的美国装甲师前去支援他。

* * *

全世界因为图卜鲁格的投降而产生了巨大反响。我与霍普金斯于22日同总统在他的房间中一起吃午饭。没过多久，带着一沓纽约报纸的战时情报局局长埃尔默·戴维斯过来了。这些报纸刊登着醒目的标题，什么“英国充满了愤怒”、“政府或许会因为图卜鲁格的失守而改组”、“丘吉尔将会获得不信任投票”……我已经应马歇尔将军邀请，前去参观南卡来罗纳的一个美国军营。在6月23日夜晚，我们将会与他以及史汀生先生一起坐火车前去。戴维斯先生严肃地问我，考虑到国内的政治形势，对于原来详细安排的访问日程，我是不是还觉得应当执行。在非洲与伦敦都出现了影响这么严重的事情时，假如我在美国检阅部队，会不会被误解？我答道，对于检阅计划，我必然是要实行的。并且对于二十几位议员，我怀疑我能不能惹怒他们去议会就信任问题对政府抗议。实际上，不满于政府的人们最终凑起来的数目大体就是这个。

在次日夜晚，我坐火车前往南卡来罗纳。我们在第二天早上抵达了杰克逊炮台。火车并未停在车站，而是停在了空旷的草原上。这天天气炎热。下车以后，我们直接走向检阅场。这让我回忆起天气酷热的印度平原。我们首先来到一个凉棚下，对美国装甲兵与步兵的分列式进行检阅。随后，我们看了空中跳伞。他们既让人感动，又让人信服。我从未看见过一千人在空中集体跳伞。他们把一个“报话机”交给我，让我背着。对于这么方便的工具，我还是第一次用。我们在下午看了大量美国师展开实弹野战演习。我在结束时问伊斯梅(有关此事的陈述，我要感谢他)：“你有什么感触？”他答道：“使用这些军队与德国军队对抗，简直是让他们去送死。”对于这一点，我答道：“你错了。他们都不寻常，马上就可以学会了。”但是，我一直对我的美国主人强调，培养一个军人要两年或者更长的时间。在两年后，我们在南卡来罗纳看见的那些部队士兵的举止一定与老兵毫无异样。

在这里，我一定要叙述一下我在战后1946年所讲的话。我当时以在野党的身份接受了在华盛顿五角大楼开会的美国三军长官们款待。

对于美国部队的建立形式，我非常佩服。在我看来，这是组织工作的奇迹，即兴创作的奇迹。一个强大的国家如果乐意组建大量军队，只要有金钱、时间、纪律与忠诚，那存在许多可以建立大量军队的实例。不过，美国军队在战前仅仅有几十万人，一支几百万人的强大的军队在这样一支小规模军队的基础上建立起来，在军事历史上，这种速度堪称奇迹。

我在两三年前来美国，在南卡罗来纳，曾和马歇尔将军观看了进行训练的美国陆军军团。在那儿，我们看见了你们或许可叫作“大批量生产”的各师的景象。它们组建于大规模并快速的轮流训练中，而且进一步前往完善阶段。我看见这支强盛部队的成立——在原本少数人的基础上，在这么短的时间内，成立这么强的军队。而且在各个战场对敌战斗中，他们总是没有失败过。对于这种成绩，所有国家的士兵都应该始终怀有敬佩艳羡的心情来学习。

不过，那并非所有的经历，甚至可以说也并非最主要的经历。组建大量军队是一码事，指挥跟管理他们则是另一码事。我认为，还存在一个难以理解的奥秘，即在和平时期，美国仅仅保留着极少的军事工作人员，却能做到不仅成立各种陆空军军队，并且可以将指挥官跟大量工作人员也挑选出来，凭借这些人掌管大量部队，并快速将他们派到比战前这些军队去过的更远的地方。

* * *

我们在 24 日下午飞返华盛顿。我在那里接到了各种汇报。

有一份信件是奥金莱克将军寄来的：

奥金莱克将军致首相　　　　　　　　　　　　1942 年 6 月 24 日

在这种危难时刻，因为我所率领的部队受到惨败，而让你遭受了沉重的打击，对于这一点，我深深地愧疚着。除目前图卜鲁格已被敌军占据以外，我担心如今的局面与我在一年前就任司令时毫无差别。而对敌军而言，图卜鲁格是极有用处的，这不只是从供给上讲，并且还因为敌军没必要再调派部队对此地进行牵制……

他在说明他的安排以后还写道：

我们非常感谢你跟美国总统。原因是，你对他提议，大方支援我们。同时，你还正着手部署赶快把它们交给我们。就像将从印度调拨“格兰特”式坦克与“李”式坦克那般，美国第二装甲师确实是很受欢迎的支援部队。你确保目前的印度步兵师与印度装甲旅不用遣回印度，这让我在伊拉克与波斯方面，尤其是在产油地带治安上的难题减轻了不少。特德空军中将告知我，往这一战场调派飞机，将会大大增强我们的力量。

对于你在前一年给我的帮助与增援，我本人诚心地感谢你。同时,对于上个月所受到的挫败,我表示深深的惋惜。对于这一点，所有责任都应该由我承担。

我在从华盛顿离开以前让奥金莱克坚信我完全信赖他。

首相致奥金莱克将军　　　　　　　　　　　　1942 年 6 月 25 日

我告诉你，美国总统主张把美国第二装甲师调派给你，并且大约在 7 月 5 日，这个师将会调往苏伊士运河区。在下个月，我们认为运送这个师面临着非常大的难题。因此，马歇尔将军提出来了一个建议。帝国总参谋长觉得，这一提议更有利于你。因为你将会获得大批最现代化的装备，并且还不会影响你从英国方面获得的援助。

所以，我们接纳了以下提议。

将会有三百辆“谢尔曼”式（M4）坦克与一百门105厘米口径的自行榴弹炮被美国人紧急运往中东。大约在7月10日，调自哈瓦那运糖船队的两支海上辎重船队将会载着这些装备前往苏伊士运河区。其航速分别是每小时十五海里与十三海里，并且尽量快速行驶。这些坦克跟大炮将由美国少数的必备人员护送……

对于国内事务的进展，千万不要存有顾虑。无论我对在战争中是如何打的，抑或应不应该更早开打等等事情上有怎样的观点，我都完全相信你。对于你的责任，我也会充分分担……

请转告哈弗得，对于亚历山大港上太过沮丧慌张的氛围和海军急切地想要往红海撤退等等汇报，我很担忧。尽管能够实行各种防范手段，尽管“伊丽莎白女王”号应当尽快启程，不过，我坚信应当怀有一种坚决而信心十足的心态。总统从罗马获得消息称，预计隆美尔在可能对马特鲁阵地发动猛烈攻势以前，或许会有长达三四周的拖延。我认为，有可能拖延更长时间。

我期望这次危机可以激起尼罗河三角洲全体军事人员与所有能够战斗的忠实的人们最大的战斗精神。在中东，你已经有七十万人在领取军饷。只要是可以战斗的男子，都应该训练成不畏惧死亡、为成功而战的军人。为了让在马特鲁阵地防御的各支军队获得支援，应该调派几千名军官与后勤人员对各营和各工作部门的力量进行援助。你目前的境况就像我们在英伦三岛可能遭受进犯时的境况相同，并且，你应该满怀同样紧张而果断的精神。

* * *

我在25日与自治领以及印度的代表们见面，而且还参加了太平洋作战委员会会议。我在当天晚上前往巴尔的摩，我的水上飞机停在那里。在白宫，总统与我热情道别。前来送行的有哈里·霍普金斯与艾夫里尔·哈里曼。美国武装警察密切守护着那条狭长的并且有掩护的通向河里的临时跳板。氛围好像有些紧张，警察们神情严肃。有人在我们尚未起飞前跟我讲，一个值班的便衣人员被抓了。这个人的手摸着手枪，嘴里念叨着他要把我“杀死”，并且还讲了一些别的难听话。警察猛扑向他，把他抓了起来。最后发觉他是傻子。公职人员认为，傻子是非常危险的，原因为傻子从不理会“走开，走开”的叫喊。

我们于次日早上在帕特伍德着陆加油，在大吃一顿新鲜龙虾后再次出发。自此以后，我饿了的时候——即正常饭点中间的时段——随意吃了些食物，并且想睡就睡。飞机飞过北爱尔兰以后，在天刚亮的时候靠近了克莱德河，我当时就在副驾驶员的位置上坐着。飞机平安着陆了。我的火车已在等候。在那里的还有我的一位私人秘书佩克以及一大堆箱子跟四五天的报纸。我们在一个小时内再次启程，前往南部。我们因为在莫尔顿选举中的全面失败失去了一个席位。这是图卜鲁格的一个副产品。

这可能是我运气差的时期。我在铺上躺着，随意翻看了一会儿的公文，接着就睡了四五个小时，直到伦敦。睡觉是如此幸福的一件事。我受到在月台上的战时内阁的欢迎。没过多久，我就返回战时内阁办公室工作了。

# 第二十三章　不信任投票

**联合政府的力量——一系列军事失利与溃败——6 月 25 日一项方便的不信任动议——撤回动议的提议没有通过——克里普斯爵士的汇报——7 月 1 日是第一天辩论——约翰·沃得罗－弥尔恩爵士的感人演讲——拙劣的横生枝节——罗杰·凯斯爵士当作附议者——一种矛盾状况——温特顿勋爵的袭击——我结束争辩——议会中毫无拘束的自由讨论——我们的意外灾祸——图卜鲁格让人意想不到的失守——美国对英国状况的不实报道——缺少坦克与战前的起源——奥金莱克与里奇——我请求表决——我替我的国防大臣职位进行辩护——反对票仅有二十五张——我的美国朋友的欣慰——巧合的历史**

在下议院中，充满尖刻文章与难听声音的报纸上的议论与批判获得了二三十位议员的支持。我们大多数人则怀着非常阴暗消极的态度。一个由一党执政的政府在此机会假如不进行一次投票，就将如 1940 年 5 月逼迫张伯伦先生将权力交出来那般，在一阵热烈议论中被打倒。不过，通过 2 月份的改组，民族联合政府更加强大了。它所共同团结的力量很强大并占了绝对的上风。在我的四周，集中了全部主要大臣，他们都没有不忠实跟不坚定的观点。对于彻底清楚状况、重视形势变化而且分担责任的人们，我好像已经获得他们的信赖。所有人都坚定不移，不存在任何阴谋的私议。我们已经变成一个强大的、无法摧毁的集体，可以抵抗外界所有的政治打击，承受各种失败，为共同的事业而百折不挠。

我们已经历了一系列的失利跟溃败：马来亚、新加坡以及缅甸；在沙漠战役中，奥金莱克被击败；没有进行解释，也轻易解释不清楚的图卜鲁格战役；沙漠部队快速败退，我们失去了在昔兰尼加与利比亚所占据的领地；往埃及边界撤退四百英里；损失或被俘获了五万多人。我们失去了大批大炮、弹药、车辆以及各种物资。我们再次返回了马特鲁，返回了两年前的老阵地。隆美尔与他的德国部队以胜利地姿态坐在从我们这儿缴获的汽车上，使用的汽油是我们提供的，而且在大部分时间里用我们的弹药进行射击，逼近我军。只需再稍微推进一些，再获得一些成功，墨索里尼与隆美尔就将共同进入开罗，或者说是开罗的废墟。在我们遭受可怕的挫败之后，在这紧要关头，还有各种各样的未知因素在产生着影响，这也是我们要面对的。对于这种局势，谁可以预言将有怎样的发展?

议会的情况要立刻明确起来。不过，在新加坡失守前没多久，我们曾举行过一场信任投票。现在要请求下院再次举行一场信任投票就很困难了。但是在议程单上，在心有不满的议员主动决定投一次不信任票的时候，那就方便多了。

* * *

在6月25日，一项动议列在了议程单上面，内容如下：

> 对于皇家军队在极其艰难的情形下的英雄气概以及坚忍精神，尽管下议院表示钦佩，不过，他们却不相信中央关于战争的指挥工作。

列名的是约翰·沃得罗－弥尔恩，他是保守党中一名有权势的议员，也是全党财政委员会主席，很有权力。我一直密切关注并研究着这个委员会有关行政浪费与缺乏效率等案件的汇报。这个委员会存在很多可以利用的情报。并且，还频繁接触我们战争机构的外围。在宣告这项动议获得了海军元帅罗杰·凯斯爵士的赞同以及前陆军大臣霍尔-贝利沙先生的帮助时，形势瞬间明朗化了。一场重要挑战已在进行中。事实上，有关具有决定作用的政治危机马上就要到来等议论，已在一些报纸上和议会走廊中传播。

我马上讲，我们决议公开进行充分辩论，开会时间定在7月1日。我觉得有一项公告是一定要公布的。

首相致奥金莱克将军　　1942年6月29日

在周四下午大约四点，当我在不信任投票辩论中讲话的时候，我觉得一定要宣布，从6月25日开始，你代替里奇就任指挥。

埃及的战争危险越来越严重，并且人们普遍觉得，在隆美尔的进攻下，开罗与亚历山大港不久就会失守。墨索里尼的确打算飞向隆美尔的总部，参与这两座城市或其中一座的凯旋进城仪式。看上去，在议会与沙漠前线，我们将同时抵达艰难的巅峰。在谴责我们的人得知他们将要面对我们共同团结的联合政府时，有些不再具有热情。同时，提出动议的人指出，假如公开议论因为埃及的严重形势而变得与时势所需不相符，那么就应该把动议给取消。但是，我们不会轻易让他们避开。鉴于近三周以来，全世界的朋友和对手均在焦虑地关注着越来越紧迫的政治与军事局势，我们必须要把事情弄得清清楚楚。

丘吉尔先生致约翰·沃得罗－弥尔恩爵士　　1942年6月30日

你6月30日的来信在今天早上被我交给了战时内阁，他们让我转告你，考虑到几天来，这种对政府能力与权威的挑战已经在全世界传播，所以有必要讨论一下此事，并马上得出结论。对此，一切都已经准备好了。

海军中校金－霍尔在辩论尚未开始时起立提出，让约翰·沃得罗－弥尔恩爵士将他的动议延后到比利亚的激战结束之后。约翰爵士答复说，如果政府因为国家利益想延后，那么他就会马上勉力赞同，不过，这种提议并未被政府提出来。因此，我作了以下声明：

对于这个问题，我已经认真思考过了，并且毫不迟疑。不过，假如紧张而严重的形势致使一些人发出呼吁，那就有可能延迟辩论。但是，在议程的一定时间内，毕竟已经列有这种投不信任票的提案，并且已快速在全世界传播开来。对于这一事情刚发生时所形成的激烈情绪，在我尚且待在美国时就亲眼看到了。尽管我们在国内的人比较清楚我们制度的稳定性以及我们现有政府的实力。但是，别的国家绝对无法分享和感受到我们国内的舆论。如今，事情已经发生到这种程度，并且一个多星期以来，世界所有地方议论的都是此事。我认为，与马上进行议论相比，延迟的决策有更大的坏处。

*　　*　　*

由于我的发言被我留到辩论结束的时候，所以，我有时间对斯塔福德·克里普斯爵士的汇报进行思考。他把他觉得我应该受到批判的一些重点列在了报告中[①]。

斯塔福德·克里普斯爵士致首相　　1942年7月2日

毫无疑问，下议院与全国都存在非常复杂的看法。不过，我们也清楚，不管怎么样，全国对新闻报道的一般反应绝对无法由不信任投票来表明。在莫尔顿补缺选举时，大约两万张投票中，

① 我在7月2日开始发言时获得了这份文件。——原注

仅仅有六千二百二十二张投给了政府候选人。毫无疑问，利比亚的战局导致了这种非常重大的结果，并且体现了投票人深深的担忧跟不信任。在任何意义上，我都不觉得投票人的情感是个人反对首相的情感。这是对做错了某件事所产生的普通不满情绪，要求政府毫不迟疑地改过来。从我可以推测到的来看，谴责的情绪主要集中在下面六个问题上：

(1) 自来开罗的过于乐观的新闻报道——诚然，这些电报绝对不属于官方电文，不过它们肯定受到了报纸从军事政府那里获得的情报的影响。并且，引导记者作出过于乐观的报道就是这些消息的主要目的，而官方公报也没有予以改正，来消除这些过于乐观的情绪。普遍形成的印象是，对于战局的严重性，军事政府并不清楚，并且没有正确的军事情报，总是让我们战场上的指挥官作不出正确判断。毫无疑问，图卜鲁格的失守与撤到马特鲁的消息因为这种报道的总方针而引发了巨大的震惊。

(2) 指挥才能——存在一种普遍观点，觉得假如我军指挥官具备良好的指挥才能，或许会打败隆美尔，尤其是依照奥金莱克将军的观点，隆美尔那时候已经被打得精疲力竭，处于千钧一发的紧要关头。可取的观点是，我军缺少比较好的指挥，并且在防卫战的基础上，太过于顾虑整体战役，但在紧要关头，反而缺少必要的反击战的勇气。

有关总司令或陆军司令官是不是真的拥有现代机械化战争的战略与策略，大家对此产生了质疑。并且让大家意识到，所有的指挥官是不是都应该换掉，让对机械化战争更有经验与才能的人替代他们。

(3) 最高指挥——上述(2)所讲体现了对最高军事指挥政府的普遍不信任。质疑他们是不是一样与时势的需要不相符，无法作出与隆美尔及其军队作战的准确方式。与之相关的是，空陆军的协作并未产生可能产生的效果。并且，最高统帅部同样需要一起努力与计划。

(4) 武器——或许最激烈的质疑是，在战争持续了将近三年以后，在坦克和反坦克炮等等重要武器上，我们依然不占优势。并且，产生失败的关键因素就是这种劣势。

(5) 研究与发明——还有很多人觉得，尽管我们国家存在一些极有才干的科学研究工作人员、科学家以及发明家，然而他们的才干在有效装备竞赛方面并未被我们充分利用。同时，为了从这个战争的重要部门获得极大好处，在组织方式方面尚且存在改善的空间。

(6) 空军——对于奥金莱克将军所讲的，我们空军的士气良好，只是制止敌军推进，人们不知道要怎样自圆其说。这导致各种质疑的产生，例如，各种精密空军武器的作用等。并且，再次引发了对俯冲轰炸机的整体质疑以及有关飞机型式的其他问题。我们对此极其担忧，因为对于飞机的型式，我们存在的看法过于僵化，以至我们即使在空中占有优势，也不能像对手那般展开有效的空中作战。

考虑到我们在地中海的海军力量并不强大，对于远程飞机，我们能不能更好地使用？在这儿，还出现了怎样阻止敌军在利比亚得到支援的问题。

在我看来，上面所讲的各个要点涵盖了国人中仔细考虑问题的那些人内心非常担忧的几个重要问题。

*　　*　　*

约翰·沃得罗－弥尔恩爵士进行了一次感人的演讲，把关键问题提了出来，并展开了辩论。这项动议“是明确地对伦敦的中枢机构进行打击，而不是打击战场上的军官们。并且我期望表明，我们溃败的关键医素并不在利比亚或者其他地区，而在于伦敦。在这场大战中，让首相兼任国防大臣是我们所犯的首个重要错误。”对于集中在这两个职位的主管人肩上的“庞大责任”，他进行了详细叙述。“我们一定要让一位强大的专职人员担任参谋长委员会的主席。我希望担任海陆军将领等职务的人是一位有魄力、不被任何方面约束的人。我希望皇家军队三军由一位强大的人主管……他要能够要求成功所必需的全部武器……勇于令海陆空三军将领们依照他的计划进行工作，并且不会受到上级不恰当的干涉。最关键的是，我希望一个人在想要达成的目标不能达成的时候，就辞去职务……我们之所以会蒙受损失，不仅因为首相缺少对国内事务的缜密审查，还因为缺少从国防大臣或者别的掌握军队的官员——无论是怎样的官衔——那儿获得应该有的指示……几乎没有百姓不知道，过去几个月来的一连串灾难，甚至是过去两年来的一连串灾难，皆是因为我们战时行政中枢具有根本缺陷。”

约翰·沃得罗－弥尔恩的这席话正中要害，不过，随后他又横生枝节地讲：“假如国王陛下与格洛斯特公爵殿下赞同，让格洛斯特公爵殿下就任英军总司令，并且不让他出任别的行政职务，这会是较为让人满意的一项动议。”对他所提出的议案来讲，这项动议是有坏处的。原因是，在大家看来，这一提议让王室牵连到会引发重大争论的责任。除此之外，几乎拥有无上权力的最高军事统帅的任命和王室公爵相联，好像存在一些独裁的感觉。这个冗长详细的控诉从此刻起好像就失去了一部分力量。最终，约翰爵士讲道：“下议院应该明白，对于王室的各种武装军队，我们必需一位为了战争胜利而倾注所有时间的人来主管。假如我们有这种人，希望下议院把权限赋予给他，让他拥有独立从事工作的权力。”

这一动议得到了罗杰·凯斯爵士的赞同。因为自己联合作战指挥官的职务被撤，所以这位海军元帅感觉很不高兴。并且，还因为我在他在任期间总是否决他的提议而更不高兴。不过他在抨击过程中，因为我们俩长时间的友情而有些受束缚。他主要的谴责对象是我的专家顾问们——自然是指三军参谋长。“作为首相，他有三次——在伽里柏利、挪威和地中海——在实行足够改变两大战役整体形势的战略袭击的时候，皆因为他的法定海军顾问们害怕承担风险、不愿与他分摊责任而次次遭遇失败。这是让人无法忍受的。”这个论点不同于原提案人的论点，引发了关注。发言被独立工党的一位议员斯蒂芬先生打断，指出原提案人“用首相不适合干预军事指挥的理由提议投不信任票。至于附议者，好像是因为首相没有彻底干预军事指挥才予以赞同”。很明显，这一点被下议院看出来了。

海军元帅凯斯讲道：“我们期望首相把国内事务部署好，将这一困难而繁重的工作做完。”假如这一动议得以实行，首相将不得不离职。不过，这位尊贵侠义的议员反而呼吁我们，让首相继续就任。罗杰爵士道：“假如首相不得不离职，那么，反而变成了悲惨的灾祸。”所以，辩论在一开始就闹掰了。

即便是这样，辩论依然在进行，而谴责者则更加争着演说。新任生产大臣奥利弗·利特尔顿上校在质疑我们的装备问题时，展开了一段如同暴风雨般的发言，对这方面的情形进行了充分具体的解释。在保守党的后排席位上，他们表现出对政府的大力支持。尤其是布思比先生，他进行了一场既有力又有益的讲演。下议院的温特顿勋爵再次拥有了抨击的实力，而且主要对我进行攻击。“实际主管纳尔维克战役的政府大臣是谁？那便是现任首相，当时的海军大臣……所有人都不敢责怪首相，原因是，那么做不符合宪法的规定……不论问我们何时会遭遇灾难，我们均会获得相同的回答，即无论发生什么，首相都不能受到我们的责怪。我们正逐步与德国的理智和道德状态靠近：‘首脑始终是正确的’……在下议院三十七年以来，如此刻这般试图帮首相逃避责任的状况是我从未看到过的……我们在上次大战中从未有过能和如今相提并论的一系列灾难。目前，看看政府拿什么来逃避责任吧——因为‘首脑始终是正确的’。在1940年，我们勇敢与意志坚定的统帅就是首相，对此，我们一致赞同。不过，1940年以后又发生了很多事情。假如这一连串的灾难持续下去，这位可敬的绅士应当去做所有人都可以做到的最大的自我否定的行为，走向他的同事——此刻，在国务大臣议席上坐着的适合担任首相的人并不只有一位——而且，提议其中一位应当站出来组织政府。同时，这位可敬的绅士本人也会在他手下工作。或者，他能就任外相。因为在解决我国和俄国以及我国与美国的关系时，他是对的。”

一直到第二天凌晨三点，这些动人的辩论演讲仍在持续，然而超过百分之五十的都是我无法听见的。我虽然是在为第二天的答辩做准备，但我的思想却似乎都集中在关乎埃及生死存亡的战役上。

* * *

在7月2日，大家精神奕奕地再次接着展开这天一直持续到第二天凌晨的辩论。自然，我们并未拒绝自由发言，也不缺少自由发言。甚至有一位议员讲：

在我们这个国家中，有五六位别国——捷克斯洛伐克、波兰与法国——的将军。他们都曾接受过使用相关德国武器与利用德国战术的训练。我清楚这样有损我们的尊严，不过，难道不可以暂时把其中一些人派过去指挥战斗，一直到我们可以把我们自己的人才培养出来的时候？将这些与里奇将军拥有相同军衔的人调过去是否是正确？我们为何不派他们去担任我们部队的指挥官？对于这场战争，他们了解要怎么展开，而我们的人并不了解。在我看来，与其让我们自己没有能力的军官指挥而失败，还不如让联合国家别的成员来指挥以取胜，挽救英国军人的性命。首相一定要知道，在国内百姓间传播这么一句讽刺的口头禅，假如隆美尔在英国部队中，他最多只是一个中士。[①]是这么回事吗？在部

① 这自然是代表着他们丝毫不知道隆美尔在两次大战中长久而出色的专业生涯。——原注

队中广泛流传着这个笑话。如今，有一个人在英国部队中——这代表了我们是怎么利用训练有素的人才的——叫作迈克尔·邓巴。曾有十五万人在他的指挥下横渡西班牙的埃布罗河。在埃布罗河，他曾经在战斗中取得胜利，但目前是英国军队中的中士。实情就是，英国军队受制于阶级偏见。你必须要并不得不改变它。假如下议院不敢让政府改变它，它也会因为局势的发展而产生变化。对于我所讲的，下议院或许今日并不在意，但你们在下周会这么做的。必然会在下周一与下周二回忆起我所讲的话，正是现在所发生的重大事件对政府的批判。目前，我们所做的就是将它们变成呼声，或许讲得并不是很贴切，不过，我们正尽力说出它。

对于这项反对政府的议案，前陆军大臣霍尔－贝利先生进行了概括。他概括说："埃及有可能被我们丢掉，有可能不会——上帝保佑，我们不想失去埃及——不过，在首相讲过，我们会保住新加坡，我们会保住克里特，在利比亚，德军已经被我们击溃了……在我阅读了他全部的讲话，还宣称埃及将会被我们保住时，我更加担忧了……人们如何去相信那种屡次判断出误的人？我们在一百天内丢失了我们的远东帝国。还将有怎样的状况在下一个一百天出现？让所有议员在投票时都听从他们的良心吧。"

在这场充满力量的演说之后，我随后发言，来终结辩论。人们把下议院挤得满满的。自然，我讲了我所能想到的所有点。

这场冗长的辩论已经到了最后时刻。在战争期间，我们的议会制度还可以展开毫无拘束的自由行动，这例证是如此的明显。只要是可以想到的或可以收集的例证，都被用来削弱对政府的信赖，证实大臣们的没用，同时降低他们自己的自信心，让军队对他们所获得的政府的支持怀有质疑，让工人不再信任他们自己辛苦制造的武器，将政府描述为一群以首相为中心的无能之辈，随后对他的心灵进行伤害，而且有可能的话，还要当着全国百姓的面伤害他。全部这些都已经经由电报与广播在全世界传播，让我们全部的朋友感觉难过，并让所有对手感觉开心。对于这种自由，我并不反对。在当前这种危难时期，这种自由是别的所有国家都不会也没有勇气使用的。不过，事情不应该就这样结束。此刻，我呼吁下议院，绝对不可以就这样结束。

在昔兰尼加与埃及方面，过去两周在军事上的失败不但让那个战场的形势发生了变化，并且也让地中海的整体形势彻底发生了变化。我们有五万多人的损失，并且大多数是被俘。还有大批物资损失。虽然认真部署了摧毁任务，对手仍旧获得了很多储备物资。隆美尔从沙漠穿过，大概前进了四百英里。目前，他正朝着富庶的尼罗河三角洲逼近。如今，还难以估算这些事件在土其尔、西班牙、法国以及法属北非所造成的糟糕影响。此时，在中东与地中海地区失去希望和前途就是我们所处的境遇，这是自从法国失守之后最糟糕的时刻。任何试图从灾祸中谋取暴利的人，对于目前的境遇，都可以用无限惨淡的笔调来描画，他们自然是拥有这么做的自由的。

突发性是这幅悲惨画卷让人难过的特征。只用了一天时间，拥有两万五千名驻军的图卜鲁格就失守了，这是令人极其没有想到的。没有预料到不只是下议院与普通人民，还有战时内阁、三军参谋长以及陆军总参谋部。同样未曾预料到的还有奥金莱克将军与中东地区最高指挥部。我们在图卜鲁格被占领的前一天晚上接到奥金莱克将军的电文称，他调动了自己认为最适合的驻军，有着非常好的防守状况，并且部队的物资供给足够使用九十天。对于这个极其稳固的边防阵地，我希望可以保住。这是从塞卢姆到哈尔法亚、从卡普措到玛达雷纳堡一带，德国人修建而且我们自己进行了巩固的阵地。从这一阵地开始，我们新修建的铁路往后延伸，变成直角。并且如前所述，我们不再如新的利比亚战役早期阶段那般背海而侧面受敌。奥金莱克将军想要把这些阵地保住，等候我们在路上的强大援军的抵达，其中一些已抵达。这样他就拥有了争取主动的可能性，进行反攻……

在21日，也就是周日早上，我来到总统的办公室，我非常震惊地看见图卜鲁格已失守的汇报。在我看来，这是让人无法相信的消息。不过,来自伦敦的我自己的电文也在几分钟以后到了。我期望下议院可以体会到，对于我来讲，这件事是多么令人难过。尤其不幸的是，在我们这个崇高盟国中我正肩负重大使命。有的人轻易臆断称，在遭遇失败的时候，因为政府的情绪始终镇静而稳定，所以对于人民的灾难，政府成员并不会如独立评论家那般觉得痛心。正好与之相反，我认为中枢负责解决国事的那些人的痛苦与难过绝对要超过任何人。这就让我更加难过了。对于下议院的议事录是怎样发表在大洋彼岸的，下议院自身难以想象出来。在（这里）要指出一个问题，少数议员或者不代表有组织政治力量的独立议员所进行的评论通常都会被一字一句地拍成电文寄出去，并且通常被视为下议院的观点。议会走廊的闲聊，吸烟室中的回应和舰队街街巷中的谈论，诸如此类都被写成严肃的论文，好像在讲英国政治生活的所有基础已岌岌可危。预测与推断遍布各处。因此，我看到如这般的大标题：“下议院命令丘吉尔返国，当面聆听质询”、“丘吉尔返国将会遭受重大政治危机”……对于一位正在执行、决定战争局势相关的国家大事展开谈判的英国代表，这种氛围无疑是没有好处的。全因我们的美国朋友并非只能共安乐、不能共患难的朋友，我所进行的工作才没有被这些源自英国的谣言所影响。他们从未觉得这场大战时间短并容易对付，或者在战争过程中，不可能总是面临悲惨的灾难。反过来讲，我坦承，我觉得上层全部成员的友情在这一特殊状况下是更牢固的。

不过，我依然要讲一讲，对于本国任何一位肩负了重大使命的公职人员，在他离开本国的时间内，我不相信他会如我访问美国时那般遭到本国人民的严重嘲讽——我能够坚信，这并非刻意的。并且，在那些艰难时期，支撑我熬过去的正是我对英国广大人民不可撼动的信念。我已向英王陛下说明，下议院绝不可以由那些在议会中口若悬河的人代表。就像极少的记者在宣传英国与美国的关系时，还添加了有损于英澳关系的毫无根据的话，这些人绝对不能作为专业新闻人员的代表那般。我又说明道，在我返回国内的时候，对于全部的这些，下议院将会给出一个负责任的、恰当并慎重的见解来证实。今日，我所要求的就是这个。

霍尔－贝利沙先生提到了英国坦克的失败与我们差劲的装甲装备。因为战前在陆军部的记录，他在演说时难以理直气壮。然而，我却可以以彼之道还施彼身。

是英国人发明设计了坦克。按照戴高乐将军所讲的，如目前这般利用装甲军队最重要的是法国人的发明。他们在战争爆发前的三四年里依旧竭尽全力，从事坦克的设计与生产，同时对装甲战争进行研究与操练。大家会想，就算陆军大臣在那时候缺少经费来大量生产坦克，但不管怎样，他也能制造各种模型，而且想尽办法展开试验，挑选工厂，提供种种模具与仪表。如此一来，他在大战爆发时就可以对坦克与反坦克武器进行大量制造。

在所谓贝利沙时期结束的时候，我们的装甲车仅有二百五十辆，其中只有极少的几辆可以带一门两磅弹炮。在法国，这些车辆大多数都被德军夺走了或者毁掉了……

对于尊贵的勋爵（温特顿勋爵）所讲的对所有已发生事件的“宪法上的责任”，我乐意并不得不接受。在我看来，在担负这些责任的时候，我并未在技术方面干涉，解决我军与敌方的作战工作。不过，我在战前屡次敦促奥金莱克将军亲自负责指挥，原因是，我坚信在将来一两个月里，与目前这场西部沙漠战斗比起来，在辽阔的中东地区绝不会发生更严重的战斗。并且在我看来，适合就任这一职位的人就是他。他将种种充分的理由提给我，觉得没有这么做的必要。就让里奇将军负责了这场战役的指挥。就像我在周二跟下议院讲的那般，6 月 25 日，奥金莱克将军接任里奇将军，亲自负责指挥。他的决策立即得到了我们的批准。不过我不得不坦承，对于被更换的军官来说，导致我做出最终判断的因素并不是此事。对于这场战役中所发生的事件，我不可以随意进行判断。我喜欢我们的海陆空军指挥官，觉得政府在他们与全部质询者间好像一个坚强的中立者。他们应该拥有公平的机会，而且，机会不会只有一次。大家难免会犯错，并从中得到教训。大家可能会有霉运，但运气会发生变化。不过，不管怎么样，你不应让将领们去冒风险，除非他们认为自己有一个坚强的政府作为后盾。除非国内出现的状况让他们不再担心后方会发生问题，而且他们觉得可以用全部精力关注敌方，不然的话，他们绝不可能冒风险。还有一点是我能添上的，除非政府官员觉得有忠实团结的大部分人在背后支持他们，否则你也不能让政府冒风险。请看一下一些人目前想要我们做的事情，并想象一番，假如我们想照做却没有成功，对于我们，他们将会展开什么样的抨击。假如你在战争期间乐意服务，你的忠诚就是必备的……

我乐意讲一些“有关表明极大的忠诚与尊敬”的话——就像在外交文件中他们所讲的那般——我希望我同样可以得到最充分的辩论自由。这一届议会有特别的义务。在世界上开始现出种种罪恶时，事务就由它主管了。下议院帮了我很多，并且我也希望，下议院能够成功见到种种罪恶的消除。这个目标唯有下议院在不得不经历的漫长阶段中只提供坚固的基础给它自己选出的执政政府才可以做到。在国家中，下议院不可以变成新闻界中那些心有不满的人试图引发一个个危机的工具，而一定要变成持续稳定的因素。在这次战争中,假如民主与议会制度取胜,那必然需要的是,以民主与议会制度为基础的政府可以大有可为，并且拥有这样做的勇气。王室的臣仆们可以不因为故意挑毛病的斥责与狺狺狂吠而为难，而我们也不再助长敌军的宣传攻势，我们在全世界的声誉也不再遭受贬损与伤害。反过来讲，在关键时刻，应该清楚表明下议院所有议员的意志。关键的是，被当作世界事务中的一种因素的不只是那些讲话者，还应该有那些观察、聆听与判断的人。总而言之，我们正在为我们的生存而战斗，为与生命自身相比更加珍贵的事业而战斗。我们无权假想我们必然会成功。我们唯有认真做好本职工作，才必定会成功。严肃而具有建设性的批判或在秘密会议中的批判都是具有极大长处的。不过，给政府支持或更替政府才是下议院的责任。假如下议院无法更替政府，那就应该给予它支持。任何中间方案在战争时期都是难以实行的。在国外，5 月这两天的辩论已经产生了不好的作用。哪怕敌视的发言传到国外，我们的敌军也会充分使用它。

经过有关战争问题的辩论以后，随后是表决，或者为表决提供机会。所以，我坚信，下议院绝大多数的见解，不但会明确清楚地表明在表决中，并且在往后的日子中也应该这样。至于那些实力不强的兄弟们，如果我能这么叫他们的话，我们将不允许他们对下议院的特权与高贵的权威进行篡夺或者垄断。下议院的大部分人一定要认真做好本职工作。用这种或者那种方法进行决策就是我想要的。

目前，报纸中存在一种怂恿观点，这也在议会一些敌对发言中达成了共识，即要罢免我全面指挥和督促战争的权力。今天，我不愿意展开详细的申辩，原因是近期的申辩中已展开了彻底讨论。在现在的部署下，三军参谋长几乎在不停地举行会议。在直接指挥陆海空三军进行有效的决策方面，不但有替他们服务的各种机构帮助他们，并且联合参谋长委员会也在帮助他们一天天推进战争的发展。我身为首相兼国防大臣，他们的行动由我督促。而我本人则处在战时内阁的督促与掌控下工作，所有重大事情都要询问它，而且全部重大决策都是经由它做出来的。我保留着几乎全部的工作记录，我所下达的全部指令、拟订的全部调查报告、草拟的全部电报等都有记录可供查阅。凭借这些记录对我进行判断，我会感觉非常满意。

我不会请求原谅我与陛下政府。我是在帝国生命处于紧要关头时、在我拼尽全力替我的前任展开辩护以后担任首相与国防大臣的。你们无权不让我拥有有效行动的职权，却让我担负种种责任，让我承担首相的责任，却又像那位值得敬佩的议员所讲的，“遭到权威人士在各个方面的牵制”。如果今天或者将来的任何时间，下议院实行了它真正的权力，我可以心安理得地并感觉我已经按照我所获得的权力尽了我的责任，而从下议院走出来。我在那种情形下只想要你们干一件事，那便是把你们不想交给我的权力交给接任我的人。

不过，还存在一个大于个人问题的问题。不信任投票的动议者建议，我应当解除我担负的种种与国防相关的责任，以便某一位军界人员或者某位没有被点名的人担任指挥整体战事的责任。所有王家部队都应该由他掌控，参谋长委员会的主席应当是他，他有三军将领的任免权。并且，假如他无法获得所要求的全部——那便是讲，要与他的政界同事比试一番，假如能够视作同事的话——他就要随时做好离职的准备，或者在他手下选举一位王室公爵担任陆军总司令。所以，我最终能够假设，尽管并没有提到这一点，首相将会被这个没有被点名的人视作附属品。在情况糟糕时，替他向议会作必要的说明，以获得宽恕与致歉。就像他们以往总是这么做，未来同样会这么干那般。这总归是一种策略。这是一种完全不同于我们现在所使用的议会制度的制度。它很容易就会和独裁制度一样，或者演变成独裁制度。我要明确宣布，对我自己而言，我绝不会加入这种制度。

在这个时候，约翰·J. 沃得罗－弥尔恩爵士插了一句："有关原先的句子，我期望我极其可敬的朋友并未忘记，即'受到战时内阁的牵制'！"

我接着讲：

"受到战时内阁的牵制"代表的是，假如这位拥有所有权力的权威者无法自行其是，在任何机会下，他都应该毅然辞职。这是一种计划，不过，并非我本人有参与兴趣的一种计划。同时，我并不觉得这是一种应该推荐给下议院的计划。

这次不信任投票被全体政党议员反对是一件非常大的事。对于已发生的事情的严重程度，我希望你们别让下议院低估。全世界都知道了我们受到质询的情形，并且任何国家，不管是对手抑或朋友，均在等候下议院宣布真实的决定与信心，所以，事情一定要继续到底。我能证实，在全世界，在美国各个地方，在俄国，在非常遥远的中国，在所有受到对手蹂躏的国家，我们全部朋友均在等候着，观察英国是不是拥有一个坚强而团结的政府，英国的国家领导人会不会被反对。任何一张投票都说明问题。假如那些打击我们的人降低到不值一提的数量，他们投给联合政府的不信任票则会变为对这项动议的发起者们的不信任票。毋庸置疑，为此，英国所有的朋友与我们事业的所有忠诚的公仆均会欢呼雀跃，而沮丧的钟声将会响在我们正竭力想要打倒的暴君的耳旁。

表决在下议院进行。以二十五票比四百七十五票而打败了约翰·沃得罗－弥尔恩爵士的不信任动议。

我的美国朋友焦躁地等候着结果的宣布。对于结果，他们觉得快慰。我在醒来时收到了他们的祝贺电报。

总统致首相　　1942 年 7 月 2 日

恭喜你！

哈里·霍普金斯致首相　　1942 年 7 月 2 日

下议院今天的投票让我感觉欣慰。这段时间真的太糟糕了。毫无疑问，这样的生活在往后还会出现。那些胆小如鼠的人一遇到困难就总想着躲避。打这一场胜仗，与这类人是没有关系的。你的实力、坚定不移的精神以及永远存在的勇气将让你见到英国摆脱危机，并且，你清楚总统会一直跟你在一起。我知道你是坚贞不屈的，有关你们与我们军事上的失败和我们必会取得的成功，我们是共患难共安乐的。期望你得到更大的职权。

我回复：

首相致哈里·霍普金斯先生　　1942 年 7 月 3 日

非常感谢你，我的朋友。对于我这次在国内的成功，我清楚你跟总统都觉得快慰。我期望有一天，我会跟你详述经过。

* * *

在辩论过程中，瓦尔特·埃利奥特先生讲了一个神奇的历史事件。他回忆起麦考利记叙皮特的执政状况：“在国家正处于生死攸关的战斗之时，皮特就任国家元首……不过，事情的真相是，在经历了八年抗战以后，在失去了很多生命与……财富以后，皮特所率领的英国部队变成了整个欧洲嘲笑的对象。他们几乎没有丝毫值得夸赞的突出战绩。

它在陆地上没有战果，总是被击败、被驱赶、被逼着大举乘船逃跑。”但是，麦考利继续讲述，下议院一直支持着皮特。“如此，在一段漫长艰难的日子里，他在议会院墙外面遭受的所有磨难都以在议会中的成功而终结。最终，再没有任何反对党出现在他面前。而在 1799 年这场艰难之际，能够聚集起来反对的政府最多仅有二十五人。”埃利奥特先生道：“历史居然在某些方面再次重演，太奇怪了。”在表决以前，他并不清楚结果居然是完全相同的。我本人同样很惊讶，在图卜鲁格失守当天，我在白宫告诉总统与霍普金斯的数字正好是二十五。

# 附　录

## 新加坡的防御工作

### 陆军中将亨利·博纳尔爵士的备忘录

我们在1921年决意在新加坡修建一个海军基地，往后所有防御工作的部署均以对付海陆空三方面的袭击为目的。预想中，基地自身设在新加坡岛北岸，与海军停靠地点的柔佛海峡相对。

在那时候和之后一些年里，大家觉得基地的安全取决于英国舰队掌控新加坡周边海道的实力。英国舰队只要一抵达那儿，它就将和周围的所有日本海军力量对峙，同时，将切断周围地带的所有陆军或者空军的交通。抵御敌军的武力，直至英国舰队的到来，这就是驻守的陆地军队与空军的责任。此间，最开始预计“增援抵达以前的时间”是七十天。这是假设敌军是从日本启程，原因是，中国以及中国的周边那时候尚未被日本侵犯。在我们的舰队抵达之前，能够被日军使用的时间是非常短的，所以，对新加坡进行突袭就是它的攻击方法。那时候，拟订防卫方案时便是按照这种观点，它只需极少量的驻军数量。

根据二十世纪二十年代的国际局势，在防御工作的现代化方面，没有必要消耗太多经费。我们的内阁一直到日本在1933年从国联退出之后才决意采用积极的程序。

目前，对于防御工作方面的问题，空军实力的发展发挥了极大作用。新加坡容易受到舰载飞机的袭击与从海岸基地出发的、航程越来越长的飞机的攻击。我们自己的飞机同样可以进行远距离的侦查与攻击。在1933年之前的新加坡岛上，皇家空军的机场只有一个。如今，那儿已经修建了两个飞机场。除此之外，在东海岸也已经开始修建别的机场的工程。最终，机场将会尽力往暹罗的边界延伸。

陆军担负的新任务就是这个。陆军不但要守护这些机场以让我们自己利用，并且，还要确保敌军不会占领它们，来摧毁我们的海军基地。在这一方面，因为修建机场时偏向于把焦点放在作战飞行，却不关注它的陆地防卫，相关部门的负责人间产生了冲突。不管怎么样，建造新机场，假如并非真的有强大的空军利用它们，而且在整体防御工作方面共同努力，那么很明显，是既浪费又存在危机的。

对于总体局势，在 1937 年展开了彻底检查。同时，按照两项关键假设，预计了以下针对防御工作的条件：

（1）假设损害我们利益的危险源自海上。

（2）在三个月的时间里，假设一支拥有相当强大力量的舰队必然可以被我们调派到远东，保守自治领与印度，同时，可以保护我们在印度洋上的交通。

就其实质性而言，1937 年的观点与 1921 年的观点几乎相同。不过，在 1939 年，“增援抵达以前的时间”上升到一百八十天，而且，得到权力能够在扩大的规模上累积预备军队，同时能将印度的一个步兵旅派过来进行支援。

形势因为战争第一年的结果而完全改变。其中最关键的是日本入驻华南与海南，因为法国溃败而造成的印度支那形势，飞机航程的提高，特别是，为了对付德国与意大利的舰队，不得不将一支相当强大的舰队留在欧洲海面，以致我们无法在必要时往远东派遣适合的海军。

三军参谋长在 1940 年 8 月审查了局势。他们的首要结论是：

（1）对于我们远东的利益，只有等到将德国与意大利击败，或者它们的海军实力大幅度降低之后，我们才有合适的舰队进行保护。我们的目标一定要是，让避免不了的损失降低到最小限度。起码应当维持一个立足点，以便未来力量强大时，我们最终能将我们的地位从那儿挽回来。

（2）在新加坡岛的防御工作上集结所有的实力已不够了。目前，马来亚全境一定要保住。这再次牵连到现存陆军与空军的增援问题。

（3）在舰队匮乏的情形下，我们的政策应当是主要依赖于空军力量。我们在一定的时间内还无法供应必需的空军。在这段时间，要增添大批陆军。

（4）对于我们独自和德意日三国交战，我们的海军建设计划从未思考过这一点。远东海军的最大期望是，可以更早地在地中海与意大利海军作战并且获胜。

马来亚的空军在1940年8月拥有四十八架第一线飞机。考虑到当地司令官的看法，三军参谋长在远东需有第一线飞机三百三十六架（保卫印度洋贸易的五十四架也包含在其中），这样，才可以匹配英国皇家空军所承担的责任[①]。

1940年10月，在新加坡举办的会议提议，三百三十六架应当增加到五百八十二架。在空军部看来，这远超实际。三军参谋长赞同五百八十二架是理想状态，不过，觉得三百六十六架[②]就能确保一定程度的平安。

在马来亚，英国皇家空军在1941年12月7日的实力是一百五十架（包括二十四架旧的“牛羚”式）。替第一线力量核准的预备机有一百五十架。但事实上，只有八十八架预备机。

除了海岸防卫、防空和辅助军队之外，马来亚的陆军守备队在1940年8月总共拥有十九个营与一个山炮旅[③]。

三军参谋长还进一步提议，在英国皇家空军已完成他们所要求的数量时(三百三十六架)，最少限度的守备人员应有六个旅（十八个营)，而且具备辅助军队。按照马来亚守军总指挥官的意见，三军参谋长在1941年1月将守备人员的数量增加到二十六个营。不过，在空军可以完全承担它们的责任之后，它们觉得守备队应当提高到约等于三个师的数量。如此一来，所有守备力量就是九个营加上二十七个营，也就是三十六个营，除此之外，还具备辅助军队。

一项新提议在1941年8月被珀西瓦尔将军提出来。他建议提高到四十八个营的守备力量。三军参谋长采纳了这一提议，不过觉得，在可以预想到的未来，这种实力是无法成真的。

马来亚在1941年12月17日的陆军实力（海岸防卫与防空军队不包括在内）是：[④]

---

① 详见第428页的统计表。——原注

② 根据上文，此处应为三百三十六架。——译注

③ 详见第428页的统计表。——原注

④ 共计十六个营的地方志愿军队与印度正规军队不包含在这里面。这些军队不包含在这个约数里，并且不包含在辩论中。它们几乎全部用在固定的警戒防备、安保等，并不作为作战军队的一部分。——原注

32 个营

7 个野战炮团

1 个山炮团

2 个反坦克团

上述所有军队共计七万六千三百人（不具备坦克军队）。

尽管陆军部的目的（而非珀西瓦尔将军的目的）即将达成，但是近期从印度调过来的部队中有一些是没有经过训练的，他们没有太强的作战能力。在炮兵中，有三个团的抵达时间为战争发生前不到一个月的时间，所以，缺少使用其他武器进行具有特色的丛林战训练的时间。

## 马来亚的防御力量

### 皇家空军

（远东，不包括缅甸）

| 1940 年 8 月的力量 | 获得 1940 年 8 月参谋长委员会批准的规模 | 总司令提议的数量 | 1941 年 12 月 17 日的力量 |
|---|---|---|---|
| 马来亚 84 | 马来亚 282<br>印度洋 54<br>总计 336 | 总计 582 | 马来亚 158 |

### 陆军

（马来亚，只包含正规营数）

| 1940 年 8 月的力量 | 在皇家空军完成批准规模的时候，参谋长委员会赞同的规模 | 在皇家空军完成批准规模的时候，参谋长委员会赞同的规模 | 在皇家空军完成批准规模的时候，珀西瓦尔将军提议的规模 | 1941 年 12 月 7 日的力量 |
|---|---|---|---|---|
| 9 | 18<br>（1940 年 8 月）<br>26<br>（1941 年 1 月） | 36 | 48 | 32 |

## 皇家海军

1941 年 12 月 7 日以新加坡为基础的海军

| 远东舰队 | | 舰队单位 | |
|---|---|---|---|
| | | 中国指挥区海军军队 | |
| 主力舰 | 2 | 轻巡洋舰 | 3 |
| 驱逐舰 | 5 | 驱逐舰 | 4 |
| | | 内河炮艇 | 3 |
| | | 扫雷艇（属于皇家澳大利亚海军） | 4 |

## 地方防御部队

（使用当地组织的志愿军配备的改装商船）

| | |
|---|---|
| 辅助巡逻艇与防潜舰 | 18 |
| 辅助扫雷艇 | 17 |
| 海军武装汽艇 | 12 |

**图书在版编目（CIP）数据**

第二次世界大战回忆录 .07，日本的猛攻 /（英）温斯顿 · 丘吉尔著；富杰译 . —北京：北京时代华文书局，2017.7（2020.2重印）
ISBN 978-7-5699-1645-4

Ⅰ . ①第… Ⅱ . ①温… ②富… Ⅲ . ①丘吉尔（Churchill，Winston Leonard Spencer 1874-1965）-回忆录②第二次世界大战-史料 Ⅳ . ① K835.167=5② K152

中国版本图书馆 CIP 数据核字（2017）第 137100 号

**第二次世界大战回忆录 07：日本的猛攻**

DIERCI SHIJIE DAZHAN HUIYILU 07：RIBEN DE MENGGONG

著　　者 | 〔英国〕温斯顿 · 丘吉尔
译　　者 | 富　杰

出 版 人 | 王训海
选题策划 | 梁明德　邵鹏军
责任编辑 | 周连杰
装帧设计 | 格林文化
责任印制 | 刘　银　訾　敬

出版发行 | 北京时代华文书局 http://www.bjsdsj.com.cn
北京市东城区安定门外大街 136 号皇城国际大厦 A 座 8 楼
邮编 100011　电话：010-64267955　64267677
印　　刷 | 三河市华润印刷有限公司 0316-3656029
（如发现印装质量问题，请与印刷厂联系调换）
开　　本 | 710mm×1000mm　1/16　印　　张 | 27.75　字　　数 | 348 千字
版　　次 | 2017 年 8 月第 1 版　印　　次 | 2020 年 2 月第 3 次印刷
书　　号 | ISBN 978-7-5699-1645-4
定　　价 | 62.00 元